满族食俗与清宫宴膳史

吴正格 著

学苑出版社

图书在版编目（CIP）数据

满族食俗与清宫宴膳史 / 吴正格著 . —北京：学苑出版社，2021.5

ISBN 978-7-5077-6161-0

Ⅰ.①满… Ⅱ.①吴… Ⅲ.①满族—饮食—文化研究—中国②满族—宴会—文化史—研究—中国 Ⅳ.① TS971.2

中国版本图书馆CIP数据核字（2021）第062843号

责任编辑：陈　佳
美术编辑：齐立娟
出版发行：学苑出版社
社　　址：北京市丰台区南方庄 2 号院 1 号楼
邮政编码：100079
网　　址：www.book001.com
电子信箱：xueyuanpress@163.com
联系电话：010-67601101（营销部）、010-67603091（总编室）
经　　销：新华书店
印 刷 厂：英格拉姆印刷(固安)有限公司
开本尺寸：710×1000mm　　1/16
印　　张：26.75
字　　数：410 千字
版　　次：2021 年 6 月第 1 版
印　　次：2021 年 6 月第 1 次印刷
定　　价：158.00 元

再版前言

　　1988年6月,《满族食俗与清宫御膳》一书由辽宁科学技术出版社出版。过后,责任编辑陈慈良才告诉我,书出版前已请中国人民大学清史研究所所长戴逸教授和吕英凡教授审稿并作序,也请书法家韩绍玉为书名题笺;还说这是他们社里当年推出的11部重点书的首部。随后又得知,这本书还未在新华书店上架,就被时任沈阳故宫博物院院长铁玉钦派人从出版社直接购入故宫旅游服务部,供各地游客购读。后来,这书又获得"辽宁优秀科技图书成果奖",记入《满族大辞典》(辽宁大学出版社1990年版),并入选为1949—1991年出版的主要饮食烹饪类书籍,记入《中国烹饪百科全书》(中国大百科全书出版社1992年版)。这些都是我始料未及的。当然,能得到出版单位、学界和餐饮业的重视,个人也感到欣慰。

　　有人曾问我,为何要写这样一本书?说来是天假以缘。我出身于满族书香世家,《铁岭县志》记,吴氏"举贡才者尤多",先辈吴凤鸣,道光甲申进士,入了翰林;吴丹,道光己酉举人,后任郑州知州;吴璋,光绪己丑中举,后转任直隶州知州、龙江府知府……先辈宴待汉官是设过满汉席的,将盛肴置馔的碗说成满语"摩姆罗",过年的家宴叫"三撤席"(俗称"翻桌席")。席始上饽饽(点心),再摆冷菜和米酒,食毕撤去,续上热菜和锅烧,复食毕,亦撤之,又摆上汤羹和主食。这叫先喝软酒、吃瘦菜,再喝烈酒、吃肥菜,后吃主食、喝汤。……种种的家世食俗给我留下较深的印象。我少时又与食俎结缘,有两位师父,一位是鲁菜大师王甫亭,另一位是宫廷菜大师唐克明,两人都是原商业部在1956年任命的国家特一级厨师,那时有此职称者在全国寥若晨星。自1961年至1978年,我受两位烹坛耆宿亲炙,能学获真传是幸运的。清入关后,满族厨师成为清宫御厨；明宫中的山东御厨也被留用，使鲁菜得以在宫中宴膳中赓续；康、乾二帝南巡后，苏扬厨师又被诏入宫中——这样三者交融，构成清宫宴膳风格的主体特征。而彼时，我较知满族食俗，从厨后学做鲁菜和宫廷菜，唐师父是扬州人，亦精通苏扬菜，如此得天独厚的条件，使我觉得自己适宜研究满族食俗与清宫宴膳史。

"食"，"饮之食之"；"俎"，《说文解字·且部》记："礼俎也。"即古时祭祀中盛放牲体的礼器，象几，有四足。"俎"字前有"樽"字，即樽俎，语义则有不同，指古代盛酒和盛肉的器皿，常用作筵席的代称。"俎"字前有刀字，即刀俎，指刀和砧板，为割烹用具，也喻作割烹者。《史记·项羽本纪》："如今人方为刀俎，我为鱼肉。"由此，我所要研究的"食俎"文化，有食物、割烹两层含义。俎为食之母，食为俎之成果，是统一的整体，也是我的研究不同于通常的食俗研究之处。

可是，写这样蕴含着清代丰富食俎文化资源的专著，对我来说委实不轻松。好在家父是藏书家，藏书汗牛充栋，他爱书如命，也使我近书则痴。我15岁（初中毕业）学厨，虽然学历低，但读书起点高。后来又将《辞源》当成课本来读，学习古汉文，从引注中了解和搜寻所需要的知识和书籍。尤其是改革开放之初（1978年），我被派往驻北也门专家组和大使馆司厨期间，因向原商业部投书建议创办《中国烹饪》杂志被采纳，回国后即被派到部里经济研究所协助创刊，当上技术编辑，后又调往人民大会堂餐厅处司厨国宴，再后又参与《中国烹饪辞典》的编纂。这些经历对我都是难得的修炼，不仅执文、执厨都得到提升，专业视野也随之开阔。那时，开掘食俎文化遗产的潮汛使学界因势而动，我也就鸭知水暖，投身其中。

1984年初，我开始为写作本书准备。当时像钻进北京、东北的历史隧道中痴迷地寻索。先后自购了近百部文献，如《金志》《满洲源流考》《清史稿》《清朝开国史研究》《黑龙江外集》《吉林史迹》《养吉斋丛录》《啸亭杂录》等等，到图书馆搜寻解禁的藏书，如《钦定大清会典》《满洲秘档》《满洲四礼集》《满汉礼俗》《盛京赋》《皇太后六旬庆典》《奉天通志》等等；十几次到白山黑水一带和各满族自治县考察、采风，查阅地方志，笔录老一辈满族厨师的口述；也到中国第一历史档案馆"蹲"了近两个月——清宫宴膳自雍正始已有底档，乾隆时期最多，嘉庆以降至光绪的膳单、食材册、食贡册、荤局票底、四季供底档、野意家伙账、厨役腰牌册、御茶膳房官员清册等也不少，但因要保护底档不能复印，只能当"文抄公"。借便也将底档中有名称无制法并有应用价值的肴馔钩稽、复制出来，使其还原。就这样多方淘漉，细微积累，整理归纳，析释考述，也结合自己多年来于此的积累和实践经验，用了四年工余时间的长夜秉烛，写就了这本40万字的书稿。书出版后算了一笔账，稿酬的进项只是用于此书准备费用的三分之一。这是有损健康又"亏本"的苦差事，还不是自己找的？但想到能为清史研究在食俗、宴膳方面提供个引子，期望能继往开来地深入探赜，也算精神安抚。

时今回顾这本书，也只是厘出了在有清一代产生"京东菜系"的一条主要传脉，或说是在历史现实的复杂性中述及了"京东菜系"之所以产生的诸种"前结构"。"京东"指北京和东北三省。"京东菜系"即是起因于满族在祭祀活动中形成的食俗，至努尔哈赤建立后金国之后延扩到辽沈地区；清入关后，满族食俗由盛京宫廷的"宫俗"演变成北京清宫的"国俗"。又因为清廷为巩固政权而施行"满汉一体"的国策，满族食俗遂成为宴膳中的导向因素，加之受到汉族食俗的较深影响，使得清宫、官场和民间逐步形成满汉通吃、合食的习尚。清宫宴膳作为"满汉一体"的御牌传袭中枢，导致各地官场有了"乾隆时期的满汉席—同治时期的满汉大席—光绪时期的满汉全席"这样一脉相承的宴式。这种情势自然侧重染化北京地区，对东北尤其是陪都盛京也构成对流效应。至清覆，就积淀出一宗清宫十二朝（含慈禧）宴膳，延及两京（北京、盛京）王府宴膳（又称御府菜），还有全羊席和"京东"地区商肆、民间满汉食俎互融交糅、同袭共承的宴膳，也涵括满汉全席和满族食俗在进化中衍生的烧烤白煮席（流传在京都）、三套碗席（流传在辽宁）等。它们具有共同的穿凿点，链接在一起就显露出清朝上层和主体社会特有的食俎新象。这是在清朝历史空间里的自然延伸。因其主要流布在"京东"地区，故谓为"京东菜系"。思其根源，"京东"地区现代的本土宴膳，大抵是这宗菜系的传脉中滋长和繁衍的花花果果。所以我认为，"京东菜系"是继鲁、苏、川、粤、西北五类主体菜系之外的第六主体菜系。因为清朝特定的历史原因，它是以满族食俗和清宫宴膳为导向因素，并充分吸纳、融合汉族主体埠帮菜的精华而逐步形成的。问题不在于这种称谓如何，而在于要拾回这宗被夹缠在"编外"的食俎体系的遗产价值。可是，由于受到"食俎历史不入史"的拘囿和漠视，关于满族食俗对清宫宴膳乃至对清朝食俎史的重要促进、推动作用，远未达到应有的正视和认知程度。

我对"京东菜系"的开掘、研制，也是处在不断被深化、感应的状态。本书出版后，因又相继出版了《乾隆御膳考述》《中国宴魁——满汉全席研究与应用》等与其相关的专题书，这类积累则是引发理念的导线，久蓄的学识便有了冲破掩体的迸发。1998年，始在《国际交流》《饮食文化研究》《中国烹饪》等刊物发表了《中国还有个"京东菜系"》《中国第六大菜系浮出水面》等论文，没想到会被收入到《改革开放与市场经济文选》《中国新时期社会科学成果荟萃》《中国科技论文精选》《中国大百科全书》等书中，还先后获得世界学术成果研究院、中国政策科学研究会、中国历史唯物主义学会颁发的第六届世界华人重大学术科研奖，中国优秀科技成果金奖、特等奖。获奖评语是："有独特新颖的理论探索和具有宝贵的实践价值。"不久，论文又被收入《世界重大学术思想获奖论文·中华卷》中。我虽然感到过奖过誉了，但也受到鼓励，觉得振奋，学界能冲破轻蔑食俎的旧俗，使文章得到表彰，可见"食俎"也能登上文化殿堂了。其实，《中国还有个"京东菜系"》一文是将本书初版的基本内容钩元提要，做了事理原委的归结。之后，我又出版了《中国京东菜系》一书。以上种种，虽是后话，但都与本书的写作密切相关。

"京东菜系"的成因从清朝关外时期一直贯穿到清入关后的始终。因历史之由，它是以满族食俗和清宫宴膳为导向因素，并充分吸纳这一时期汉族主要帮埠菜的精华，其主体尤具满、汉两族饮食文化和烹饪技艺交叉交融、兼容通合的特质。当古代汉族的食俎积累到清末时，其精华内容与满族食俎的精华内容合璧而形成"京东菜系"时，也就融合了各少数民族原生态食俎的共性特征，其所涵括的宫廷型、王府(御府)型、官府型、市肆型、乡土型和狩猎、网罟、游牧、畜乳等食俎类型的兼容并蓄，就凸显出清一代的食俎风貌。这种相对"一体化"的食俎体系，可谓史无前例，也是历史精神传袭给后世的中国食俎特色的可贵财富。所以，探赜、芟理这些已被模糊、忽略甚至遗忘，亟待重新认识的学术议题，凿枘出符合史情的蕴藏点，进而考量其遗产价值，辨其瑜瑕，捃其菁华而古为今用，使之演绎成"实践技能型"的传统食俎文化模式，又有深厚的人文积淀，从而完成其在新时期的服务转型，适应对外扩大开放、对内深入改革的国情需要，丰富人们的饮食生活诉求，这也是我在写书之外自循践行的夙愿。

感谢学苑出版社对本书价值的重视，使之得以再版。也感谢陈佳编辑的严谨细致、认真负责的审读、查核和编校，并提出有见地的补充和修改意见，使得本书再版增色不少。这次再版，书名改为《满族食俗与清宫宴膳史》，内容上也做了诸多调整。删去原书几处"传说"的小节，原文笔误和排校错误做了更正，补充了初版后三十年来我所做的相关研究的新成果，各章节在结构上也做了较大的修改和调整。尽管如此，限于学识水平，恐仍有不逮、欠妥之处，敬请专家和读者绳愆纠缪，不吝赐教。

吴正格

二〇二〇年五月

初版序

满族是祖国民族大家庭中的一员，它原为女真人后裔。女真在明代史籍和清初文献中作朱先或诸申。清太宗皇太极于天聪九年（1635年），废除女真、诸申等旧称，正式定族名为满洲。辛亥革命后，满洲才改称满族。

满族入关前，长期生活在东北地区，习惯上喜欢食用羊肉及各种野味，并不讲究烹调，菜肴也比较简单。进关后随着清王朝统治的日益巩固，经济状况的日趋好转，在饮食上也逐步考究起来。与此同时，他们还从汉族传统烹饪技艺中不断吸取经验，使其饮食水平不断提高，更具特色。经康熙、雍正两朝的恢复和发展，至乾隆时期，清王朝已达到强盛的顶点，社会经济出现一片繁荣景象，以清宫御膳为代表的满汉肴馔，则是海陆杂陈、琳琅满目、豪华至极。其制作之精细，色形之艳丽，味道之鲜美，均已臻于上乘。清代末年，封建王朝由盛而衰，濒临覆灭，但统治者仍在花天酒地，大吃大喝。皇帝后妃莫不穷奢极欲，恣贪口腹，内府遂广招天下名厨，搜罗南北异味，使宫廷筵宴锦上添花，更为丰富多采，精美异常。

清宫御膳和宫廷大宴，兼具满汉肴馔之精华，至为考究与隆重，其特点大致如下：

一、礼仪严谨，规制井然。清代皇帝平素用膳，虽有一定排场，但礼仪规定最为严格的则是宫廷大宴。按制每逢除夕、元旦、上元、中秋、冬至和帝后寿辰等节庆，都要举行大宴。大宴所用的餐桌式样、桌面摆设、菜品数量、餐具形状，按地位、身份之不同而有明确规制和区别。皇帝入座、出座、进汤膳、进酒膳，均须奏乐。大宴的各项程序，无不先从皇帝开始，然后再依据各自等级按顺序进膳、进奶茶、进酒、进果茶。这种大宴在宴前和宴中有一套完整的礼仪规程，单以谢恩来说，便极为烦琐，除正式向皇帝行三跪九叩礼之外，在宴会中还要时时下桌叩头谢恩。清代的宫廷大宴处处体现着皇权至上的思想以及满族的固有习俗。

二、肴馔丰盛，用料珍贵。宫廷大宴包括群膳、冷膳、热膳、果锺、点心、奶饼、奶皮、小菜、青酱，一般要有七十多品。所用原料，在清代早期虽然较为普通，而后世除燕窝、鱼翅、海参、猴头外，熊掌、猩唇、鹿尾、驼峰、豹胎、犀尾、鲨皮等名品，都是必不可少的。据说清宫御膳房可做菜品四千多种。

三、满汉名菜，各有特色。独具风味的满菜，以烧烤见长。清宫御膳房挂炉局专门从事烧烤。宫廷大宴上的烧烤佳肴，主要是"双烤"，即挂炉猪与挂炉鸭，食用时配以小菜、葱酱、荷叶饼等，十分可口。此外还有白煮猪羊肉、燎毛猪羊肉、白蒸小猪仔、小羊仔、挂炉走油鸡等多种满菜，也都颇为别致。正如袁枚在《随园食单》中所说："满菜多烧煮。"在汉菜的烹制方面，更是精益求精，不仅形色美观，名目繁多，而且在口味上讲究清、香、酥、嫩。有的还别出心裁，做出几样拿手好菜，来讨主子喜欢。如御膳中酿豆芽就是其一。做法是选取挺直肥大的绿豆芽，掐去两头，用铜丝将中间挖空，然后仔细塞满鸡肉馅，上屉蒸熟即成。此菜清鲜爽口，香而不腻，据说慈禧太后很是爱吃。在现存清代皇帝的大批膳单中，只略举几个菜名，便可想见当时烹制汉菜的精美，如"燕窝鸡丝香蕈丝火熏丝白菜丝镶平安果""野鸡丝酸菜丝""芽韭抄鹿脯丝""烧麂肉锅熰鸡丝晾羊肉"等，真是花样翻新，不一而足。

四、点心繁多，讲究粥食。满族善于制作点心，称点心为饽饽。御膳房内设有五局，除荤局、素局、饭局、挂炉局外，就有专做饽饽的点心局。他们做的酥皮饽饽、酥盒子、奶油琪子、小炸食、萨其玛、什锦火烧、梅花包子等还算普通面点，至于饭卷子、烧麦、黄色蛋糕、炸三角、油性炸糕等小吃，则非经特殊方法，掌握高超技艺不能做好，而且都有严格的具体要求。如烧麦要求皮薄馅大，入口不腻；炸糕则要求外酥内软，松脆香甜。又如饭卷子分为陈米、籼米、粳米、枣泥、豆沙等多种，每种用料不同，做法亦异，稍一疏忽，便不适口。据说清宫能制作各类点心四百余种，可谓洋洋大观。与点心有关的是粥，满族人喜欢粥食，在《皇帝节次照常膳底档》中，便记载着皇帝御膳每顿都有几种粥，如焖米粥、小米粥、素粳米粥、薏仁米粥、豇豆粥等。此外还有应季节食用的荷叶粥、藕粥、绿豆粥、肉粥、果料粥、大麦米粥等等。这些点心和粥食，不仅在平时供帝后进用，而且在朝廷大宴上，也占很大比重，如清宫光禄寺举办的"满席"，便以满点为主，故有"满汉全席"实为"满点汉菜"的说法。

烹饪是人类文明发展的一种表现。宫廷精美的肴馔是历代著名厨师的精心创造，也是中华民族传统技艺的结晶。在旧时代，贫苦人民食不果腹，身委沟壑，精美的烹调艺术只能供少数帝王后妃、达官贵人所享用，所谓"朱门酒肉臭，路有冻死骨"，是当时的真实写照。只有在社会主义的新时代，人民当家做主，在丰衣足食之余，要求提高自己生活水平，改善饮食质量，才能讲究烹调技艺，这是必然的、正当的趋势。过去只被权贵们垄断享受的名菜佳肴，如今走向民间，成为群众的案头日常食品，受到群众的赞赏和欢迎。随着国家建设的进展和人民生活的改善，烹调艺术将越来越受到重视。中国烹饪协会理事、特一级厨师吴正格同志以极大的精力，搜集丰富的材料，结合自己多年积累的知识和经验撰写此书，详细阐明满族食俗和清宫御膳，对于研究我国民俗学和发掘传统烹调艺术方面做了极其有意义的工作，它将为改进人民生活、提高膳食艺术做出有益的贡献。

戴逸　吕英凡

一九八八年六月

目 录

上卷

第一章　满族的饮食与食俗 / 003
第一节　满族先祖的饮食 / 003
第二节　金代女真族的食俗 / 005
第三节　《居家必用事类全集》中记载的元代女真食品 / 008

第二章　满族传统食俗 / 013
第一节　宁古塔地区的食俗 / 013
第二节　张广才岭一带的食俗 / 016
第三节　婚、丧仪式中的食俗 / 018
第四节　乡土食风 / 025

第三章　入关前的满族祭祀和祭品 / 031
第一节　祭祀与"福肉" / 032
第二节　祭祀的种类 / 035
第三节　祭品的准备 / 039
第四节　永陵的祭祀与祭品 / 044

第四章　满族的食材资源 / 049
第一节　黑龙江省的动、植物原料 / 049

第二节　吉林省和宁古塔地区的动、植物原料 / 056
第三节　辽宁省新宾、岫岩、凤城的动、
　　　　植物原料 / 060
第四节　乾隆《盛京赋》中的东北动、植物原料 / 071
第五节　从迤北八珍到东北八珍 / 077

第五章　满族的民间肴馔 / 080
第一节　满族传统肴馔 / 080
第二节　满洲饽饽 / 100
第三节　乡土民食 / 109
第四节　满族宴席调研 / 120

第六章　满族食俎的特色 / 139
第一节　满族烹饪原料的加工 / 140
第二节　满族烹饪的操作方法 / 146
第三节　满族肴馔的风格和特色 / 154

第七章　清入关前的宫廷御膳 / 161
第一节　努尔哈赤与后金时期的食俎 / 161
第二节　后金时期的宫廷食品 / 166
第三节　入关前宫廷宴会的种类 / 169
第四节　盛京的御府菜 / 173

下卷

第八章　清代宫廷中的膳食事务管理 / 183
第一节　内务府的膳食管理机构 / 183
第二节　光禄寺 / 187
第三节　尚膳侍卫、司膳太监和厨役 / 195

第九章　清宫的膳食原材料和贡品 / 203
第一节　清宫膳食原材料的来源 / 203
第二节　《进小菜底档》中记载的各省贡品 / 208
第三节　清宫中的东北膳食贡品 / 214

第十章　清宫的食风与食规 / 221
第一节　清宫的各类御宴 / 221
第二节　清宫中的年节食俗 / 236
第三节　皇帝的饮食习惯 / 240
第四节　清宫中的膳食用料份例 / 248

第十一章　帝、后的御膳和御宴 / 255
第一节　康熙皇帝的膳事 / 255
第二节　乾隆皇帝的膳事 / 264
第三节　道光及光绪皇帝的膳事 / 301
第四节　慈禧太后的膳事 / 307
第五节　溥仪皇帝的膳事 / 320

第十二章　御膳房与御膳特色 / 327
第一节　清宫御膳房的分布 / 327
第二节　御厨和御膳风味 / 328
第三节　清宫御膳的特色 / 330
第四节　清宫御膳的操作技法 / 336
第五节　饽饽、乳茶、酒 / 345

第十三章　清宫的祭祀与祭品供献 / 348
第一节　坤宁宫的祭品供献 / 348
第二节　四季供与太阳供 / 351
第三节　同治时期的清宫祭品供献 / 355
第四节　祭祀旧制揽要 / 360

第五节　东陵的祭品和膳事　/ 363

第十四章　清宫宴膳的炊、餐器皿　/ 369
第一节　乾隆时期的餐具和餐桌设备　/ 370
第二节　嘉庆时期的"野意家伙"和"千叟宴"
　　　　所用炊具　/ 373
第三节　道光时期的供祭盛具和铜、锡器皿　/ 375
第四节　光绪时期的金银玉器餐具　/ 378

第十五章　满族食俗与清宫宴膳在官场、
　　　　王府和市肆中的影响　/ 382
第一节　清代官场、王府的宴膳　/ 382
第二节　全羊席　/ 392
第三节　满汉全席　/ 396

参考文献　/ 409

上卷

第一章 满族的饮食与食俗

第一节 满族先祖的饮食

满族是一个古老的民族。满族的先祖,在西周时期被称为肃慎人。肃慎的后裔,在中国不同朝代的史书上都有记载,战国以后称为"挹娄",南北朝时期称为"勿吉",隋、唐两代称为"靺鞨",辽、宋、元、明时期称为"女真"。后金时期,在皇太极称帝的前一年,即1635年改族名为"满洲"。辛亥革命后,满州才改称满族。

满族是一个勤劳、勇敢、智慧的民族。满族的先祖肇始于我国东北的长白山一带,生活以狩猎为主,兼以采集山货野果。狩猎凡称"打牲"(满语曰布特哈),即指捕打獐狍熊鹿等兽类。当时,白山黑水之间的"阿拉"(草甸或平岗)、"伙洛"(山坡或沟谷)是他们狩猎的广阔天地,"哈达"(高山)、"必拉"(江河)是他们采集、网罟的天然场所,长期过着食兽肉、衣兽皮的生活。猎获而来的除虎、熊、野猪、鹿、獐、狍、狼、兔、雁、野鸡、野鸭、狐狸等外,还有各类山菜、山果、野菌以及鱼类,都是他们的主要食粮。早在西周时期,满族的先祖就常以麈为狩猎对象。麈,似鹿而大,其尾尤为珍贵。《逸周书》卷七"王会解"中曾记载道:"成周之会坛上……西面者正北方稷慎大麈。"稷慎,即肃慎也。这说明当时的肃慎人,已将捕获的麈献给周成王做贡品了。

养猪食肉的风俗,在满族已有相当长的历史了,可以上溯到三千多年前西周时期的肃慎。据《晋书·东夷传》记载:"肃慎氏一名挹娄……无牛羊,多畜猪,食其肉,衣其皮……死者其日即葬之于野,交木做小廓,杀猪积其上，以为死者之粮。"20世纪80年代，考古工作者在肃慎人的村落遗址——镜泊湖畔莺歌岭的发掘中，曾出土一批小陶猪。这些陶猪的形象与如今在东北地区饲养的优良品种——大民猪很相似。另外，在吉林地区的考古中还发现，许多古代满族人墓葬的盖石上常见有猪骨，有的几具，有的多至几十具。这种养猪食肉和杀猪从葬的风俗又与后来满族祭祖时以猪为牺牲的风俗非常相似。

至汉朝时期，挹娄人虽仍以狩猎为主，但由于长期定居，使他们逐渐学会了农业生产。据《后汉书·东夷传》记载：当时"有五谷麻布，出赤玉好貂……好养豕，食其肉衣其皮。冬以豕膏涂身，以御风寒"。说明农业生产已很普遍，而且纺织、商贸、饲养等亦日见发达。这种情况，在《三朝北盟会编》中也有记载，如会"种植五谷，建造屋宇""土多林木，田宜麻谷"等。

隋、唐时期，靺鞨人从事农业生产的经验已很丰富，他们"相与偶耕，土多粟、麦、穄"[①]。与此同时，以粮谷酿酒已成为他们饮食生活中不可缺少的一部分。据《隋书·靺鞨传》记载："嚼米为酒，饮之亦醉。"反映了靺鞨人是很善于酿酒的。《魏书》《隋书》《契丹国志》《北盟会编》等书中，均有靺鞨人"酿糜为酒""嚼米酝酒"的记载。所谓"糜"即黄米，是当时用来酿酒的主要原料。这种以糜酿酒的习惯，被满族人一直继承下来，每逢祭祖或年节改善生活，必以黄米做酒，称为"祭酒"。有关靺鞨人的饮食生活，《旧唐书·靺鞨传》中还有这样的记载："……其畜多猪……妇人服布，男子衣猪狗皮。……人皆射猎为业，角弓长三尺，箭长尺有二寸。"《隋书·靺鞨传》又记载："……死者穿地埋之，以身衬土，无棺敛之具，杀所乘马于尸前设祭。"从上述两段文字中得知，除农业生产外，狩猎活动仍是靺鞨人的一种主要经济手段，而且人死后还有杀马从葬的祭祀，可见祭祀活动也是当时靺鞨人的一项生活内容了。

辽代时，满族的先祖被称为女真人。金朝建立后，朝廷和民间将祭祀活动视为最隆重的典礼。朝廷中专有祭天场所，定期举行拜天之礼。由于信奉萨满教，民间也要定期随俗举行各种祭祀活动。当时的祭品，无非

[①] 《旧唐书》，"靺鞨传"。

是或燔或煮或蒸的猪、羊、鸡、鸭、鹅、鹿、獐、狍、鱼、雁和面食、果品等。祭后，由各人自取佩刀脔切而食。由于祭祀是一种宗教活动，祭祀人须以虔诚之心祭告天神，因此祭品的选料和烹调方法都是很精心的。这种定规式的供献祭品和细心的加工方法，对满族后来的烹饪有着深刻的影响，如煮白肉、食全羊、各类甜食等，都为后来的满族人继承和发扬，在祭品逐渐向菜肴化发展的过程中，原来的祭品在加工上不断完善，许多品种后来都成为满族烹饪中的代表肴馔。

甜食，也是满族的先祖喜爱的食品，尤其是各种蜜饯食品。这是因为自古以来长白山区层峦叠翠，花果满山，是养蜂采蜜的天然场所。满族的祖先很早就有专司其业的"蜜户"。蜂蜜香甜适口，有很高的营养价值，不仅能做各种面点茶食，还能配山货果品、猪羊鸡鱼等制成各种蜜饯食品。这种养蜂采蜜的习俗和由蜂蜜制成的各种甜食便被一代一代地流传下来。后来，不止是长白山区，各地皆有养蜂者。比如建州女真的李满柱部和斡朵里女真的童仓、凡察部从15世纪30—40年代初定居苏子河流域的灶富山一带后，就利用这里的峰峦重叠、草木繁盛的自然环境，大力开展养蜂采蜜。这里的蜂蜜除了自食之外，还要定期定量向明王朝进贡，因而明王朝称这里为"岁产蜂蜜松籽之地"。

总之，满族先祖的饮食，是在他们长期从事狩猎、采集、饲畜、农种、养蜂等经济生产的影响下，并在某种程度上是通过祭祀活动中的祭品而逐渐被习惯地认定下来。当然，这种饮食的形成，既有历史的传承性和民族心理素质的原因，也有地理、气候、生活环境、风俗习惯的制约。满族先祖的饮食，虽然还很粗糙、简单，但就像初孕的胎儿一样，终是要随着一个民族的发展而发展的。

第二节　金代女真族的食俗

北宋末年（1115），居住在东北地区的女真族，在其领袖完颜阿骨打的领导下，推翻了辽朝的统治，建立了金国政权。公元1116年，金朝又灭了北宋，迁都燕京（今北京），统辖了东北、外蒙和黄河以北的广大地

□ 山西侯董明墓出土的女真骑马武士砖制雕刻

区。金朝前后约有119年的历史。有关金代女真族的食俗，史书记载不多，在一些零散的只言片语中，可做管窥。

金代女真族的食俗，是随着社会经济的发展而发展的。在早期，由于主要是游牧经济，放牧和围猎是其主要生产手段，因此在饮食上比较简单。《金志·饮食》载，当时女真人的饮食"……以豆为浆，又嗜半生米饭，渍以生狗血及蒜之属和而食之。嗜酒……酿糜为酒……"，可见，豆制品、米谷、狗肉、糜酒，以及牧放的猪、牛、羊和猎获的各类山珍野味等，都是当时的主要食用原料。

《钦定满洲源流考·国俗》曾记载过金主在混同江①以北举行的一次御宴："金主聚众将共食，则于炕上，用矮枰子或木盘相接，人置稗子饭一碗，加匕其上，列以虀韭，长瓜，皆盐渍者，别以木碟盛猪、羊、鸡、鹿、兔、狼、麂、獐、狐狸、牛、马、鹅、雁、鱼、鸭等肉，或燔或烹，或生胾以芥蒜汁渍沃，陆续供列。各取佩刀，脔切荐饭。食罢，方以薄酒传杯而饮，谓之御宴者亦如此。"从中可以看到，金主御宴中的畜禽野味品种是很丰富的，制成的菜品都是大块或整只的，用佩刀脔切而食，有的还要生食。这种饮食习俗，也是当时北方少数民族的共同特征。

女真族（女真的一支，即完颜部）进入中原以后，在中原地区封建经济的冲击下，迅速向封建制转化。自海陵王到世宗统治时期，基本上完成了向封建制的过渡，从而提高了社会生产力水平。畜牧业和农业逐步得到恢复和发展，生产工具也有所改进。特别是女真人进入燕京、洛阳和开封

---

① 混同江：黑龙江汇合松花江后到乌苏里江口一段的别称。因松花江含沙较多，江水北黑南黄，经久始混，故名。

地区后，与汉族长期相处，不断吸收汉族文化，朝廷的许多礼仪制度也是仿照汉族的。这对女真族的饮食生活发生了较深的影响。而当越来越多的女真人与汉族通婚，饮食起居方面也逐渐汉化了。但是，正如我国历史上其他少数民族建都中原一样，在经济生产、文化观念和礼仪制度等方面受到汉族的较深影响，但作为一个民族的意识和传统的风俗习惯，是难以根本改变的，其中就包括饮食生活。仅从金代女真人的食俗来看，在祭祀、婚礼、宴客等方面表现得较为明显。

金朝建都燕京后，朝廷中最隆重的典礼莫过于祭祀了。这种祭祀活动，俗称"拜天礼"，是女真人的传统风俗。祭祀后要举行御厨宴。这种御厨宴比起金朝早期的御宴要讲究得多了。宴时，"朱漆银装镀金几案，果碟以玉，酒器以金，食器以玳瑁，匙、箸以象牙"①。燕飨之间，必有大块或煮或燔的各种肉类（俗称肉盘子），又必须自割自食。即使宋朝使臣赴宴，也不能有悖于这种进食方式。如果宋朝使臣实在不会自割而食，则令人代之割食。这种自割自食的风俗一直沿袭到清代，后被称为"满人食肉大典"。

金朝的婚礼习俗，多是指腹为婚。对拜门的亲朋，要款待他们以酒宴。酒宴上是以糜子酒为主要饮食。这种婚酒，富家用金银瓶②贮装，贫家用瓦瓶贮装；宴时，将贮酒的瓶列于案前，赴婚宴的亲朋，人数不拘多少，皆在案前待饮。饮酒时，富家用乌金银杯，贫家用木杯。酒过三巡，要进大软脂、小软脂（一种用粘米面和猪脂油做的主食），秋冬寒冷季节要进蜜糕，人各一盘，俗称"茶食"。"茶食"不仅用于婚宴中，在其他一些礼仪性的筵宴中也经常使用。《北盟录》记载：女真人"最重油煮面食，以蜜涂拌，名曰茶食"。可见这种茶食是以面团为胚，经油炸后，沾拌以蜂蜜制成的甜品。

金代女真人的宴宾习俗，体现了我国北方少数民族的好客与豪爽。主家宴请宾客时，尽携亲友而来，相邻之家不召即至。宾客进屋就坐，主人

---

① 《钦定满洲源流考》卷十八，"国俗"。

② 瓶：盛装食物的器皿。一般指用粘土捏塑的瓦器。《考工记·总序》："抟埴之工，陶、瓬。"郑玄注："抟之言拍也，埴，粘土也。"

站而待之。直至宾客饮宴完毕，才请主人入座饮宴。宾客告辞时，其礼是拱手退身，口中说"喏"，跪右膝，蹲左膝，再拱手摇肘，动止于三。这种礼节，大概是满族"打千"之礼的前身吧？尤其值得一提的是，在女真人宴客时，盛行一种全羊席。据《松漠纪闻》记载："金人旧俗，凡宰羊但食其肉，贵人享重客间，兼皮以进曰全羊。"当时所以有全羊席盛行于宴客之中，而且非大宴不设，这是与女真人最重祭祀，并在祭祀中以羊为牺牲的习俗有关。全羊席当是祭羊的演化。后来，全羊席的制法愈加精细。另据《奉天通志·礼俗三·饮食》记载："富人享客，或食全羊，即筵间不设杂肴，惟羊是需，除精肉外，如头、蹄、腑以及尾、舌兼篑并进，尽量而止。"从中可以看到，这种全羊席，不仅是取料于羊身上肉的各个部位，而且头蹄尾舌、心肝肚肠皆须制成肴馔了。这使我们想到，清朝中叶以后在民间流行的全羊席，其制作技艺的精湛，场面的豪华，选料的精细，肴馔名称的高雅不俗，固然是受到汉族烹饪和饮食文化的影响，但追本溯源，是与金代的全羊席有一脉相承之因缘的，是金代全羊席的发展。全羊席可被视为满族的固有食俗。

女真人进入中原以后，一方面由于国势强盛，统治力量处在上升时期，另一方面由于受到汉族饮食文化的影响，因此，烹饪和筵宴水平取得了很大进步。后来元取代了金，进入中原地区的女真人的民族特点逐渐消失，而留居在东北地区的女真人，则按照他们的民族特点和风俗习惯世世代代生活下去。

第三节 《居家必用事类全集》中记载的元代女真食品

《居家必用事类全集》一书，是我国元代一部著名的日用百科全书，载历代名人贤士训世格言和居家日用知识之大全。共分十集，体例简洁，记述详尽。其中己集和庚集是专门记载"饮食类"的。己集包括茶、汤、香药、果实、酒曲、造醋、酱豉、腌藏等内容；庚集包括肉品、鱼品、面品、素食、乳酪、粉品和北方一些少数民族的食品等；也包括六则女真食品。这六则女真食品，尽管记述得比较简洁，但却为研究元代女真族的烹饪提供了珍贵的史料。下面，试将这六则女真食品做一些说明和补注，以求达到古为今用、推陈出新的作用。

厮剌葵菜冷羹

葵菜去皮，嫩心带梢、叶长三四寸，煮七分熟，再下葵叶候熟。凉水浸拔，拣茎叶，另放，如簇春盘样。心、叶四面相对放，间装鸡肉皮丝，姜丝，黄瓜丝，笋丝，莴笋丝，蘑菇丝，鸭饼丝，羊肉、舌、腰子、肚儿、头、蹄、肉皮皆可为丝。用肉汁淋蓼子汁，加五味浇之。

"厮剌"，丝之意。此菜是以葵菜为主要原料，并以十余种荤素原料为配料，经"煮""氽""浇汁"等方法制成的多带汤芡的冷菜。葵菜，即冬葵，又称冬寒菜，是我国古代重要蔬菜之一。吴其濬所著《植物名实图考》中记载："冬葵，《本经》上品，为百菜之主，江西、湖南皆种之。"可见此菜在我国南方多有种植。但当时的女真族用此菜烹制菜肴，说明我国东北地区也有栽培。对于冬葵，古籍中还有"七月烹葵及菽"的记载，又说明此菜是供夏季烹制菜肴的原料。而"厮剌葵菜冷羹"一菜，则可初步断定是女真族夏季时节的一款名菜。文中所说的"春盘"，即春饼；"蓼子汁"，即指用蓼叶粉勾成的汁，有粘度。

"厮剌葵菜冷羹"的详细制法宜为：取葵菜（拟定一斤），去掉根和老叶，再剥下嫩叶。然后将带梢的嫩心和嫩叶洗净。先将带梢的嫩心放入水锅中，加适量盐等佐料煮至七分熟，再下入嫩叶同煮，至心、叶熟后，捞出，用冷水浸凉，再捞出沥净水分。将心、叶整齐地摆在大坑盘（或汤碗）的一圈（摆得要四面相对），中间整齐地摆入适量熟鸡皮丝、姜丝、黄瓜丝和经沸水焯过的冬笋丝、莴笋丝、蘑菇丝，还要放入适量熟鸭肉丝、熟羊肉丝、熟猪舌丝、熟猪腰丝、熟猪肚丝等。将适量肉汤放在锅中在火上烧沸，调入盐酱等佐料，用蓼叶粉勾成稀汁，冷却后，浇在盘中即成。食时，将原料和汤汁调匀。

蒸羊眉突

羊一口，燖净，去头、蹄、肠、肚等，打作事件。用地椒细料、

> 酒、醋调匀，浇肉上浸一时许。入空锅内，柴棒架起，盘合泥封。发火不得太紧。候熟，碗内另供原汁。

此菜以羊肉为原科，经"蒸"的方法制成。"眉突"即肉或肉块的意思。原文中记述的操作方法有些词不尽意。现经笔者体会，其制作过程宜为：选肥羊一只，宰杀后，割下头、蹄、尾，去净内脏，治净羊毛，再剥下皮，将肉切成小块，洗净后，置容器内。将适量肉汤中加些花椒、大料、盐、酒、醋、葱段、姜片等调匀，倒入盛羊肉块的容器内（汤要漫过羊肉块为度），腌浸约二至三小时。蒸锅中添足清水，上面搁上蒸架，将盛羊肉块的容器放在蒸架上，盖好盖，盖上还须用泥封严（为使原味不得走失）。在锅底下，用柴棒引着火，烧至蒸锅中的水沸后，将火力减弱，改用小火慢蒸；蒸约二小时后，羊肉块即烂，取出，将羊肉块摆在盘内；蒸羊肉的原汁要盛在碗内，配羊肉块一起供食。

塔不剌鸭子

> 大者一只，烊净，去肠肚。以榆仁、酱肉汁调。先炒葱油，倾汁下锅，小椒数粒。后下鸭子，慢火煮熟。拆开，另盛汤供。鹅、鸡同此制造。

选肥大关东鸭一只（约四斤），宰杀后，用热水浸烫片刻，去净毛，再摘除内脏，治净，剁去掌。用沸水焯透，捞出洗净血沫杂质。将适量榆仁（俗称榆树钱，又称榆荚，色白成串）放在三斤酱肉汤中浸泡一定时辰。锅置火上烧热，加植物油二两，热时，放入一些葱段，以慢火浸炸至糊，制成葱油（油炸后的葱段拣出不要）；然后将酱肉汤和浸泡的榆仁下入锅内，沸后，放入鸭子；再沸后，移小火加盖烧煨约一个半小时（中间要将鸭翻一次身）。俟鸭烂后，取出，稍凉后，将鸭的大骨拆掉，鸭肉斩成小块装盘。锅内所余汤汁盛于碗中，配鸭块供食者共食。用此法还可制鹅、鸡等菜。

野鸡撒孙

煮熟。用脯上肉剁烂。用蓼叶数片切细。豆酱研纽汁。芥末入盐调滋味得所,拌肉碟内供。鹌鹑制造同。

此菜是选用野鸡胸脯肉为原料,经煮后、加蓼叶丝、豆酱汁、芥末面拌制的一款凉菜。原文中说的蓼叶,指酸模叶蓼或水蓼之叶,为古代常用的一种蔬菜。详细的制法应为:选野鸡数只,宰杀后,去毛、头、爪、内脏,治净后,放入水中煮熟,捞出,只将胸脯肉剔下(其余部分另用),剁成细末,置碟内。另用炒熟的豆酱加入适量肉汤调成汁,再将芥末面加少许盐调匀,都浇在碟内野鸡胸脯肉末上即成。用此方法还可制鹌鹑菜。

柿糕

糯米一斗,大干柿子十个,同捣为粉。加干煮枣泥拌捣。马尾罗罗过。上甑蒸熟。入松仁、胡桃仁再杵成团。蜜浇食。

此食品是主食(甜食),经蒸的方法制成,后浇蜜汁。甑是古代的一种蒸食炊器,底部有许多透蒸气的孔格,如同现代的蒸锅。此食品的详细制法应为:取糯米十斤,干柿饼十个(每个约二两以上),分别加工成细粉。大枣煮后(或蒸后),去皮、核,捣成泥,再过箩。然后将糯米粉、柿粉和枣泥合在一起,加适量水制成面团,醒后,铺平在蒸锅里,用旺火蒸熟,取出。稍凉后,再加入适量松子仁、核桃仁揉匀,搓成长条,揪成剂子,再将剂子制成小圆饼状,置于盛器内。另用蜂蜜熬沸,浇于柿糕上即成。

高丽栗糕

栗子不拘多少,阴干去壳,捣来粉。三分之二加糯米粉拌匀,蜜水拌润,蒸熟食之。

此食品为主食(甜食),经蒸制而成。原文中的"高丽",指古代的朝鲜国。当时，女真族人生活在今吉林省一带，与高丽国隔江（今鸭绿江，古称高丽江）相望，并与高丽国在经济、贸易上的往来是比较密切的。女真族在木制饮具、餐器和一些食品方面，曾受到高丽国的影响。如后来满洲饽饽中的高丽饼、打糕等，都是元、明时期由高丽国传入的。此食品的详细制法应为：选栗子（拟为十斤）在阴凉通风处晾干，剥去皮，加工成细粉。取用三分之二同糯米粉（拟为六斤）拌匀，置容器内。另将蜂蜜（拟为一斤）用温水（拟为十斤）调匀，加入栗粉和糯米粉中拌开，再揉合成团，醒后，搓成长条，揪出剂子，每个剂子制成小圆饼状，两面沾匀剩下的三分之一栗子粉。然后摆在蒸锅中，用旺火蒸熟即成。

上述六则女真食品，其特点是制法新颖，加工精细，取料也比较广泛。如厮刺葵菜冷羹一菜，与我国传统的热羹菜制法截然相反，可以想见是一种别致的吃法，而且所用的原料竟达十三四种，并要均切成细丝。再如蒸羊眉突一菜，羊肉经调味品腌制后，以小火"盘合泥封"而蒸，香味不得走失，成品必然味入肌里、醇香适口了。又如柿糕，枣泥捣碎后还要过箩，加工十分精细，如今制法也不过如此。这些制作中的特点，反映出元代时女真族的烹饪技艺已具有较高的水准。

第二章　满族传统食俗

在历史上，满族有自己独具特色的风俗习惯，体现在族规、生活起居、服饰、婚娶、育儿、丧葬、信仰、语言文字、民间传说、文艺歌舞等各个方面。而满族传统食俗，是构成这些风俗习惯的重要组成部分，与民族历史紧密相关，在很大程度上表现了民族的特性。

第一节　宁古塔地区的食俗

宁古塔为城名。满语中"宁古塔"是六个的意思，得此城名相传是清皇族远祖有兄弟六人居此。宁古塔有新旧二城，旧城即今黑龙江省宁安县西海林河南岸旧街镇，康熙五年（1666）迁建新城，即今宁安县城。顺治十年（1653）置副都统于此。康熙元年（1662）改副都统为宁古塔将军。康熙十五年（1676）移宁古塔将军驻吉林乌拉（今吉林省吉林市），移副都统于此。

自古以来，宁古塔地区就是满族先世集居之处。明、清时代，这里民风淳朴，民族的习俗礼仪色彩非常浓重。

一、日常饮食

康熙以前，这里的富人以食稗子米为贵，贫人习食粟，有"多食粟长力气"之说。但无论富人和贫人，都没有饮茶的习惯。日常的主食主要有黄米面做的打糕，也有各种饼饵，这些饼饵没有固定的名称，但制作都

□ 满人吃年宴（清代木刻版画）

很精美可口。富人们食这些糕饼时，往往习惯于涂抹一些蜂蜜佐食。人们常饮烧酒，俗称汤子酒，这种烧酒一般家庭都可自制，也喜饮黄酒，黄酒是店铺里出售的。在菜食方面，主要食各种野味（如野兽肉、山菜）和高丽江（今鸭绿江）的水产品。当时这里的人们特别爱食黄齑汤，家家都能制作，是当地颇为流行的一种地方风味。用盐则由隔江的朝鲜商人供应。当时运盐因路途甚远，故盐价很昂贵。

清代满洲富家过年时，俗行"三撤席"（又谓"翻桌席"）。席始上饽饽（点心），再摆冷菜和米酒，食毕撤去；续上热菜和锅烧（高度白酒），复食毕，亦撤之；又摆汤羹（或火锅）、主食。这叫先喝软酒、吃瘦菜，再喝烈酒、吃肥菜，后吃主食、喝汤。这也是后来一席数度的"满汉席"的先基性宴式。

二、食具

宁古塔人的食具无陶器，用瓷碗，并将瓷碗视为重宝。日常所用器皿，皆为木制的，如桶瓮、匕箸、盆盂等，以邻国高丽所制者为精。食米面制品时用调羹，食碗菜时用箸。兹将日常所用食具简介如下：

木匙——满语曰"差非"，长四寸许，锐上丰下。制时先以木削细，再用火燎，并以火使之弯曲。可代替箸使用。

木甑——满语曰"服寺里"，其形状如盆口，直径二尺许，口大底小，并有菱形小孔以通风，使谷米装入其中便于储存。

木碗——满语曰"摩母罗",形如盂似钵,是盛菜盛饭的主要食具。

瓦罇——满语曰"猛故戳",是贮存米酒(芦酒)的器具。高约六七寸,腹大口小短项,以土烧制,被视为贵重品。

箸——即筷子,满语曰"差不哈",是夹菜的专用器具,木制,与现今的筷子相仿。

三、立神杆的食俗

明、清时代,满族每逢新年或喜庆之日,不论贫富大小人家,皆于庭前立木一根,称为索伦杆,以此敬之为神,以征兆吉事,但多用于为疾病祈祷或还愿(当时宁古塔人患病没有求医的习惯)。是时,选择上等肥猪,购买时从不争价,宰割、治净后置于杆下,并请善诵者在杆下念诵欲求的吉事或患病康复的愿望,家主向神杆跪拜。然后将治净的一些零星肠肉悬于神杆头;将猪肉、猪头、蹄腿、肝、肚、肠等放入水锅中煮熟,猪肠内灌入猪血制成血肠,也用锅煮熟。请亲友进屋坐于炕上,炕上不摆桌,铺一油单,将煮熟的猪类食品置于油单上,每人一盘,由客人执小刀自片而食。这些猪类食品,不留余,也不送人,力求食尽。到了规定时日,若欲求的吉事或患病康复的愿望未能如愿,则将立于庭前的木杆拔去,弃之郊外,以其未显灵也。尔后,再择喜庆之日,重在庭中立神杆一根。

四、满洲大宴会

在宁古塔地区,每家逢大喜大庆之日,必设大宴会。宴会上,主家男女要轮番起舞。跳舞时的动作是举一袖于额前,反一袖于背后,盘旋作势,摆动身躯,俗称"莽势"。在跳舞中,有一领舞者边跳边歌,其他人以"空齐"二字和之,并有类似伴奏或配乐的旋律,以此为祝。宴客时,请客人坐于南炕(满族人风俗以坐南炕为尊,以坐北炕为卑)。主人先送客人以烟,次献奶子茶,然后注酒于爵,再将盛酒之爵置于盘内。这时,主人要先向最年长的客人进酒,进酒时以一手进之,并需跪下;年长的客人受酒而饮,饮毕后,主人才能站起。遂按年龄辈份依次进酒,凡年龄辈份大于主人的，皆需跪而进酒；凡年龄辈份小于主人的，主人乃立而进酒，这些客人则要跪接而饮。主人进酒毕，由主人的妇人继续进酒。妇人进酒时，以酒不沾唇为"界"，凡客人以唇沾酒者，不可不一饮而尽，如推辞，妇人长跪不起。这种饮酒，以饮醉为乐事，不醉不尽兴。如客人惧醉而推辞饮酒者，主人则想方设法劝之进酒，并以妇人相帮，客人焉能不醉。在饮酒时，均不食食物。饮酒毕，乃设油布（即油单）于炕上，将猪、羊等"特牲"（煮熟）置于油单上，客人们用自带的小刀割之而食。客人食饱后，主人再唤客奴进食，客奴叩头谢食后，始得进食。这种大宴会的规模大小，多据主人的身份地位和经济条件适度举办。

第二节　张广才岭一带的食俗

黑龙江省境内的张广才岭一带，明、清时期也是满族人聚居的地方。这里曾有许多古老的食俗，巴拉人的酒令和蒸面灯就是其中最有代表性的，下文将主要介绍这两种食俗。

一、巴拉人的酒令

巴拉人，是指努尔哈赤兴兵建旗时，因逃避征兵而躲进山林里的满族人。"巴拉"为满语，是"巴拉玛"的简化，意思是"行为轻狂之人"，或是无组织无纪律的人，因为他们不在旗。这些巴拉人一直散居在林中，世世代代以渔猎为生。松花江上游、牡丹江上游和张广才岭一带的大森林，还有至今的额穆、蛟河、桦甸、舒兰等地，以及巴拉窝集、巴拉顶、巴拉撮罗、巴拉山等旧时的名称，都是他们生息的场所。因为巴拉人以渔猎为生，常饮酒以御寒，所以创造出一种酒令。这种酒令，至今在张广才岭一带的酒宴上仍可听到。酒令开始时，对垒的二人都要伸开两只手掌，互相拍两下，然后各选用一形象的动作，象征性地表示一个角色，再较量胜负。角色分老猎人、猎人妻、枪和老虎四种。行令时的表示方法是——

老猎人：将双手的食指呈"八"字形，放在嘴唇上方，象征着胡须。

猎人妻：用双手的拇指和食指捏成两个圆圈，贴在双耳垂的下方。这是戴耳环的形象。

枪：左手在前，右手在后，双手的拇指和食指伸开，呈九十度角，弯回其余手指，两手并呈一直线，做射击姿势。

老虎：两手呈虎爪状，手心朝外，放于额头两侧，同时张嘴瞪眼，形若虎怒。

胜负方法：老猎人胜枪，枪胜虎，虎胜猎人妻，猎人妻胜老猎人。

这种助兴酒令，一不高声喧哗，二不联诗填词，简单易行，情调健康，不仅有娱乐作用，而且形象地再现了猎人们的实际生活。

二、蒸面灯

住在张广才岭一带的满族人民，每至正月十五元宵节，还有用面蒸十二个月灯的习俗。这种风尚一直沿袭到中华人民共和国成立初期。

面灯的制法是：用豆面掺适量水和好，醒后，分成十二份，然后将每份面坯做成古代的灯座形状，即上端捏成直径寸余的圆形油灯碗，灯身柱形而细，底腿略大而圆。这十二个面灯制成后，另在每灯碗口缘上捏出一至十二个呈锯齿状的花牙儿，一个牙儿是正月，两个牙儿是二月，以此类推。这十二个面灯，每月用一个。另外，还要做一个鱼灯和一个鹿灯，也是用豆面来做。面灯全部做成后，要用蒸锅蒸熟。俟面灯蒸熟，揭锅时要看一看各月灯的灯碗里是干是湿，或汪水多少，以此来预测这一年各月份的寒暖和旱涝，说水多的是冷、涝，无水的是旱、热。在揭锅时还要唱蒸灯歌儿，来预祝这一年的风调雨顺：

正二三月水没腰，
四月灯碗刚发潮，
五干六湿七八焦，
九月十月干裂瓢。

五谷丰登家家乐，

冬月腊月勿须瞧。

蒸鱼灯和鹿灯时最忌变形。揭锅时首先看这两个灯变没变形（用豆面蒸面灯是不容易变形的），如没变形，妇人们就会高兴地欢叫："今年是大吉大利呀！"

蒸好的面灯取出后，冷却时就变硬了。使用时往灯碗里倒满植物油或野猪油，用棉花捻成灯芯，就可以点灯了。点灯时将十二个灯一起点着，要比较哪一个月的灯花亮，哪一个月的灯花亮，就说明哪一个月一定有喜事临门。

从这种蒸面灯的习俗中，可以看到满族人对农耕和气候的重视，以及对丰收年景的期望。

第三节　婚、丧仪式中的食俗

一、婚娶中的食俗

婚娶是人生大事，在满族的礼仪中，在婚娶的进程中也有很多烦琐的定规仪式，如看门户、装烟礼、放定、聘礼、下大茶、换盅、送日子、开剪等，而婚娶中的食俗更是这些仪式中的重要组成部分。

（一）聘礼中的食物

男女通亲、定礼后，男方要筹备聘礼，除了服饰、布缎、钱财外，还必须有一部分食品原料，要有双对或四对活的整猪整羊。羊毛得染红。还要蒸每个一斤重的印有大红喜字的馒头，馒头中有枣儿、栗子，取其早立贵子之意。这种馒头，多则要备百十个，少则要备数十个。女家收下这些食物后，将馒头分给亲友，将猪、羊或送到放牲的地方饲养，或在市场上卖了，但忌宰食，因为是办喜事的聘礼，不能杀生。有的地方聘礼中的食物，俗称双猪双酒和单猪单酒。双猪双酒就是猪两头、酒两坛；单猪单酒就是猪一头、酒一坛。

(二)喜果儿

喜果儿是指桂圆、枣儿、栗子、落花生四种干果。在做装新铺盖的时候,须将这四种干果从果子铺中买好,往被褥里絮棉花时将其放在被褥的四个犄角中,然后将被褥的里儿面儿都缝好。桂圆是取团圆之意;枣儿是取早生儿子之意;栗子是取其早立贵子;落花生亦是取其生养子女之意,都是借这四种喜果儿的名称,寄托人们的吉祥祝愿。

(三)搭吉棚

在婚娶时,男方为宴请女家和亲朋好友,要聘厨师来家备宴,由于宴桌较多,就要在庭前院内搭棚子,以供备宴款待宾客,这种棚子称为吉棚。冬日搭暖棚,夏日搭凉棚,又有布棚和席棚之分。

(四)迎门盅

婚娶的男方要迎着门(位置在门内正中处),给新亲行礼敬酒,所以叫迎门盅。其实,娶亲男方要置一个小方屋子,此屋高约六七尺、宽约五六尺,当中置一张红桌,桌上供喜神码儿一张,神码的后面有一座大帽镜,或挂一个大镜子,前面再放酒壶、酒盅儿和苹果等物。屋顶上还要挂牛角灯。迎门盅使用的材料一般用绸子或布的。富家和中等人家用绸子的,较贫人家用布的。

迎门盅的用法有两样,一是送亲的太太来的时候,新郎得在迎门盅前后打千儿(一种满族礼节,单腿跪着)敬酒,再就是吃酒的客人来时,新郎也得在这儿打千儿敬酒。送亲的太太和吃酒的客人来到男家门口时,男家应使人将他们请进屋去。这时,茶房里一声喝礼后,新郎就在铺在地上的红毡子上边打千儿敬酒,并向新亲敬下马酒三盅,然后登堂拜贺。

(五)抬食盒儿

食盒是装酒席菜蔬的,由轿子铺预备,长方形,多层,每层高约一尺五寸,宽尺余,长四尺二三寸。旁边有约四尺高的两根立柱,立柱旁边有花开子,上头安着横梁,横梁口上,有个木头斗方儿,上面贴着大红喜字。用时由两人抬着。

(六)唱《阿察布密歌》

新娘到男家的第一天中午,在进行了抱宝瓶、坐福等仪式后,院内须置神桌;桌上供奉猪哈力巴肉(猪肘子)一方,碟一个,内装尖刀一把、酒三盅；新郎向桌南面跪下。桌左边一人，衣帽穿戴整齐，单腿跪于神桌前，高声用满语念《阿察布密歌》（即合婚歌，也称念哈力巴经）。现将《阿察布密歌》用汉字标音记于下：

三音，衣能衣。撒林，得力布非。吾力棍，衣能衣。吾伦，多申布非。波得，五吉恒厄。五尔尖波，哇非。阿布卡，那得，必什勒。各伦，思都力。色得，诸克持莫。察切布非。胡尔博布勒，扎林。

㫋①根，撒力罕，得胡土力。挪更衣布勒博。柏冷厄。䈰朱色得，尼莫库，阿库。那丹朱，色得。㸇呼拉非。扎坤，朱色得，扎录布非，吾云朱色得。五朱，付您何。撒录，沙力他拉。昂阿威齿何。说尔托尔。莫多拉库。汤武阿䈰。他力哈库。

翁安，扎兰博。孝孙阿。阿混他。斗特博，郭什莫。京五勒莫。朱色，窝莫什。汤书拉莫。巴克坦，打拉库。巴彦，厄尔锦厄。滕衣拉。拉库。阿玛哈，衣能衣。哈分哈力得，窝什非。㫋根，撒力罕。卓纳萫，五黑，巴言窝什浑。衣什那非，班吉其尼。

此歌的大意是：选择良辰吉日，迎来新娘庆贺新婚，宰割家中养肥的猪，摆下宴席，供奉在天诸神。请在天诸神保佑，夫妻幸福白头到老。六十岁无病，七十岁才算老，八十岁子孙繁衍，九十岁须发斑白，百岁而无灾。子孙尽孝道，兄弟施仁德，父宽宏，子善良，日后做官，夫妻二人共享富贵生活。

此歌分为三节，每念完一节，用刀切肉一片掷向空中，并向地浇酒一盅。

（七）饮交杯酒

午后日落前，新娘要出门看日光，俗称看日头红。入夜，新郎新娘入洞房，要饮交杯酒，文言称合卺，这是最古最重的仪式。"合卺"二字，通常用做婚娶的代名词，如请帖、喜幛、喜联上，都常用这二字。新郎给新娘接过盖头后，就坐在新娘的左边。娶亲太太拿一杯酒，让新郎抿一抿，

---

① 㫋为厄和农的合音，䈰等类同。

送亲太太拿一杯酒,让新娘抿一抿。然后娶亲太太和送亲太太把酒杯互换过来,再让新郎、新娘抿一抿杯中酒。这种仪式,即称为交杯酒。饮交杯酒的杯是圆形的小木杯,下面安着高腿子,有二三寸高,涂着红漆加金边儿,两个杯是一样的,未用前,是用红头绳拴在一起的。

(八)吃合喜面

饮过交杯酒,新郎、新娘还要吃合喜面(也称长寿面)。合喜面由男家预备,多用刀切的面。吃面时,新郎、新娘都盘腿坐在炕上,由张罗喜房的人将制熟的面置于子孙碗里,再用子孙筷子喂着新郎、新娘吃。新郎、新娘只是象征性地吃一点。因传说这天吃面寿数长,故又称长寿面。

(九)谢亲席

在男方娶亲时,男方要给女方家送一桌丰美精制的酒席,叫谢亲席。送时,要把各式肴馔都装在大食盒里,由两人抬着送去。这是婚娶中必有的一种仪式,为的是养女儿的人家心安。

(十)谢媒席

在办喜事的那天,男方为酬谢媒人的帮忙,也要给媒人家送去一桌酒席,叫谢媒席。送法与谢亲席相同。但也有用圆笼让一个人挑着送去的。官宦大户人家,除送谢媒席外,还要送其他礼物,如服饰、绫罗等。

(十一)吃拉拉饭

吃拉拉饭,满语曰阿什布密。拉拉饭是用黄米饭和羊肉丝做的。吃拉拉面也叫吃克食,"克食"为满语,意思是吃撤下来的祭神祭祖的供品。吃拉拉面时,要在洞房的炕前面摆一张炕桌,桌上供着乌赤(满语,即羊腿)。新郎、新娘拜完天地,就都跪在桌子前面。娶亲太太单腿打千儿,跪在新郎旁边;送亲太太单腿打千儿,跪在新娘旁边。娶亲太太喂新郎三口拉拉饭,送亲太太喂新娘三口拉拉饭,此仪式即毕。供在桌上的羊腿,过后要送给娶亲太太和送亲太太。

(十二)吃子孙饽饽

子孙饽饽由女家预备。此饽饽比平常煮的饽饽(煮饺子)略小一些。做时,须用生面胚做成皮子,夹起子孙饽饽,捏成盒子形状做成两个,是取其夫妻合好意。夹子孙饽饽也有规矩,一个盒子夹八个,一个盒子夹七个,叫做七子八婿。做子孙饽饽必须是双数,如十、十二、十四、十六、十八。做成的子孙饽饽，是由送亲太太来送亲时带来。带子孙饽饽还有规矩，用的是桃、柿形状的朱漆盒子盛装，盒面上印有金花。装子孙饽饽时，要在盒底先垫上红纸，然后将子孙饽饽放入。那两个装子孙饽饽的盒子，是用一根细红头绳拴上；这细红头绳约有八九寸长，一头拴上一个，这是红线联姻缘引子孙的意思。子孙饽饽装好后，盖上红漆盒子盖，用红绸子包裹起来，选一位小童子拿着，或选一位家庭人口齐全的老妇人拿着。在新郎、新娘饮完交杯酒、吃完合喜面后，就要吃子孙饽饽了。吃时，新郎、新娘还是在炕上盘腿坐着，由娶亲太太和送亲太太喂给他们吃；子孙饽饽装在子孙碗里（这种碗，是随着女方的嫁妆带来的），娶亲太太和送亲太太每人端着一碗，拿着一双筷子（称子孙筷子），娶亲太太喂新郎，送亲太太喂新娘。新郎、新娘只是在两个夹有子孙饽饽的盒子上咬一口，再吃两三个子孙饽饽，就算可以了。吃的时候，还要事先选一个小童子在屋外窗前，连问几声："生不生？"新郎应答应："生！"这时娶亲太太和打发新娘下轿的堂客也都要一连声地帮助新郎答应："生！"这是取其新娘多生子女之意。

（十三）吃团圆饭

在新娘婚后未下地劳动之前，新郎和新娘要同吃一桌饭，叫团圆饭。吃团圆饭时，请几位全福人在旁张罗着。新郎、新娘每夹一口菜，这几位全福人就要说一句吉利话。如夹一块鱼，就说"富贵有余"；夹一颗莲子，就说"连生贵子"；夹一片白色的菜，就说"白头到老"；夹一片方形的菜，就说"四世同堂"等，用象声或谐音祝愿新郎、新娘婚姻美满。吃完团圆饭，就该下地劳动了。

（十四）吃酒

在新娘被娶走后，女家还要在亲友中请几位全福人，在新娘婚后下地劳动时，来到男家，男家要备酒宴款待，这种仪式叫吃酒。来吃酒的人必须是双数，如二人、四人、六人等。男家的人还要陪着坐席，即两位男家的人陪一位堂客。坐座时，先上酒席后上果子席。换席时，人无需动，只将酒席连桌面抬走，再将摆着果席的桌面抬来。果席中的各种果子都摆得整整齐齐，抬时不能晃动。这种仪式叫"吃席看果"。这时，新郎还要给来吃酒的堂客磕头行礼，堂客也要送给新郎礼品。

二、丧葬中的食俗

满族的丧葬习俗也具有自己的特色。《北史》记载，早在南北朝、隋、唐时期，满族先祖勿吉人和靺鞨人的丧葬是"其父春夏死，立埋之，冢上作屋，令不雨湿；若秋冬死，以其尸捕貂，貂食其肉，多得之"。《北盟会编》记载辽代以后女真人的丧葬则是"死者埋之而无棺椁，贵者生焚"。清代以后，满族的丧葬礼规仪式更加讲究而烦琐起来，如人死停放西屋（满人以西为上），死人从窗户抬出（认为门是走活人的，不能走死人），用起脊和横断面为⌂形的棺材（汉人则为平顶棺材），棺材里放谷草或栗树枝（为火葬痕迹），挂红幡（满俗贵白贱红，认为红色是送终时才可用的），单日出殡（满俗贵双忌单，单数只有在送终时才可用），死者男摘冠缨截发，女去妆饰剪发，服孝人百日内不除服，插佛托（象征用衣服给死者盖上）等。在丧葬中，还有许多食俗也贯穿在这些仪规之内。下面，仅就丧葬中的有关食俗做一综述。

（一）丧葬宴席

办丧事时，要在庭内院前搭大棚，安排厨房。找厨茶行借家伙，并讲究家伙座儿。上等人家办丧葬宴席讲究燕菜席、鱼翅席；中等人家则多办海参席、鸡鸭席；一般人家兴办六六席、八八席等。有酒的称酒席，有果子的称果子席，果子席中有干果子、鲜果子、蜜饯果品、溜炒菜和饽饽等。早年间还有用八珍席的（指野味八珍），并有果子粥、饽饽等。但在丧葬宴席中，没有用烧烤或白煮的方法做菜的，因为这类菜被认为是生子满月时用的。请来的厨师，要事先将灶台砌好，头天就要落桌。

（二）蒸餶食

又叫定餶食。是用江米面捏成若干个小人，摆于灵桌上，即为餶食。所捏的小人，或八仙，或古代戏人，文官则冠袍带履，武将则顶盔擐甲，色泽鲜艳。并讲究容貌，文官气度轩昂，武将威严神气。小人制成后，要用蒸锅蒸熟。

（三）给亡人供饭

又叫朝夕奠。死者的孝子（长子）跪在灵桌前面，丧家其余人跪在他的后面。孝子须手捧一铜盘，铜盘中垫一块白布。茶房将茶端来，置铜盘中，孝子双手往上前方一举，茶房遂即将茶端出，供于灵桌上。然后茶房再将制好的肴馔依次放在铜盘中，孝子依次举盘，茶房再一一将铜盘中的肴馔摆于灵桌上。茶饭供毕，孝子和丧家众人一齐磕头举哀，吹鼓手奏丧调。

（四）喝汤

办丧事要请和尚放焰口。和尚放完焰口后，丧家要请他们吃一顿饭，俗称喝汤。这顿饭有各种菜肴和饽饽（皆为素食），一般备二三桌左右。和尚们落座后，茶房请丧家拜见和尚，并行磕头之礼。和尚们吃喝完毕，道别后即走。

（五）烧饭

烧饭为古老旧俗，女真时期就已有之。《北盟会编》载："所有祭祀之物尽焚之，谓之烧饭。"祭祀之物中有许多食品，也有衣服、用具等，焚后是给死者在阴间使用的。清太宗皇太极在位时，因当时殡葬之俗日趋奢华，他曾说过："凡吃穿不过阳间所用之物，死后至阴间所用的，亦阴间之物。烧煅彼能得之耶？若果得之，烧煅之物阴间用尽后，可常继乎？不过无益之费耳。"这说明皇太极是不提倡这种风俗的。后来"烧饭"的风俗逐渐收敛，仅将死者的衣服放在灵柩下，焚烧的物品仅有装在枕头内的荞麦皮、谷物及纸制的祭奠品，如车马人，与汉人相同，不同的是满人面北，汉人面南。

（六）供饽饽桌子

在出殡前，丧家要供饽饽桌子，是给死者准备的食物。饽饽有花糕、七星饼子等。桌子是红漆的，高约二尺、长三尺、宽二尺；讲究些的，桌面上有玻璃镜或印有金花，还用绣花桌围铺上。桌上摆的饽饽以节计算，都取单数，如三节、五节、七节、九节、十一节，最多是十三节。最普遍的是三节，俗称"官三节"。供桌上还要放鲜果、鲜花或纸花。供桌和饽饽由饽饽铺子备办，饽饽的盛具上，常写"满筵"二字。丧家出殡后，饽饽铺子来人将供桌和盛具拿回，将饽饽给丧家留下。当时租饽饽桌子的价钱很贵，只有富贵人家才租得起。

（七）祭席

给亡者摆供的饭菜，叫祭席。这种祭席，有的是丧家自备，有的是亲友所送；亲友所送的，有席票，也有实物。送实物的亲友，要在灵前上祭行礼，吹鼓手还要吹打哀调，祭席由茶房来摆。亲友送的祭席，一般是市肆上的酒楼饭店备办的；有时还用素席，以冬瓜、茄子、豆制品、萝卜等为原料，能做出鸡、鸭、鱼、肉等形状。亲友上完祭席后，要给茶房和吹鼓手们赏钱。

上述婚、丧中的食俗，都是在清代时盛行的。如今，满人与汉人一样，婚、丧中的习俗都发生了很大变革。如婚娶时，男方不大摆宴席，女方不收彩礼；丧葬时，已习惯于火葬，为表示哀悼，开追悼会、送花圈、臂带黑纱等。而一些烦琐浪费甚至是带有迷信色彩的仪式，已逐渐成为历史的陈迹。

第四节　乡土食风

满族的乡土食风，属于满族的民族习俗范畴。这种食风，除了有历史的传承性外，还有浓郁的地方民间色彩。所谓历史的传承性，就是这种食风的流行发展中在时间上所显示出来的特征，这是与满族民族的历史发展分不开的；所谓地方民间色彩，即它的地方特征和乡土特征，因为食风自然会受到一定地域的生产、生活条件和地缘关系所制约，要染上地方色彩的印记。在历史上，满族的先祖是以狩猎为主的，随着社会生产的发展，后来又以农耕和饲植为主，逐渐形成村落而长期定居下来，这种生活形式经过漫长的历史，一直沿袭至如今。可以说，满族传统的饮食习惯在满族人世代聚居的农村表现得特别明显。我们把这种事象姑且称之为"乡土食风"，并择其有普遍性和代表性特征的予以概述。

一、养猪食肉

人们提到满族饮食时，首先想起的便是满族人喜食猪肉。在满族人的饮食生活中，如婚丧嫁娶、年节宴席、祭神祭祖、日常饮食，都离不开猪肉。日常穿戴和用具，也离不开猪革制品。在满族人办婚、丧事中，流行制作一种叫"猪八样"的宴席，即将猪头、哈尔巴（猪的肩胛部位的肉）、肋条肉、猪肘子、猪蹄、肚、肝、肠用不同的烹调方法制成八种不同的菜肴。在年节中，满族人家家都要包猪肉馅的煮饺。特别是在新年和春节期间，一次要包上几顿的，饺子包成后，放在户外冷冻贮存起来，俗称"冻饺子"，随需随取，食用方便，这种食俗至今仍颇流行。这应该算满族人在饮食上的一个发明吧。在年节中，满族人家家都有熬皮冻的习惯，即将猪皮切成小块或丝，加水熬烂，成为有胶性的流液状，再倒入容器内，加入调味品，冷却后即成，食时切块。这也是满族人在饮食上的一种发明。由于满族人喜食猪肉，在长期的饮食生活中，自然在猪肉的烹调方面积累了丰富的经验，形成了独到的食风。在如今的年节中，满族人的家庭烹调在对猪肉的制法上更有了提高，如煸白肉、溜肉段、扒肘子、扣肉、焖肉片、炸丸子、溜肉片、溜三样等，都成了待客和改善生活的佳肴。

在满族人的生活中，还将养猪和食猪，作为衡量贫富的标志之一。家中墙壁上的年画，喜欢带有肥猪的，以示生活富足、农事兴旺；甚至在猪圈中，也要贴上"肥猪满圈"的红联，用以寄托畜业发展的愿望。所以家家养猪，大猪重达三四百斤，小则也有二百多斤，以大为荣，以小为耻。每年腊月，家家都要杀猪，把猪肉埋在雪地里保存，把煮过的熟肉放在户外冷冻起来，并把一部分肥肉腌制在坛子里，作为一年的食用油。临至春节，家家都要灌血肠，这种血肠，是将猪肠治净后，灌入调过味的猪血，经煮熟而成。过年的第一顿肉菜，就是白肉血肠，即将血肠（切厚片）、熟白肉片、酸菜、肉汤放在锅中，加调味品炖制而成。食白肉血肠的风气，早在明代就已有之，如《宁古塔纪略》中载："大肠以血灌满，一锅煮熟，请亲友到炕上……"食用白肉血肠的用具也是很独特的：即是一个高约一尺的长方形套桌，将桌中间可自动开合的圆板取下，将圆锅置于当处。用时，锅下面有火盆对着锅底加热；将锅中添足肉汤，再放入酸菜丝、白肉片、血肠和盐等调料，炖些时候，再加些细粉条；锅旁边的桌面上，放几碟酱油、韭菜花酱、腐乳等。这种传统的进食方式，至今仍被许多满族家庭保留着。

二、独特的民间食俗——"蘸"

在满族人的日常饮食中，特别是在广大农村，有一种独特的食俗——"蘸"。这一食俗，在民间几乎家家在一年四季里都常用。

蘸，指将东西浸入水中，或者以液体沾染他物，用手或物沾取液体。徐渭《葡萄》诗中曰："尚有旧时书秃笔，偶将蘸墨点葡萄。"这是表现用画笔蘸墨在纸上画葡萄。而满族人的乡土食风"蘸"，也是这个意思，不过不是画葡萄，而是将各种洗净或用沸水焯过的鲜蔬、山菜等，以手执之（或以箸夹之），在炸好的酱中蘸一蘸，然后食用。这种食风不仅在农村中颇为流行，在城市中也很普遍。

供蘸食的原料是十分繁多的。春天，多用小葱、小白菜、菠菜以及蕨菜、苣荬菜、小根菜、猫爪子、刺龙芽等各种山菜；夏天，多用生菜、青蒜、黄瓜、青葱等；秋天，多用红萝卜、青萝卜、土豆、嫩葱白等；冬天，多用大白菜心、酸菜心、大葱白等。

"蘸"食比较简便，具体方法大致分三种：一种是将原料洗净后，直接蘸酱食之即可，如小葱、苣荬菜、小根菜、水萝卜、黄瓜、生菜等；一种是须进行加工后才可蘸酱而食，如酸菜须要腌渍好，青萝卜须要去皮再切成小条；一种是须经过焯、煮、蒸等热处理后才可蘸酱而食的，如蕨菜、猫爪子、刺龙芽等，须要经沸水焯后，再用冷水浸凉，土豆须要蒸熟、去皮，红萝卜须要煮熟、切片等。

供蘸食的酱类，一般分生酱和熟酱两种：生酱主要是家庭自制的黄酱（俗称大酱，北京称京黄酱），以及酱油；熟酱是指经烹调后制成的酱，一般有鸡蛋酱、肉末酱、辣椒酱，以及用油炸成的面酱、豆瓣酱等。但使用熟酱蘸食的比较普遍。

由于蘸食的原料鲜嫩新脆，清淡爽口，生津润喉，便于下饭，增进食欲；有的辛辣而具刺激口腔的功效，且便于食用，经济实惠，因此深为满族人民所喜爱。特别是在夏日中午，家庭主妇在庭院树荫下摆上饭桌，将炸好的鸡蛋酱、煮好的咸鸭蛋和过水饭，以及脆嫩水灵的水萝卜、湛绿鲜嫩的菠菜、顶花带刺的黄瓜等一一端来，合家共食，真是别有一番乡土风味。

三、腌渍酸菜

酸菜是用秋后的大白菜经腌渍的方法制成。满族人民喜食酸菜的习俗由来已久。清代学者何刚德在《客座偶谈》一书中，曾谈到他当时游经沈阳时的印象，其中说："然过沈阳……中途偶有一二草屋，下而憩息……屋中必有两大缸酸白菜。此地独多白菜，冬间腌之。"《奉天通志》中也说："及至秋末，车载秋菘（即白菜）渍之瓮中，名曰酸菜；择其肥硕者，藏之窖中，曰黄叶白。"由此可见，早在清代，在满族人民居住的地区，已经盛产白菜，并有入冬腌渍酸菜的习俗。

腌渍酸菜的方法分生制和熟制两种。生制的方法是将新鲜的大白菜剥掉老帮，切去菜根，摘去老叶，用冷水洗净后，码于大缸中，码一层撒一层大粒盐，码摆得直至大缸盛不下为止，最上面也要撒一层大粒盐。然后选一些白菜叶覆盖在上面，遂以重石压住，再浇入生水，水要至大缸的三分之二高度。俟过几日，见白菜下沉，与缸口平齐后，可用油布将缸口扎住，再盖上缸盖，以防落尘或沾上油腻的东西（如掺入油质的东西白菜容易腐烂）。生制酸菜的方法是操作简便，成品质脆酸爽，贮存期间不易腐烂，但腌渍的时间较长，须一个月后方能食用。熟制酸菜的方法是将大白菜经过剥老帮、老叶，切根，洗涤等处理后，每棵顺长切为两半，再放入沸水锅中煮烫约三分钟。煮烫时先放根部后放梢部，取出后，再用冷水投凉，然后码于缸内，也是码一层撒一层大粒盐，码摆得直至大缸盛不下为止。上面盖一层白菜叶后，用重石压住。然后浇入冷水（水量与生制相仿）。过几日白菜下沉后，亦用油布和缸盖封口。熟制酸菜的特点是成品酸口重，腌渍的时间较短，半月后即能食用。

酸菜无论生制和熟制，在发酵期间，都要掌握以下几点：①缸口一定要封严。因腌渍酸菜的缸多放置厨房，平时烧菜时的油烟油腥容易进入缸内，如进油腻酸菜容易腐烂。②缸中的水要保持在以高出酸菜三寸左右为宜。如水多了，应舀出，如见水面泛起白沫时，须及时撇去，再补充一些新水。③酸菜制成，每次取菜后，再将重石压住，封严缸口。④腌渍酸菜时，室内的温度宜保持在12℃—15℃左右为宜。温度低时，酸菜不易渍透，温度高时，酸菜也容易腐烂。

酸菜是满族人冬季的主要副食，最宜用猪油、白肉烹制成菜肴，可用熬、炖、氽、炒等多种方法制做。如氽白肉、酸菜白肉火锅、炒肉丝酸菜粉、砂锅酸菜白肉、白肉血肠、酸菜炖冻豆腐等。由于酸菜质地脆嫩，酸味适口，又"吃"油腻，做成的菜肴荤素搭配，汤清略酸，鲜咸味醇，营养丰富，尤能增进食欲。酸菜与白肉是满族人在日常饮食中不可缺少的两种食品。

四、吃"乏克"

"乏克"为满语，即吃"包儿饭"的意思，或叫"吃饭包"，是满族人的传统食俗；尤其是东北三省满族人聚居的地方，此饮食好尚颇为流行。

吃"乏克"的方法是：将煮熟的米饭，同炒熟的菜肴，以及葱段或葱丝、炸酱等，用洗净的菜叶包起来，双手握而食之。吃"乏克"因季节的不同，用料也有所区别。春夏季节多用苏子叶和莴苣叶，置手掌上铺开，先放入适量小米饭或秫米饭、大米饭，再放一些炒菜，如韭菜炒鸡蛋、油渣炒菠菜等；然后放上一根小葱，抹入一点炸好的酱，即可包裹起来；包时要包得紧一些，成长卷形。秋冬季节则用大白菜叶和酸菜叶，米饭可随意，炒菜一般用土豆丝炒青椒、肉丝炒酸菜等，也要放些葱、酱。

满族人吃"乏克"起于何时，尚难考证。但明朝万历年间太监刘若愚所著《酌中志·饮食好尚·四月》中，有如下记载："……又以各样精肥肉、姜、葱、蒜剉如豆大，拌饭，以莴苣大叶裹食之，名曰'包儿饭'。辽东人俗亦尚此。"

文中所指的"辽东"，即是明代女真人（满族的先世）活动的区域。"辽东人"便指早期的满族人。说明那时候满族人已有了吃"乏克"的食俗。关于吃"乏克"，还有一个传说：努尔哈赤率军据有辽东的一次征战中，粮糈尽竭，幸好有人送来米饭，努尔哈赤便与八旗兵们以苏子叶裹饭而食，遂解危难。后来的清宫中每年七月五日（农历），御膳房要做包儿饭，供帝后和皇家人食之，以此为清朝的纪念日，这确有其事。可见，吃"乏克"

不仅是满族人的一种食俗，又因被清宫中的皇家人视为祭祖的食物而更加流行起来，后来又演进为菜包（饭、菜皆有）。

吃"乏克"的习俗所以流传至今，除因它具有制作方便，经济实惠，饭菜一体，鲜蔬、熟肴、葱酱互相"串味儿"的特点外，在食用方法上，也具有满族在饮食上的传统特色，如满族人吃"手把肉"，为持刀自割而食，不用箸，割下肉后，以手执之送于嘴中。

第三章　入关前的满族祭祀和祭品

满族的祭祀活动，具有悠久的历史。据《金史》记载，金代女真族"以重五、中元、重九日行拜天礼。重五于鞠场，中元于内殿，重九于都城外。其制剡木为盘，如舟状，赤为质，画云鹤文为架，高五六尺，置盘其上，荐食物其中，聚宗族拜之。若至尊则于常武殿筑台为拜天所"。这说明当时的满族先祖就颇重祭告天神，并专有祭天场所，以定期举行拜天之礼。又据《满洲祭天祭神典礼序》载："系长白山发祥之始，再满洲开国之初，每逢征讨，无不先行告祭于天，无不深蒙默佑。所以今有次日祭天之礼。"又说："肇基始祖原系天降神女降生，所以今有背灯之礼是以。满洲祭祀一事，上自大内，外而王公，凡我八旗满洲家家举行，至恭至重。"这又说明，满族视始祖为"神女降生"，把祭天和祭祖活动并列一起，以求赐福和禳灾。努尔哈赤、皇太极建都沈阳（以后改盛京）后，不仅建堂子祀天，还在清宁宫建神堂，作为家祭的场所。清入关后，又建坤宁宫，供皇帝、贵族祭祀用，并在北京长安左门外建堂子。《钦定满洲源流考》中，将祭祀定为国俗，将省牲、受胙、酒醴、供献、祝辞等制成定规；文中并规定："每岁春秋有立杆大祭之礼，有每日朝祭、夕祭之礼，有四季献神之礼。"这都说明清代统治者不但承袭而且发展了其先祖的祭祀旧俗。这些祭祀活动，随着清朝的覆灭和伪满洲国的垮台，便消迹于世了。在满族民间，也由于祭祀的仪式烦琐，耗费资财，迫于生活的困苦，祭祀活动也自行停止了，然而更重要的原因，还是满族人民思想认识上的变化。

满族的这些祭祀活动，在当时表现了对祖先孝敬、缅怀的心情和寄希望于神灵，企图摆脱贫穷和苦难，求得生活幸福及民族的兴旺发展的愿望，反映了一个古老民族质朴的民族心理。而本章论述这些祭祀之事，主要是因为与满族的传统烹饪有着密切的关系。祭祀中的祭品都是食品，这些食品在祭祀活动的制约和影响下，其加工方式和烹饪方法已经成为一种固定的体系，自然而然地促使了满族饮食习惯的形成。而且，这些祭祀中的祭品，在加工、烹调、进食等一系列程序中乃至供献祭品的意念上，是经过了起码数百年的承袭，这对满族的食俗和整个民族的的烹饪，都将起到十分深刻的影响。下面，仅就清入关前的祭祀活动和祭品予以综合记述（清宫的祭祀和祭品将在后卷记述），从中可以看出它们与满族烹饪的关系是如何的密切了。

第一节　祭祀与"福肉"

满族曾长期信仰萨满教，但在努尔哈赤统一满族各部后，由于认识到萨满教不可能成为统治和驾驭其他民族的思想武器，特别是在接受了其他民族的比自己先进的物质文化和精神文化以后，萨满教逐渐不再是主要信仰，而是形成了与其他宗教信仰混杂、融合的局面。如努尔哈赤、皇太极建都盛京后，"即恭建堂子以祀天，又于寝宫正殿恭建神位以祀佛、菩萨、神及诸祀位。嗣虽建立坛、庙，分神、天、佛暨神，而旧俗未敢或改，与祭祀之礼并行"[①]。这说明当时的信仰是混杂而融合的。但表现在祭祀的牺牲上，规定则是一致的：祭祀中主要以猪为牺牲，猪要求毛色纯黑而无杂毛，而且要膘肥肉好，"俱用整齐全备者，稍有缺残，即斥而不用。是以祭祀之牺牲供献神位，不稍留膁，即胆与蹄甲亦取置碟内，陈于旁案"[②]。满族人自古就有善畜猪喜食其肉的习俗，人死后都要杀猪从葬；用上好无缺的肥猪做祭祀的牺牲，无非是表示祭祀人的虔诚，以至将猪肉称为"福肉"，并以此来取吉获福。

---

① 《满洲四礼集》，"汇记满洲祭祀故事"（卷一）。
② 《满洲祭天祭神典礼》，"献鲜背灯祭仪"（卷一）。

在盛京清宁宫中，以猪为牺牲的祭祀过程如下："……异一猪入门，置炕沿下，首西向。司俎满洲一人，屈一膝跪，按其首。……司俎满洲执猪耳，司祝灌酒于猪耳内………猪气息后，去其皮，按节解开，煮于大锅内。……皇帝、皇后亲诣行礼……神肉前叩头毕，撤下祭肉，不令出户，盛于盘内，于长桌前按次陈列。皇帝、皇后受胙，或率王公大臣等食肉。"[①]文中又将祭祀用的猪肉称为"神肉"，其实这种"神肉"就是用清水煮的白肉，不加任何调料，成品块大色白，新鲜而香。这种以清水煮白肉而不加盐酱的方法，

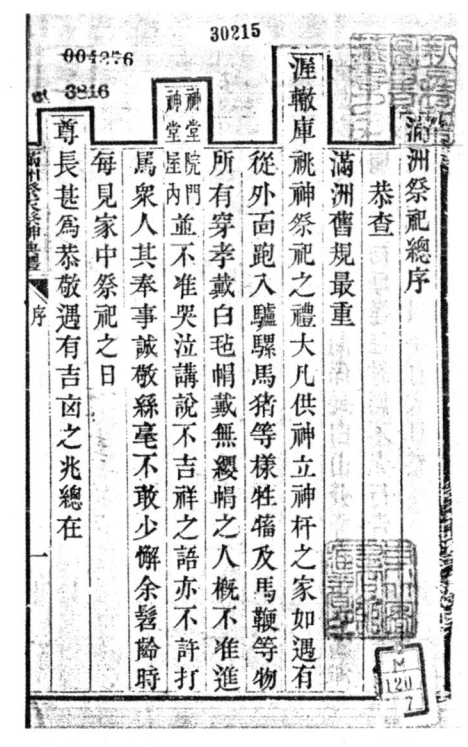

□《满洲四礼集》嘉庆辛酉仲春省非堂藏版

大概与明代的女真人不知制盐，不得不以牛马与高丽盐商做交易，因此视盐极为珍贵有关，代代沿袭，也就成了习惯保持了下来。

在满族贵族富户的祭祀中，食"福肉"的情况又有所不同。食肉前，要在院中搭起芦席棚，高过于屋，棚中先铺一层席，席上再铺白毡，并设坐垫供客人落座。识与不识者皆可来此食肉。食时，十人左右一围，由厨师将每块约十斤重的煮白肉置大铜盘内献于食者。献肉时还要配一大铜碗的煮肉汤，还要给每位食客前备一小铜盘，供盛割下的肉。不备盐酱和调味品。但备高粱酒，倒大碗中，食客端碗轮流饮之。食肉时，食客们都用自带的小刀自割自食，擦手的纸也由食客自带。食客们吃的肉愈多则主人愈高兴。如食客将肉食毕，连声高呼"添肉"时，主人会连声致谢，称赞不已。割食白肉也是有技巧的，会割的能将白肉片成如掌大如纸薄的大

---

① 《满洲祭天祭神典礼》，"仪注篇"。

片,并且肥瘦兼而有之。如割肉不得法者,会被诮为"屯老二"。能吃白肉的人一顿能吃上十斤。客人食肉时,主人从不陪食,只是要经常照看各座所食白肉多少而已。这种食肉的方式,古籍中称为"食肉大典",其中也有一些规定的礼仪。如食客和主人均须衣冠整洁,客人进门后,要向主人半跪道喜,然后即可随便入座。客人食饱白肉后不必向主人道谢,起身即走,因为这是"享神悛馀"不必谢任何人,但不能以纸或手拭口,因为这样会被认为是不敬神。

随着社会条件的变革和发展,到了清朝后期,满族人在祭天祭神中的"食肉大典"则有了一定的变化。如光绪年间的进士何刚德在他所著的《春明梦录》一书中记载满人祭神食肉的情况:满人祭神时,要下请帖,称为"请食神"。祭祀时,将猪治净后,去皮蒸熟。天黎明时,将所请的客人召集在堂中。炕上要设方桌,方桌上整整齐齐地摆上糖、蒜泥、韭菜末等佐料;桌中间置一大盘,盘中盛满蒸熟切好的白肉片。白肉片随吃随添,不计盘数,以客人食饱为度。在白肉片的旁边,还有白煮的猪肺、猪肠等,但不配盐酱。最后还要上白肉末一盘、白肉汤一盘,是配吃饭用的。吃饭一般吃老米饭。在食肉中客人们食得愈饱,主人愈是高兴,被认为是取吉利。客人们食完肉后,也不向主人道谢,如道谢则犯了主人之忌。这种"食肉大典",一般是满族富贵人家才能操办得起的。

上述,是当时满族上层人物在祭天祭神中食"福肉"的几种方式。其中在祭祀的礼俗上是有共同点的,但在进食"福肉"的方法上则是不断有所变化,而且这种变化,是逐渐向着烹饪化、菜肴化的方向发展的。在满族早期祭祀时食"福肉"的过程中,人们自割自食时,大概还不讲究刀法,只是随意割之,后来,在割食白肉时,人们逐渐讲究起刀法来,以片的片大而薄为荣,对片食不得法者,则报以讥诮,再后来,客人们不须自割了,由厨师们专门片割,这种片割的技术自然是更加精湛,而且在食"福肉"时,还调配了佐料。如今,以白肉为烹饪原料和片割白肉的技术,已经成为东北各地酒楼饭店中经营菜肴的一种特色,如煸白肉、酥白肉、瓤白肉、余白肉、白肉酸菜火锅、砂锅白肉等。而且在熟白肉的改刀中,讲究"足八寸",即将大块煮熟的白肉用长片刀片成八寸长,而且薄如纸,这是一种精湛的刀工技术。这种以白肉为原料烹制的菜肴和片割白肉的技术，不能不说没有满族祭祀时吃"福肉"的长期影响。另外，从这种古老的祭祀和食"福肉"的过程中，也反映出满族民族的豪爽、好客的气概和注重礼仪的某些习俗。

第二节 祭祀的种类

与宫廷和富贵人家的祭祀相比，满族一般民间的祭祀活动较为简约，但也很讲究，并且颇具民族的特点。在家庭生活、生产劳动和参加社会活动中，满族民间则有各种各样的祭祀。这些祭祀，也是形成、促进和发展满族烹饪的一个重要因素。

一、大祭

不论门户、贫富，家家每年一次。冬月底选吉日举行。主要是祭祖、兄弟分家自立祖像，或是因病许愿等。在大祭前均须食素，不准食肉饮酒。大祭要分三日举行：

第一日早晨，要将关帝和观音圣像请下。再牵入院中一匹红马；祭主捧香炉围红马走一圈，然后牵走红马，撤下关帝像和观音像。再将雄鸭一只，宰割后治净，煮制于榆树下，谓之"祭神树"。也有这天早晨，请下香碟，烧上达子香①，供上饽饽；然后将一只完备无缺的羊牵入屋内。这时，祭主请入供在南面的一个香碟，往羊头上按三下、羊腰上按三下、羊尾上按三下，羊被香熏得流鼻涕即为领牲。遂将领牲之羊宰杀、治净，执刀分解后煮于锅内，至熟后取出，按原样将羊拼成一个整体，但须将羊的左蹄含在羊的嘴里。祭主这时要率众行礼，并换酒三次，然后撤下，祭祀的众人食羊肉、饮酒。这一天申时（下午三点至五点），撤下饽饽，再供

---

① 达子香：满族祭祀时所烧之香，系由香达子花叶制成。多于每年九月九重阳节采摘，阴干磨面，过箩后存之。用时将香面撮起，成"一"字洒于香碟内，以火炭燃之，为一路香，味清香。

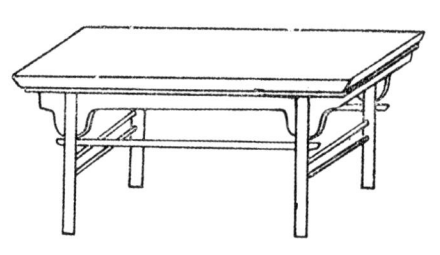

□ 供肉红漆长高桌

新饽饽和酒,然后,由家中(或族中)老人先尝,其他人后尝。这时,要牵进一头毛纯黑而无杂毛的肥猪,置猪西炕沿下,将其嘴向南放倒,宰杀、治净后,割块煮于锅内,至熟取出,按原样将猪摆成一个整体。这时,要将达子香火捻灭,灯盏、火盆藏避,在场人一律不准出声,静听祭主朗读祭语,助祭者以筷子敲碗口或喊出"哇哇"之声以应和。这是在请佛托妈妈①,因这时的佛托妈妈被认为是赤身露体,不背灯火怕羞不肯来。祭主朗读完祭语,即张灯,在场之人三叩首;然后先请家中(或族中)老人先尝煮熟的猪肉,其他人坐于炕上,铺上油布,放上猪肉,以秫米干饭就食。并将部分碎肉置于索伦杆②顶端的锡斗内,让喜鹊或乌鸦吃。吃肉剩下的骨头给狗吃。肉食不完的送亲友。这种食肉的方式称为"食背灯肉"。

大祭第二天,要祭索伦杆,即祭天地。丑时(夜半一点至晨三点)抓猪,将猪头面向北立。高桌放房门口外备用。这时祭主脱帽而跪,双手将香碟举过头顶,旁边一衣帽整齐之人亦跪下,将盛稗子米的米碟用双手举过头顶,用满语念《察切布密歌》③。此歌分为三节念完,每念完一节,向门外撒米一把。然后将备用的高桌抬至索伦杆下,将猪也牵到高桌前放倒,使猪头向南,嘴向西。领牲时,那一衣帽整齐者仍念《察切布密歌》。

---

① 佛托妈妈:汉译为恩情的妈妈。佛托妈妈传说是明末汉人,因救过努尔哈赤,所以极受满族人的尊敬,因而被供奉。供佛托妈妈有位无像。

② 索伦杆:满族祭天用木杆。满语称 Somo,故又称索摩杆、索罗杆,译为神杆。《满洲祭神祭天典礼》定"神杆长13尺,斗圆径0.7尺、高0.6尺,柱长5尺、方0.5尺"。杆下一石礅,有孔承之,两侧为二木桩以固木杆。杆首安锡斗,每祭必放碎肉、米谷,以饲喜鹊或乌鸦等。参见孙文良主编《满族大辞典》(辽宁大学出版社1990年版)中"索伦杆"词条。

③ 《察切布密歌》:汉译为奠祭时所唱的歌。歌词大意是:祭祀已开始,我是××姓氏的家主,名叫×××。现在我向上天告祭,在这辞旧岁迎新年的大好吉日里,我们备办了贡物做供奉,请天神受纳、选择。从今后,严令全家大小,勤劳耕作,以求家业兴旺,五谷丰收,人畜无病无灾,永远过好日子。

猪宰杀后,割下头,猪身剥皮,其索子骨挂于索伦杆上;猪的四蹄和吹泡(尿脬)、米碟挂在杆端的锡斗里,给喜鹊或乌鸦吃。再将猪各部位的肉均割下一块,以水煮熟后,置于用秫秸垫底的菜案上,使人单腿跪着切成丝,再与煮熟的饭同烩在一起,即成小肉饭,供于高桌上。这时,那衣帽整齐者还要念《察切布密歌》,每念完一节,仍要撒一把米。然后,在场人吃小肉饭。食饭毕,由人将整块猪皮放在豆秸火上燎毛,治净后,切块煮熟。供祭后,放在院中油布上,任人来食,食完便走,不必致谢,俗称吃"燎毛肉"。如主家赠送某人一块肉皮,便是表示对他的敬意。祭祀之肉和小肉饭如食不完,就倒在索伦杆底下,三天之内如喜鹊或乌鸦食完,算是天神有灵,会有吉利。

大祭第三天,要祭佛托妈妈。祭时,房门外东面立柳树一根,取绳索拴柳枝上。再将猪牵至柳树前放倒,宰杀后,治净,取肉以水煮熟。这次食肉不请外人,只是本家人自吃。

这种大祭,一般以户为单位,也有以族为单位举行的。

二、猪祭

满族人的猪祭,分三种。一种是用于祭山神,认为山神可镇各种猛兽。每年腊月二十三日到山神庙拈香、烧纸,猪在庙前领牲、割下头,治净后,以水煮熟,蒙上肚油,于庙前供祭,祝山神保佑人畜平安。另一种是以猪祭索伦杆。如索伦杆偏斜就说老祖宗有怨,要吃猪肉,于是在索伦杆下将猪领牲,取肉煮熟,切成小块置于杆下。见喜鹊或乌鸦将肉食光,则高兴地说老祖宗已解除怨恨,得到安乐;不然会有灾难。还有一种俗称祭太平猪,用于因病许愿,或保佑出门之人平安回家,以及预祝好收成等。这种祭祀,是在天亮之前请下香碟,燃上达子香,并在西炕摆好一个新枕头,将一块新花手巾蒙在枕头上,再将一张新毛头纸剪成若干口钱,成五趟拴在杏条棍上,再放在枕头上,即表示祖先在此就位了。然后在枕前供酒、供饽饽,全家向枕头叩头两遍,每遍叩三次,遂就炕分饽饽食之。食毕,抓猪,以绳拴住两只腿,不能绑嘴和抓耳朵,以绳拽着猪走。至猪快进门时,祭主抓住猪鬃将猪拉进门,置西炕前放倒,猪嘴朝北,祭主跪在左边，举酒碗祝告后，灌于猪耳内，猪嚎叫，被视为福音。猪耳动为领牲。领牲后，将猪解成八大件，即头、脊、两肋和四腿部分。治净后，以水煮熟，取出后，按部位拼成猪的整体，猪头向西，猪嘴含左蹄，并以猪油蒙猪头；然后供祖像前。并将猪身各部位的肉各切下一片，连同煮熟的三片血肠同置一碗内，注满肉汤，再放入新筷子一双，置炕沿上。这时，祭主在前，并按行辈排列，免冠向碗叩头三遍。礼毕，家中长辈从碗中夹出三片肉掷向空中，意思是给天神尝之，然后自尝，再分给众人。此种食肉的方式称为阿玛尊肉（满语），即受胙。然后将供前肉撤下再煮，至烂后置炕上油布中，众人围之而食，食时可佐以盐水。这时如有客人来道喜，即请同食。客人食后不必称谢。主人送客不出大门。食肉时讲究食净，认为是大吉；如剩下，则视其为贱，连同骨头等倒在外墙壁北边。

三、春秋祭

□ 堂子内祭祀的供器

即春祭和秋祭。春祭一般在二月，祭祀的目的是祈求一年平安无事，家业兴旺，秋祭一般在九、十月，即秋收后，祭祀的目的是感谢天神和祖先给予的恩赐，请天神和祖先尝新。春祭和秋祭的一般过程是：选吉日后，打扫西炕，先请下关帝像，像前置一供桌，供桌上置酒三盅；然后请下香碟，燃着达子香，摆上供品。全家人三叩头后，将关帝像复位；再请下祖先和佛托妈妈，祭祀与前同。在满族民间，有"上场豆腐了场糕"的习俗，即五月上场时，用新豆做豆腐上供，打场结束时，用新谷磨面做打糕饽饽上供，也有做粘米芝麻饽饽的。这种祭祀俗称"场院祭"。

四、饽饽祭

俗称"磕太平头",或称"磕饽饽头"。目的是祈求保佑全家平安无恙,或因病因灾许愿。祭祀时,早晨请下南祖宗板、香碟,燃着达子香,挂起幪子,摆上各种饽饽。这些饽饽,要根据季节而做。摆完饽饽后,全家人叩头两遍;然后将幪子叠起、包封;再将香碟请回原位。撤下饽饽后,将饽饽摆在炕上,全家围而食之;食时,佐以菜汤。晚上还需请下北祖宗板,之后流程与前同。此饽饽也可用于祭山神。

此外,祭祀的种类还有鸡祭、田苗祭等。鸡祭是将长大的小公鸡一只,宰杀后同三杯酒一起,供在山神庙前,以祈求山神保佑所饲之鸡太平。田苗祭是因田苗生虫,或因田地干旱所做的祭祀。祭祀时,以细木夹纸条,插于田中,并蒸糕煮饭,送至田间,以祭田苗之神,祈求保佑田苗苗壮生长,以获丰收。还有春节祭,大抵与汉俗相同,就不一一赘述了。

从上述各种祭祀中,可以看出其中包括许多烹饪的内容,以及许多由于祭祀的仪式和约束而形成的习惯食俗。这些祭祀中的烹饪内容和习惯食俗,对后来满族的民族烹饪的发展影响极深。比如大祭中食全羊,这大概是后来"全羊席"的"初胎"。西清在《黑龙江外记》中说:"满洲宴客,旧尚手把肉,或全羊。""手把肉"指以刀自割白肉而食,是由满族的祭祀发展而来的;食全羊也是满族大祭中的一种进食方式,后来发展成为筵宴中的一种专类筵席。1931年前,东北地区的酒楼饭店还流行一种"全猪席",这也与满族的食风有关,大概是由满族猪祭中食猪的进食方式发展而来的。昏夜祭七星时的祭品,后来演进有野参七星肘子、七星羊肉、七星螃蟹等。

第三节 祭品的准备

本节所述祭品的准备,是指满族家祭中对所供食品的承办细节。这些祭品的准备,不仅有季节要求,还与祭祀的仪注融合在一起。从这些祭品的准备中可以看到满族民间烹饪的许多特色,对研究和考证某些满族烹饪的"源流",也是大有帮助的。下面,仅将祭祀仪注中有关所供食品的准备情况予以记述。

一、做糜儿酒

大祭前九日,主妇率家中其他妇女在大屋南炕将四升江米(选其洁净细白者)淘洗干净,放于神锅内加水煮烂,捞出控净米汤,搭在西炕晾凉;然后将甜曲十六两(旧制)用净水泡开,捞出搓细,过箩,置坛内;再将晾凉的江米放入,随后倒水一桶,搅匀,取一半置另一坛中,封好口,放在北炕西头神柜前,再用红毡盖好,

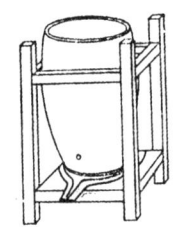
制祭酒用的带脐眼的缸,缸架和有隔眼的铜丝盖

盛祭酒的大青花瓷罇

上放灰盘一个,盘中放木柄小刀一把,尖西柄东刃向外。至祭前一日,主妇将坛盖揭开,撇净表面的白蒙后,再盖严。至祭日五更,先将西边之酒坛抬置西炕沿下(正中备供用);东边之酒坛须背灯时才能抬置炕沿下,以备供用。祭时,盛酒的器皿必须极洁净,以昭诚敬。

二、做馓糕

大祭前三日,主妇率家庭其他妇女在大屋南炕将一斗二升江米(选其洁净细白者)磨成细面,将八升白豇豆(也选其洁净细白者)磨成碎豆瓣,用水漂出豆皮。然后将面、豆均分成两份(四六分),俱置于北炕神柜旁。至祭日四更,先将磨好的豇豆铺屉内,上火蒸烂;再将面用适量水揉匀,醒后,俟屉内蒸气圆满,撒入一半面,铺平,俟蒸气复行圆满,再将另一半面撒入、铺平,盖上盖,蒸熟后,就屉中切成十二块七寸见方的块,不

动，仍盖好，至晚间时，与正月磕年头供之徹糕一起列供。

三、做打糕

三月祭大神前三日，主妇率家中其他妇女将四斗江米和八升黄豆（均选其洁净细白者），分别用盛器装好，暂放于北炕西头春凳上。至次日，将江米用水泡好，再将黄豆炒熟，磨成面。至晚间，令人将打糕石座（下垫席片）搭于大屋迎门处；正中石块暂立于北炕沿下，水缸、水盆、木榔头等都须备妥。祭前一日二更后，主妇率家中其他妇女，先将江米煮成烂饭；三更后，即令家人打糕。打糕时，由妇女将煮熟的米饭盛出，用木槽抬至打糕石旁；打糕人将榔头蘸水，遂将米饭轻轻打成饼，再用力打成极细，至打糕人乏力时，更换二人再打。打糕时，由妇女在旁拨动米饭，使之打得均匀。打成后，取出一部分摆于供桌上尝神，俗称"擦台糕"。另一部分盛于大方盘内，抬至神前，切成二寸宽、九寸长的块，分摆于应供各盘内（每盘供一块），每两块上面撒豆面一层。打糕要打十四台（尝神一台、摆供一台、屋内九台、神幔后三台）。全部制毕后，将打糕用具暂抬至院内西廊下。

四、做博罗叶[①] 饽饽（或椴树叶[②] 饽饽）

四月供祭时，令人选博罗叶或椴树叶九百张，择吉日（祭前一日）治净。主妇率家中其他妇女将五升好江米用水磨磨成细面，再选上好红豇豆三升，连同磨好的江米面俱放置西炕北头。祭日四更，先将红豇豆煮烂，擦成豆泥，过箩。将博罗叶（或椴树叶）铺开，正面抹层酥油，再将江米面包入豆泥，做成大饺子形，用两片叶子裹好（抹酥油的一面在里部）。

---

① 博罗叶：满族民间对柞树叶的俗称，即柞栎叶。柞树有两种，一种产于我国西部、中部及东南部，又名蒙子树、凿刺树、"冬青"；另一种柞树学名为麻栎，我国东北产之。博罗叶即后一种柞树之叶。一般选用春夏之交（四月份）的柞树嫩叶包制饽饽。此叶还可饲柞蚕。
② 椴树叶：椴树是一种乔木，木纹细致，可造蒸笼、火柴等。其叶大似木槿、呈卵形，味清香。

全部制成后,分批用屉蒸熟。

五、做苏子叶饽饽

做法与博罗叶饽饽(或椴树叶饽饽)同。其叶为苏子叶。

六、供小鹅、小鸡

每年六月祭祀时,定下吉日,选洁净完整的鹅、鸡各两只。黎明时,令人先安堂子上的供桌,请上香碟两个,燃着达子香,主祭人行礼毕,令人将神灶、小锅、小桌安于院内东厢房前北阶下,再令人将鹅一只于小矮桌上宰杀、治净,在院内小神锅内煮熟,供于堂子供桌正中,上插木把小刀一柄。尔后,在祭菩萨、关帝时,供香碟,行礼毕,令人将矮桌移至屋内正中,将另一只鹅治净、煮熟,供于神桌正中,上面插木把小刀一柄。午后或傍晚时,主妇率家中其他妇女于北炕设一供桌,并用神幔架悬(神幔上还要挂铃铛),桌上供香碟三个,燃着达子香,遂将小鸡一对拿至神前,用手掐宰,然后在库房行灶内治净,煮熟,两只共盛一盘,上插木把小刀一柄,供于神桌正中。

七、做酸饽饽

七月祭祀时,用糜子米磨成面,做成酸饽饽。做法与苏子叶饽饽同。

八、做炸角子

九月供祭时,定下吉日,主妇率家中其他妇人将一斗上好江米、五升上好红豇豆、二十斤酥油备好,置于西炕。第二日,先将红豇豆煮烂,擦成泥;将江米泡好,用水磨磨成面,滤净水分。然后将江米面包入豆泥,做成长五寸的角子形,用烧热的二十斤酥油炸好,盛于肉槽内,用布单盖好,暂置北炕神柜前。至祭日黎明时,安供神桌,摆上香碟,供上炸角子

（每盘九个）。

九、供野鸡

九月祭祀时，选新鲜齐全野鸡一对，于祭日在北炕神柜前放矮供桌一张，将一对野鸡盛在大盘中，先供桌上。至晚间，供上香碟，点燃达子香，再将野鸡治净，送库房神灶小锅内煮熟，捞出，两只盛于一盘中，上插木把小刀一柄。

十、做炸穆丹打糕

十月祭大神前五日，主妇率家中其他妇女将黄米一斗、小米五升、酥油三十斤备好，置西炕上。次日，将两种米分别磨成细面。第三日五更，将两种面和成一处，调以水揉成面团，做成一个个饼状，煮熟，取出，稍凉，再揣到一起，做成穆丹（每个四根一连）。全部制成后，用三十斤烧热的酥油炸好，捞出，盛于大木槽内，晾于西炕上（共做二百六十个）。在南炕设桌二张，另做鹿松塔、面雀、喀巴角等，也用酥油炸好，置于大木盘内（每样须做十三个）。第四日，即将打糕之江米选出；并将做豆墩的白豇豆八升用水泡好，去皮。再将做打糕的江米用水泡好。晚上，先将白豇豆蒸烂，做成三十个豆墩。至祭日做打糕（与前所述做打糕同）。但盛供时，每盘先摆穆丹两排（一层）；上面再摆打糕两排（一层），以此法共摆十层（每样五层），顶上摆鹿豆墩松塔，鹿豆墩松塔上有竿三根，上插炸面雀三个。

十一、供鱼

十一月祭祀时，定下吉日，令人选上好大鱼一对；至晚间，主妇等在北炕安供神桌一张，安神幔架，挂铃铛；神幔供香碟三个，燃着达子香，再将鱼治净，在库房行灶小锅内煮熟，盛于大盘内，供于神桌正中。

从上述祭祀中所供的食品来看，与满族的民间烹饪有着密切的关系，如馓糕、打糕、柞椤叶饽饽、苏子叶饽饽、酸饽饽、炸角子等，不仅是礼定的祭品，而且逐渐发展成为满族民间在年节或日常饮食中的主要食品。再如煮鹅、煮鸡、煮野鸡、煮鱼等祭品，后来也逐渐地向菜肴化发展。如煮鸡这一祭品，在满族早期的祭祀时，其加工方法较为简单，即将鸡治净后，以水煮熟即可。但在向菜肴化发展的过程中，煮时即加了调味品，也讲究了煮制的时间，并且还要将大骨拆去，剁成整齐的块码摆装盘。在《醒园录》等古籍中介绍的"关东煮鸡"一菜，即是此种做法。这种在历史的传承中将祭品逐渐演变成菜肴的过程，反映了满族烹饪由低到高、由粗到细的这一发展趋势。

第四节 永陵的祭祀与祭品

一、永陵的概况

永陵，位于辽宁省新宾县城西二十公里处，南临苏子河，北傍启运山。永陵原名为兴京陵，顺治十六年（1659）改称永陵。始建于明万历二十六年（1598），于顺治十二年（1655）、十八年（1661）对此陵进行了两次修建，如今占地万余平方米。这里埋葬着努尔哈赤的六世祖猛哥帖木耳（肇祖原皇帝）、曾祖福满（兴祖直皇帝）、祖父觉昌安（景祖翼皇帝）、父亲塔克世（显祖宣皇帝）。四帝皇后也于此合葬。另外，努尔哈赤的伯父礼敦巴图鲁、五叔塔察篇古也分葬在永陵宝城内的东南角和西南角。

永陵陵园四周环绕红墙，宫门前，有两座高大的石碑，分东西置于通向陵寝大道的两侧，碑上刻有满、蒙、汉三种文字，大意是：诸王以下文武百官至此下马、下轿，为"上下马碑"。过了石碑，约有一里之遥，才到陵宫门前。进了宫门，迎面有四座碑楼，内建石碑四座，碑上用满、蒙、汉三种文字镌刻着颂扬肇祖、兴祖、景祖、显祖四帝的碑文。整个陵宫的建筑都是一色的青砖四壁、琉璃瓦顶。唯独碑楼以南、宫门内东侧有一官厅是青灰瓦顶，内有五间套房，是当年值班官员和兵丁的寓所。

过了碑楼便是启运门。门两侧筑有高大的宫墙，上有砖雕青龙，盘卷腾飞，栩栩如生。进了启运门，便到了启运殿。这是永陵的主建筑，殿内是供奉肇、兴、景、显四皇帝和四皇后神牌的祭祀场所，内设神龛四座，并备精制木椅四尊，以仿拟四帝之宝位。启运殿石阶下，东、西两侧各有配殿三座：东配殿是存放祭器之所；西配殿内有一座玉制石碑，上刻乾隆皇帝亲作《神树赋》，此碑置于殿内南面的墙壁前；北配殿是供正殿修缮时，将四帝神位移此存放之所。启运殿前的石阶下、西配殿北侧，还有一青砖焚帛亭，是供祭祀后焚烧纸帛之所。启运殿后面便是墓葬，被称之"宝城"。"宝城"中原有一株老榆树，被称为"神树"，即乾隆颂赋之树。老榆树周围便是那四帝的墓冢了。

当时，为了祭祀方便，在陵宫外还增建许多辅助建筑，如八旗堆房（为各旗值班之所，每旗三间），还有养牲房、冰窖、黑牛馆、乳牛馆、养鸡房等。站在启运山顶，可俯瞰永陵全貌。陵宫外还有栅栏障护。栅栏外是一片古松垂柳，颇有肃穆的气氛。

二、永陵的祭祀活动

永陵建成后，努尔哈赤即派大臣班布理守护陵寝。顺治初（1644）设骑都尉等官员守护。康熙九年（1670）设永陵总管衙门。康熙十一年（1672）又增设永陵掌关防衙门，额设掌官防官以下等八名官员以及香膳人、拜唐阿十四名。掌关防衙门专管承办陵内祭祀之事。其署隶还有厨役十二名，摆桌人八名，面匠、粉匠、油匠、酱匠、酒匠、碾匠各五名，还有许多役夫壮丁。另于永陵西堡设黑牛馆、乳牛馆共二十九间，饲养黑牛、白羊；还有养鸡房三间，喂养野鸡，均备祭祀之用。到了光绪时，永陵又增设守陵大臣，官衔高达二品；还有八品以上的官员多达几十人。当时，陵内壮丁、役员等多达千余人，仅护陵卫兵就有二百余人，可见其声势之显赫了。

清朝历代皇帝对祖陵都极为重视，祭祀时，不仅派王公大臣前来主持，并御驾亲临于此谒陵。康熙、雍正、乾隆、嘉庆、道光等皇帝，曾十次来永陵"行大飨礼"，并阅兴京城（今新宾县老城，原称赫图阿拉城）。有时还举行围猎活动。

永陵的祭祀活动,每年十分频繁,"凡规模制度、守护官员及四时祀典,俱同福陵(沈阳东陵)、昭陵(沈阳北陵)之制"①。每年清明、十月十五、冬至、春节和国家大典,或皇帝过生日(即万寿节)为大祭;每月初一和十五为小祭,全年小祭共二十四次;一般祭祀由守陵官主持。庆典大祭由清朝皇帝御驾亲临永陵主持。清帝之中,要数乾隆来的次数最多,计五次。乾隆四十三年(1778),他主持庆典大祭时,将他在乾隆八年(1743)来永陵写的《神树赋》遣人刻成碑文。清帝因故不能亲来时,也要派皇子皇族或重臣前来主祭。如此想来,当年他们骑马乘舟,日夜兼程,风尘仆仆,过山海关,赴宁远,越松山,涉大凌河,抵锦州,进抚顺,千里迢迢至永陵,要花去多少时日,只为祭奠先祖之灵,可谓孝诚亟笃了。

三、永陵的祭品和盛器

永陵的祭品,因是皇帝祭祖所用,自然物珍质高,可以反映出当地特有的烹饪资源,亦可从中了解到满族食俗和烹饪特色。

《兴档·永陵祭祀祭品数目清单》中载有大祭时所用物料。以光绪二十一年(1895)清明大祭为例,帝、后所用祭品有:麦子八斤石,苏子五斤石,蜂蜜三百二十斤,奶油一百二十斤,山葡萄一斗六升,白糖六十四斤,奶饼二十四斤,芙额(满语,即李树之果)一斗六升,枸杞一斗六升,做祭品及饽饽房用奶油三十八斤,芝麻一斗一升一抄,干梨三十二斤,玉棠米一斗六升,粘稻米一斗六升,黄米二斗四升,小米三斗三升,白盐二十六斤,黑盐四十二斤,鸡蛋三千二百个,拌瓜子鸡蛋三十二个,木耳四斤,长青菜二十四斤,蘑菇十六斤,拌粉汤木耳八两,鹅蛋八十个,鸭蛋一百二十个,野鸡四十八只,鲤鱼八尾。再以同治十年(1871)冬至大祭为例,其祭品有:蜜溅(饯)山里红七斤,蜜饯花红六斤八两,松罗茶叶三两,寸白糖十斤,碱土三斤,柿子九十六个,苹果九十六个,香水梨九十六个,鲍鱼二十斤,活野鸡四十八只,备用野鸡六只,鲤鱼八尾;备用鲤鱼四尾等。《兴京县公署档》记光绪五年(1879)岁

---

① 《大清一统志》,"兴京永陵"。

暮大祭祭品除与清明大祭相同外，还有松子四斗，奶饼二十四斤，榛子八斗，松罗茶叶二斤，两样瓜子（档残），烧酒二瓶，七样饽饽等。大祭时，除用上述物品外，还必得用一只牛、一只羊、一只猪。

关于小祭所用物料，《盛京内务府档》《盛京典制备考》等史籍中也有详细的记载。这些祭品归纳起来有：粘粉子、山葡萄、枸奶子、过夏糖、鲤鱼、鳊花、鳌花、白鱼、细鳞鱼、哲鲁鱼、通睛鱼、蟬蝗鱼、杂鱼、野鸡、树鸡（即飞龙鸟）、鹅、鸭、白梨、冻梨、接梨、山梨皮、桑椹、粟实、李、杏、桃、樱桃、王瓜、萝卜、长青菜、蓼芽、芙额糕、榛子、松子、柿子、蜂蜜、蘑菇、木耳、软枣（即猕猴桃）、蛤什蟆、干肉、鹿肉、鹿尾、风干鹿肉、鹿、狍、獐、大肠、盘肠、肚、鹿舌、肋条、肺、肝、鹿筋、山里红、蒌蒿（即芦蒿，一种野菜，生洼地水边）、糖芽、蛋等。小祭时，除上述用品外，还必用整只熟羊。

关于祭品在祭祀中的盛装组合规格，在《大清通礼·卷六》中也均有明确记载：永陵每逢大祭，"陈牛一、羊二、尊四、帛一，羹饭脯醢一筵，计十八盘，饼饵果品一筵，计六十五盘。爵三、茶碗一、匙一、箸二。凡牲实俎，帛实篚，尊实酒"。永陵每逢小祭，"陈熟羊一、果十二盘、爵三"。

至于祭品的盛器，据《兴京公署档》记载有：钦用金壶，金胎珐琅盅、碟；膳房用镀金匙、三银象牙箸、乌木箸、大小银盘、小银碟、银碗、铜匙等一百四十五件；果房用银盘、镀金银爵、银爵、铜爵、玉爵、小银碟、银碗、银勺等六百三十二件；茶房用镀金马勺、银碗、玉碗等二十余种。三房共用金银铜器等近八百件，瓷菊花碗、豆青碗盘共七百八十件。烹制祭品的炊具主要有汤锅、有眼的和无眼的铁笊篱、铁火盆、菜刀、大小铁勺、尖刀、火缸、水缸、蒸笼、套笼、大小簸箕、笸箩、筛罗、槽盆、漏勺、大小铁锅、大小吊炉、果缸、饽饽模子等二十多种。

四、永陵祭品的烹饪特色

永陵祭品也属于满族烹饪的范畴。

首先，从祭品的原料来看，均为永陵地区所产。这些原料，都是满族人喜食的食品。由于满族长期过着游牧、农耕、栽植、饲养和狩猎生活，故而食料资源丰富，饮食和烹饪上也具有浓郁的民族特色。山上猎不尽的珍贵禽兽，水中捕不尽的鱼蛤虾蟹，林间草地上采不尽的菌蘑山菜，成群饲养的猪牛鸡鸭，使得祭祀的祭品品类繁多也反映出满族的食俗习惯。

东北地区的烹饪物产一直是清宫所纳贡品的一个重要来源。西陵的祭祀用品，多数与永陵祭品的品种是一样的。永陵地区所产的猕猴桃、细鳞鱼、蕨菜（又称如意菜）等，还有獐狍麋鹿等野味，每年必要进贡于清宫。可以说，永陵的祭品是后来清宫祭品的基础，满族食俗和烹饪特色是后来清宫御膳和筵宴的"初胚"。

在永陵的祭品中，有许多蜜饯果品。"蜜饯"是一种烹调方法，即将白糖、蜂蜜等加适量水熬煮，再将水果放入，熬至酥烂并使糖汁粘稠即成。成品具有甜香糯烂、滋汁浓稠的特点。另外，祭品中的各种饽饽，如奶饼、芙额糕（用李子和面粉制成的糕）等，都是满族传统的主食品种，还有烹熟的整只畜牲，如整熟羊等，一般是用煮或蒸的方法制成的，类似的还有清蒸乳猪、白蒸羊羔等。上述品种，后来经过改制和发展，都成了满族烹饪中的传统名菜，特别是清军入关、统一中国后，其饮食习惯又带入清宫，一些满族传统食品便被流传各地，又经过各地厨师的不断改进，这些食品的制法更加精湛，逐步成为满族和汉族共同创造的烹饪成果。

第四章 满族的食材资源

第一节 黑龙江省的动、植物原料

黑龙江省自古就是满族人生息和游牧的地方。这里地广物博，森林密布，水域充沛，食材十分丰富。有一条民谚，称这里为"棒打獐子瓢舀鱼，野鸡飞到饭锅里"，说这里盛产野鸡，野鸡往往飞集户前，不惧人，伸手一握可得，可见山珍野味之多。

一、山珍野味类

堪达汉 又称驼鹿。沈存中《梦溪笔谈》中云："北方有驼鹿。"即此。其头脸和鼻子最为珍贵，为烹饪中的上乘原料；堪达汉的头脸俗称麒麟面，鼻子称为"神捅"。西清著《黑龙江外集》中云："堪达汉皮中为鞾，土人食其鼻而美之，号猩唇。"可见古代珍馐"猩唇"之说，是否就是堪达汉鼻子？此兽在黑龙江境内诸山中皆产之，毛色苍黄，身体高大，重者达千斤，性情较温驯，头角长大，其色如象齿。此兽又喜洁，盛夏时也无秽气，水性极好，是为珍贵动物。烹饪时多用其头脸和鼻子，可制砂锅麒麟面、红扒麒麟面等菜。

四不像 又称角鹿、麋鹿。人常误以为堪达汉即四不像，四不像即堪达汉，此混淆之谈。《清文汇书》中云："四不象牝牡皆有角，食苔。"早在明代，当地人们就饲养此兽，主要饲以石花菜。因此兽头似马非马，身似驴非驴，蹄似牛非牛，角似鹿非鹿，故名"四不像"。此兽毛色淡褐，尾长，性温驯，以植物为食。其肉除可供烹饪外，在清代，又役之如牛马，可拉载货物。

鹿 种类很多，如梅花鹿、白唇鹿、马鹿、麋鹿、驼鹿、驯鹿、水鹿、麂、獐、狍、麝等，均属鹿类。在烹饪上，梅花鹿较为名贵，除其肉外，膝、尾、筋、茸及其内脏等，也均为食家珍品。此兽多产于山林之中，是清代向清宫进纳的主要食用贡品。

狍 俗称狍子、山狍子、草上飞。体长一米余，尾短。雄的有角，分三叉。冬季毛长，为棕褐色；夏季毛短，为栗红色。常栖息于小山坡、小树林中。喜群居。以野草、榆树叶、山苍子、玉米叶等为主要食物，也食浆果和野蕈。因它在奔驰中如听到响声，会立刻停步并寻声张望，这就给猎人造成捕杀的机会，故又称傻狍子。秋季以后，狍肉最肥，烹饪最佳。狍肉有草腥和土气味，宜用冷水浸泡一二日，漂出血质和含有的草腥和土气味，再进行烹饪。可制烧狍肉、砂锅狍肉、烤狍肉等菜。

野猪 状似猪，比猪大。牙露吻外，其威在牙，俗称獠牙。此兽生于山谷中，以松子、橡子、榛子等为主要食物。经常用背抵老松揩痒，久之遍体皆沥青。性凶残，常作践田中农作物，为害畜。其肉肥美，为野味上品。可制红烧野猪肉、罐焖野猪肉、砂锅野猪肉等菜。

熊 又称狗熊、黑熊、黑瞎子。东北山区皆有出产。体大身重，猛悍多力。喜食嫩树芽、山野果、甜蚁和嫩玉米等物。其活动有规律，冬季长期伏于山洞或树穴里，称蹲仓。除肉可供烹饪外，其掌尤为珍贵，古代为"八珍"之一。熊掌又有前掌、后掌之分，前掌侧面短，掌花明显，含有丰富的胶元蛋白；后掌侧面长，掌花不明显，质量不如前掌。熊掌营养成分丰富，中医学认为，其具有性平、味甘辛，入脾胃经的食疗功能，也是上等的美味珍馐原料。可制砂锅熊掌、红扒熊掌、红煨熊掌等菜。

野骡 状如骡。满语称为齐赫特伊。其肉可食，但肉纹较粗，不足为贵，然亦不可多得。宜用酱、炖、烧、烤等法制菜。

野兔 多产于兴安岭一带。又分两类，一类体长毛杂，形状如猫，俗称跳儿，又呼作野猫，其肉可食；一类目赤毛白，或目赤毛黑，多捕而养之，以供玩赏。

二、水产品类

鳟鳇鱼 即鲟鱼，古称秦王鱼，又称长鼻鱼。大则一尾需用专车拉载，重达千斤。青黄色，腹白色，吻尖突，其肉鲜美，尤以头骨为贵，当时京都有"鳟鳇鱼头骨美胜燕窝"一说。

达发哈鱼 即鳑头鱼，又称孤东鱼。产于黑龙江、呼玛尔河等水域。其肉可干制，冬日作为礼品馈遗外地，与这里生产的冻豆腐并称佳品。又说此鱼出自东海，冬季游入黑龙江，至霜降前后，则聚亿万尾游于呼玛尔河。据传唐太宗征高丽国时，御舟行江上，达发哈鱼竟跃跃而入，唐太宗生怒，奋力驱之，故今此鱼腹皆有印痕，乃唐遗迹。此鱼头大，其肉亦多，脂肪丰富，制砂锅鱼头一菜最美。

勾辛鱼 又称勾星鱼。喙长鳞细，身形长大，但肉味不算鲜美。此鱼性凶猛，如以箸戏探其口中，则咬住不放，至箸断折而吞置腹中，堪称强悍。

鳜鱼 又称鳌花鱼、桂鱼。是一种名贵而肉鲜美的鱼类。性凶猛，以鱼虾为食。此鱼今亦常见。可制清蒸鳜鱼、糖醋鳜鱼等菜；如将其肉切片或丁，又可制溜鱼片、焦炒鱼片、炸溜鱼丁等菜。

鲈鱼 又称哲绿鱼。体长约二尺余。银灰色，背部和背鳍上有黑色斑点。口大，下颌突出，生长快，性凶猛，食物以鱼虾为主。其肉味鲜美，为常见的食用鱼。产于黑龙江、嫩江等水域。可制清蒸鲈鱼、红烧鲈鱼等菜。

细鳞鱼 此鱼体小鳞细，每尾重达半斤者最宜烹饪。东北境内诸河均有出产。"清蒸细鳞鱼"一菜为满族名菜。此鱼清时为贡品，现今出产渐少。

鲂鱼 又称发绿鱼、三角鲂、三角鳊；近缘种又有团头鲂。宜用红煨、家常熬、清蒸等方法制菜。

鲩鱼 即草鱼、草根鱼。体长肉厚，鳞片美观。在烹饪上，多去皮、骨而取净肉。因其肉色白、挺实、无小刺，或切片、丁、丝，或制茸泥状。制菜品种繁多，如溜鱼片、炒鱼丁、炒鱼丝、余鱼丸子、炸鱼圆等。

蛤什蟆 俗名田鸡。其腹中油尤为珍贵，曰哈什蟆油。生于水边石罅，为烹饪原料上品。清时北京，食此物颇贵，有"一碗之费，白金半流"之说。此物可制清炖蛤什蟆、冰糖哈什蟆、蛤什蟆煨豆腐等菜。

三、谷、蔬类

糜子 状如谷子，但比谷子微大，分赤、黄二色。每年五月播种，八月即得，俗称"六十日还家"。糜又称穄。汪氏昂注本草云："穄乃黍类，似粟而粒大疏散，乃北方下谷，南土全无，北人亦不之重。"此谷可制干饭或粥。

小麦 即制白面粉的原料，春种秋收。满族人以此麦磨粉善制各种饽饽，如蒸饽饽、水煮饽饽、萨其玛、芙蓉糕等。

铃铛麦 即秫麦。多以秣马。此麦不易存放，易霉烂。

高粱米 即秫米。成熟时呈穗状，其粒色红，为满族人日常的主食品种之一。该米可制干饭、水饭和粥；磨成面后可制面条和家常饽饽。

稗子米 状如小米，其色暗黄，质不如小米，煮粥时汤无粘度，营养成分较低。

玉米 又称苞米、珍珠米。东北各地均盛产，为满族人日常的主食品种之一。其米嫩时结棒，俗称珍珠笋，可制菜，如糟煨玉米笋。成熟时嫩者可煮熟而食，俗称"啃青"。老者剥粒可制干饭和粥。亦可磨面制窝头、糊粥、汤面、菜团子等，食用范围甚广。

芹菜 根部浅绿，梢部深绿，多食其茎，叶亦能食。夏秋有之。满族人食此菜，多以炝拌、炒或制馅，如炝芹菜、黄豆芽炒芹菜、猪肉芹菜馅水煮饽饽。

菘 即大白菜，为最常见的一种蔬菜。秋后产之，东北各地均有。其食法很多。满族人多习惯于熬、炖、炒或制馅，如肉片熬白菜、白菜炖肉粉条、醋溜白菜、猪肉白菜馅水煮饽饽等。又可晒干水分，剥去老帮，洗净后置缸内，加些盐和清水，用重石压住腌制成酸菜。酸菜的食法亦很多，如肉丝炒酸菜、酸菜炒粉条、酸菜炖肉、氽白肉酸菜、酸菜白肉火锅、酸菜炖白肉血肠等，均是满族人喜食的菜肴。

韭菜 产于东北各地,为最常见的蔬菜之一。春夏有之。满族人习惯将此菜用炒法制肴,如肉丝炒韭菜、鸡蛋炒韭菜等。又可切成末制馅,做饸子,如韭菜馅饸子、猪肉韭菜馅水煮饽饽等。亦可制韭菜酱。

菠菜 为常见蔬菜之一。宜拌、炒或制汤,如虾米拌菠菜、油渣炒菠菜、菠菜粉条汤等。春夏有之。

生菜 叶多茎少,色青绿。东北各地皆产。多宜生食,如生菜蘸大酱。或作饭包,即以生菜叶为"皮",内包米饭、炒菜、葱、酱等,双手捧之而食,俗称"吃包儿饭",为满族人的传统食俗。

芫荽 即香菜。夏秋有之。具有浓郁的清香味。多作调味品,不作主料。如制萝卜汤、羊汤、肉丝拌白菜丝等,放一撮香菜末,其味则更加清香诱口。每至冬天,满族人又习惯腌制秋香菜。如制酸菜白肉火锅时,少不了咸香菜作为调味品。

王瓜 即黄瓜。夏秋有之。为常见蔬菜之一。满族人习惯将此蔬用炒、拌、汆而成菜,如鸡蛋炒黄瓜片、肉丝拌黄瓜丝、黄瓜片汆丸子等。亦可蘸酱生食。

倭瓜 其状圆而硕大,老黄色或金红色。夏秋有之。其瓤多不食。满族人习惯将此蔬干蒸而充当主食,其味甜面;亦可切块与土豆同炖。筵席上多不用,常为家庭便菜。

萝卜 有青萝卜、白萝卜、大红萝卜、水萝卜、胡萝卜、紫萝卜之分,均为常见蔬菜。多为秋季所产(水萝卜为夏季出产)。食用范围较广泛。可用炖、蒸、炒、汆、烧等方法成肴,如大萝卜丝炖豆腐、蒸大萝卜片蘸大酱、青萝卜丝虾米皮粉条汤、牛肉末烧萝卜条、萝卜片汆丸子等。

茄子 有白色、绿色、紫色之别,又有圆卵形、长条形等之分。为常见蔬菜之一。其食法很多,宜经烧、炖、炒、炸、蒸、扒等方法成肴,如肉片烧茄子、酱茄子、茄子块炖肉、青椒丝炒茄丝、炸茄盒、蒸茄子蘸大酱、瓤扒茄盒等。

葱 有小葱、大葱之别。小葱产于春季,满族人多蘸酱生食。大葱产于夏秋,宜作调料,亦可作配料,如煸白肉、葱爆肉,均用大葱作配料,配肉片炒食。

姜 常见的一种调味品,产于东北各地。宿根地下,形状不规格,白色或黄色，具有辛辣香气，以汁多、纤维多者为佳。多为制菜佐料。在医药上用途亦很大，有助消化、增进食欲、健脾壮胃、发汗祛风、止咳化痰等功能。

蒜 有白皮蒜、紫皮蒜之分。又有独头蒜和分瓣蒜之别。味辣，有清血、杀菌之功效，为调料佳品。另有蒜之幼苗——蒜苗和蒜之花梗——蒜毫（即蒜薹），也是很好的炒菜原料。

四、菌蘑类

猴头蘑 又称猴头。盛产于大兴安岭。因形状似猴的脑袋，故名。当地猎人又称之为对脸蘑、虎守蘑。因此蘑生长在树叉上，凡觅得此蘑，再往对面觅去，常有相对者于另一树杈间，故称对脸蘑；又因此蘑生长地区，总有虎狼出没，大概是此类兽爱闻此气味的缘故吧，所以又称虎守蘑。此蘑鲜嫩期色泽洁白，表皮长满均匀的菌针，干制后为黄褐色，根大顶尖，极似猴子的脸形。为菌蘑类上品。可制高档名菜，如白扒猴头蘑、砂锅猴头蘑、猴头蘑扒扣肉等。

口蘑 东北各地均有出产。属真菌科的自然菌生植物。秋天每逢降雨后而群生。此蘑菌柄短，茎部粗，菌褶密而细，伞肉较肥厚。幼嫩时呈白色，故又称为白蘑，其实它与白蘑是有区别的。因当时交通不便，故这里出产的口蘑需先运至张家口，然后再转运北京等地，因此"口蘑"这个名称就这样叫开了。此蘑的干制品一般有两种：菌伞展开的为口片；菌伞没张开的为口丁，其色泽均为灰白。此蘑亦是一种名贵菌类，宜于用烧、烩、氽等方法制菜。如口蘑烧肉块、口蘑烩鸭丁、口蘑飞龙汤等。

黄蘑 东北常见的菌类产品。又称鳞皮牛肝菌、黄大脚菇。其形肥大，伞肉呈半球形。鲜嫩期为淡黄色或白色。随着生长成熟，其色渐为栗褐，表面较平滑，微有细皱。干制品为黄色。此蘑味道鲜美，肉质厚实，宜于配荤类原料烹制成菜，如黄蘑炖鸡块、黄蘑烧肉片等。

花菇 又称花蘑、花脸蘑。盛产于黑龙江和东北其他各地。秋后有之。此菇伞肉表面有花色斑点，色泽微红透灰，香味诱口，为烹饪的上好原料。可宜用烧、炒、炖、煨等方法制菜。如花菇烧肉块、炒花菇丝野鸡丝、花菇煨鸡等。

元蘑 又称秋蘑、冬蘑、粗皮北风菌。此蘑伞肉顶端呈半圆形，鲜嫩期菌伞厚实而大，菌肉为白色，菌柄较短，底部有白色绒毛。成熟期为较淡的黄褐色。丛生于阔叶树的伐根或树干上。采后晒干便于储存。冬春两季见于市场上。此蘑味道较平，为一般蘑类。特别适于用炖的方法制菜，可配鸡、鸭、猪肉和各种荤类野味同炖之。

榛蘑 又称根索菌、栎蘑、密色环菌、密蘑、根腐菌等。东北各地森林中均有出产，多数生长在树干的基部或被火烧过的针叶树根下。而大面积地丛生则是在榛树之间的空地上，故称榛蘑。此蘑为黄褐色，中间部位为深褐色，并且有粘性物质，菌柄则为白色或淡褐色，愈是下部其色愈深，且渐膨大，光滑而起鳞状，柄内呈空筒状。此蘑味道鲜美，含蛋白质较多，又便于晒后大批储藏，是人们所喜爱的烹饪原料。宜配鸡、野鸡、野鸭、猪肉等炖制成菜。

松孔菌 又名谷熟菌。鲜嫩时期伞肉肥厚，顶部呈灰黄色且泛红光，边部凸起。菌伞在出土后逐渐呈漏斗状，菌柄和菌褶呈肉红色，具有浓郁而独特的菌香味。生长于各种针叶林内，夏秋有之。可鲜食，亦可晒成干品，是一种鲜美的菌种。宜配荤类野味原料或家饲畜类烧或炖制成菜。

玉皇蘑 又名北风菌。盛产于小兴安岭和完达山脉林区的榆松、阔叶树的枯木上。其主根分支，一个菌根能生出四五朵菌伞。鲜嫩期伞盖呈白色，随着生长成熟，逐渐变为淡黄色或黄色，故又称榆黄蘑，简称榆蘑。因榆蘑与玉皇谐音，亦称玉皇蘑。每年七八月间宜采集。此蘑为菌中上品，经济价值较高，鲜嫩期食之最佳。清时为贡物，如今为出口畅销品。宜配动物性原料炒、烧、炖制成菜，如榆蘑大炒肉、爆鸭丁玉皇蘑。

青头菌 又名青丝菌、青盖子。产于伊春和黑河及大小兴安岭一带。因其菌盖呈青绿色，故名青头菌。生长时期，破土的孢子堆呈黄色，菌伞张开后，顶端中部呈凹状，边缘呈沟纹状，菌柄为白色，菌褶色白而细密。此菌滋味鲜美，食之微有甜感，为菌中珍品之一。宜配动物性原料烹制成菜。

鸡油蘑 又称鸡油菌、杏菌，俗呼为鸡蛋黄。鲜嫩期全株呈金黄色，如母鸡腹内的油脂色，故称鸡油蘑。成熟期顶端如喇叭状，边缘呈波浪形，菌柄短粗，里部无空筒状，菌褶少，菌肉厚实。七至九月份宜采集，一般生长在杂林地带。鲜食最佳，亦可制干品，肉质细嫩。宜配上等荤味原料烹制高档菜品，如溜鸡油菌鹿脯肉片、爆鸡油菌飞龙脯肉片等。

鸡腿蘑 又名高脚小伞菌、鸡腿菇、鸡腿菌。盛产于黑龙江省罕达其和乌拉嘎一带的砂堆附近的草地上。鲜嫩期菌伞呈灰白色，伞盖有深灰褐色鳞状片，中间顶端呈乳头状，菌褶细密，呈灰白色，菌柄细而长。此蘑因成熟的色泽与鸡腿相似，故名鸡腿蘑。又因其菌柄细长，上部如顶个小伞，故又称之为高脚小伞菌。夏末初秋间有之。鲜嫩期间肉质清香而脆，食用最佳；干制品亦有浓郁的蘑菇香味，可与口蘑、香菇媲美，为东北菌类之珍品，也是黑龙江省的山珍之一。宜配珍贵荤类原料烹制成高档菜肴，如鸡腿蘑烧田鸡、鹿肉片烧鸡腿蘑等。

松蘑 又称松茸。东北山区皆有出产。黑龙江省所产的松茸有两种，即黄花松蘑和赤松蘑。赤松蘑质量较优。七至九月份宜采集。成熟期菌肉为浅褐色，状如海绵，无菌褶。菌柄状如圆柱，多呈浅褐色，并有明显的菌环。又因此蘑在成长期，每早三点左右天泛亮时顶露水而破土，破土后很快开伞，伞盖中间呈凸状，光滑无褶，色为赤褐，有粘液，故又俗称之为粘团子。食用时菌肉滑润而嫩，有弹性，胶质较多。宜配制动物性原料烹制成菜，近有松蘑加工为罐头者，在市场上颇为畅销。

第二节 吉林省和宁古塔地区的动、植物原料

一、吉林省主要的动、植物原料

吉林省是清军入关前满族人密集居住的重要地区。清康熙十五年（1676），宁古塔将军移驻吉林后，这里开始成为清政府统治松花江、乌苏里江、黑龙江流域直至库页岛在内的东北广大地区的政治、经济和军事中心。这里森林资源丰富，耕地肥沃，草原广阔。天然的经济条件，也是促成满族人在这里长期定居的一个重要原因。

据《中华全国风物志·下篇卷一·吉林》载："满洲古为城郭射猎之民

族，与蒙部逐水草迁徙者不同。故吉省人之生活，业狩猎者甚多。"冬天坐在长白山村人家的火炕上，围着火盆听民间故事，十个故事中能有九个开头是这样讲："从前有一家子，靠打猎为生……"俗话说，"关东有三宝：人参、貂皮、鹿茸角"，也有"关东有三宝：人参、貂皮、乌拉草"之说，其实，在长白山中，不仅是三宝，而是遍山都是宝。不说其他经济作物，单说可供烹饪的原料就非常之多，除各种山菜、山果和菌蘑外，鹿、獐、狍、熊、虎、兔、雉鸡、山羊、野猪等应有尽有。原始森林决定了居住这里的满族人的经济生产，狩猎是其重要内容之一。后来，这儿每年向清宫进纳大量御膳原料，也是向北京市场上供应"关东货"的主要基地之一。

下面，仅将吉林省出产的一些著名的特殊品种介绍如下：

四大山珍 即人参、鹿茸、蘑菇、木耳。人参多为药用，但也是烹调中的珍贵原料，可做人参鸡、野参七星肘子等。做人参鸡时，是将整参在盛有鸡的汤中经蒸或煨后，使参味溶于汤中。而做野参七星肘子时，则是将参切成细丝当配料用。用人参做菜，具有较高的食疗价值。鹿茸也是多为药用，但同样是做菜的珍贵原料，可做清汤鹿茸、多味鹿茸等。做此类菜时，鹿茸分量不宜过多，如食鹿茸过多，会使鼻孔溢血。蘑菇种类很多，如榛蘑、松蘑、口蘑、元蘑、黄蘑等，皆是烹调的常用原料。蘑菇宜与荤类原料同煨而得味，单制则乏味。木耳指黑木耳，又称黑菜，是常见的烹调原料。吉林产的木耳，朵大而厚，色黑，故很出名。

白蘑 被称为蘑中之王，是蘑中珍品，色白、肉厚、味道鲜美，又为滋补佳品。可制扒白蘑、驼峰丝炒白蘑丝等。

四粒红 为高蛋白大花生，因每夹中有四粒红皮花生仁，故名。四粒红含蛋白量比一般花生高8%以上。可做五香四粒红、盐炒四粒红、油炸四粒红等。

白鱼 为松花湖著名河鲜，体色泛白，鳞细，肉质细嫩，味道鲜美，为宴上名肴。可做清蒸松花白鱼、煨鲜白鱼、大汤白鱼等。

蛤什蟆油 即蛤什蟆腹中的油。经干制后成品约长30～50厘米、宽8～10厘米、厚5厘米的不规格小块状，色淡黄，有光泽，为滋补名品、宴上珍馐；经水发制后，可烹制多种风味腴美的菜肴，如冰糖蛤什蟆油、籴蛤什蟆油等。

白蜜 蜂蜜一种，色泽洁白，气味异香，甘甜无比，营养成分较高，是药用和食用佳品，也是糖类菜肴的上乘调料，也可配制满族各类甜味饽饽、糕点。

鹿茸血 即公鹿头顶之茸所含的血，为高级滋补品。可为药用，也可做烹饪原料。如多味鹿茸一菜，做法即取鹿茸之血，掺入适量鸡蛋清中，加精盐、花椒面、鸡汤等搅匀，灌入肠衣中（两头用细绳扎紧），放水锅中以小火煮熟，再顶刀切片。食时蘸腐乳汁、韭菜花、辣椒油、芝麻酱、芝麻油、姜泥、蒜泥、酱油、醋、卤虾油等。

核桃 又称胡桃，果皮有皱脊，果仁富含油质，味香美。在烹调中，多为干果品种和凉菜、炸菜等。核桃仁经油炸后，趁热撒些白糖或精盐，即成琥珀桃仁（因呈琥珀色，故名）。还可做辅料，配主料同制成菜，如桃仁鸡丁、桃仁鸽蛋等。

榛子 小坚果近球形，可食用或榨油。鲜榛仁可做甜菜，如冰碗。干榛仁经油炸后即为炸榛仁，是宴席上的干果之一，香脆可口。还可制糖果和糕点。

山楂 今梨树县一带所产者为佳，果皮深红，果肉粉白，味酸带甜，肉厚水少。可做拔丝山楂、蜜饯山楂等。如做蜜饯山楂，是将山楂治净后，经沸水略焯，再用白糖、蜂蜜和适量清水熬制而成，成品糖汁稠浓。山楂软烂味浓，甜中有酸，开胃而助消化。

延边苹果梨 为吉林名果，肉厚核小，甘美多汁，便于贮存，具有苹果和梨的双重优点。可做拔丝苹果梨、蜜饯苹果梨等。如做蜜饯苹果梨，是将苹果梨去皮、核，切成稍大一些的桔子瓣形，经沸水略焯后，用白糖、蜂蜜和适量清水熬制而成，成品金黄色，软烂香甜。

谢花甜梨 为吉林名果，椭圆形，鲜黄色，肉质细而多汁，味香而酸甜，果重约一两。可用蜜饯、拔丝方法制成甜菜。

延边小香水梨 为吉林名果。长圆形，色泽黄绿相融，肉质脆而多汁，味道甜酸，果重约一至二两。可用拔丝、蜜饯方法制成甜菜，也可做宴席上的鲜果。

二、宁古塔地区的主要动、植物原料

清以前，宁古塔地区人烟稀少，但野生和河鲜资源非常丰富，属未开辟之地；清以后，经满、汉人共同开发，始见繁荣起来，"人于此开店贸易，从此人烟稠密，货物客商络绎不绝，居然有华夏风景"[①]。

说到这里的物产，首先以各类山珍野味著称。清张缙彦《域外集》中说："……而宁古貂皮为饰，人参充饵，鹿茸草而戴玉，蚌入渊而孕珠，他如熊虎、海豹、□狐、猞猁、白兔之属，皆为内地上珍，附贡而入，往往得奇羡，即入《禹贡》，五方之产，未尝不可此类而观也。"[②] 当时，驻此清兵每年四季常常出猎打围，朝出暮归，有时二三日，谓之打小围；秋季打野鸡围，冬季打大围。打围时，"按八旗排阵而行……无令不得擅射，二十余日乃归。所得者虎、豹、熊、獐、狐、鹿、兔、野鸡、雕羽等物。猎犬最猛，有能捉虎豹者；虎豹颇畏人，惟熊极猛，力能拔树掷人；野鸡最肥，油厚寸许；辽东野鸡颇有名，然迥不及矣。每一猎车载马驼不知其数……"[③] 由此可见，当时这里的山珍野味是捕之不完、猎之不尽的。

宁古塔地区不仅山珍野味极多，河鲜水产也颇丰富。这里南临鸭绿江，江长十五里。江中的鱼不仅鲜肥，品种也多。有缩项鳊，满语称为发禄，是满族人最喜食的鱼类之一，一般在夏季产量最多。有一种生于江边浅水处的石子下面的水产品，上半身似蟹，下半身似虾，长二三寸许，味道鲜美，俗称虾爬子，是上祭太庙时的必用品种。除此之外，这里所产的最多的鱼类则有鲟鳇鱼、鲭鱼、鲤鱼、鳊鱼、鲫鱼等。还有一种大鱼，称遮鲈，重达百余斤，有骨而无刺，其味胜过一般鱼类。

宁古塔一带地处边塞，清以前被称为"穷发之地，古谓惟黍生之"[④]。所谓"穷发"，并不是说这里是不毛之地，而是指土地肥沃而未被开辟。

---

① 〔清〕吴振臣：《宁古塔纪略》（1卷）。
② 《域外集》，"宁古物产论"。
③ 〔清〕吴振臣：《宁古塔纪略》（1卷）。
④ 〔清〕张缙彦：《域外集》，"宁古物产论"。

清以后，随着这里的经济和贸易的繁荣，满族人和汉族人在这里定居的逐渐增多，关内先进的农耕和种植之法也传入此地，加上这里的土质肥沃，因此一旦播种，其获且倍。《域外集》中说："中土多治园圃，引渠水去其芜秽，而沃以粪壤，无疾风甚雨以伤之，故果木花卉得以遂其所养，并移花接木，杜可以为梨，棘可以为枣……"① 说的正是这里的地质、气候对促进耕植作物生长的优良环境。当时，这里出产的谷类有粟、稗子、铃铛麦、大麦，后来又有小麦。蔬菜则有丝瓜、扁豆、茄子、土豆、白菜等。还产小菱角和莲子，但满族人不习惯吃此类食品。果类则产松子、榛子、酸梨、瓯子李等，菌类则有麋子尾（即猴头）、蘑菇、黄菌、山查子等。

第三节　辽宁省新宾、岫岩、凤城的动、植物原料

一、新宾的烹饪原料

新宾位于辽宁东部山区，是满族的故乡，清朝的奠基地。这里世代居住着满族人民。早在西汉时，玄菟郡即治于此，渤海国于此设置了木底州；辽、金时代为沈州辖境，明代为建州卫地。公元1583年，努尔哈赤起兵统一女真各部，并制定了八旗制，创制了满文，发展了经济。公元1616年，努尔哈赤以赫图阿拉城（今新宾县老城）为都城，建立了金国（史称后金）。1621年由此迁都辽阳，1625年又迁都沈阳。1634年，改称兴京。1947年解放后，又更名为新宾县。

新宾县境内山深林密，不仅有苏子河倚城而过，还有数不清的渠水溪涧，虽然交通不便，但经济资源十分丰富。可供烹饪的原料品种也很繁多。仅据《兴京县志·物产》载，属于山珍野味的有鹌鹑、雉、树鸡（飞龙鸟）、虎、熊、鹿、狍、野猪、兔、蜗牛、鹁鸪、鸠、雀、鸿雁、缩脖等；属于水产品的有鲫鱼、鲇鱼、鳝、柳根、船钉、鲦、沙鮀、马口、龟、蛙、蛤什蟆、细鳞鱼等；属于家畜、家禽的有马、牛、驴、羊、豕、鸡、

---

① 〔清〕张缙彦：《域外集》，"宁古物产论"。

□（民国）苏民纂、沈国冕修《兴京县志·物产》选页。兴京即今辽宁省新宾满族自治县

鸭、鹅等；属于蔬果的有水萝卜、胡萝卜、芥菜、菠薐菜、芫荽、秦椒、芹菜、水芹、韭、葱、蒜、大萝卜、白菜、豌豆、黑豆、刀豆、豇豆、藕豆、蚕豆、云豆、薏苡、菜豆、脂（芝）麻、苏子、茄子、苦苣、芋头、茼蒿、马铃薯、番薯、疙瘩白、苤蓝、苋菜、山药、糖萝卜、黄花菜、荠菜、木耳、蘑菇、芜菁、黄瓜、菜瓜、搅瓜、倭瓜、丝瓜、瓠瓜、打瓜、玉瓜、甜瓜、西瓜等；属于山菜的有山韭、山葱、苦荬、蒌蒿、地肤、灰菜、马齿苋、藜、蕨薇、杏叶菜、明叶菜、龙牙菜、贯众菜、猫爪菜、寒浆、祥谷菜、野白菜、枪头菜、山蒜、山芹菜等；属于谷物的有大麦、小麦、小豆、绿豆、稻子、秔子、玉蜀黍、粟、稷、黍、稗子、荞麦、大豆、高粱等。

上述烹饪原料，有些是常见的，有些前面已介绍过，有些则属于当地特产并需要加以解释的。这些品种是：

雉 形状和习性与鸡相似，尾长而美丽，多栖息山野之中，因多食谷类和菜蔬之叶，故为害鸟。汉时吕后名雉，后来则讳称野鸡，至今沿之。烹饪上宜采用烧、溜、炖、爆、炒等诸法制之。如葱烧野鸡、溜野鸡片、清炖野鸡、爆青椒野鸡丁、炒野鸡丝等。

树鸡 似鸡，小脚有毛，产于山中或沙漠地带，俗称沙鸡。在史籍中又有树鸡为飞龙鸟之说。凡鸡所能制之菜，用树鸡皆可制之。

蜗牛 又名蛞蝓，为软体动物，外壳呈扁圆形，平时肉体全缩于壳中，行动时伸出头，有四个触角，前面两个触角较长，尖端有眼，头侧有小孔，内为肺囊，以通呼吸。雌雄同体，常集于草丛之中。烹制时去壳，治净，只取其肉。可制红烧蜗牛、炒蜗牛等。

鹁鸽 俗称鸽子，分家鸽、野鸽两种。唐明皇曾呼鸽为飞奴。在日本或欧洲各国，远行或行军时，多用鸽子寄书。家鸽多饲养以供玩赏。烹饪中多用野鸽，如酥炸鸽子、红扒鸽子、炸溜鸽块、煨野鸽蛋等。

鸠 凡指斑鸠。似鸽略小于鸽，毛色赭、灰相间。性甚拙。不善营巢，多居鹊之成巢。其肉味甚美，可用制鸽之法制之。成品菜一般是整形的。

雀 泛指家雀，又称家贼。依人而居，巢于檐下，多食谷粒。在烹饪中常将此鸟称为铁雀（因其羽毛似铁色），可做御府铁雀、红煨铁雀、炸铁雀等。

鸿雁 大者为鸿，小者为雁。秋天飞往南方，春天回归北方。在我国古代，鸿雁制肴为上乘美味，烹饪鼻祖伊尹即是烹制鸿雁的能手，他做的鸿雁菜曾得到商汤王的赏识。但清以后至近代，此物供烹饪者已不多见。

缩脖 似凫，高足曲颈，好似缩着脖子的形态，故俗称之。当地人又称为老等。可用制鸭之法制之。

鲇鱼 为淡水鱼，体形圆而长，头大尾扁，无鳞多粘质，口曲而阔脊，体色苍黑，腹白。俗有"鲇鱼头、鲅鱼尾"之说。可制砂锅鲇鱼、家常鲇鱼、红煨鲇鱼等。

鳝 形似鳗鱼，一般长三四寸许，体圆尾扁，青黑色，无鳞，有粘质，常潜伏于淡水之泥中，故又称泥鳅。是一种民间常用的烹饪原料。可制泥鳅炖豆腐等菜。

柳根 形似银鱼，体长而细。因喜游于河旁柳树根下，故名。可制炸烹柳根、柳根煨豆腐等菜。

沙鮀 俗称沙咕噜子，身圆口小，体上有斑鳞，分黑黄二色，年久则尾秃，常伏于河旁泥沙中，只露双眼。一般为乡土民食。

马口 产于河中，口大身小，体扁有鳞，喜于草根为群。其肉味颇鲜美。可制溜马口鱼丁、溜鱼片、溜鱼段等。

蛙 为水陆两栖之脊椎动物，体短腿壮，喜居于阴湿地带。雄者能鸣，雌者则否，种类很多，捕食害虫，于农家有益，其子即蝌蚪。其两腿为烹饪上乘原料。如烤田鸡腿一菜，则是传统名菜。

菠薐菜 即菠菜。刘禹锡《嘉话录》中云：菠薐菜之种由僧人自西国携来。李时珍《案唐会要》云：菠薐菜由唐代时，从波斯国传入。

秦椒 形似蜀椒，但较蜀椒大，故又称大椒。此蔬又分多种，结实向上者称天椒，状如柿子者为柿椒。皆生青熟红味辛。为烹饪常用原料。

藊豆 即扁豆，扁夹形，内中有白色小豆粒。可做肉丝炒扁豆丝、炖扁豆等。亦可入药。

云豆 即豆角。《盛京通志》载，因云豆来自云南，故名。又称六月鲜、大挽袖。是常用的烹饪原料。

苦苣 又称苦菜。可生食、煮食或作汤。

茼蒿 俗名蓬蒿，茎高约二尺，叶羽状，中部为管状，春夏交替时，茎叶极嫩可食。

番薯 即地瓜，又称红薯。为常用烹饪原料。满族人喜食烀地瓜、烤地瓜。如治净后去皮，切成片或丝，经油炸后，拌以白糖，效果更佳。

疙瘩白 即大头菜，也称卷心菜、洋白菜。其种来自俄国。是常用的烹饪原料。可用炒、炖、熬、拌、蒸等方法制成菜肴，如肉片炒疙瘩白、炖疙瘩白土豆片、肉片熬疙瘩白、拌疙瘩白丝、蒸疙瘩白菜卷（卷肉馅）等。

苤蓝 为满族乡土民食。一般腌制咸菜。腌制时，先治净，往坛中铺一层，撒一层盐。腌制约五六日后，再放入酱油浸之。成品酱红色（亦可用盐腌之，为白色），脆嫩味咸。可制肉丝炒苤蓝丝、麻油拌苤蓝丝等。

山药 又称山芋、薯蓣。有野生、家种两种。为常用烹饪原料。可用拔丝、蜜饯等方法制成菜肴，如拔丝山药、蜜汁山药墩、蜜汁山药桃等。

糖萝卜 其种来自日本。主要为制糖之原料。体圆或长圆似萝卜状，皮赭色，内为淡黄色。

甜瓜 俗称香瓜。有青、黄、白三种。七月成熟，味甘美。可做水果，亦可做烹饪原料，如拔丝甜瓜、蜜饯甜瓜。制时去皮、瓤。

菜瓜 即越瓜,又名稍瓜、案菜瓜。类似甜瓜,但其形状较长,味略酸。为乡土民食,可熬、炖或做汤用。

搅瓜 即角瓜。似倭瓜而略小。宜酱腌。其肉生筋丝,以箸搅而出之,故名。搅瓜还可用炒、炖等方法制成菜,如肉片炒搅瓜片、肉炖搅瓜等。制时去皮、瓤。亦可当馅料,做成蒸搅瓜馅饽饽。

丝瓜 又名天罗。唐宋时无闻,唐宋以后始被人视为蔬果。长数尺,结瓜时,需以石坠之,瓜长势则直。烹调时用嫩瓜,可制肉片炒丝瓜、烧丝瓜条等。瓜老者筋如乱麻,不宜食,可入药;其瓤可制夏帽,或做刷锅用具。

打瓜 形似西瓜,但小于西瓜,味酸红瓤,瓤虽能食但不佳,多取其子,干制后以油炒之,可做席上干果。

玉瓜 与倭瓜形状相仿,但皮色不同,皮青如玉,故称玉瓜。为当地最普通佐食品。

西瓜 史籍载契丹破回纥时得此种。五代时胡峤居契丹时始食西瓜。此瓜实大而圆,皮有深绿、淡绿等不同颜色。瓤有红、黄、白三色,味甜多汁。烹饪时常用深绿皮红瓤西瓜,可制西瓜鸡、什锦西瓜等。西瓜皮经盐腌制后可制小菜。西瓜亦可当席上果品。

山韭 古诗云"六月食郁","郁"即此。又谓之藿。叶与园韭略同,但味亚于园韭。丛生山谷间,独茎一叶。可用食园韭之法烹调之。

山葱 山菜一种。古时谓之蓉。茎细叶大,生于山坡上。前清时,与山韭以时送往内务府入贡。烹调时,可用食葱之法制之。

苦荬 俗称苣荬菜,春夏之交时有之,叶薄味苦。但别有一种风味。为满族乡土民食,多蘸酱食之。

蒌蒿 古称为蘩,俗称为蔄蒿菜。始叶生嫩,可煮食,多生于山野原隰,为山菜一种。

地肤 古称王彗,俗称扫帚菜。嫩时苗可食,或蘸酱,或炒之。老则即制扫帚。亦可入药,称地肤子。

灰菜 又名莴藋。生长时叶面有一层白粉状,初夏开小黄花,嫩叶可为蔬。为满族乡土民食。

马齿苋 俗称浆板菜,茎微赤,叶形如倒卵,质厚而软。叶嫩时,经煮后晒干，可成干菜储藏，无菜季节用之。

藜 又名大灰菜，其茎高达五六尺，叶呈卵形、有锯齿状，叶心色赤。嫩叶可食。

蕨薇 即蕨菜和薇菜，二者皆为山菜，同类异种，茎青者为蕨菜，茎红多毛者为薇菜。薇菜又称猴腿。烹调时，可取嫩茎经沸水焯后，蘸酱而食，亦可用肉丝炒之，用鸡汤煨之。清时，蕨薇皆为贡品。

杏叶菜 古称荠苨，其根如沙参状，叶如杏状。为山菜一种，多蘸酱食之。

明叶菜 山菜一种，生于初春。可炒食，亦可蘸酱而食。

龙芽菜 分两种，一种称树龙芽，叶似香椿，但大于香椿，初生时长刺条，次年春于项上吐芽，采而食之，此俗称刺棱芽。另一种称地龙芽，又名生麻苗，叶亦与香椿相似。此二山菜可用肉同炒之，亦可用鸡汤煨之，或蘸酱食之。

贯众菜 山菜一种，初生嫩苗可食，其味胜于蕨薇。可以食蕨薇之法食之。

猫爪菜 山菜一种，生长于春夏之交。因形似猫爪，故名。可宜用煸、炒之法制而食之。

寒浆 古称为葳，俗称山姜。味酸。儿童喜食。

祥谷菜 俗称小根菜，其根如山蒜，但小于山蒜。生于田原山野间。初生时掘而得之。多蘸酱而食。

野白菜 其状如白菜，但叶较白菜为厚，生于水涯。又称为紫玉簪。可用食白菜之法制成菜肴。如油煸野白菜、肉片粉条炖野白菜等。

枪头菜 又称苍术苗。因其形状似枪头，故常称为枪头菜。嫩时，可炒之、炖之、煨之，亦可蘸酱而食。此菜过时则老，不宜食。

山蒜 生长于山野之中，叶细而长，有蒜辣味，与地下之鳞茎皆可食。可制肉片炒山蒜、油煸山蒜等。

山芹菜 状如芹菜，但小于芹菜。季节性强，过时则不宜食。食时抛叶取茎，切段，配肉丝炒之最佳。

大麦 颇类小麦，只因结实大于小麦，故称大麦。可制大麦干饭、大麦粥；如渍水发芽后，即为麦酒之原料。亦可制饴糖。大麦之茎可编草帽。

小豆 为菽类植物,夏季叶腋开黄色如蝴蝶状的小花,荚长约二三寸。荚内之子有赤、白、青、斑诸色。可配米制干饭或粥,亦可煮烂捣成泥,加白糖制成饽饽馅。

绿豆 古时称菉豆。李时珍在《本草纲目》中改菉为绿。是常见的烹饪原料,用途较广。可配米制干饭或粥,可磨粉做糕和沤粉,可做绿豆粉供制粉皮或炒菜勾芡用,可生芽制绿豆芽。

稻子 分粳稻、籼稻、晚稻数种。春播种,夏分秧,秋收获。唐书《渤海传》记有卢城之稻。清初时奉天(今沈阳)一带产之,最著名的为辽阳所产之稻——辽阳青。民国以后,稻子始在新宾普遍种植。

秔子 稻之一种,不粘者为秔。可制干饭、粥,亦可磨面做饽饽。

粟 即小米,又称谷子。可制干饭、粥;磨面后可制饽饽。为满族民间常用的主食。

黍 即大黄米。属稷之黏者。晚种早熟,成长期短。可制干饭或粥,磨粉可制糕饼,或配曲蘖而酿酒。

荞麦 生长期较快,为谷中播种最晚者。茎赤,叶呈三角形,花小而白。其子磨面制饼最佳。前清时每岁以充贡品。亦可用以造曲。

大豆 古称为菽,又称黄豆。为常见的烹饪原料。食用性较广。可榨油,称豆油;经泡发后可磨成浆做豆腐或各类豆制品;可制调味品,如豆豉;可制菜,如芹菜炒黄豆、炸黄豆、肉末炒黄豆,可发芽成黄豆芽。

二、岫岩的烹饪原料

岫岩县位于辽宁半岛北部。早在新石器时代就被开发,秦、汉、魏、晋时属"辽东郡"管辖;唐时属"安东都护府";辽时属"归""铁""穆"三州管辖。公元1115年,女真族(后改满族)建金国时,在岫岩设"大宁镇"。1193年升为秀岩县。后来,明朝为消除前代影响,以同音异字方法将"秀岩"改为"岫岩",沿用至今。后金天命六年(1621)三月,努尔哈赤抚降之。天聪七年(1633),清太宗皇太极的叔伯弟弟济尔哈郎贝勒(进关后封为郑亲王)率八旗兵来此驻守;清入关后,于康熙、雍正朝时,又先后从北京、张家口、绰尔河、嫩江、松花江以及山东、云南拨来驻守的八旗兵和入旗汉人，使这里逐渐成为满族的聚居之地。

岫岩属辽东丘陵地带，素有"八山半水一分田，半分道路和庄园"之称。山林资源丰富，农业生产发达，可供烹饪的经济作物自然也很繁多。仅据《岫岩县志·卷一》载，属于谷物的有稷、黍、稻、粱（高粱）、粟、稗、大麦、小麦、荞麦、苞米（玉蜀黍）、薏苡、脂麻（芝麻）、大豆、小豆、黑豆、绿豆等；属于蔬菌的有扁豆、豇豆、豌豆、菜豆、刀豆、云豆、韭菜、葱、薤、蒜、菘、芥、芹、山韭、菠薐、莴苣、芫荽、蒌蒿、茼蒿、蕨菜、苦荬、地肤、山药、香芋、茄子、稍瓜、王瓜、倭瓜、香瓜、搅瓜、冬瓜、地瓜、西瓜、葫芦、松蘑、榛蘑、柳蘑、榆蘑、榆肉、马铃薯、萝卜、水萝卜、胡萝卜、黄花菜、杏叶菜、歪脖菜、枪头菜、明叶菜、笔管菜、大茴香、小茴香等；属于水果的有杏、桃、李、梨、榛、枣、栗等；属于家畜毛羽类的有马、牛、羊、豕、驴、犬、狍、兔、鸿雁、鸠鸟、缩脖鸟、鸭、鸡、雉、鹅、麻雀、鹌鹑、野鸭等；属于水产品的则有蛙、鳝、鳖、蟹、蜊蛄、鲇鱼、鲦鱼、细鳞鱼等。

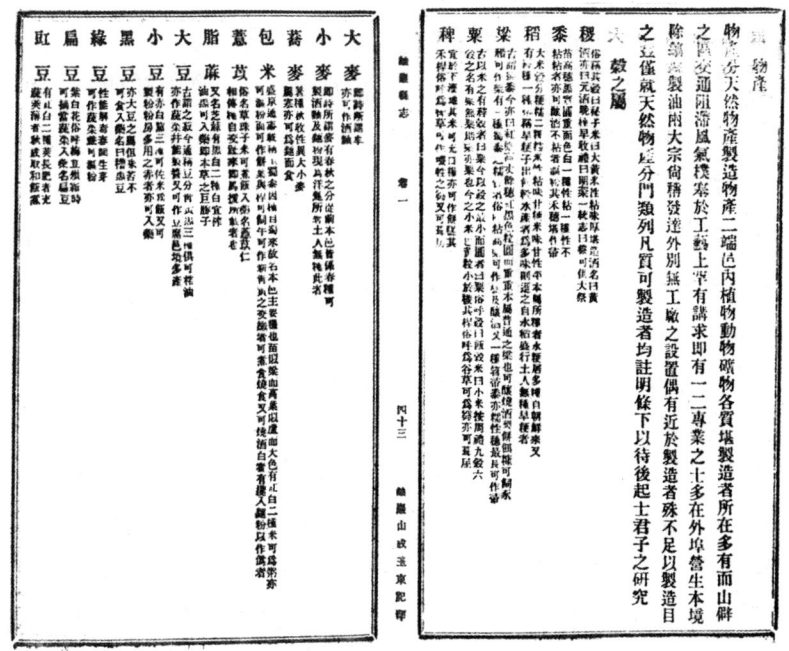

□ （民国）郝玉璞纂、高乃济修《岫岩县志·物产》中记载的"谷之属"。岫岩（辽宁境内）现为满族自治县

上述烹饪原料，前面多已介绍过。下面，仅将一些未曾介绍过的品种简释如下：

薏苡 因白洁半透明，状如露珠，故又称草珠子米。可煮饭，也可入药。药名曰薏苡仁。又可配鸡丁、笋丁、冬菇丁等制成烩菜，如鸡丁烩薏苡仁。

脂（芝）麻 是常见的烹饪原料，分黑、白两种，即黑芝麻、白芝麻。古称巨胜子。可榨油，为麻油（又称香油），可入药，烹饪上常做馅料或配料，如芝麻烧饼、芝麻羊肉丸子等。

豇豆 有白、绿两种，称白豇豆、绿豇豆。荚长内有籽，嫩时可作蔬菜，宜用炒、拌、煨等方法制菜，如肉丝炒豇豆、姜丝拌豇豆、煨豇豆等。

豌豆 古称回鹘豆。荚不可食，荚内之籽青翠碧绿，味道清香，为烹饪中的上好原料，用途较广，可充菜肴中的主料，亦可做配料，如鸡丝烩豌豆、炒虾仁豌豆，都是颇受欢迎的佳肴。

刀豆 古称挟剑豆。《酉阳杂俎》载："乐浪有挟剑豆，豆荚生横斜状，如人挟剑即此。"现称刀豆，亦以其状如刀形而言。烹饪时，须将两端之纤掐去，以肉片烧之最佳，曰肉片烧青刀豆。

薤 古称火葱。俗称藠头。为多年生宿根草本，鳞茎狭卵形，可做蔬菜用，一般加工成酱菜。鳞茎经干燥后亦可入药，功能通阳散结，主治胸痹心痛、泻痢等症。

香芋 俗称芋头。民间百姓家入冬必有储备。多为腌制咸菜用。制时，可将其以水焯熟，冷却后用酱油浸腌，腌透后即成酱腌芋头（亦可放在大酱中浸腌）。

冬瓜 古时称白瓜。是常见的烹饪原料，满族人喜制羊肉炖冬瓜、肉片熬冬瓜等。其籽可入药。

柳蘑 野生菌类，因长于柳树下，故名柳蘑。可鲜食，亦可干制。宜与荤类原料同制成菜，其味尤佳，如柳蘑烧肉、鸡块炖柳蘑等。

黄花菜 俗称金针菜，杜甫诗中称夜合花藤，《本草纲目》中称夜交藤，开红花者又称山丹花。可鲜食，但多为干制品。制菜时，须用温水泡至回软，截去老根。可做肉片炒黄花菜、肉条扒金针菜等。

小茴香 古称莳萝，又名慈谋敕。在烹饪上用为调料，只取其味而不可食。可制茴香豆，亦可卤制肉类时用，气味芳香。

大茴香 又称八角茴香、八角、大料。木兰科，为常绿小乔木。初夏开花，果实多为八个木质蓇葖，即称八角，有浓烈香气，是烹饪中不可缺少的调味品，用途较广，如做煮白肉、炖鸡、煨鸭、烧卤牛羊肉时，均须用此料。

杏 即杏树之果，春季开花，夏季收获。又分大、小两种，大者核扁，其仁甜，小者核圆，其仁苦。如用杏仁，则用大杏之仁，可制杏仁茶、杏仁白糖馅甜饽饽等。其果可鲜食，亦可制甜菜，如冰糖杏子、蜜饯杏子等。

桃 分多种，如白桃、血桃、水蜜桃等。可鲜食，亦可制甜菜，如蜜汁白桃、拔丝桃脯等。桃仁可入药。

李 俗称红袍李。有大小之分，大者色红味甜，小者色青味酸。一般用以鲜食，烹饪上不常用。

栗 即栗子。为常用烹饪原料。可做干果，如糖炒栗子，亦可配其他原料制成菜，如栗子鸡、栗子烧白菜等。

枣 为常见食品。嫩时青色，称脆枣，酸甜而脆，十分可口，老时则红，干甜而韧。枣又有黑枣、大红枣、小红枣之分。烹饪上多用小红枣，一般为甜菜的配料，如制八宝饭、冰糖银耳等菜时，都须用小红枣。

蟹 指河蟹，二螯八足，横行，秋季食用最佳。治净后可干蒸而食，食时配姜醋汁，亦可将蟹煮熟，将蟹肉、蟹黄剥下，炒之成菜，其味鲜美，胜于他味。

鳖 俗称团鱼、元鱼、甲鱼。是烹饪中的上乘原料，最珍贵的是甲壳边部的软骨，俗称裙边。鳖可用蒸、烧、煨等方法制成菜肴，如肉片烧甲鱼、清蒸裙边、清蒸甲鱼、煨甲鱼等。

野鸭 又称水鸭，味道颇鲜，为上乘野味。可用扒、烧、炸等方法制成菜肴，如扒野鸭子、红烧野鸭子、香酥野鸭子等。

三、凤城的烹饪原料

凤城县位于辽宁省东南部。早在战国末期，燕在襄平置辽东郡，凤城

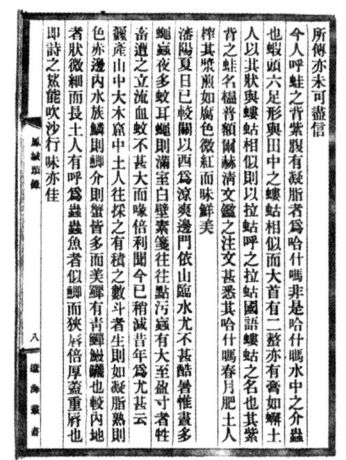

□（清）博明著《凤城琐谈》中记载的物产。凤城（辽宁境内）现为满族自治县

即在辽东郡境内。但是，凤城的真正开发还是随着大批满族人民移居凤城开始的。1638年清兵始驻凤城，设守城官（后称守城尉），1644年开始设八旗。以后，清政府陆续由北京等地拨出满、蒙、汉等八旗兵携家眷来凤城，充实八旗，开荒屯垦，发展经济，使这里逐渐成为满族人民的集居之地。凤城县原名凤凰城堡，民国时改为凤凰县，因与湖南凤凰县重名，于1914年改为凤城县。

凤城县境内峰峦重叠，河流密布，森林葱郁，物产丰富。在谷物方面主产玉米、水稻、高粱、大豆等。据《凤城琐谈》载，在山菜方面，则出产歪脖菜、杏叶菜（又称沙参苗）、枪头菜、明叶菜（又称桔梗苗）、笔管菜（又称黄精苗）、小笔管菜（又称葳蕤苗）、关东菜、蕨菜、小根菜、河白菜等。凤城满族人食小根菜又与别处不同，每至春季，村落人家皆撷小根菜为食，采撷之后，一般用糖醋渍之，味道甜酸带辣，十分可口，而且便于久贮。另外，县境内还盛产人参和榆肉。人参采得之后，须治净，置饭釜中，并加油纸蒸之；然后爆炙至干，可服食用，亦可入药。榆肉一般生长于老榆窟中，紫黄色，柔软肥大，性固肾气，是制菜的上乘原料。

凤城县境内所产的野果较出名的有椹，夏季结果，色微红，但味酸，秋季则变得深红，味极甘甜。椹又称普盘果，满语称依尔哈木克。还有一种叫山定子的，圆而光润，如海棠状，味偏酸，制时用蜜渍之法，其味甜酸，清时为贡品。又有一种叫君迁子的野果，如枣状，肉内多细仁，如芝麻色，制做时，亦多用蜜渍之法。

由于凤城县境内森林茂密，草莽丛深，各种野生动物也十分繁多，如鹿、獐、狍、麂、虎、熊、野猪等，都是猎人的捕获对象。但这些野生动物的质量，较之东北边外略有不及。每至夏季时，也多采鹿茸，这种鹿茸，一般是马鹿茸，较之辽沈一带出产的麋鹿茸稍逊一等，远贩于朝鲜国。

在水产方面，该县则盛产蛤什蟆。《凤城琐谈》载："今人呼蛙之背紫腹有凝脂（即蛤什蟆油）者为蛤什蟆。"蛤什蟆春季最肥美，这里的满族人将其捉之后，治净，取其腹内之油，煎制成腐状，色微红，味极鲜美。又由于该县河流纵横，故又盛产鱼类，如鲫鱼、青鳝、鳗鲡等，还有一种鱼，似鲫但身狭长，唇倍厚，曰重唇鱼。河中尤产蟹，多而肥美。

第四节　乾隆《盛京赋》中的东北动、植物原料

乾隆八年（1743）九月十六日至二十四日，乾隆谒永陵、福陵、昭陵祭祖后，驻跸盛京旧宫。十月初一日御制成《盛京赋》（次日即起驾回銮）。赋分序、赋、颂三部，约五千字，三千三百余言，表达了对"龙兴之地"的自然物产、人文景观和先朝勋臣的怀念之情，有较高的文献、文学价值。乾隆十三年于武英殿刻三十二体篆书（满、汉文合璧）御制《盛京赋》印刷。乾隆三十五年，被法国汉学家阿米奥（中文名钱德明）以长诗形式翻译成法文，在巴黎出版。时已70余岁的法国启蒙思想家伏尔泰读后，欣奋不已，说："我很爱乾隆的诗，柔美和慈和到处表现出来。"即兴写了一首《致中国皇帝》的诗，说"接受我的敬意吧，可爱的中国皇帝"。由于地域阻隔或其他原因，乾隆却没有见到这首诗，使伏尔泰对中国帝制和皇帝产生一些误解。试想，如果乾隆得知一位伟大的思想家和"欧洲最优秀的诗人"居然对他的诗赋热情赞颂，会有怎样的感触呢？

□ 乾隆题签《盛京赋》

由《盛京赋》可以看出，这里确是土地富饶，物产丰盛，诚如赋中所云："矗崛巁，聚崾嫠；嵫兮岎峛，嵌兮峖峒；峭兮崖嵯，崒兮嵢嵡，蔽霍于日月，源流湖江。既孕奇而盘欎，亦含秀而隆崇。故夫四蹄双羽之族，长林丰草之众，无不博产乎其中。"下面，根据乾隆在《盛京赋》中所胪列的这一地区的动植物原料，予以分类考稽和补注。

一、蹄类原料

首先，赋中对盛京及东北地区的蹄类原料资源，做了如下概述："蹄类则虎豹熊罴，野马野骡，鹿獐狍麈，狼豺封驼，狐狸獾貉，跳兔婆娑，鼢鼯艾虎，貂鼠轻嘉；其他牛马羊豕之资以日用者，盖填间苍，而悉寝讹。"

虎者，即东北虎，是为珍贵山兽，性尤猛鸷。豹者，略小于虎，白面圆头，又有白豹、乌豹、金钱豹、艾叶豹之分，性凶残。熊罴者，似一类动物，一说体小者为熊，体大者为罴；又说体上有黄白纹者为熊，似豕，出没于山中，春出冬蛰；罴者长头高脚，两者均猛憨多力。野马者，多产于边关塞外，似马但略小于马，据说每日可奔走五六百里。野骡者，如骡，亦产于边关塞外。鹿者，泛指梅花鹿，盛产于东北各地。獐者，性情温善，易惊，牙齿尖利但不伤人。狍者，属獐类，但比獐大。麈者，属鹿类，身毛较为长大，蹄皮甚厚。狼者，似犬，头如锐形，白颊，其毛有苍灰色，俗称灰狼；又有毛为黄、黑相间者，性皆凶恶。豺者，又称豺狗，身体细瘦，但很健猛，性亦凶恶。封驼者，即骆驼，长头高脚，脊上有一肉峰者，称单峰骆驼；脊上有二肉峰者，称双峰骆驼。狐者，性孤，故其字从孤，其毛细厚而温暖。狸者，与狐相似，性懒好睡，其毛亦深厚温暖。貉与獾者，似同类动物，两者时常同穴

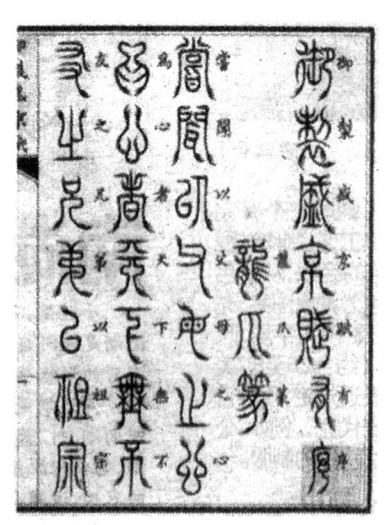

□《盛京赋》清武英殿刻本（辽宁省图书馆藏本）

而居，日出后寻食，貉走獾随。跳兔者，属兔类，性情狡猾，多产于广宁、义县以北一带。鼢者，即田鼠也，出没在田地中，以谷粮为食。鼫者，即豆鼠也，善于腾跳，以田间粟豆为食。艾虎者，属鼠类，但善捕食鼠。貂鼠者，又名栗狗、松狗，因好食栗松皮，故名；其毛为黄、黑相间，多在山中活动。其他如牛马、羊、豕等者，司空见惯，无须赘述。

上述提到的蹄类动物资源，适于烹饪者为多数。善于狩猎的满族人，将这些捕杀的山野之兽，取其皮毛而制衣，取其肉而充食。只不过在长期的进食过程中，并伴随着经济生产的发展和饮食要求的不断提高，则对这些兽类有了比较和鉴别，其肉味鲜香美者便被逐渐固定为烹饪原料，其肉味腥臊不诱口者便被逐渐淘汰，如虎、熊之肉。惟狩猎人则常食之。雄虎的睾丸，据说为贡品，有食疗大补功效；熊之掌，则是宴筵中的珍贵原料；鹿、獐、狍、麈，至今已是东北厨师们做菜时常用的原料；骆驼之肉峰，古代为"八珍"之一，是名贵佳肴原料；至于兔、牛、马、羊、豕之类，在烹饪上的用途更为广泛，自不屑说了。而狐、狸、獾、貉、貂鼠等，则没有什么食用价值，则以毛皮为裘或为帽。

二、羽类原料

谈到羽类原料，《盛京赋》中则云："羽类则野鸡沙鸡，鹅鸭青鹝；鹳鹤秃鹙；维鹈在梁；缩脖鸠燕，啄木鹊鸽，鹰鹞雕鹘，红牙商仓；黄鹤鼠化，白雁霸横，曰海东清，出黑龙江，林击则天鹅褫魄，甸搏则窟兔走僵。其他鸽雀铜嘴，桃虫鸳鸯，杂沓纷泊，腾轶翱翔。"

野鸡者，雉也。每年七月间，雏野鸡体肥肉嫩，是为捕获季节，旧时供祭祀用；冬季，野鸡最为鲜肥，且又易捉，围获后，选其佳者入贡。沙鸡者，又称沙半鸡，大如鸽，无后趾，多产于塞北沙漠地区；又一说树鸡，多出林内，亦呼沙鸡（树鸡即飞龙鸟）。鹅者，家禽也；又一说野生者为雁，家饲者为鹅；《盛京志》中云："鹅肥美胜他处。"鸭者，有野鸭、家鸭之分；产于东北之鸭，又称关东鸭。鹅鸭均为冬月入贡之物。青鹝者，属鹅类，又名信天翁缘。鹳者，为一种水鸟，颈长喙赤，身白而尾翅灰黑，其羽为贡品，专做箭翎之用。鹤者，即仙鹤，又称仙禽，分黑、白两种，为吉祥之物。秃鹜者，因其顶秃，故名；长项赤目，翮可做箭翎。维鹈者，也为一种水鸟，形似鹄，羽毛灰色，嗓大嘴长，可在水中捉鱼，所以别名又称淘河。缩脖者，即缩脖鸟；因飞翔时呈缩脖状，故名；其形如鹳，毛为灰色，脚高而翅大。鸠者，即班鸠，略小于鸽，毛色杂而不一。燕者，即通常所说的紫燕；有善营巢者和不善营巢者两种，前者称为巧燕，后者呼为拙燕。啄木者，即啄木鸟，因口如锥，长达数寸，极善嘶树食虫，故名；又一说此鸟的舌尖通于脑后，舌尖引之极长，虽然树虫潜穴缝罅中，皆能钩取而食之。鹊者，即喜鹊，为吉祥之物。鸹者，又称鸨鸹、鸹鸡，体大如鹤，长颈、高脚、红颊。鹰者，种类较多，对其称呼亦不一，如苍鹰、雄鹰，毛黑者为黑鹰，毛白者为白鹰，而白鹰尤为鸷猛，盛产于宁古塔一带的山中。鹞者，形体似鹰，性情凶猛，且品类较多，有"花豹""白豹""松儿""朵儿""拦虎兽"等。雕者，体大于鹰；羽毛黑者为上等，称卑雕；羽毛呈花纹者称虎斑雕；羽毛黑、白相间者称接白雕；羽毛短小而有花者称芝麻雕。鹘者，有大小两种，大者为兔鹘，小者为鸦鹘。红牙者，为一种山林之鸟，脊背处有一道白翅，又微呈红色，其羽可做箭翎。商仓者，又称黄鸟、黄鹂、商庚、仓黄，亦为山中之鸟。黄鹤者，古名为鸹，现称鹤鹑。白雁者，又称霜信，因此鸟每至春时，便自南方飞至东北，霜降前后复又南翔，人们看到它们结队南飞，即感冬季将至。海东青者，为上等雕类，最佳者身小而健，能擒天鹅，其爪白者尤异，盛产于黑龙江、乌苏里江一带。天鹅者，古称为鹄；元代时，为"迤北八珍"之一，其翔极高，为一种高雅之物。鸽者，即鹁鸽，又有野鸽、家鸽之分；毛色也不一，有白、青、灰、皂斑等诸色，其目有金、赤、白三色者尤异，名品相当贵重。雀者，又称瓦雀、家雀、麻雀；因其栖宿家户檐瓦间，故名。铜嘴者，因其嘴为青黄色，如铜状，故名；似雀而大，羽毛为灰色，脊部毛色微黑。桃虫者，雅名为巧女，形如黄雀而小，羽毛灰色而有斑纹。鸳鸯者，又称黄鸭，雄者羽毛绚丽，煞是美观，雄雌形影不离，人们多喻为恩爱夫妻。

上述提到的羽类动物资源，适于烹饪者为多数，如野鸡、沙鸡、鹅、鸭、斑鸠、鹤鹑、雁、天鹅、鹁鸽、家雀等，均可制成上乘佳肴。还有一部分羽类，如鹰、鹞、海东青等，可充当狩猎人的"助手"。能擒獐、鹿、兔等动物；另有一部分羽类，则可供玩赏，如喜鹊、铜嘴、桃虫、鸳鸯等。

三、海错原料

《盛京赋》中所述及的海错原料，品类也很繁多："陆珍既韧，海错亦繁：鲤魴鳟鳜，鳡鲫鳙鲢；鲦鲴鳢鱤，鲍鳛鲇鲩；比目分合，重唇浮湛；剑饰鲛翅，柳炙细鳞；牛鱼之长丈许，带鱼之白韦编；乌鲗之须粘石，渡父之喙矴船。他如蛇马驴狗，豚獭豹獾，出没乎汹涌，潜跃乎游渊。苍龙捷鬐而云作，赤螭掉尾而波开。"

鲤者，为淡水鱼，生长迅速，生活力强，能耐高温和污水，是一种重要的鱼类，常见的有锦鲤、革鲤、荷包鲤、红鲤等多种。魴者，又称三角魴、三角鳊，体形似鳊，背部特别隆起，银灰色，一般约尺半长；而辽东所产梁水魴，特而肥厚，肉味亦鲜美，为魴之上品，故乡语有"居就粮，梁水魴"之说。鳟者，形似鲑鱼，但鳞细于鲑鱼，赤眼，品种有赤眼鳟、虹鳟等。鳜者，又称鲑花鱼、桂鱼，鳞呈圆形而细小，青黄色，具不规则黑色斑纹，扁状阔腹，肉味鲜美。鳡者，即石首鱼也。鲫者，在东北以湄沱湖、混同江所产为佳，当时为贡品。鳙者，俗称鳙头鱼、胖头鱼，以其头大而得名，为一种常见鱼类。鲢者，似魴而略小于魴，鳞片肥大，又称鲢子、白鲢，银灰色，大者长达米余，重达七十余斤，是一种重要的淡水鱼类。鲦者，形狭而长，鳞细白，因其性浮，故俗称白漂子。鲴者，又称黄鲴、黄骨子，形似白鱼，头尾不昂，阔不逾寸，长不径尺。鳢者，又称黑鱼、乌鳢、黑鲤鱼，大者长达二尺，青褐色，口大牙尖，肉味鲜肥；又说头部左右各有窍，如七星，雄雌相随，将子唼众鱼；并能夜向北拱斗。鱤者，又称黄颊、鳏鱼、黄钻、竿鱼，长达米余，重可达百余斤，青黄色，口大眼小，肉味鲜美，为鱼类上品。鲍者，即鮰鱼、姨鱼，其体大、口大、腹大者又称鳠鱼；其背青、口方者称鲇鱼；其背黄、腹白者称鲍鱼；此鱼类皆无鳞。鳛者，又称鲴鳛、泥鳛，"鳛"即"鳅"的异体字。鲇者，即鲶鱼，《本草纲目·鳞部四》中载："鲇乃无鳞之鱼，大首偃额，大口大腹，鲍身鳢尾，有齿有胃有须。生流水者，青白色；生止水者，青黄色。"鲜者，即鳝鱼，古代又称鳢鱼，其状如蛇，体内只有一根三棱骨，肉味鲜美。比目者，即比目鱼，又称鲽鱼、王馀鱼，形如牛脾，细鳞，紫黑色，两眼均在右侧，有眼的一侧暗褐色，无眼的一侧白色；肉味颇佳。重唇者，为一种淡水鱼，形似鲤鱼，淡黄色，大目重唇，故名。鲛翅者，即鲨鱼之翅，俗称鱼翅，为烹饪的名贵原料，又有脊翅、胸翅、尾翅之分，脊翅最佳，胸翅居中，尾翅次之。细鳞者，即细鳞鱼，盛产于辽宁的太子河；旧时，惯于以柳炙之，以供祀典，且多为贡品；其体小鳞细，故名。牛鱼者，产于东海、混同江，其头似牛，故名；无鳞，大者可达三百斤，丈余长，脂肉相间，为一种名贵鱼类。带鱼者，又称刀鱼，银白如带，又如刀状，故名，头尖无鳞，肉味鲜美，为一种常见的海水鱼。乌鲗者，即墨鱼，俗称乌贼，身下有八足，生于口旁，两须如缆；据说每遇风波时则以须下碇或粘石上，如缆，故又称缆鱼；此鱼，又有一特点，每遇敌害时体中有墨囊，可喷出墨汁，昏黑一团，以遮敌害之眼，借机逃遁。渡父者，即渡父鱼，产于海中，体长约二三寸；见人时，以喙插泥中，如船碇。蛇者，即海蛇，又名青环海蛇、斑海蛇；善游泳，捕食鱼类。马者，即海马，头如马，身如虾。驴者，即海驴，出产甚少，如驴状，据说能入水而不濡。狗者，即海狗，其形非狗非鱼，前脚如兽，身呈鱼形。豚者，即海豚，因形如豚，故名；鼻在脑上。獭者，即海獭，身比獭大。豹者，即海豹，后两足短。獾者，即海獾，皮可制裘。

上述提到的海错原料，除最后的海蛇、海马、海驴、海狗、海豚、海獭、海豹、海獾可供观赏或入药外，其余均可为烹饪原料。这些海错原料，按其品类有高低优可之分：如鲤鱼、鳜鱼、鲫鱼、重唇鱼、鲛翅、细鳞鱼、牛鱼等，清时均为贡品；有的一般供市场之需，如鲍鱼、鲔鱼、鲇鱼、带鱼、墨鱼等；还有的如今产量渐少，或已濒绝，如牛鱼等。

四、鲜蔬原料

园蔬山菜，东北所产亦甚多，因此，《盛京赋》中述道："豆有豌豇，蔬则芸苔薤蒜，萝卜韭葱，蒌蒿蒲笋，紫堇茴香，葫芦蔓青，莴苣葵姜，鲜不筛筛穗穗。"

豌者，即豌豆，又称毕豆、小寒豆、淮豆、麦豆，有黄、白、绿等色；其嫩荚、嫩苗亦可作蔬菜，种子供食用和制淀粉，食用则多选绿色者。豇者，即豇豆，有长豇豆、普通豇豆、饭豇豆三种；荚长条形，有绿、青灰、紫色等，嫩荚做蔬菜，饭豇豆之荚因多纤维，不宜食用，以种子煮食。芸苔者，即油菜，又有大油菜、小油菜、甜油菜之分，色碧绿，茎脆叶鲜，子可榨油。薙者，俗称藠头，茎呈圆柱状，中空，有叶，嫩茎可作蔬菜，或加工成酱菜。蒜者，即大蒜，又有蒜头、蒜苗、蒜苔之分，为常见的蔬菜。萝卜者，有青萝卜、红萝卜、胡萝卜、水萝卜、紫萝卜之分，萝卜上古称芦萉，后称莱菔，是一类主要而又常见的蔬菜。韭者，即韭菜，又有韭黄之分。蒌蒿者，是一种山菜，野生植物，清时为贡品。蒲者，又名香蒲，水生植物，嫩蒲可食。笋者，即竹笋，为竹类的嫩茎和芽，可食用者主要有毛竹笋、淡竹笋、慈竹笋、麻竹笋等，盛产于我国南方，清时东北已有培植。紫堇者，草本植物，淡紫色，是一种山菜。茴香者，又称小茴香、蘹香，具有强烈芳香气味，嫩茎可作蔬菜，果实作香料，另又有八角茴香，为调味佳品。葫芦者，又称蒲芦，因品种不同，有宜食用的，有宜药用的，有宜作盛器的。蔓青，即芜菁，直根肥大，有甜味，叶呈绿或微带紫色，根和叶可作蔬菜，鲜食、盐腌、干制皆可。莴苣者，有叶用莴苣和茎用莴苣两类，叶用莴苣即生菜，多宜生食，茎用莴苣即莴笋，茎肉细嫩，其嫩叶亦可作蔬菜。葵者，即冬葵，古代是一种重要的蔬菜，《诗·豳风·七月》云："七月烹葵及菽。"《齐民要术》中，以《种葵》列入蔬菜第一篇；另有阳日葵，其子可食用。姜者，为调味佳品，又有老姜、鲜姜、姜芽之别。最后，"鲜不旆旆穗穗"一句，则充分表达了盛京和东北地区的园蔬山菜繁多鲜美而又长势茂盛之状。

第五节　从迤北八珍到东北八珍

"迤北八珍"，是我国宋、元时期蒙古大汗在御膳上所用的八种珍贵的烹饪原料。按照蒙古的族俗，每年六月三日，蒙古大汗要举行驸马宴，八月要举行马奶宴，在这些筵宴上，都少不了"迤北八珍"。元末明初文学家陶宗仪著《辍耕录》卷九谈"迤北八珍"云："所谓八珍，则醍醐、麆吭、野驼蹄、鹿唇、驼乳糜、天鹅炙、紫玉浆、玄玉浆也。"

据考证，"醍醐"即酥酪上凝聚的油，《本草纲目·兽一》"醍醐"引寇宗奭曰："作酪时，上一重凝者为酥，酥上如油者为醍醐，熬之即出，不可多得，极甘美。""麆吭"，即幼獐脖颈部位的肉；獐即麕，麆者，麕之子也。"野驼蹄"，指骆驼的蹄子，又称"驼蹄"。"鹿唇"，泛指梅花鹿之唇。"驼乳糜"，是骆驼肠壁淋巴管中的淋巴，呈乳白色，含有丰富的微小脂肪粒。"天鹅炙"，指烤天鹅，天鹅古称鹄，春秋北迁黑龙江、内蒙古等地。唯"紫玉浆"考稽不明，估计为鹿血之类。"玄玉浆"，指马奶子。上述，虽可称之为"蒙古八珍"，但此类原料的产地还应包括东北三省，如獐、鹿、天鹅等，则以东北产者为多。"迤北八珍"，或以制工极精细见长，或选异禽珍兽体内精萃著称，反映了当时北方烹饪的高度水准。

蒙古族和满族，都是娴于骑射狩猎、以游牧为特征的民族，又因地域上的接近，饮食习俗上有许多相近之处。这两个民族，在我国历史上又建立过元朝和清朝的封建统治，其民族食俗自然要带到宫廷之中，成为御膳主体。清在入关前，就十分重视与蒙古的关系，通过会盟、封爵、赏赐、联姻等方式，与蒙古族结成了巩固的联盟。清太宗皇太极"定蒙古牧地疆界"，惩罚各部互相争斗抢夺；清世祖（顺治）"赐外藩蒙古诸王贫乏者马牛羊"，以解决蒙古生计的应急之需；大批的蒙古族人被编为"蒙八旗"。特别是康熙继位以后，他加强了奉行对蒙古的联盟政策，大规模地开展了扶植发展蒙古经济的活动。所有这些措施，也必然会影响到蒙、满两个民族在饮食习惯上的互相渗透和互相融合。一些研究古代烹饪的专家们认为，我国北方的烹饪当是"满蒙遗风"，这是具有历史性的道理的。

"迤北八珍"已为古谈矣。但是，内蒙古和东北的蕴蓄丰富的烹饪资源，为我国北方烹饪体系的形成和发展奠定了重要的基础。特别是东北地区，从黑龙江到松辽平原，从大兴安岭到渤海湾，在这片富饶的土地上，有数不尽的山珍野味、江鲜海错。清入关后，随着八旗和满洲的兴起，东北烹饪原料特产伴着满族食俗进入宫廷，成为清宫御膳在烹饪上的两种重要特色。这两种烹饪上的特色，又伴着满族封建统治的政治因素，对各地官府和市肆上的烹饪产生了较深影响。当时，大批的东北特产（被称为发祥的关东货）源源不断运往北京，并远销各地。据清中叶汪启淑《水曹清暇录》记载："冬时关东来物，佳味甚多，如野鸭、鲟鳇鱼、风干鹿、野鸡、风干羊、哈拉庆猪、风干兔、蛤实（什）蟆……"当时，这些关东来物是仅供市场和酒楼饭庄之需，至于清宫和王府中所用的关东原料，则更高贵了。

清亡后，清宫中的许多御厨流散民间，他们把烹饪东北原料的丰富经验带至各地，广为传播，又从各地烹饪特色中吸收养分，丰富自己。这一时期各菜系之间也互相影响。当时，军阀混战，动干戈思谋于东西南北，豪商巨贾，窥势钻营而思利迁移，局势的波动和社会的变化，这对烹饪技艺的通融和交流起到一定作用。特别是京、津、鲁、豫一带，逐渐习惯用各自的烹饪特色制作东北原料，"关东货"成为我国长江以北广大省份厨行中烹制高档菜肴的原料中不可缺少的组成部分。

无疑，东北厨师经过长期的烹饪实践，对本地烹饪原料的鉴别和制作积累了丰富经验。现仅得启于陶宗仪公"迤北八珍"之说，承袭此规，依凭东北上乘美味之隽，妄试划定东北新八珍，并分为山、陆、海三类。

山八珍：熊掌（古称熊蹯）、猴头（即猴头菌、猴头蘑）、罕达堪（又音堪达汉）、飞龙（古称树鸡）、虎肾（又称虎丹，即雄虎睾丸）、麈尾（麋鹿之尾）、人参（又称山参、野参）、蕨菜（又称龙头菜，素有"山菜之王"之称）。

陆八珍：蛤什蟆（南人称雪蛤）、驼峰（骆驼背上的肉峰，前峰质佳）、口蘑（野生的）、玉皇蘑、凤爪蘑（又称鸡腿蘑）、玉米珍（即玉蜀黍嫩芽，食用季节性强）、沙半鸡（又称沙鸡）、松鸡（又称林鸡、大乌鸡，以细嘴者为贵）。

海八珍：鲨鱼翅（即鲨鱼之鳍，以背鳍质量最佳）、辽参（又称刺参，产于渤海）、鲜贝（又称江瑶柱）、紫鲍（为鲍中上品，素有"海中之冠"之称）、乌鱼蛋（即雌乌鱼的缠卵腺加工制成）、鱼骨（又名鱼脑，用姥鲨的软骨加工制成）、鳘肚（用鳘鱼之鳔加工制成）、鱼皮（即用犁头鲨、青鲨、或姥鲨的皮加工而成）。

除上所述，山中的幼獐、乳狗、野猪、鹌鹑、野鸡、山鸡等；陆上的猴腿菜、黄蘑、花菇、松茸等；水中的对虾、元鱼、蟹、大马哈鱼、红毛鲤鱼、鲫鱼等，也都属于东北烹饪原料中的上乘美味。

第五章 满族的民间肴馔

第一节 满族传统肴馔

一、载于史籍中的满族肴馔

清代的肴馔专著较多,但专门或集中记载满族烹饪的,目前尚未见到。即便有记载,也是零零星星、偶尔有之。至于史记、野史、笔记小说中关于满族肴馔的记载,更是只鳞片爪。尽管如此,我们仍能从这些有限的记载中,看到清代满族肴馔的一些迹象,这对于研究和继承、发扬满族烹饪的技艺,无疑是些珍贵的资料。

应该说明的是,这些记载满族肴馔的零散资料,所述均为不详。对于所记之肴,只述之大概,缺乏具体操作细节,或三言两语,或只有菜名。原料投放的数量、佐料的明细使用,以及成菜的特色等,亦皆略之。为了使这些菜肴的制法得以完整地保存下来,便于后人在研究中试用,或在试用中发挥,笔者将这些概述的或只有菜名的肴馔充实记之,补写出操作细节(包括原料数量、成菜特色等)。当然,由于水平有限,这种补注和考稽的方法,难免有不当之处,在原料投放的数量和调料(如味精——这在当时是没有的)的使用上,与当时菜肴的原貌要有些出入,在叙述操作技法上可能也有些"拔高"之处;但都考虑到现实试做的需要。为的是使这些历史上的满族菜肴,以既有原来的风格特色,又被现代烹饪技艺"武装"了的形式出现。

还有一点须加以说明的,就是这些记载满族菜肴的资料中,有的一眼便知是满族菜肴，有的则不够明显。我们是从原料的产地、特点、使用的地区和运用的烹调方法，以及满族习俗与饮食习惯等诸方面，来推算和断定它是满族菜肴，或接近和属于这一范畴。

白片肉 载于袁枚著《随园食单》："须自养之猪，宰后入锅，煮到八分熟，泡在汤中，一个时辰取起。将猪身上行动之处，薄片上桌。不冷不热，以温为度。此是北人擅长之菜。……割法须用小快刀片之，以肥瘦相参，横斜碎杂为佳，……其猪身肉之名目甚多，满洲'跳神肉'最妙。"这段文字，虽然多有交待，但操作的细节仍然不详。如今制作，则宜是：取新鲜的带皮并剔除肋骨的肥猪上五花肉一斤五两（一个方块），治净后，先用沸水焯透，以除异味，捞出，漂洗干净，再换水并加些葱段、姜片、花椒、大料，以慢火煨煮约两小时，俟烂时取出；稍凉时，用柳条刀片成极薄的片，片后，再放入滚汤中焯一下，沥汤后装入盘中，趁热佐以蒜泥、酱油、韭菜花、腐乳汁、辣椒油等食之。食时，多是配荷叶饼或烧饼。

烧小猪 载于袁枚《随园食单》："小猪一个，六七斤者，钳毛去秽，又上，炭火炙之。要四面齐到，以深黄色为度。皮上慢慢以奶酥油涂之，屡涂屡炙。食时以酥为上，脆次之，硬斯下矣。旗人有单用酒、秋油蒸者……"烧小猪即烤乳猪。此菜流行于清代。在满族早期，其制法是将乳猪（刚生下不超过半月的猪）宰杀、治净后，用稀黄泥涂裹全身，埋于炭火内烧熟，再将黄泥拆解，以刀割之，蘸盐面或调料而食。后发展为将乳猪治净，用白酒、绍酒、蜂蜜水和盐将猪体里外抹匀擦透，再用铁钎插入猪身，担在盛炭火的盆架上，以炭火烤之，边烤边抹油，至熟为止。成品色泽红润光亮，外焦里嫩，香鲜异常。

白煮肉 载于李化楠《醒园录》："凡要煮肉，先将皮上用利刀横立刮洗三四次，然后下锅煮之。随时翻转，不可盖锅，以闻得肉香为度。香气出时，即抽出灶内火，盖锅焖一刻捞起，片吃食之有味（又云：白煮肉，当先备冷水一盆置锅边，煮拨三次，分外鲜美）。"这里说的煮白肉之法，指的是白片肉一菜的半成品加工，即如何煮制。不过如今煮白肉，恐怕以"闻得肉香为度"作为肉烂与不烂的标准，大概不够妥当。如今厨师煮白肉，一是要掌握时间（一般需煮约一个半小时），二是用箸插入肉中试探其熟的程度，如用箸一插即通，则烂也，如插不通，则未烂也。

炖猪肉　载于徐珂《清稗类钞·饮食类》："猪肉斩极细，加酱、酒、油、盐及笋屑、菌末。于饭锅炖之，上覆以碟；虑原味之走失，省柴而味美也。""炖"法，是北方特别是满族最常运用的一种烹调方法。这里说的炖猪肉，实则是炖猪肉的碎末，并以"笋屑、菌末"配之。如今炖猪肉的制法是：取带皮并剔除肋骨的新鲜猪上五花肉（或三肥七瘦的其他部位的肉）二斤，切成寸块；锅置火上，添入一两底油（猪油），随下五钱白糖炒成糖色，再下猪肉块煸透并使之上色，然后再加约四斤汤和适量酱油、绍酒、盐、葱段、姜块、大料，汤沸后，撇去汤面上的浮沫，转慢火加盖炖约一个半小时，俟肉块烂、汤汁渐少时，调些味精而成。成品肉烂汤香，诱人食欲。至于加盖的方法，东北地区饭店里的厨师在炖肉时，仍有"上覆以碟"的习惯。

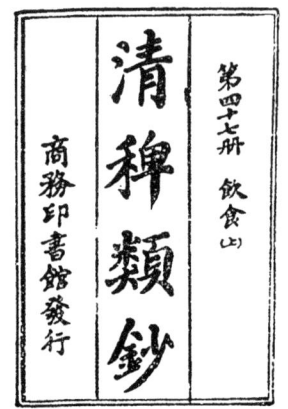

□ 清代食书《清稗类钞》书影

烧肋条　载于佚名《调鼎集》第八卷"满席"菜单中。原文中只有"重六斤一方"的记载，可见当时的菜码是比较大的。如今制做，其重量改为二斤五两为宜（带肋骨）。先顺肋骨划成条，再带骨剁成约一寸半长的块，用适量酱油、绍酒腌拌入味（约三十分钟），再用热油炸成金黄色，捞出沥油，随即放入鸡汤中，加适量酱油、绍酒、葱段、姜片煨至七成熟，取出，抽出骨头。锅置火上烧热，放入一两猪油，热时，用葱段、姜片炸锅，依次放入一两绍酒、八钱酱油、一斤五两鸡汤、三钱白糖，沸后，下入肋条肉，慢火烧约二十分钟，再转大火，用淀粉勾芡，淋些香油即成。

成品肉香浓郁，滋味醇厚，软烂适口。

哈尔巴猪子　载于李斗《扬州画舫录》中"满汉全席"菜单里。"哈尔巴"为满语，汉译为肩胛骨（又称琵琶骨）。还有"哈尔巴一扎"一语，汉译为整哈尔巴肉。此骨周围之肉瘦而鲜嫩。猪、羊、鹿等哈尔巴肉均可制菜。哈尔巴猪子的制法宜补注为：取猪哈尔巴肉一块（约三斤），剔除骨头，先用适量盐擦透，再用绍酒、花椒、葱段、姜片腌至入味（约三小时），然后上屉蒸热，取出晾凉，再切成薄片，整齐地码于盘内。食时，佐以酱油、香油、韭菜花等。

炒鱼翅　载于佚名《调鼎集》第八卷"满席"菜单中，无制法，补注如下：发好的鱼翅翅针（约八两）经鸡汤煨制后（九成烂），捞出待用，水发海参、冬笋（均一两）切丝，用沸水焯一下；生鸡脯肉（一两）切丝，用一点鸡蛋清和淀粉上浆，再用温油滑散至熟，捞出沥油。锅置火上烧热，放一两猪油，热时，用葱末、姜末炝锅，再放入翅针、海参丝、冬笋丝、鸡脯肉丝煸炒一下，一边煸炒一边放入四钱绍酒、三两鸡汤和适量精盐，用慢火煨制约五分钟，再转旺火，调些味精，用淀粉勾成芡，淋些香油即可。成品白汁咸口，翅针柔软有筋度。

清炖鱼翅　载于徐珂《清稗类钞·饮食类》："鱼翅难烂，须煮两日。烹法有二：一用好火腿、好鸡汤，加鲜笋、冰糖钱许，煨烂；一是用鸡汤、细萝卜丝，拆碎鳞翅，掺和其中，令见者不能辨其为萝卜丝为鱼翅也。用火腿者汤宜少，用萝卜丝者汤宜多；总以融洽柔腻为佳。萝卜丝需出水两次。此皆清炖者也。"这里所说的关于鱼翅的两种做法，与后来东北饮食业经营的煨鱼翅和萝卜丝鱼翅差不多。煨鱼翅的做法是：取一斤干鱼翅，剪边后，放在水锅中上火慢炖（或反复用沸水浸泡），至能褪沙时，取出，刮下沙子和黑皮，剔除腐肉和脆骨，漂洗干净；然后置于垫了竹垫的大砂锅中（竹垫为防止鱼翅煨时粘锅底），加约四斤上好鸡汤、二两生火腿（切片）、一两干贝（用小布包包着）、五两生猪肉（切成小块）和适量葱段、姜块，加盖用慢火煨至八小时左右（煨至六成熟时，须放盐调好口味，同时放入一两五钱鲜笋小片和二钱冰糖）即烂，遂揭盖，拣去火腿、葱、姜、猪肉块和干贝包，调些味精，整齐地装到小汤盥里即成。萝卜丝鱼翅的制法是：取水发鱼翅一斤二两（鱼翅加工法与煨鱼翅同），先用汤、鸡肉、猪肉、生火腿、干贝包、葱、姜等煨至八成烂,将鱼翅取出,将翅针拆开,置另一小盆中,再加二斤上好鸡汤和三两青萝卜丝(须去皮、出水并沥净水分的),与翅针掺和搅匀,再加适量盐调好口味,加盖上屉蒸至翅针全烂时,取出,调些味精,舀入小汤盌里即成。

煨海参 载于徐珂《清稗类钞·饮食类》:"海参须捡小而刺者,先去沙泥,用肉汤煨三次;然后以鸡、肉两汁红煨之,使极烂。辅佐物则用香蕈、木耳,以其色黑相似也。"此段文字因记述过略,特补注如下:取八两水发的刺参(须大小一致,每个约长二寸半),治净后,先用沸水焯透,捞出,再放肉汤里(约二斤半),加葱段、姜片、绍酒、酱油煨至十五分钟;然后再将海参捞出(原汤不要);另用锅置火上烧热,添一两葱油,热时,先放入二两水发香菇(即香蕈)煸炒一下,再依次放入五钱绍酒、六钱酱油、六两好鸡汤、二钱白糖,沸后,下入海参和经泡发、洗净并出水的一两五钱木耳,用慢火煨至十分钟左右;见锅内汤汁将尽,调些味精、淋些香油(不勾芡)即成。应该解释的是,原文中说海参先后要经肉、鸡汤煨四次,似乎过繁而无必要。现代名厨师们烧煨海参时,一般只有两次,因此我们在此菜上则趋向于现代厨师们的经验。

炒海参丝 载于徐珂《清稗类钞·饮食类》:"炒海参丝者,以鸡、笋、蕈丝炒煨之也。"此菜在《调鼎集》中所记"满席"里也曾有过,曰"炒海参",没有"丝"字,况且只有菜名,没有做法。现将此菜的详细做法补注如下:取水发海参五两,治净,先片成片,再顺长切成约二寸余的细丝;取鸡脯肉一两、冬笋一两、冬菇(水发)一两,均切成与海参丝相仿的丝。然后将鸡丝用一点鸡蛋清和淀粉浆过,用温油滑熟,再把海参、冬笋、冬菇诸丝合在一起,用沸水焯一下,捞出沥净水分。锅置火上烧热,放入一两猪油,热时,用葱末、姜末炝锅,遂放入各种丝煸炒,一边煸炒一边依次放入四钱绍酒、五钱酱油、二两鸡汤和适量盐、味精,稍煨后,用淀粉勾芡,淋些香油即成。

拌海参丝 载于徐珂《清稗类钞·饮食类》:"夏日食海参,须切成丝,以鸡丝芥末冷拌之。"可见此菜是夏季筵宴上的佳肴了。其制法大抵应补注为:取水发海参五两,以炒海参丝一菜的同样刀工切成丝,取鸡脯肉三两,切成与海参丝相仿的丝,然后用一个鸡蛋清、四钱水淀粉上浆,用温白油滑散至熟,捞出,沥净油,先用热水漂净油质,再用冷开水浸凉,海参丝用沸水焯透,再用冷开水浸凉;然后与鸡丝合在一起(均须沥净水),用芥末酱、盐、味精、香油拌匀即成。也可用熟鸡肉切丝,与海参丝加调料拌之。

食鹿尾 载于李化楠《醒园录》:"此物当乘新鲜,不可久放,致油干肉硬,则味不全矣。法先用凉水洗净,新布裹密,用线扎紧,下滚汤煮一袋烟时,取起,退毛令净,放瓷盘内,和酱及清酱、醋、酒、姜、蒜,蒸至熟烂,切片吃之。"这里记述的,即清蒸鹿尾一菜。此菜至今仍流传在东北地区。不过如今的制法比原文记述的则精细了,即:取干鹿尾一只,用温水泡软,再放入清水锅中煮至能褪毛时,取出褪净毛,再用水洗净,置容器中,加鸡汤、葱段、姜片、花椒水、绍酒、精盐上屉蒸熟,取出,剔出骨头,顶刀切成约一分厚的金钱片(约四十片);再将笋切成十六片骨牌片,选十六只大小一致的水发冬菇,然后将冬笋片、冬菇放入沸水中焯透,捞出。再取"各吃"① 紫砂小罐八个,每个小罐中装入五片鹿尾、二片冬笋和二片冬菇,再浇入经盐、绍酒、味精调味的清汤,上屉蒸约十分钟即可。

食熊掌 载于徐珂《清稗类钞·饮食类》:"……须以泥封固,入火炙酥、然后敲去之,则皮、毛皆随泥脱落,白肉红丝,腴美无比。或用石灰沸汤剥净,布缠煮熟而食,或糟之则尤佳……或见陈春晖邦彦故第墙外,有砖砌酒桶,高四五尺,上口仅容一碗,云是当日制熊掌处,以掌入碗,封固置口上,其下燃烛一支,以微火熏一昼夜,汤汁不耗而掌已化矣。光宣间,有张金坡者,名锡銮,官奉天有年,其庖人治此甚精,饫之者且谓口作三日香也。"这里所述的熊掌制法有数种之多:一是泥烤熊掌,这种食法比较原始;二是经石灰、沸汤加工后,用布包缠煮熟的煮熊掌,这种食法稍进化一些;三是以糟煨之的熊掌,大概即是如今糟煨熊掌的"初胚"吧。至于燃烛微火熏熊掌,如今则不宜取了。还有做官于奉天的张金坡的厨师如何精烹熊掌,原文中没有记载。我们只能将原文中"或糟之则尤佳"这一熊掌的制法,按照如今东北厨师制做糟煨熊掌的经验,加以补注性地发挥了。即:取熊掌一只,放入水锅中煮至能褪毛时,取出褪净

---

① 各吃:指在宴筵上一人一份的菜点。一般是盛在小盘、小碗或小罐里。如各吃燕菜。

毛（注意不要将掌皮撕坏），再洗净，换肉汤并加适量鸡（一角）、生火腿、猪肘子、葱段、姜片、大料、酱油、绍酒，沸后，将抹了一层蜂蜜的熊掌下入，慢火加盖使熊掌煨至八成烂，取出，从掌背处剔出骨头，然后再放碗内（掌面朝下），加些原汤和一两二钱香糟，以及适量冬笋片、冬菇等，上屉蒸至熊掌全烂，取出。锅置火上，将蒸好的熊掌（连汤）推入锅内，稍煨三五分钟，调些味精，用淀粉勾芡，淋些香油，大翻勺后，盛于盘中即成。成品红润光亮，酥烂而不失其形，腴美不腻，糟香味浓郁。

煮鹿筋　载于李化楠《醒园录》："……临用取出，水泡软，清水下锅煮至熟（但不可烂耳）取起。每条用刀切作三节或四节，用新鲜肉带皮切作两指大片子，同水先下锅内，慢火煮至半熟，下鹿筋再煮一二滚，和酒、醋、盐、花椒、八角之类，至筋极烂，肉极熟，加葱白节，装下碗。其醋不可太多，令吃者不见醋味为主。"这里记述的，似同如今的清煨鹿筋。不过按如今的要求，原文所述的制法宜做一些修改，特补注如下：取干鹿筋八两，先用清水泡至回软，洗净，再换水并加葱段、姜片、大料、绍酒煮至半熟，捞出，用刀刮净表面皮膜杂质，剔去大的脆骨，再洗净，置盆内，复加鸡汤、葱段、姜片、大料、绍酒、盐，上屉蒸至九成烂，将鹿筋取出，切成长约一寸五分、筷头般粗的小段，放砂锅内，并加上好鸡汤（约二斤）、二两鲜笋片、一两五钱冬菇片、一两五钱火腿片和适量盐、绍酒，慢火加盖煨约二十分钟，揭盖，调些味精即成。成品汤白筋烂，清鲜而味醇。

炒野鸡丝　载于佚名《调鼎集》第八卷"满席"菜单中，无制法。根据试做需要，补注如下：取野鸡脯肉六两，切成牙签丝，放清水中漂出血质，捞出，用洁布包裹，轻轻挤出水分；再用两个鸡蛋清、八钱湿淀粉上浆。取二两青椒，去籽、洗净，也切细丝。锅置火上烧热，放入约一斤五两熟猪油，热至四成时，放入上浆的野鸡丝滑散至熟，捞出沥油；锅中油倒出，少留底油，用葱末、姜末炝锅，再放入青椒丝煸炒片刻，然后放入滑好的野鸡丝同炒，随之烹入四钱绍酒，放入二两鸡汤，用精盐和味精调好口味，稍煨后，用湿淀粉勾成芡，淋些香油即可。成品白芡咸口，食之鲜嫩而有野意。

蒸驼峰　载于李斗《扬州画舫录》中"满汉全席"的菜单里，无制法。

补注如下：取鲜驼峰一只，用清水浸泡一天，泡时不断换水，以排除异味。再放入水锅中焖煮，能褪毛时取出，褪净毛，洗净，随即放大砂锅中，加鸡汤、葱段、姜片、绍酒、盐，煨至八成烂，取出，剔出脆骨（注意保持驼峰的整形）；然后将去骨的驼峰置另一容器里，摆入一些冬笋片和冬菇，浇入经盐调味的清汤，加盖上屉蒸烂，取出，将驼峰和冬笋片、冬菇盛至汤盘里，原汤用味精调好口味，浇在里面即成。成品肥腴不腻，软烂易嚼，汤鲜味清，无异味。

挂炉鸭 载于佚名《调鼎集》第八卷"满席"菜单中，无制法。补注如下：①取关东肥鸭两只，治净，用清水泡约两小时，捞出，取下舌，用尖刀从脖处割破食道，使食道和脖颈脱开不连结。然后一手捏着脖子，一手扒着割开的脖皮，用嘴对着吹气，见鸭身和四肢鼓胀起来为止；再用手捏住吹气处，另一手从脖处往鸭身处推挤，使鸭身越来越鼓胀（手捏的吹气处不要松开）。②用一手指从鸭肛门处伸进去，从里面向右抠半圈，找到肠头抻出来，然后将一翅膀掀起，用捏住吹气口的手一起捏住，再用尖刀从腋下划一道约一指半宽的小口，将鸭心取出。③捏吹气处的手抓着割断的食道头缠一圈，再用另一只手伸进去，在内脏外圈划一下，使鸭腹壁的油和内脏分开，然后抓住鸭肫往外拽，连同鸭肠、鸭肝等一起带出。④用准备好的两根约四寸长的秫秸杆，分别塞进两只鸭胸部，两端卡在胸脯和脊背上，使鸭脯挺起，随用尖刀将鸭翅尖削去，并用水管子对着腋下开刀处往里灌水，将内腔冲洗干净。⑤用事先备好的两根带骨节的秫秸（约二寸长），卡在鸭的肛门处；再从腋下开口处灌入清水，直至灌满为止。然后将鸭用右手拎起来，大拇指搭在腋下开口处，左手的小指卡着鸭脖左部翅膀处，中指和无名指卡着鸭脖子，大拇指卡着鸭右翅，紧紧地捏住；再腾出右手，拿起铁钩，贴着左手无名指和中指处捏着的鸭脖子处穿进去，即完成了勾挂的操作程序。⑥用细长铁管，在鸭后肢下尾处插进去，以嘴用力往里吹气，见鸭身鼓胀为止；然后拔出细铁管，用手指按住，不使鸭身内的气体放出来。⑦用沸水从鸭头部往下浇，直至浇遍鸭的全身为止，然后将鸭挂到通风处晾干表面的水分。⑧蜂蜜倒入小盆里，加温水调开（呈淡黄色），抹遍鸭的全身；然后再度晾干表面的水分。⑨将烤炉中的木炭燃起，使烤炉四壁热透；俟木炭无烟时，把晾干的鸭子挂在烤炉上端的铁杆上烤制，并用长杆不断拨动，使其受火均匀；俟鸭身上色后，将烤炉门关起，稍焐片刻，然后打开炉门，将鸭子取出，拔下堵在肛门处的秫秸秆，将腹腔中的水放出；最后抽出铁勾，将鸭子装在方盘里，端至前台，遂执刀将鸭片成薄片装盘，即可入席，并随配葱段、甜面酱。成品呈褐红色，光润油亮。鸭片盛入两只盘中一齐上席。皮酥香、肉鲜嫩。

关东煮鸡鸭 载于李化楠《醒园录》："先用一盆冷水放在锅边，才用水下锅，不可太多，只淹得鸡鸭。第三日早取出晾半天，装入坛内。如装久潮湿，取出再晾，此做牛肉干之法也。要吃时，取肉干切成二寸方块，用鸡汤和肉汤淹。"此段文字与无名氏《居家必用事类全集·饮食类》中所载"关东煮鸡"之法颇有出入。按此文之意补注如下：取鸡或鸭数只，治净后，放入水锅中（水不可太多，以漫过鸡或鸭为度），调以盐和葱、姜、大料等，煮熟后，仍在原汤中浸泡一二日，使其腌透，再取出，放通风处晾干，遂放坛内，加盖贮存，隔些日子翻转一下，如见其反潮，取出再晾。食时，切成二寸方块，再用鸡、肉汤煨之即可。

松仁煨鸡 载于佚名《调鼎集》第八卷"满席"菜单中，无制法。补注如下：取肥嫩鸡一只，治净后，从脊处剖开，成为胸部相连的蝴蝶状，再用适量酱油、绍酒腌约一小时；然后用热油炸成金黄色。二两松子仁也用热油炸熟。锅置火上烧热，添一两五钱猪油，热时，放入葱段、姜片炝锅，再依次放入五钱绍酒、七钱酱油、二斤鸡汤、三钱白糖，沸时，下入炸好的鸡，加盖用慢火煨至七成熟时，再加入炸好的松子仁同煨。至鸡酥烂、锅内汤汁将尽时，将鸡取出装盘（胸面朝上）；锅内汤汁加适量味精，并用香油炒亮，浇在鸡上即成。成品红润光亮，浓香酥烂，咸中微有甜意。

烧羊肉 载于徐珂《清稗类钞·饮食类》："切大块重五七斤者，于铁叉火上烧之。"这是一款制法很古老的菜肴。如今做此菜则进步多了。即：取羊瘦嫩肉五七斤，剔除筋膜，用刀尖在肉中遍扎一些小孔（便于腌时入味），然后用盐将肉搓遍，再加四两绍酒、五钱花椒和适量葱块、姜片拌匀，腌约四小时，遂放烤盘中，稍加些鸡汤，再推入烧热的烤箱里。烤约一小时后，翻过再烤。至烤盘内汤汁已尽，肉面呈金黄色时，取出，晾时刷层香油，切片装盘即成（亦可趁热食之）。成品干香诱口，无膻味。

炒羊肉丝 载徐珂《清稗类钞·饮食类》："炒羊肉丝可用纤，愈细愈佳，葱丝拌之。"所谓纤，即"勾芡"。今可实用的制法宜为：取无筋膜的瘦羊肉六两，切成牙签丝；取葱茎（葱白）二两，也切丝。锅置火上烧热，放入一两半猪油，热时，将羊肉丝、葱丝同时下入煸炒，至肉变色、葱炒倒时，加些绍酒、精盐和味精，再添少许汤稍煨，然后用淀粉勾芡，淋些香油而成。

炒羊肚丝　载于童岳荐《调鼎集》第八卷"满席"菜单中，原文中只有"蒜丝、笋、肉丝炒"六字。补注如下：取治净、煮熟的羊肚六两，切成牙签丝。锅置火上烧热，放入底油（猪油一两），先下入五钱蒜丝煸出辣味，再放入二两笋丝略煸，然后下入羊肚丝煸炒，一边煸炒一边放入适量绍酒、盐、汤、味精，稍煨后，用淀粉勾芡，淋些香油即成。

炒鲟鱼　载于徐珂《清稗类钞·饮食类》："鲟鱼，切片炒之。油炮，加酒、酱油滚三十次，下水再滚，起锅，加作料，重用瓜、姜、葱。"如按原文解释，具体做法应为：取鲟鱼一尾，治净后，剔除骨、皮，取净肉片成长约一寸二分、宽六分、厚一分的片，再用鸡蛋和淀粉上浆，随即用温油滑散至熟，捞出沥油，锅中油倒出，少留底油，用七钱葱片、三钱姜片炝锅，再放入一两五钱酱瓜①片煸炒一下，然后放入过油的鱼片轻轻翻炒（不要将鱼片炒碎），一边翻炒一边加适量绍酒、醋、酱油、汤、味精，再用淀粉勾芡，淋些明油即成。

蒸白鱼　载于徐珂《清稗类钞·饮食类》："以白鱼及糟。与鳓鱼同。或冬日微腌，加酒酿，糟二日，亦佳。"此段文字记述的，即是糟蒸白鱼，具体作法宜为：取白鱼两尾（大小相等），治净后，鱼身两面剖成兰草刀，用适量绍酒、盐、香糟、味精、葱片、姜片拌匀，置容器内，于通风处（或冷箱中）腌至二日；然后再置鱼盘中，鱼身上再放些冬笋片和冬菇，淋些猪油，上屉蒸约十二三分钟，至熟后取出，用洁布拭去盘边的水气，即可上桌。成品咸鲜清淡，香糟味浓郁。

煎刀鱼　载于徐珂《清稗类钞·饮食类》："煎刀鱼者，先将鱼背斜切，使碎骨尽断，再下锅煎黄，加作料。食时，自不觉有骨矣。"煎刀鱼若食时不觉骨，这一点恐怕不易办到，不过经刀工和火候的处理，小骨则能

---

① 酱瓜：指黄瓜浸在黄酱或酱油里，腌透入味即成。

食，大骨还得吐出来。如按原文，则宜补注为：取大而宽的刀鱼一条，治净后，去头、尾，其身断成约三寸的段，再用刀尖（或刀跟）顺着肉纹倾斜剁些小孔，使鱼骨至碎。锅置火上烧热，用豆油润一下，倒出，再添约五两豆油，烧热时，将鱼段铺开下入锅内，用旺火半煎半炸；至鱼段两面呈深黄色，将余油滗出（鱼仍在锅中），烹入绍酒、醋、葱姜水、蒜泥、酱油等，稍煨一会即可。成品骨肉皆酥，骨大部可食。

炒蛤蜊 载于徐珂《清稗类钞·饮食类》："蛤蜊，剥肉，加韭菜炒之。或为汤亦可。起迟便枯。"此菜便是如今的鲜蛤蜊炒韭菜。按原文宜补注为：取鲜蛤蜊五斤（带壳），洗净后，放入沸水锅中一烫，壳即张开，即取其肉（约五六两），略洗，放入锅中加油快速煸炒，随即放入约二两嫩韭菜段，再加些盐、味精炒匀即成。不可久炒，若炒时长久，蛤蜊便老，韭菜出汤。如做蛤蜊汤，可在鲜汤滚沸时，将蛤蜊下入，调以盐、味精，沸后，撇净浮沫，再稍滚即成。亦可撒些韭菜末。

灼田鸡 载于徐珂《清稗类钞·饮食类》："蛙，俗呼田鸡。去身存腿，油灼之，加酱油、甜酒、瓜、姜。"此菜即如今的瓜姜田鸡腿。按原文宜补注为：取田鸡十五只，治净后，去身留腿，再将腿剥皮，用绍酒、酱油腌十分钟，再用热油炸过，呈金黄色时，捞出沥油。锅中油倒出，少留底油，放入一两酱瓜丝和五钱姜丝煸炒一下，再依次放入五钱甜酒、五钱酱油、三两好汤，沸后，放入炸过的田鸡腿，慢火煨至十分钟，调些味精，用淀粉勾芡，淋些香油即成。此菜的"灼"，即炙、烧。

炒茉莉簪 载于徐珂《清稗类钞·饮食类》："炒茉莉簪者，以肥嫩田鸡两胫之肉，加以蘑菇、冬菰（冬菇）、笋，投沸油中而炒之。谓之簪者，状其形也。田鸡通体佳处，尽在两小股，肉做花蕊状者，最为活泼泼地，耐咀嚼。"按原文所说，炒茉莉簪的"茉莉"，即"肉作花蕊状者"；簪即"状其形也"。可见此菜名是象形的意思。具体制法宜补注为：取田鸡二十只，治净后，去身留腿，再将腿剥皮、去骨，在里部剞^①成花刀，每

---

① 剞：烹饪中的一种刀法。指刀刃切入原料中，不割断，只划成花纹。如溜腰花一菜，即用剞刀法；剞时，将猪腰平片两片，片下臊子，在里部交叉地剞上十字花纹（刀深度为腰子的三分之二），再切成三四块，加热后，即卷起，呈花状。

只腿斩为两块；二两冬笋切骨牌片；选水发冬菇（即冬菰）七、八只（大小一致）。锅置火上烧热，加约二斤油，大热后，投入剞成花刀的田鸡腿肉，田鸡腿肉即从里往外翻卷，至熟后，捞出沥油。锅中油倒出，少留底油，用葱末、姜末炝锅，再下入冬笋片、冬菇煸炒片刻，随即下入过油的田鸡肉花卷，一边煸炒一边依次加入四钱绍酒、六钱酱油、二两鸡汤、二钱白糖和适量味精，稍煨后，用淀粉勾芡，淋些香油即可。成品的田鸡肉因刀纹连缀，似茉莉花形，又似旧时妇女插髻的首饰簪，故名。

炒淡菜 载于徐珂《清稗类钞·饮食类》："淡菜，蚌属也。以曝干时不加盐，故名。炒时须加萝卜片、金针菜（黄花菜）、木耳及蒜。"其详细制法宜为：取干淡菜一两，以水泡两小时后，即涨开（约有四两），洗净，断成小块，用沸水焯一下，捞出沥净水分；取青萝卜（去皮）二两，切骨牌片；取水发金针菜一两五钱，摘去根，用沸水焯过；取水发木耳一两，洗净，也用水焯过。锅置火上烧热，添入二两猪油，热时，用葱末、姜末和较多的蒜末炝锅，再将淡菜、萝卜片、金针菜、木耳一起放入煸炒，一边煸炒一边加适量酱油、盐、味精；炒匀后，用淀粉勾芡，淋些香油即成。

煨淡菜 载于徐珂《清稗类钞·饮食类》："以淡菜煨猪肉，加汤，颇鲜。"详细制法宜是：取淡菜一两，泡开，洗净，切小段，用沸水焯过，取带肥边的猪肉六两，切片。锅置火上烧热，添一两猪油，热时，用葱末、姜末炝锅，随即下肉片煸炒至断生，再加适量酱油，添些肉汤，沸后，下入淡菜段，再沸后，撇净浮沫，用盐调好口味，以慢火煨十五分钟，再调些味精即成。

煨蕨 载于徐珂《清稗类钞·饮食类》："蕨去枝叶，取直茎，洗尽，煨烂；入鸡汤煨之。"蕨即蕨菜。具体做法宜为：取鲜嫩蕨菜一斤，去枝叶、根，取茎（约六七两）洗净，切成寸段，用沸水焯一下，捞出，再用冷水浸凉。锅置火上烧热，添一两五钱猪油，温热时，用葱末炝锅，随即添四两好鸡汤，用盐、味精调好口味，再下入蕨菜段，慢火煨烂即成。

炒苋菜 载于徐珂《清稗类钞·饮食类》："摘苋之嫩尖，干炒。加虾干或虾仁更佳。不可见汤。"苋即苋菜。具体制法宜为：取苋菜尖八两，洗净。锅置火上烧热，添入一两半猪油，热时，用葱末、姜末炝锅，再下入泡发的一两五钱海米煸炒一下，添少许汤稍煨，见汤煨干，下入苋菜尖快速煸炒，一边煸炒一边加适量盐、味精，炒熟即成。

煨冻豆腐 载于徐珂《清稗类钞·饮食类》："冻豆腐者，冬始有之。以豆腐切方块，先浇热水一次，复以冷水频浇之，冻一夜，即结冻，故名冻豆腐。制时，滚去豆味，加鸡汤汁、火腿汁、肉汁煨之。食时，去鸡、火腿，专留香菇、冬笋。煨久则松，而如蜂窝矣。"关于冻豆腐，如今已司空见惯，不必做补充。其具体制法宜为：取冻豆腐二斤，以冷水浸泡回软，洗净，切成长方小块，用沸水略煮一下，除去生豆味，捞出，挤净水分，用二斤鸡汤、二斤肉汤、二两冬笋片、二两冬菇（水发）和一块火腿以小火煨之；煨时，加适量盐、葱段、姜片。煨约四十分钟，见冻豆腐松胀并有蜂窝眼时，拣去葱段、姜片、火腿（留下冬笋片、冬菇），调些味精即成。

拌豆 载于徐珂《清稗类钞·饮食类》："拌豆者，以水浸肥；以水滚焯熟。加酱油、醋、椒末拌食。"这里所说之豆，泛指东北大豆（因此豆宜以水浸泡涨发，其他干豆则需煮之）。具体制法应为：取干黄豆二两半，以水浸泡一夜，次日捞出，洗净、煮熟后，捞出，以冷开水浸凉，再捞出沥净水分，置容器内，加些黄瓜丁和胡萝卜丁（须煮熟再切），调以盐、味精、花椒油、香油拌匀而成。此菜不宜放酱油，因酱油为液体，黄豆光滑，不易沾味，也不宜放醋，黄豆本身具有酸质。成品黄、绿、红三色相间，清咸爽脆。

炒豆 载于徐珂《清稗类钞·饮食类》："炒豆者，以大豆照炒米法为之，或冻数夜，照糖豆法为之，亦妙。"流行东北民间的炒豆法一般有两种，一种即如原文所说，将干黄豆放入无油的铁锅中，以温火徐徐炒之，使黄豆炒至酥透，表面有淡褐色斑点即成。另一种是将炒熟的黄豆，趁热倒入容器内，再浇些盐水，加盖焖二十分钟，也称盐豆。糖豆做法，一般是将炒熟的黄豆，放入炒至"翻沙"的糖浆中拌匀，冷却后黄豆表面如挂一层白霜，即成。

二、流传民间的满族肴馔

所谓传统佳肴，这里泛指用料比较珍贵、价位比较高档，或制法上比较精细的菜肴。这类菜肴，有的是在民间烹调的基础上发展而来的。如白肉血肠，原是满族民间在年节时常做的家庭菜，后来有人在老沈阳大东门里路东开设了"那家馆"，专门经营此菜，并在经营中不断加以改进和提高，如今成了著名的满族风味品种。还有的是受汉、蒙、鲜（朝鲜）等民族烹饪的影响。如高丽澄沙，原是朝鲜国的烹调品种，后经厨师们不断加以研制，如今也成了宴筵上的名品。又有的，则是从满族贵族王府中流传出来，如北京缸瓦市街的"砂锅居"，店址紧靠清朝皇族的定王府，这里经营的砂锅白肉，以及筒子肉、煳肘、煳肉等，都与当时定王府中的烹调有着密切的关系。然而，对满族菜肴影响最大的，还是汉族菜肴。袁枚在《随园食单》中说："汉请满人用满菜，满请汉人用汉菜，反致依样葫芦，有名无实，画虎不成，反类犬矣。"这说明清代的满菜和汉菜，已是各成体制，由来已久，单凭仿效制作，达不到正宗原味；又说明当时满、汉杂居，其饮食习俗是在互相渗透、影响。尽管当时汉族的烹饪技艺具有某些先进性，应用范围也很广大，但在东北这块满族人世代居住的地区，满族烹饪有融于东北地方性民间食俗的一面，仍更多表现出满族食俗上的特点。如此，我们把具有代表性的流传民间的满族肴馔大体归纳如下：

白肉血肠 沈阳"那家馆"经营的最为著名。此菜在饭店经营已有一百多年历史。专门立号经营此菜，则是在1872年，由当时满族厨师那吉庆主厨操作，一直流传至今。制法是：取新宰杀的肥猪上五花肉（去骨带皮）二斤（一大方块或两个小方块），先用沸水焯透，捞出，用清水漂净，再换水加葱段、姜片、花椒、大料煮熟至烂（慢火），捞出，切成薄片，码于盘内。与此同时，取三斤新鲜猪血，加约一斤二两鲜汤和适量葱姜水、盐、味精搅匀，灌入治净的新猪肠内（两头用绳扎紧）；然后用沸汤氽透至熟，捞出，顶刀切成金钱片，码于盘内，与白肉片一齐上桌。食时，佐以酱油、蒜泥、韭菜花酱、辣椒油。也可配酸菜丝熬汤。为冬季菜肴。

风干肉 多选用猪、羊的瘦肉制成。制时，将肉切成小块，先用沸水焯透，再换水加葱段、姜片、花椒、大料、绍酒和精盐煮熟。捞出后，放在通风处使其风干。这种干肉不像其他肉干那样干燥，含有一定水分，入口有韧性，味也很干香。

坛肉 为满族传统佳肴。制法是：取猪上五花肉十斤（去骨带皮），切成寸块。锅烧热,加猪油二两,放入白糖一两炒成糖色,随即将肉块放入煸透并上色,再放二两五钱面酱和适量葱段、姜片、酱油(约一斤二两)煸炒一会,再加水(约高出肉面三寸),然后放盐、大料、腐乳汁。沸后,撇净浮沫,倒入小坛内(加盖),用慢火煨至肉块酥烂即可(可盛二十碗)。成品原汁原味,咸烂醇香。

红焖肉 制法是:取二斤带皮去骨的猪五花肉,切成寸块(或厚片)。锅烧热,加一两猪油,放些葱段、姜片炝锅,将肉块(或厚片)下入煸炒出水气,随后加一两五钱酱油稍炒,再添清水(水要高出肉面约三寸),然后加大料,用盐调好口味。沸后,转小火加盖焖至肉酥烂、汤少而呈稠状时,调些味精即成。成品肉红汤黄,香烂不腻。

扒肘子 制法是:取猪后肘子一个,治净后,放入沸水中焯透,再换水加葱段、姜片、大料煮至七成熟,捞出,抽下骨头,皮面朝下码于碗内,再加适量绍酒、酱油、肉汤、葱段、姜片、大料,上屉蒸烂,取出,拣出葱、姜和大料,原汤滗至锅内,肘子翻扣在盘中(皮面朝上);锅内的汁烧开,调些味精,用湿粉勾成薄芡,淋些明油,浇于肘子上即成。成品红润光亮,咸香酥烂。

烧肉片 满语叫做 udacan Yali,直译可做"夹油烧的肉片"。制法是:取去净筋膜的猪瘦肉八两,切成柳叶片,置于容器内,加适量酱油和绍酒拌匀,用滚热的油炸硬并呈深红色,捞出沥油;锅内油倒出,少留底油,用葱末、姜末炝锅,再放约四钱绍酒、五钱酱油、二钱白糖和五两肉汤,沸后,放入炸过的肉片,用慢火㸆至汤汁已尽,淋些香油即可。

清蒸胎猪 满族名菜。流行于清代。制法是:取未生下来的胎猪一个,洗净(不开膛),置于盆内,加适量清水,上屉蒸烂,熟后割食。可"白吃",亦可佐以调料,但"白吃"是正统食法。为食疗补膳,有补气活血的功效,体衰多病的老人多宜食之。此菜在民间亦流传较广。

虎皮肉 为古老的满族传统菜。制法是:取带皮去骨的猪五花肉一块(约一斤二两),修成正方形,皮面上剞成"井"形花纹(深度与肉皮同厚);先用沸水焯一下,再换水加葱段、姜片、大料煮至半熟,捞出,拭净皮面上的水气,趁热抹上一层糖色,随即放入热油中(皮面朝下),使皮面炸成虎皮色,捞出,码于大碗内(皮面朝下),放入八钱酱油、四两汤、三钱白糖、一两绍酒和适量盐、葱段、姜片、大料，上屉旺火将肉蒸烂（约一小时），取出，汤汁滗入锅内；肉块翻扣盘中；锅内汤汁烧沸，调些味精，用淀粉勾成薄芡，淋些香油，浇于肉块上即成（也有加些雪里蕻叶的）。成品色如虎皮，故名。

筒子肉 古老的满族菜肴。制法是：取四两猪肉馅（肥瘦相间）置于碗中，加入一个半鸡蛋、六钱淀粉、二分盐、五钱绍酒和适量葱末、姜末、味精拌匀，猪网油（约四两）洗净，铺开，摊上肉馅，卷成手指粗的长条，再沾匀干淀粉；然后以热油炸熟，捞出，斩成段，整齐地码于盘内（也有先蒸后炸的）即成。成品外脆里嫩，如筒子状，故名。

燎肘 古老的满族名菜。制法是：取大猪肘子一个，治净后，用铁叉子叉着，在炭火上将皮燎煳（但不要过焦），见皮面上呈金黄色并泛起一层细泡时，即放入温水中浸泡片刻，用小刀刮洗干净；然后放入清水中，加些葱段、姜片、大料煮熟，趁热抽出骨头，切片装盘而成。食时蘸韭菜花酱、酱油、辣椒油等。有煳香味。后来，乾隆年间开业的北京砂锅居，制此菜颇为出名，老京人多嗜之。

煸白肉 满族传统名菜。制法是：将煮熟的猪五花肉胚片成长约三寸的长薄片（约六两），用沸水焯一下，捞出沥净水分，锅置火上烧热，添入一两猪油，油热时，下入切成斜抹刀的葱片（约二两）煸炒至透，再下入白肉片煸炒，一边煸炒一边加三钱绍酒、六钱酱油、一钱白糖、一分味精、一钱香油，煸炒约半分钟即成。

干炸丸子 古老的满族名菜。制法是：取猪肉馅（肥瘦相间）半斤，置于碗中，加一个半鸡蛋、五钱淀粉和适量盐、葱末、姜末、花椒面拌匀，用手挤成葡萄大小的丸子，入热油锅中炸熟至金黄色时即成。食时配老虎酱①。成品外焦里嫩，干香诱口。

熏猪爪 满族名菜。制法是：取猪爪（猪蹄）四只，治净，先用沸水焯透，再换水加适量酱油、盐、葱段、姜块、花椒、大料煮熟，捞出后，用洁布拭干表面的水分，趁热放在熏架上（锅底铺上一层茶叶、白糖），

---

① 老虎酱：满族饮食中的加工调味品。制法是将蒜末用油炸锅后，再添面酱炒透而成。一般盛于小碟，供食炸类菜时蘸之调味。

加盖慢火熏约十分钟；然后将锅离火，俟锅内烟气散尽，即可揭盖，将熏猪爪取出；凉后涂上一层香油。食时沿骨缝片开。

猪皮冻 古老的满族传统菜。为满族在烹饪上的一大发明。制法是：取猪肉皮二斤，洗净后，入沸水中焯透，捞出，刮净粘液和油质，再洗净，切成丝，放入锅内，加约六斤水和适量葱段、姜片、大料、白酒等熬煮，至肉皮酥烂、汤汁稍粘时，用勺舀在容器内，拣去葱、姜、大料，加些盐或酱油（加盐的称"白冻"，加酱油的称"红冻"），冷却后即成。食时切成小块，佐以蒜泥、辣椒油等。也可不用熬煮，经蒸制而成。成品筋滑柔韧、清凉鲜香，是颇受欢迎的佳肴之一。

白肉火锅 满族名菜。制法是：取二斤酸菜，洗净，切成细丝，置于火锅内；再取八两熟五花白肉胚，切成长条薄片，整齐地码于火锅中，随后添满清汤。再根据需要，放入海米（泡发的）、冰蟹、咸香菜、蛎蟥、盐等。将木炭燃着，放于火锅底部，使锅内汤烧沸；另配装盘的细粉丝、味精、腐乳、韭菜花酱等，同火锅一齐上席即成。

砂锅白肉 满族名菜。北京"砂锅居"经营此菜最为著名。制法是：取砂锅一只，放入切好的酸菜丝或白菜块（需先用水焯过）垫底，再码入切成长薄片的熟猪五花白肉，添满汤，加些海米、咸香菜段、冬菇、冬笋片、火腿片、盐、味精、绍酒等，然后置火上烧沸，再加盖转慢火炖至菜、肉酥烂入味即成。投料数量视需要而定。

扒熊掌 满族名菜。制法是：取黑熊（狗熊）前掌一只，褪毛、治净后，抹遍一层蜂蜜，放入水锅中，煮至半熟，捞出，从掌背剔除骨头；然后放入砂锅中，加上好鸡汤、猪肘、火腿、鸡肉、冬菇、冬笋、葱段、姜片、酱油、绍酒、大料等，煨至九成烂。锅置火上，放入煨熊掌的原汁，加一点糖和味精调好口味，沸后，将熊掌面朝下推入锅内，用慢火煨至十成烂，再用淀粉勾芡，淋些香油，大翻勺后，盛入盘中即成。成品红润油亮，掌肉酥烂，滋味香醇。为高级宴席上的佳肴。

扒堪达汉鼻子 满族名菜。制法是：先将堪达汉鼻子放入锅中煮透，捞出，刮净表面细毛（不要将外皮刮破），再用鸡汤、葱段、姜片、酱油、绍酒、大料煮至六七成熟，除净异味，然后捞出，置容器内（正面朝下），再添适量鸡汤、酱油、绍酒、葱段、姜块、大料，上屉蒸烂。锅置火上烧热,下入蒸烂的堪达汉鼻子(连汤),用味精调好口味,以小火煨透,再用淀粉收汁拢芡,淋些香油,大翻勺后,装入盘中即成。成品红润酥烂,醇香入味。

烧猴头蘑 满族名菜。制法是:取猴头蘑六两(干制),放入清水中浸泡约一天,捞出,再放入沸水中浸泡三小时左右,然后洗净,切掉老根,置小盆内,加上好鸡汤、绍酒、葱段、姜片、花椒、大料,上屉蒸约二小时,至猴头蘑烂时取出;然后片成三分厚片。锅烧热,放入一两五钱猪油,热时,用绍酒、酱油炝锅,添适量鸡汤再将猴头蘑放入,加一点盐、糖和适量味精,烧约三分钟,用淀粉勾芡,淋些香油,装盘即成。成品筋滑而烂,咸香入味。

葱烧飞龙鸟 满族名菜。制法是:将飞龙鸟治净,斩去头、爪、从脊处剖开(胸部要相连),成蝴蝶状。然后用适量绍酒、酱油腌制片刻,再放入热油中炸透,呈金黄色时捞出,码于大碗内(脯面朝下),加适量酱油、绍酒、鸡汤、葱段、姜片、大料、白糖等,上屉蒸烂(约一小时),取出,拣出葱、姜、大料。锅置火上烧热,放入一两猪油,热时,再放入一两五钱切成斜抹刀片的大葱炒透;然后放入蒸烂的飞龙鸟(连汤)慢火煨制约五分钟,调些味精,用淀粉勾芡,淋些香油,经翻勺后,盛入盘中即成。成品红润油亮,酥烂脱骨,有浓郁的葱香味。

煨蛤什蟆 满族秋季佳肴。取秋后捕捉的蛤士蟆(一斤五两),放入热水中烫死,再治净,用热油一炸即捞出。锅内放一两猪油烧热,用葱末、姜末炝锅,再烹入三钱绍酒、六钱酱油、三两鸡汤,加适量盐,随即放入炸过的蛤什蟆,慢火煨十余分钟,调些味精、淋些香油即成。成品鲜香异常,略有汤汁。

烤大田鸡 即烤蛤什蟆。制法是:取秋后捕捉的蛤什蟆二十只,治净后,用绍酒、酱油、葱段、姜片腌透;然后分五只一组,用铁钎穿成串,放在炭火上烤熟而成。成品表皮发脆,咸鲜入味。

烧鹿尾 满族名菜。制法是:取鹿尾一只,治净后,置容器中,加鸡汤、酱油、绍酒、葱段、姜片、花椒水,上屉蒸熟,取出,剔除骨头,切成约一寸二分长的小条。锅烧热,放入一两猪油,热时,用葱末、姜末炝锅,再烹入绍酒、酱油,随后添入鸡汤,下入鹿尾条和适量盐、糖,然后慢火煨至约十分钟，见锅内汤汁将尽，调些味精，用淀粉勾芡，淋些香油即成。成品明油亮芡，酥烂而味醇厚。

生烤鹿肉　古老的满族名菜。《红楼梦》中也有对贾宝玉、史湘云等吃"生烤鹿肉"的描写。制法是：取无筋膜的鲜嫩瘦鹿肉一块（约二斤），切成柳叶片，用适量绍酒、精盐、葱姜汁、花椒水、香油拌匀。将铁丝编成的篦子搭在烧红的炭火上，再把腌入味的鹿肉片放上，摊开，烤时不断拨动，使其受火均匀。随熟随吃，佐酒最佳。也有烤时不腌味的，烤熟后蘸调料而食。

炒鹿脯　满族名菜。制法是：将八两鹿脯肉切成柳叶片。锅烧热，放入一两猪油，热时，用葱末、姜末炝锅，随即放入鹿脯肉片煸至断生，再加三钱绍酒、六钱酱油、一两鸡汤煸炒一会，然后调些味精，用淀粉勾芡，淋些香油，最后烹入一点醋即成。成品咸香鲜嫩，为佐酒佳肴。

砂锅人参野鸡　满族滋补名菜。制法是：取人参两根（约二两），治净；取野鸡一只，治净，斩去头、爪，从脊处剖开（胸部相连），成蝴蝶状，用清水泡出血水后，用沸水焯透，再洗净，装入砂锅内（脯面朝上），添满调了味的清汤，摆上人参，上屉蒸约一个半小时（蒸时加盖），取出即成。

烧野猪肉　清时的满族菜。制法是：取去皮、骨的野猪肉二斤（肥瘦相间），切成小块（约一寸二分见方），用适量绍酒、酱油拌匀，投入热油中炸透，捞出沥油。另用锅置火上烧热，加入一两猪油，用葱段、姜片、大料炝锅，再烹入一两绍酒和八钱酱油，添入约二斤五两鸡汤，然后将炸过的野猪块放入，加适量盐调好口味，慢火煨至肉块酥烂（约一个半小时）；见锅内汤汁将尽，调些味精，用淀粉勾芡，淋些香油即成。成品紧汁抱芡，油润光亮，咸鲜酥烂。

烧黄羊肉　清时的满族菜。制法与烧野猪肉相仿。只是不过油，用水加调料煮至八分熟，再烧之。

葱油野兔肉　满族秋、冬季节的菜肴。制法是：取野兔一只，治净后，带骨剁成小块，用些绍酒、酱油腌约三十分钟，再用热油炸透，呈金黄色时捞出沥油。另用锅置火上烧热，添入一两葱油①，热时，烹入绍酒、酱油，再下入鸡汤和炸过的兔肉块（汤要高出兔肉块约一寸五分），然后再调些盐和糖，旺火烧沸后，转慢火煨烂（约一小时），调些味精，用淀粉勾芡，淋些香油即成。成品红润美观，咸中略带甜，葱味浓郁。

砂锅熊肉 满族冬季菜肴。制法是：将二斤熊的嫩瘦肉切成寸块，用沸水焯透，再洗净，换水加葱段、姜片、花椒、大料煮至六成熟，捞出，倒在大砂锅里，加好鸡汤、火腿片、冬笋片，并调以盐和绍酒，用慢火加盖煨至肉块酥烂（约二个半小时），后调些味精即成。

红扒野鸭子 满族冬、春季节的菜肴。将野鸭子治净，剁去头、爪，从脊处剖开（胸部相连），用绍酒、酱油腌约二小时，再投入热油中炸透，至呈金黄色时，捞出沥油，随后放大碗内（胸脯面朝下），加适量酱油、绍酒、葱段、姜片、大料、白糖、鸡汤，上屉蒸烂（约一个半小时），取出，拣去葱、姜、大料；原汤滗入锅内，鸭子扣入盘中（脯面朝上），原汤烧沸，调些味精，找好口味，用淀粉勾成薄芡，淋些香油，浇在鸭子上即成。

红卤鹌鹑 满族名菜。制法是：取鹌鹑八只，治净，剁去头、翅尖和爪，先用沸水焯透，捞出洗净，再用鸡汤并加葱段、姜片、花椒、大料、酱油、绍酒、白糖卤之，俟卤汁将尽、鹌鹑熟烂时即成。如不加酱油，而用盐，则称为白卤。

芥茉墩 满族名菜。制法是：选三棵较瘦长的秋白菜，剥去大帮、大叶，洗净后切成约一寸的墩形状，然后在沸水中烫至半熟，即捞出，趁热先码于罐（或缸盆）中一层，马上撒匀一层白糖和芥茉面，再在上面码一层白菜墩，再撒匀一层白糖和芥茉面；最后，淋匀一层米醋。马上用盖盖好，上面再捂一块棉毡（捂得要严实）。约一天许即成。成品甜酸脆辣，爽口冲鼻，别有风味。老舍先生嗜食之。

---

① 葱油：满族饮食中的加工调味油。制法是将植物油（如豆油、菜籽油等）烧热，放入葱段，转小火慢慢浸炸至葱段焦黄，捞出不要，油即成为葱油。制葱油时，亦可放些圆葱、姜片，其味更佳。

第二节 满洲饽饽

满洲饽饽，是满族烹饪的一大特色。在中国烹饪中，素有"满点汉菜"之说；所谓"满点"，概指饽饽而言。满洲饽饽所以著名，这与满族食俗和饮馔史有关。在清代，满族的各种糕点和主食就已闻名于世。《清朝野史大观·嗜面》载："满人嗜面，不常嗜米，种类极繁。有炕者、蒸者、炒者，或制以糖，或以椒盐，或做龙形、蝴蝶形，以及花卉形；另有一种中有肉馅。另外有酱数种。又有绿豆糕、花生糕数事，配以糖制之汤。"自从清入关，定鼎北京后，满洲饽饽也成了御膳主体，翻开清代历朝皇帝的膳食档案，每餐必有各类饽饽。随着厨师们的不断研制和改进，如今的许多满洲饽饽，如芙蓉糕、萨其玛、绿豆糕、五花糕、凉糕、风糕、卷切糕、驴打滚等，都成了国内外市场上出名的食品。这是满族对中华烹饪的一个贡献。

在满族早期，人们的主食主要是肉与奶。据《建州闻见录》载，历史上早期的满族饮食生活是"面食酒醪，皆和以酪"。可见那时，满族人的主食即以面为主。清入关前，东北地区各部落之间的战争十分频繁，兵士们随身携带的食粮，主要是炒面和马奶子（又称玄玉浆）以备饿时充饥。这种炒面，可以用麦粉炒之，也可以用玉米粉、秫米粉炒之，炒时不用油。炒熟后，可用沸水冲后调匀而食，亦可干食。但在当时，则多用秫米粉。秫米即高粱，"高粱"一词是由满语"秫秫"一词借用而来。

在满族民间，一般将糕称为饽饽。而且随着不同季节，其制法亦有不同。春季，是将大黄米（或小黄米）以水浸发后用磨磨成水面，上屉蒸熟，将炒熟的黄豆亦磨成面，裹在蒸熟的黄米面上，制成条形，再切成小块，谓之豆面饽饽。这种食品在如今的北京小吃店亦经常出售。或者用小根菜做馅，用秫米面包之，做成清明饽饽。夏季，紫苏（苏子）之叶已经长成，农家多喜用此叶，裹以粘高粱米面包着的小豆馅，蒸制成苏叶饽饽。五月，正是山上柞树叶（又称博罗叶）长成的鲜嫩季节，人们又都习惯将粘米面和豆泥包入博罗叶中，蒸成博罗叶饽饽。秋、冬两季，满族家庭中，则都用大黄米面（或小黄米面）包以小豆馅，或蒸或煎，做成粘豆包或粘火勺，称为粘糕饽饽。这类饽饽，在清代是祭祀的必备品。又因其特点是耐饿，所以八旗兵打仗时，也常做随身携带的军粮。这些古老的制饽饽方法一直流传至今，仍为满族人民喜爱的食品。

关于饽饽，一般有两种解释。一是饽饽只是一种满族民间食品，也叫饼馓。据《满洲祭天祭神典礼》载："馓子以白稷米磨面，搓成细条，绕挽做成，以苏油煠（炸）之。"又据《醒园录》载，制满洲饽饽法为："外皮，每白面一斤，配猪油四两，滚水四两搅匀，用手揉至越多越好。内面，每白面一斤，配猪油半斤（如觉干些，当再加油），揉极熟，总以不硬不软为度。才将前后二面和成一大块，揉匀摊开，打卷切作小块，摊开包馅（即核桃肉等类），下炉烫熟。月饼同法。或用好香油和面，更妙。其应用分量轻重，与猪油同。"这里说的，也是一种满族民间食品的制法。而我们在这里讲的，则是满族饽饽的全部（或是主要部分），即饽饽是满族的糕（也包括"点"）的总称。为了便于说明和介绍，现把满洲饽饽分为两部分，即载于史籍中的满洲饽饽和流传民间的满洲饽饽。

一、载于史籍中的满洲饽饽

萨其玛 载于《燕京岁时记》："萨其玛乃满洲饽饽，以冰糖、奶油和白面为之，形如糯米，用不灰木烘炉烤熟，遂成方块，甜腻可食。"萨其玛是满族语的译音，意为油炸条甜饽饽。《清文鉴》中亦有此物，释为"狗奶子糖蘸"。于是就讹传出萨其玛原先是用狗奶蘸成的糕点。其实东北有一种野生浆果，以形似狗奶子得名，最初是用它作萨其玛的果料，清入关后，逐至被青梅、瓜子仁、葡萄干、山楂糕等代替，而狗奶子则鲜为人知了。现今应用的方法是：取二斤精白粉置容器中，磕入十六个鸡蛋（小的十七个），不掺水，和匀后醒一小时，再制成宽面条状，下入油锅中炸至酥脆，捞出沥油。耳锅置火上，加入约六两清水、二斤白糖、半斤奶油、二两蜂蜜，用中火熬至稠状（约十分钟），遂将炸好的面条倒入，轻轻搅拌均匀，倒在木框里（木框底下是抹了一层油的瓷盘），四角要压匀，撒匀一层葡萄干、山楂糕粒、瓜子仁及青红丝，再用一方木压一压（注意不要压得太紧)使其不松弛;然后用一面板压在上面,用手一翻,使其倒翻到面板上,遂用另一个面板压在上面,再一翻,使有果料的一面朝上,最后用快刀切成长方块即可。成品甜香松软,是我国著名的糕点之一。

芙蓉糕 载于《燕京岁时记》:"芙蓉糕与萨其玛同,但面有红糖,艳如芙蓉耳。"这就是说,芙蓉糕的制法与萨其玛相同,只是表面有一层红色的糖。如今制芙蓉糕,一般是表面有一层白色的糖。这种糖是事先铺在木框底部一层,俟炸好的面条拌匀糖浆后,遂倒在木框中压实,使其粘住底部的糖,然后倒翻过来,切成方块即可。

太阳糕 载于《燕京岁时记》:"二月初一日,市人以米面团成小饼,五枚一层,上贯以寸余小鸡,谓之太阳糕。都人祭日者,买而供之,三五具不等。"此太阳糕,在乾隆时期宫廷祀祭时已有之,只是如今已经失传。原文中所述制法不详,若以"米面团成小饼"估计应为江米面,五张扁饼相叠,做成太阳状,糕面上有果料、青红丝或芝麻等,点缀成小鸡模样。

切糕 载于《奉天通志·礼俗三·饮食》:"粘黍糕,满语谓之飞食黑阿峰。扈从东巡附录云:俗重跳神,祭品此为上献。色黄如玉,味腻如脂,颇香洁。跳神之家,主妇主鬯,而男击鼓佐之,无亲疏男女,环观祭毕,杂坐分糕。如受馂馈,遗邻里,若重贶然。按今省城市中,推车呼卖切糕者,终岁不绝,即粘黍糕也。小儿多喜食也。"切糕又叫盆糕。传统的作法是:先将大铁锅一口,盛水烧开,再将带眼儿的高桶陶盆(盆底有小孔)铺上屉布,置于锅上。根据食用量需要,取用潮湿的黄米面若干斤,先将一部分铺入盆中(约二三分厚),盖上盖蒸熟,揭盖再铺一层潮湿的黄米面,盖上盖再蒸熟(约三十分钟),如此反复直铺至盆沿;最上面一层,可撒一层熟小豆。蒸熟后将盆端出,将糕倒扣案板上,冷却后即成。食时,用刀割之装盘,撒上白糖。

凉糕 载于《奉天通志·礼俗三·饮食》:"以江米面为薄皮,内实白糖、瓜子仁等为馅,团成团,形似元宵,而其名曰凉糕。端阳前后,充满街市。食之味颇香腻可口。"凉糕的具体作法是:取二斤江米面,加适量清水揣湿,醒后,铺在屉布上,以旺火蒸熟(约二十分钟),取出后放在盆中(或案上),以手浸以冷开水,反复揣和,然后再搓成长条,揪成约四十个剂子,每个剂子用手掌压扁,包入约五钱重的熟芝麻拌白糖馅,团成小圆球状即成。成品清凉柔软,香甜可口。

撒糕 载于《满洲四礼集·撒糕仪注》:"将撒糕用之江米,选洁净细白者一斗二升。再将白豇豆选洁净细白者八大升。……将米令人磨成细面,并将选出之白豇豆用磨磨碎,成豆拌,再用水漂净豆皮,则将面、豆俱分为两份……将豇豆先铺蒸笼内蒸好,再将撒糕之面少用水拌匀、搓细。俟笼内蒸气圆满,则将面先撒一半,少待,俟蒸气复行圆满,则再将余下之面续行撒平。俟糕蒸成,则按七寸见方式样切成十二块……"上述撒糕制法,是供祭神之用,如家庭制作,其面、豆用量和成品切成块的大小,则随自便。

打糕 载于《满洲四礼集·三月打糕仪注》:"……江米选洁净细白者四斗;做豆面之黄豆八升,拣出,用笸箩装好。……将江米用水淘泡洁净,再将黄豆炒好,磨成极细豆面。……先将江米煮成烂饭……将蒸熟米饭盛出,入于大木槽内……用榔头蘸水,先擦少烂则倒于石上,二人随用榔头轻轻打成饼,用力蘸水打成极细,力乏即更换二人轮替打做……打成洁净极细,则拨糕盛入大方盘内……做成糕块(约二寸宽、九寸长),分摆于应供各盘内。"原文中先说到黄豆面,后来没有

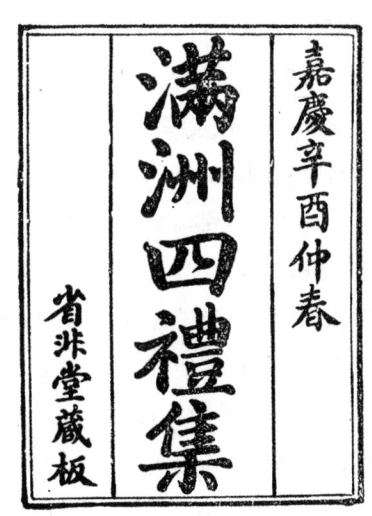

□《满洲四礼集》书影

交待用法。如今的打糕制法,较之以前有了进步,即取二斤江米,洗净、泡透、蒸熟,然后取出,加适量清水放在石板上,用木榔头反复锤打,至饭粒变成泥状为止,取出制成饼状;再将炒熟的黄豆面撒在糕上。食时可蘸蜂蜜或白糖。

博罗叶饽饽、椴树叶饽饽 载于《满洲四礼集·四月供博罗、椴树叶饽饽仪注》:"用博罗叶做饽饽……如不得博罗叶,即用椴树叶,二样俱可……将上好江米选洁净细白者五升,拣出,磨成细面;再选上好豇豆三升……先将红豇豆煮烂,擦成豆泥,过箩;将博罗叶用酥油在正面抹好,

再合一个；再将江米面做成大水饼，煮熟，再令人改做豆馅角子（即饺子），外用此叶包好，送……蒸笼上蒸透……"上述原文有一处不妥，即"江米面做成大水饼，煮熟，再令人改做豆馅角子……"宜将生江米面直接包入豆馅，做成饺子状，外裹博罗叶，上屉蒸熟而成。

苏子叶[①] **饽饽** 载于《满洲四礼集·五月苏子叶饽饽仪注》："五月苏子叶饽饽，神其一切仪注，俱与四月博罗叶饽饽神礼同。"这也包括其制法相同。不过在民间做苏叶饽饽，则多用秫米面。具体制法是：取二斤秫米面（即粘高粱米面），用约九两水和成面团，置盆中醒过（饧时须盖湿布，以防表皮风干），将一斤五两红小豆洗净、煮烂，再捣成泥状，做成馅，选若干片苏子叶，洗净后用沸水略焯一下，然后，将醒过的面团搓成长条，揪成四十个剂子（按每两二个计算），用手掌将剂子一一按扁（从成剂的断面处按），再用面杖将按扁的剂子一一擀成直径约三寸许的圆面皮（中间略厚、四周略薄），一个面皮包入一份豆馅，捏成水煮饽饽形状，外面用苏叶裹住。全部制成后，摆入铺了屉布的蒸笼中，加盖用旺火蒸熟而成。

酸饽饽 载于《满洲四礼集·七月供酸饽饽神仪注》："七月利用糜子米做酸饽饽……"原文中没有制法。酸饽饽在民间，则是家常便饭，制法也较简单：取糜子米二斤，泡入水中，使之发酵，然后捞出，洗净，磨成水面，再用吊包沥净水份，团成饼子，上屉蒸熟而成。因其面发酵有酸味，故称为酸饽饽。

炸角子 载于《满洲四礼集·九月炸角子祭神仪注》："用洁净细白江米一大斗；再用上好红豇豆五升；用酥油二十斤……将米磨成细面……将豆泥擦出……再将江米面……做成大水饼，煮熟，再改做豆泥馅角子（长五寸），再用酥油炸好，盛于肉槽内。"这种炸角子的做法，在民间则多用粘秫米或糜子米。具体制法是：取粘秫米（或糜子米）二斤，洗净，蒸成饭，取出，放在打糕石上用木榔头反复锤打，成为粘面。再将粘面和成团，搓细，揪成剂子做皮（一两一个剂子）。然后包入小豆馅成为饺子形状，最后放在油锅里炸至外脆里粘即可。

[①] 苏子叶：苏子又称紫苏，是一年生的草本植物，其籽可榨油，叶呈卵形，顶部又呈锯齿状。苏子的叶和茎部都可以入药，有消炎去火之功效，其味清香可口。

二、流传民间的满洲饽饽

满洲饽饽，除史籍中载入的外，流传民间的种类还有很多。这类品种，多在祭祀、招待客人和筵宴上使用；有的虽然在制作上比较原始，但至今仍盛行于辽宁乃至东北的广大地区，这主要是与当地人们的饮食习惯有关；还有的品种，经过在民间的长期流传，制法上不断改进，如今成为著名的糕点和小吃。流传民间的满族饽饽，概括起来，主要有如下品种：

水煮饽饽 即汉语的饺子；有的地方称为扁食（如山东等地），满语叫做 tahūYa-efen。满语中的 tahūYa 是蛤蜊的意思，efen 即汉语的馒头。因为饺子是用白面和肉馅制成的，形状很像蛤蜊，所以才叫"蛤蜊（样的）（肉）馒头"。水煮饽饽的馅料除纯猪肉的外，最常见的还有猪肉芹菜馅、猪肉韭菜馅、猪肉白菜馅等多种。猪肉芹菜馅的水煮饽饽制法是：取白面粉二斤，用八两水（夏天用冷水，冬天用温水）和好揉匀，置盆中（加湿布盖上，以防表面风干）醒过；选七成瘦三成肥的猪肉剁成茸状，置小钵内，加二两酱油、二两猪油和适量精盐、葱末、姜末、花椒面拌匀，再加适量的水搅开成糊状；将一斤五两芹菜摘去老根、老茎和叶，洗净并用沸水焯透，再经冷水浸凉后，捞出沥净水份，切成细末，放入猪肉糊中，遂加适量香油、味精拌匀，即成馅料。醒好的面团搓成长条，揪成约一百二十个剂子（按每两六个计算），随用手掌将剂子一一按扁（从成剂的断面处按），再用细面杖将按扁的剂子擀成直径约二寸半的圆饼状的面皮（中间厚，周围薄，如小碟状）：然后左手托着面皮，右手拿匙打馅，再用双手将面皮合拢，包成蛤蜊形状，合拢处要捏紧，以防煮时破口。以此方法将面皮和馅料全部用完。俟锅中水滚沸后，即将包好的水煮饽饽下入，随即用漏勺轻轻搅动（以防互相粘连或贴入锅底）后，加盖烧至水沸，见水煮饽饽浮于水面，兑入适量清水继续煮制（可不加盖），再沸，复兑入适量清水，水三次沸后，即熟，捞入碗（或盘）内，可配酱油、醋等蘸食之。猪肉韭菜馅和猪肉白菜馅的水煮饽饽，其制法也与此相仿。

搓条饽饽 是满族古老的传统食品之一，也是祭神时不可缺少的供品。又称"打糕穆丹条子"，看来是在打糕的基础上形成的。具体做法是：

取江米二斤，洗净，泡开，蒸熟，然后放在打糕石上反复敲打成面团，再蘸熟黄豆面反复揉透，搓成长条，分几长段放在热油锅里炸制，炸好后切成块，表面再撒一层较厚的熟黄豆面即成。亦可用粘秫米面或糜子面制作。

打糕搓条饽饽 是用打糕和搓条饽饽两种成品制作的。制时，先将打糕拉成长圆形，再将炸过的搓条饽饽置于打糕之上。如此反复，可叠四至九层不等，但最底下和最上面的一层都必须是打糕。最上面一层打糕的面上，还必须用江米、青红丝等做成鹿、仙鹤、松塔等形状。成品特点是色、香、味俱佳。这种饽饽，一般是在祭祀时使用。

豆面饽饽 又称豆面卷子、驴打滚。多为秋季食用。制法是：取二斤大黄米面，掺入约九两清水和成粘糕胚，摊在屉中，蒸熟后取出，蘸熟黄豆面擀成大片，再卷成长条卷，然后用刀切成段即成。如用大黄米，则须洗净后泡开，再蒸烂取出，置于石板或臼内捣烂，然后再取出，擀成薄饼，裹以炒熟的豆面卷成卷，然后切成段而成。

清明饽饽 又称小根菜馅子。小根菜是一种蒜科野生植物，长二三寸，头大而圆，食之有清香辣味。清明前后是小根菜的成熟期，是野地里最早出现的野菜。满族农家人多起早下地挖菜，并习惯于蘸酱而食。《满文老档·太祖朝》（卷五十七）中曾有努尔哈赤使人挖小根菜的记载。清明饽饽的制法是：取秫米面二斤，用八九两清水和成面团后，稍醒；将一斤小根菜洗净后剁碎，加入五两泡好并剁碎的粉丝和五两碎豆腐，用适量大酱、酱油、姜末、花椒面、味精、香油拌匀成馅；醒好的面团搓成长条，揪成半两一个的剂子，每个剂子擀成直径约三寸的圆薄片；先将一份馅料摊在一片圆薄片上，再用一片圆薄片盖在上面，周围捏紧并锁成花边，放在平锅内，放入适量油煎熟、两面并呈虎皮色即成。因在清明时节食用，故名清明饽饽。

高丽饼 是后金时期由朝鲜国传入的。制法是：取二斤白面粉，加约八两清水和二两蜂蜜水和成面团，醒后，搓成长条，揪成一两一个的剂子，再将剂子制成长圆饼形，放在烧热的香油锅里炸熟呈金黄色时即成。此种饽饽后来成为后金至清宴席上的必备品。据《满文老档》卷五十二记载，高丽饼曾被清太祖努尔哈赤指定为"在宴席上摆的东西"。

酸枣糕 酸枣是一种鼠李科落叶灌木的果实，比一般枣小，味酸。酸枣糕的制法是：取二斤白面粉，加入约九两清水和适量酵粉和成面团，发酵后，再加入适量碱液，搅成浓稠状；再加入二两蜂蜜和三两酸枣搅匀，遂摊在屉布中，上屉蒸熟，取出切块而成。成品酸甜适口，酸枣夹于糕中。常食此糕有安神、开胃、增进食欲等作用。

淋浆糕 取二斤黄米面（或粘高粱米面）用较多的清水搅匀，将一块白细布吊在木架上，将搅匀的稀面倒于布上，下面用容器承接，细粉面随水经过白布淋落于容器中；然后将淋好的粉浆摊在屉布上，蒸熟后取出，切块而成。食时蘸糖或蜂蜜。特点是糕质细腻，松软而香甜。

豆面剪子股 取二斤小黄米，洗净后泡开，蒸熟，取出，用木榔头锤打成泥；锤打过程中，须不断加入炒熟的豆面。俟打挺实后，搓成若干细条，扭成剪子股的样式，然后放到热油锅中炸熟呈金黄色即成。

五花糕 取江米面和黄米面各一斤，分别干蒸至熟，再分别用冷水反复揣和均匀；然后分别擀成五至六张圆片。先将江米圆片铺于案板上，撒一层小豆馅或枣泥馅，再铺上一张黄米面片，再撒一层小豆馅或枣泥馅，如此反复，可铺至五六层。最上面一层铺江米面，并用瓜子仁、青红丝、枣肉等摆出各种花纹。食时，以刀片切，断面处呈五花层状，故称五花糕。

碗岎 取一斤干淀粉，加约一斤五两清水搅匀，倒入两只碗中，上屉蒸熟。取出后，晾凉，倒扣在案板上，随即取下碗，便成为倒置的碗形"岎"。然后再将"岎"用刮刀刮成细条形，盛入若干小碗中，加适量芝麻酱、韭菜花、醋、精盐、香油等拌之而食。此种食品又可称为小吃。

铜盆糕 取白面粉二斤，加入四两猪油、五两鸡蛋黄、四两白糖和适量清水拌匀和揉匀，醒后，搓成长条，再揪成约二十个面剂，每个面剂制成倒扣的铜盆形状（或用特制的模具压成），摆入烤盘里，再放入烧热的烤炉中烤熟呈铜黄色即成。因形状似铜盆，故名。

甑儿糕 又叫"粳米豆包"。制法是：取二斤粳米粉，用九两至一斤清水和成面团，饧后，搓成长条，揪成约十个剂子，再将剂子用手压扁，每个剂子包入约二两的甜小豆馅（或其他甜馅）制成U形如甑状，有茶盅大小，然后摆入屉布上，上火蒸熟而成。宜于老人和儿童食用。

虚糕 又叫发糕，满语称哪玛咪糕。制法是：取二斤玉米面，加约九两温水和适量酵面拌和均匀，使之发酵，再摊入屉布中，盖上盖旺火蒸熟约二十分钟,取出,然后用粗细匀称的五根秫秸(满语称"哥档")绑成梅花形,蘸山里红汁印在虚糕面上即可。食时切成菱形小块,配蜂蜜碟。松香甜软。

金银卷 俗称面卷子,又叫金裹银。制法是:取一斤白面和一斤玉米面分别用约四两五钱的温水和好,醒后,先将白面团擀成长方形片(约二分厚);再将玉米面团擀成与白面片相同的片,铺在白面片上;然后在玉米面片上抹匀一层苏子油,再撒些葱花、细盐和花椒面,卷成长条卷(横着卷),两手抓着面卷的两端,稍抻一抻,使其粗细均匀;最后用刀切成长方块(约二十块),摆入屉布上,旺火蒸熟而成(约二十分钟)。这种卷子的断面处露出白、黄两色,交替成层,似金裹银,故名。成品柔软咸香。

螺蛳饽饽 又称螺蛳转儿。制法是:取二斤白面,加约八两温水、三两猪油和三两白糖拌和揉匀,醒后,搓成长条,再揪成十块长剂,每块剂子再搓成小细条(如笔杆粗细),再盘旋起来呈螺蛳状(底大头小),然后摆在屉布中,旺火蒸熟(约二十分钟)即成。成品松软甜香。

蜂糕 又叫蜂蜜糕。制法是:取白面二斤,加约一斤温水和二两酵面拌和均匀,使其发酵,然后加适量碱液和蜂蜜揉匀,醒后,摊平在屉布上,上面撒些青红丝(也可放剁碎的蜜枣)盖上笼屉盖,旺火蒸熟(约二十分钟)即成。食时切成菱形块。成品松发甜香,因呈蜂洞状,故名。

瓦垅 取白面二斤,加约七两清水、二两蜂蜜水和二两香油拌和均匀,醒后,搓成长条,再用面杖擀成宽约二寸五分、厚约二分五厘的长条厚片,然后再用刀切成瓦形,摆在烤盘里,再推入烘热的烤炉中烤熟(约十五分钟)即成。成品干酥香甜。

核桃仁饼 也叫炉酥饼。取二斤白面,加入约六两清水、五两猪油和三两熟核桃仁拌和均匀,醒后,搓成长条,揪成约二十个剂子,每个剂子都分别填入特制的木模里,压成带有花纹的扁圆形,然后摆在烤盘里,推入烘热的烤炉中烤熟(约十五分钟)而成。成品色泽金红,干酥甜香。

水馓子 多为清明祭祀的祭品。有大小两种。皆以江米面为原料。制法是:取二斤江米磨成面,掺以适量清水揉透,醒后,搓成长条,如做大的水馓子,可揪成二十个剂子,如做小的水馓子,可揪成四十个剂子,无论大的或小的剂子,都制成扁圆形,放入沸水锅中煮熟(大的煮约十分钟，小的煮约五分钟）即成。

粘糕 取小黄米面（或大黄米面）二斤和煮熟的小豆一斤。制时，先在屉布上铺一层小黄米面，上面再把小豆铺匀，小豆的上面再铺一层小黄米面，盖上笼盖蒸约五分钟，揭盖，再撒一层小黄米面，然后再蒸，这样分四五次，将小黄米面全部撒入，俟蒸熟后（约蒸三十分钟），使其冷却，切块即成。食时蘸白糖。也可以将切成的小块以油煎之而食。

第三节　乡土民食

所谓乡土民食，这里指满族人民平日里吃的家常饭菜。这类食品，具有悠久的历史。因为目前东北的自然条件与满族祖先生活时代的自然条件仍然大体相同，与人民生活中饮食有关的物产品种也大体相同，因此很多饮食习惯被满族人民一代一代地沿袭下来。这种饮食习惯一般也不会因为经济条件的改善和生活水平的提高而改变得了的。任何高超的烹饪都源于民间。满族一些著名的肴馔，最初也是在乡土民食的基础上逐步发展和提高的。因此。研究满族烹饪，也不能对乡土民食掉以轻心，尽管它有的比较简单，甚至粗陋。下面，我们把这类食品归纳为菜、汤食品和米、面食品两部分，予以考述、释介。

一、菜、汤食品

片肘花 为冷荤菜。取带皮猪肘子一个，治净皮上毛茬后，洗净，先用沸水焯透，再换水加盖炜熟，捞出后，趁热抽出骨头，俟凉透，切成薄片，置于盘内即成。食时蘸酱油和蒜泥。

肉干 多取料于羊、猪、鸡、鸭、鹅等肉。制法是：先将肉剔除筋膜，切成丁或小条，先用沸水焯一下，再换水用慢火煮，煮时，要加适量的盐。熟后，捞出，放在通风处阴干而成。此种食品，旧时是士兵战时随带的干粮，平常人家也多制做。肉干易存，食用方便，且愈嚼愈香。

肉酱 一般是将猪、羊的净肉剁成泥状，加入酱油、精盐、葱末、姜末等拌匀（口味要咸些），然后置于罐中，密封罐口储藏。食时，根据用量掏出加热至熟而成。这种食品，既可就饭，亦可下酒，还可以搭配其他蔬菜吃。是一般满族家庭中的常备食品。

肉糜　取带肥边的去骨猪肉二斤，切成一寸二分见方的块，先用沸水焯透，再换水加适量葱段、姜块、酱油、盐、花椒、大料等，加盖慢火炖煮；俟汤熯干时，肉块也极烂，触之即碎。肉糜味道咸香，滋味醇厚，是满族家庭中的节日佳肴。

猪肉炖粉条　做法与炖肉基本相同。只是在肉炖至八九成烂时，将洗净的宽粉条放入（无一定比重，可根据需要而定），俟肉块十成烂时，宽粉条也炖软了。宽粉条又叫马莲粉，是用土豆或地瓜（即白薯或红薯）制成的。炖此菜时，还可加些土豆块和泡好、洗净的蘑菇，其味更佳。成品汤浓色红，肉块香烂，粉条滑韧。是满族家庭中最流行的菜肴。

肉炖酸菜　取带皮去骨的猪五花肉二斤，切成一寸见方的块（或切成厚片）；锅置火上烧热，加入一两五钱底油（猪油），油热时，放入葱末、姜末和花椒面炝锅，再添酱油和约五斤的汤，汤沸后，转入小火慢炖至肉七八成烂时，加入洗净并切成丝的酸菜再炖，并用盐调好口味，直到肉和酸菜全烂时为好，加些味精调匀即成。成品咸中带酸，肉、菜皆烂，汤尤为好喝，具有增进食欲的作用。为冬、春季节满族家庭中常吃的菜。

猪肉炖冻豆腐　冻豆腐是满族冬季传统的食品，其制法也较简单：将购得（或自制的）的豆腐放在容器（或木板上），拿到户外冻硬；用时，取进来，置盆内用冷水缓解回软，洗净，切成长约一寸二分，宽、厚约六分的小块（数量根据需要而定）。另将一斤带肥边的猪肉切成与冻豆腐相同大小的块，放入锅内加油煸炒出水分，再加适量酱油稍煸一会，然后添约四斤汤，沸后，撇去浮沫，倒入大砂锅里，加些葱段、姜片，盖上盖以慢火炖至肉块七成烂后，再将冻豆腐块放入，用盐调好味，炖至肉块烂后，加些味精，拣出葱段、姜片即成。

羊肉炖冬瓜　取二斤无筋膜的瘦嫩羊肉，切成寸块，先用沸水焯透，再换水加葱段、姜片、花椒、大料以慢火炖之；炖至半熟，用盐调好口味；俟羊肉块八成烂时，下入切成寸块的冬瓜（去瓤、皮），至羊肉块十成烂时，调些味精，撒些香菜末、胡椒粉即成。

小鸡炖蘑菇　为满族民间最流行的菜肴之一。制法是：取小嫩鸡一只，治净后剁成小块；锅置火上烧热，添约一两五钱猪油（底油），油热，下入鸡块煸炒出水分，再加酱油煸炒一会；然后添约三斤汤和适量葱段、姜块，以慢火炖至半熟，加洗净、泡好的松蘑（或榛蘑），炖至鸡块十成烂时，加味精调好口味即成。炖时，亦可加些土豆块和粉条。

小鸡炖茄子　俗语有"小鸡炖茄子，撑死老爷子"之说，足见此菜是如何好吃了。制法是：选用肥嫩小鸡一只，治净后，剁成小块，放入加了油的锅中煸出水分，再加酱油稍煸；然后加约二斤汤和适量葱段、姜片、大料，用慢火炖之；另选嫩茄子二斤，洗净、去皮后，切成转刀块，用热油稍炸，俟鸡块炖至八成熟时放入，再以盐调好口味，炖至鸡块全熟、茄子酥烂入味时，调些味精即成。

熘鱼　是满族喜食的菜肴。制法也较简单：取黄花鱼（或刀鱼）治净后，切成段，两面用精盐稍腌一下（俗称"一卤盐"），二十分钟后，再挂上薄面糊，随放入加了少量油的锅中熘之，熘至鱼熟、两面呈金黄色时即成。成品干香诱口，外皮酥脆，内中鲜嫩。食饭、饮酒皆宜。

炖鱼　满族最普遍制作的家常菜。制法是：取偏口鱼（牙扁鱼）一大尾，治净后，剁成大块，先用少量的油煎出水分，倒在漏勺里控净油，锅中再换底油（猪油）烧热，下入葱段、姜片、蒜片炝锅，再烹入醋和酱油（有的还加些面酱），遂添入约二斤汤，沸后，下入煎过的鱼块，再沸后，移慢火加盖慢炖至鱼块酥烂入味，调些味精即成。

熘鸡蛋　取用鸡蛋四个，磕在碗里，加五钱韭菜末和适量的盐和味精搅匀，锅（或勺）置火上烧热，加一两豆油（或猪油），热时，放入蛋液，摊成圆饼状，俟两面熘成金黄色即成。也有不加韭菜末而加葱花熘制的。后来饭馆中经营时，称之为"摊黄菜"。

鸡蛋糕　是老人和儿童喜食的菜肴。制法是：取四个鸡蛋，磕在大碗里打散，再加五钱泡开的海米和约六两清水，搅匀后，放蒸锅中用小火蒸十分钟左右即熟。食时淋些香油和酱油（也有将蛋液中加盐、葱花蒸制的）。成品鲜嫩如豆腐脑。

肉炒伽尔密　伽尔密为满语，即蓼菜。蓼菜是草本植物，味酸辛，幼芽可食。制法是：取二两瘦猪肉切柳叶片；选蓼菜芽六两，洗净后切段，再用沸水略焯一下，捞出，控净水分；将适量葱姜切细末。锅置火上烧热，加一两底油（豆油或猪油），热时，下入葱末、姜末炝锅，再放入猪肉片煸炒出水分，然后加约六钱酱油稍炒，随即放入蓼菜芽，一边煸炒一边加约一钱糖和适量味精，最后用少许淀粉勾芡，淋些香油即可。放糖是为调解蓼菜芽本身的酸味。

肉丝炒如意菜 如意菜即蕨菜，为东北山区特产，素有"山菜之王"之称。每年五月间选食最佳。此菜制法是：取二两猪瘦肉切成细丝；选蕨菜五两，取其茎洗净，切成寸段，用沸水略焯一下，捞出控净水分，将适量葱、姜切细末。锅置火上烧热，放一两五钱底油（豆油或猪油），热时，下入葱末、姜末炝锅，再下入肉丝煸炒出水分，添约六钱酱油稍炒，然后下入蕨菜段煸炒，加些味精，炒透后用少许淀粉勾芡，淋些香油即成。成品咸香清脆，无异味。

肉丝炒大叶芹 大叶芹产于东北深山沟谷或林下，为山菜类品种，味清香。此菜制法是：将二两猪瘦肉切细丝；选大叶芹八两，摘叶留茎，洗净后切寸段，用沸水略焯，捞出控净水分；取适量姜切细丝。锅置火上烧热，添一两五钱底油（豆油或猪油），热时，放入肉丝和姜丝同炒，出香味后，加入六钱酱油稍炒，再放入芹菜段煸炒，加些味精，再用少许淀粉勾芡，淋些香油和少许醋即成。成品咸香清脆。用此法还可以炒杈子芹、水芹菜（均为山菜）等。

豆泥酸菜汤 为满族传统的民间菜肴。制法是：取酸菜半棵，洗净后切成象眼块；取黄豆三两，泡发后煮烂，再捣成泥；取适量葱、姜切细末。锅置火上烧热，加一两五钱底油（猪油），热时，放入葱末、姜末炝锅，再放入酸菜块煸炒透，然后加入约四斤肉汤，把黄豆泥也放入，用盐调好口味，以慢火熬至约二十分钟，调些味精即成。成品酸香煞口，可以醒酒。

熬白菜粉条 为秋、冬季节满族家常菜。制法是：取大白菜一棵，去根和老帮，洗净后切骨牌块；取四两粉条用沸水泡软，再洗净；取适量葱、姜切细末。锅置火上烧热，放入二两猪油，油热，用葱末、姜末炝锅，遂放入白菜块煸炒，出尽水分后，加一两酱油再稍煸，然后添约一斤五两汤，沸后，撇去浮沫，加入粉条，以慢火熬约十分钟，再用精盐、味精调好口味即成。

熬豆角土豆 为满族常见的家庭菜。制法是：取二斤嫩豆角（又叫云豆）掐掉纤，长的断为两截，洗净；取一斤土豆洗净，去皮，切成月牙形厚片；取适量葱、姜、蒜切细末。锅置火上烧热，加二两猪油，油热时，用葱末、姜末、蒜末炝锅，再加一两大酱（用黄豆做的）炒透，遂下入豆角煸炒出水分，然后加适量酱油稍炒，添约一斤五两汤，沸后，放入土豆片搅开，用慢火加盖熬至二十分钟，俟豆角和土豆酥烂后，调些味精即成。

熬萝卜丝豆腐汤 为秋、冬季节的满族家常菜。制法是：取大萝卜一个，洗净后，去皮，切成二寸长的细丝；取适量葱、姜切细末。锅置火上烧热，添入一两五钱猪油，油热时，用葱末、姜末炝锅，随后添约二斤汤，沸后，下入大萝卜丝和约二钱虾皮，并用盐调好口味，撇净浮沫，然后将一块大豆腐托于左手上，右手执刀将豆腐斩成长方块下入锅内，约熬三五分钟，调些味精即成。

炒鸡刨豆腐 为满族秋、冬季节的家常菜。"鸡刨"是形容词，即把豆腐炒得很碎，如鸡用爪刨的一样。制法是：锅置火上烧热，添一两五钱猪油，油热时，用切好的葱末、姜末和蒜片炝锅，再把一块整豆腐下入，一边翻炒一边用手勺将其捣碎（越碎越好）；然后再加盐、味精和适量汤，炒透后用适量淀粉勾芡即成。成品呈稀状，鲜嫩而油润，宜用匙舀之而食。

炒小豆腐 为满族农家常做的家常菜。小豆腐是黄豆泡开磨成浆后，头一遍用吊包滤成豆浆的沉淀物。此菜制法是：锅置火上烧热，放入三两猪油，油热时，用葱末、姜末炝锅，再将六两小豆腐下入，加盐和味精炒透即成。炒此菜时，油要多些，不然干涩乏味。

炒干豆腐韭菜 干豆腐南方称"干丝"。此菜制法是：取五块干豆腐切成长约二寸的细丝；取韭菜五两摘净，洗后切寸段。锅置火上烧热，添一两五钱豆油，油热时，用姜末炝锅，再放入干豆腐丝煸炒透，然后放韭菜，以盐和味精调好口味，俟韭菜炒透（不宜炒过火）即成。

醋溜白菜 为满族家庭中最流行的菜肴之一。制法是：将八两嫩白菜帮（去叶）切成抹刀片，用沸水焯一下（或用油拉一下），捞出控净水分（或油分）；取适量葱、姜、蒜切末；再取一小碗，放入六钱酱油、三钱醋和适量盐、味精、淀粉、香油调成卤汁。锅置火上烧热,放入一两五钱豆油,油热时,用葱末、姜末、蒜末炝锅,再将白菜片放入煸炒一下,随即泼入卤汁,俟卤汁熟后裹住白菜片即成。成品咸酸诱口,可增进食欲。制此菜时,亦可加猪肉片和木耳。

茄子丝炒青椒丝 为夏、秋季节的满族家常菜。制法是:取茄子一斤,洗净后,去皮,切成二寸长较粗的丝;取青椒(带辣味的)半斤去籽,洗净后也切丝;取适量葱、姜、蒜切细末。锅置火上烧热,添一两五钱豆油,油热时,用葱末、姜末、蒜末炝锅,遂放入茄丝炒透,再放青椒丝略炒,调以盐和味精即成。

土豆片炒青椒 夏、秋季节的满族家常菜。制法是:取五两土豆,洗净后,去皮,切月牙形薄片;取三两青椒,去籽后,洗净,切象眼块;取适量葱、姜切末。锅置火上烧热,添一两五钱豆油,油热时,放入土豆片炒熟,再添五钱酱油和适量盐稍炒,然后再下入青椒块炒透即成。

土豆丝炒芹菜 为秋季满族家常菜。制法是:取土豆五两,洗净后,去皮,切成二寸长的细丝;取芹菜五两,摘叶后洗净,切寸段,再用沸水焯一下,取适量葱、姜切细末。锅置火上烧热,添入一两五钱豆油,热后,用葱末、姜末炝锅,随即放入土豆丝煸炒至八成熟,放入芹菜段煸炒,一边煸炒一边放入盐、花椒水和味精,炒透后即成。

鸡蛋酱 是满族最常做的家常菜之一。制法是:将锅置火上,添入适量植物油,油热时,下入葱花炝锅(也可同时放些干辣椒末),随即放入搅匀的鸡蛋液,边炒边搅(注意不要炒老),然后再放入大酱炒熟,添些酱油和味精。如干时可加适量清水。做此酱时,底油宜多些。成品油润不干涩。如不用大酱,用面酱亦可。食此酱时,一般要配时令蔬菜蘸食。如春季蘸小葱、小白菜、小根菜、苣荬菜等;夏季蘸生菜、大葱、青蒜、黄瓜等;秋季蘸焯熟的土豆、茄子和大萝卜等,冬季蘸酸菜心、大葱白等。

炸[①] 刺龙菜 刺龙菜为龙芽葱之嫩芽,形如香椿芽,为东北山区特产的山菜之一。春季采后,洗净,切段,用沸水炸透,捞出,入冷水中浸凉,再捞出控净水分,即可蘸酱而食,亦可炒食,其味清香可口。用此种

---

① 炸:清时称法,即焯。

方法，还可炸制（或炒制）其他山菜，如蒌蒿、苦龙芽、山豌豆、山生菜、蕨菜、山辣椒秧、山白菜、枪头菜、山茄子、刺果棒、苋菜等，皆为满族喜食的家常菜。

二、米、面食品

小肉饭　满族传统主食。制法是：取一斤去皮、骨的猪肉（或羊肉），切成小丁；取五钱葱切细末。锅置火上烧热，加二两猪油，热时，用葱末和花椒面炝锅，将肉丁放入煸炒至变色，再添汤，用盐调好口味，然后加淘洗净的秫米（高粱米），煮沸后，加盖以慢火焖熟。食时，将肉丁和饭拌匀即可。这种干饭又称"靰子饭"，如多添水煮成粥状称"靰子粥"。

荤油拌饭　冬季，满族有杀猪贮肉埋于雪中的习惯，随食随取。贮肉时，将肥膘割下，切小块炼制成熟油。炼油时，还要加入花椒、葱、姜、盐等，成为佐料油（能放置时间长久）。因冬季蔬菜缺乏，食热饭时，常将这种佐料油拌入。故称荤油拌饭。

辽阳青米饭　即用辽阳产的青米做成的干饭。辽阳青米（又称"辽阳青"）的种植技术是后金时由朝鲜传入的。《奉天通志》载："稻有红、白二种，出辽阳者，色微青，味尤香美。"这种干饭曾是后金宫廷中的主食，王公大臣之家也偶有食之。满族民家则在节日或待客时食之。具体制法与一般焖干饭相同。

烩饭　满族的烩饭，多将食剩的凉饭（如秫米饭、小米饭等），放入肉汤中，加些菜蔬和调料，煮沸而成。具有饭菜合一，制作方便的特点。

龙斗虎　又称龙虎斗。即用大米、秫米和小豆焖成的干饭。因"斗"与"豆"谐音，大米和秫米喻之龙、虎，故名。制法是：先将小豆煮至半熟，再将大米和秫米洗净，一同放入锅内，慢火焖熟而成（焖时，水要放得适量）。节日或待客时，满族多喜用此饭。

高粱米豆干饭　即用秫米和小豆（或芸豆籽、菜豆籽、花豆等）合在一起焖制的干饭。秫米和豆类的投放比重约为四比一。制法与"龙虎斗"相同。成品味香爽口。因此饭中有豆粒，如珍珠落入碗中，故又有"珍珠饭"或"饧福饭"之称。

大黄米干饭 为满族年节间常食的一种干饭。制法是：将小豆、大豆、绿豆、芸豆籽、白豆煮熟，再加入淘洗净的大黄米入锅，烧沸后，转慢火焖熟而成（焖时，水要加得适当）。食时，拌入白糖或蜂蜜（投放数量可根据需要而定）。

稗子米饭 为满族日常的主要主食。清入关前，尚不知种稻，农田中多种稗子。收割后，将稗子铺在火炕上烘干，然后碾成米。稗子米色泽洁白，粒圆如珠。做成饭的方法是：将稗子米淘洗干净，根据做饭的用量，锅中加适量水置火上烧沸，下入稗子米，再沸后，渐用慢火加盖焖熟（约四十分钟）即可。成品米粒互不相粘，散爽滑润。

秫米水饭 为满族夏季常做的主食。制法是：将秫米淘洗干净，放入较多的水中煮沸，再转用慢火煮熟（水与米的比例约为三比一），遂捞出，放入冷开水中浸凉，再捞出盛入碗内即可食用。如用较少的水将秫米焖成干饭，即为秫米干饭。

二米干饭 即用大米和小米焖成的干饭。制法是：将锅盛适量的水（根据用量而定，一般水要高出米一指节），烧沸后，先将洗净的大米放入，煮至半熟时，再加入洗净的小米搅匀，以慢火加盖焖熟而成。用此二种米，还可做二米粥，均为满族家庭中常做的主食。

小米干饭 为满族家庭中常做的主食之一。与秫米干饭的制法相同；只是小米的吃水量少，质地也较嫩，故用水量要少，焖制时间也要短（约二十分钟）。用小米还可做水饭和粥。小米水饭为满族夏季常用的主食；小米粥多在早、晚食用，或妇女产后食用（配煮鸡蛋）。

粳米饭 粳米又称粳子，也称旱稻，色白，味清香。是水稻引进之前最上等的旱田作物。粳米饭是满族家庭逢年遇节时才吃的主食。盛京宫廷（今沈阳故宫），汗（皇帝）、贝勒（王爷）及大臣们也常以粳米饭为主食。此米产量低，清入关前，盛京附近的各"拖克索"（满语，即农庄）中才有种植。粳米饭的制法与大米饭（干饭）的制法相同。

楂子粥 楂子即玉米粒。又有大楂子和小楂子之分。大楂子即整的玉米粒去皮；小楂子即散碎的玉米。楂子粥的制法是：将锅中盛入较多的水，烧沸后，将洗净的楂子放入，再沸后，转慢火熬至楂子烂时即可；熬制时，一般还要放少许食碱，以催楂子速烂。成品粘稠润滑。为满族农家最常制作的主食之一。

荞面饸饹 饸饹是荞面团经挤、压而成的面条。《奉天通志·礼俗三·饮食》载："夏日或食饸饹，小米浸盆盎中使发酵，然后以清水淘净，磨成面，和以沸水纳入河洛（饸饹）床中，漏成长条，以沸汤煮之，和以卤汁，圆滑适口，农人最喜食之。"如今的具体制法是：大铁锅上支架饸饹床子（为木制）；此床子由上、下两部分构成：下部为一横木，一端刻有半尺左右的圆孔，圆孔底部为一厚木片，钻有细圆孔若干；床的上部，也有一横木，顶端有一头朝下部圆孔的木橛。将荞面加适量水和成硬面团，放入床子圆口中，用力挤压，使床上部木橛入孔，荞面便被挤成细条由孔中漏到锅内沸水中。煮熟捞出，装碗，配以由猪肉末、蘑菇末、酱油、味精、淀粉等制成的卤汁而食。成品筋道、滑溜。

贴饼子 满族家常主食。制法是：取一斤五两玉米面和五两黄豆面掺和均匀，再加入约一斤水调匀，醒后，将面团用双手拍成十个扁圆形，贴在热铁锅帮上（锅中有水），蒙上用秫秸编成的席片，盖上锅盖，俟蒸汽溢出锅盖后，徐徐撤火；熟后，用铲刀将贴饼子铲出即可。还有的一边在锅内炖菜，锅帮贴上饼子，可饭菜一次都熟。贴饼子底部有一层金黄色的煳嘎，食之香脆、松发适口。

酸汤子 满族家庭最常见的主食之一。制法是：取二斤玉米粒放入缸内，加水沤泡至酸（不要变臭），捞出，连水用磨推成水粉，再用吊包布滤出残渣；滤过的水粉经沉淀后，放在铺了一层硝灰（草木灰）的吊包上面，用硝灰吸干其水分；然后倒在盆里，用温水调解均匀，遂用汤子套（铁片制成喇叭形器状，戴于手指上）将面团攥成面条形，下入沸水锅中煮熟，捞出，盛在碗内，拌以生酱（大酱）、葱花、辣椒油等即成。亦可拌菜卤而食。

菜团子 满族农家常做的主食之一。制法是：取一斤五两玉米面，用约九两沸水烫熟，然后再掺入五两生玉米面揉匀，稍醒一下；另取韭菜一斤五两，摘洗净，切细末，拌入适量虾皮、豆油、盐等成馅料。将醒过的面团分成十五份，每份包入一些馅料，团成圆形，摆入屉布中，加盖旺火蒸熟（约十五分钟）即成。馅的投料无定规，也可用萝卜、山菜等。还有将菜末与面粉掺合一起蒸熟而成的。在古代，逢遇荒年，百姓们则将野菜煮熟拌盐，团成团，外沾玉米面或其他杂粉，蒸熟而食，以度饥荒。

锅蹴溜 满族家庭常制的主食。制法是：取二斤细玉米面（或小米面），用约一斤二两水和适量酵面搅匀，使其发酵；然后对好碱，再加约三两糖，搅成粥状。锅烧热后，擦匀油，遂用手勺每次舀些稀糊酵面（约二两重），倒于干热油锅帮上，蹴溜成牛舌状；烙烤熟透而成。成品外焦脆、里松软，口味香甜。

油馋饼子 油馋即油渣。油馋饼子的制法是：取一斤玉米面和一斤小米面，加约一斤一两水及五两油馋、适量盐和匀，醒后，制成十余个扁饼状，放在涂了油的平锅中烙熟而成。成品色泽金黄，柔软香酥，食而不腻。多配炖菜（如白菜炖粉条、酸菜炖肉等）而食。为满族家庭冬季里的佳食。

水面饼子 制法与贴饼子相同。只是选料时，多用新鲜的青玉米粒，用水磨磨成水面，并加酵面使其发酵，再放适量碱调匀，遂团成二两一个的圆饼，贴入热锅帮上，烙熟而成。成品底部有层煳嘎，胀发松软，有鲜玉米的清香味。

花花饼子 为满族家庭春秋两季常用的主食。制法也与贴饼子相仿。它盛行于清入关前的战争时期，便于在长途行军中携带，一直流传至今。制法是：取一斤玉米面和一斤小米面，加约一斤水、二两猪油、八两青菜末（如韭菜、白菜、小根菜等）和适量盐拌匀，稍醒后，团成十余个圆饼状，贴于热锅帮上烙熟而成。成品黄、绿相间，有花花状，故名。

粘火勺 为满族家庭在冬季里大量贮备的主食。一次用面需一百来斤。制法是：取黄米（或江米）一百斤，用水洗净，泡至发酵（黄米约三十天，江米约十五天），俟水面上有白沫时，捞出，洗净，用磨磨成水面，放入吊包上滤净水分，再加适量清水和匀，然后以七成面、三成甜豆馅的比例，将面团全部包成扁圆饼状（约一两一个）。锅烧热，用猪肉皮将锅内擦得油润，再把包好的火烧胚料放入烙熟即可。

粘豆包 与做粘火勺的用料相同。制作时，以五成面、五成豆馅的比例，面包豆馅，团成椭圆形（一两一个）；全部制成后，摆入屉内，加盖旺火蒸约二十分钟即成。是满族家庭冬季常制的主食。

麻叶秫米面饺子 满族家庭的秋季食品。制法是：取二斤秫米面，用约一斤沸水烫透，再揉匀，略醒；大萝卜（约二斤）洗净，蒸熟，剥皮后剁碎，加些碎粉头、虾米皮、豆油、酱油、大酱、味精等调成馅。醒过的面团搓成长条，揪成约四十个剂子，再将剂子压扁，用擀面杖擀成薄圆片，用馅料包成月牙形饺子状，每个饺子都用麻叶包裹，全部制成后，摆入屉中，加盖用旺火蒸约十分钟即成。食前将麻叶取下。成品光洁清香。存放时不去麻叶，互相叠压也不粘连。

添仓饺子 俗称小根菜馅蒸饺。为满族每年正月二十五日祭仓神的食品。仓神，满语称"哈沙妈妈"。祭仓神完毕，为祈祷仓房粮食丰足而吃添仓饺子。制法是：取二斤秫米面，用约一斤沸水烫透，再揉匀，略醒；取二斤小根菜，摘洗干净，剁碎，加适量猪肉馅（或羊肉馅）、酱油、豆油、盐、味精、姜末等调成馅。醒过的面团搓成长条，揪成约四十个剂子，将剂子压扁，用擀面杖擀成薄圆片，包入一份馅料，捏成月牙形饺子。全部制成后，摆入屉中，加盖旺火蒸熟（约十分钟）即成。

荞面卷子 为满族家庭日常主食。荞面即荞麦磨成的粉。荞麦成熟期短、低产，多在大田作物旱涝后补种。清时，荞麦在辽沈地区已种植得很普遍。荞面卷子的制法是：取荞面二斤，用约一斤沸水烫透，再揉匀，醒后，擀成大薄片，上面撒些葱花、豆油、花椒面、盐，卷成长条，再切成约二十个小段，摆入屉中，加盖用旺火蒸约十五分钟即可。成品暗红色，有弹性，咸淡适宜，冷、热均可食用。

油蛤蟆 又称面蛤蟆。为满族在节日或待客时制做的食品。制法是：取白面粉二斤，用约一斤水和适量酵面和匀，使其发酵，然后放些矾、碱揉匀，醒后，揪成一团一团的（约八十团），入热油中炸熟，捞出，装盘即成。也有将面调成糊状，用小匙一下一下舀入热油中炸熟而成的。成品因瘩瘩瘩瘩，如蛤蟆状，故名。

博罗叶饼 满族家庭春季时常制的食品。制法是：取二斤玉米粒用水沤泡出酸味后，捞出，洗净，磨成水面，博罗叶洗净，用沸水烫一下，再摊开，上面抹一层水面，再放入山菜和猪肉制成的馅料，包成饺子形，摆入屉中，加盖旺火蒸熟（约二十分钟）而成。成品气味芬芳，诱人食欲。

炒面 为满族家庭的冬季食品。制法是：取二斤秫米擀成面（或磨成面），拌入适量碎榛子仁、碎山核桃仁、碎松子仁、碎花生仁和芝麻等，放入锅内用慢火炒熟即成。也有不放干果料和芝麻，而放适量猪油和糖的

（或盐）。清入关前的战争时期，炒面多为士兵随身携带的干粮，可干吃，亦可用沸水冲成面茶。

第四节　满族宴席调研

一、城镇酒楼饭店经营的高档宴席——"三套碗席"

为了考察满族烹饪，20世纪80年代初，笔者曾到辽宁的新宾、岫岩、凤城三个满族自治县和盖州、鞍山等地进行实地采访，同这些地区的老厨师们交流，大家一致向笔者介绍"三套碗席"与满族食俗有着密切的关系，属于满族烹饪的范畴。

（一）"三套碗席"的由来和特色

据了解，"三套碗席"自清中叶后，开始在辽宁地区城镇的一些较大的饭店中流行起来。当时像沈阳这样的大城市也颇有经营者，如1914年，满族厨师那文贵在他开办的"那家馆"中就经营过此席。特别是在满族聚居的城镇，此席流行更甚。满族富户操办红、白喜事，皆有举办"三套碗席"之风。伪满以后，此席就逐渐消迹了。

"三套碗席"一般是由十六款凉碟（又称冷菜）、三款"大件"和十二款溜炒菜、汤烩菜组成。因此席中的肴馔是由三套碗，即怀碗、中碗、座碗盛装，故名。由于"三套碗席"品种繁多、格局高雅、款式讲究，因此当时常为达官显贵、豪门富户所享用，成为官场、经商或交际礼仪中的一种高档宴席。

各地"三套碗席"的编列组合虽有所不同，但规格和形式则大体是一致的，其餐具的使用上也是基本相同的。凉碟、点心一般用六寸细瓷平盘盛装；大件一般用嵌有豆绿色或蓝色精致花边的尺余坑盘盛装；四怀碗又称头怀碗，一般为六寸的坑盘；四中碗一般为七寸坑盘；四座碗又名四后碗、四后大碗、四汤碗，一般为八寸坑盘。怀碗、中碗、座碗一套比一套大，其菜码也是一组比一组略丰。冬季宴用此席时，一般还将四座碗去掉，以锅子代替，如什锦火锅、三鲜火锅等。

宴用"三套碗席"的程序一般是：客人就座后，侍者先敬茶，台面上先有押桌的果碟，每盘水果（如梨、香蕉、桔子等）多为四个；客人小憩并到齐后，先上凉碟，凉碟拼摆很讲究，如蛋肠、香肠、黄瓜拌冻粉[①]、火腿等，都须摆三寸多高；如上八凉碟时，有时又需是双拼的，实际是十六种凉菜。个别还有三拼的。大件菜，则有时垫底，如通天鱼翅一菜，底下以汆丸子垫底。此席用酒，一般是花雕、陈绍或老白干等。

"三套碗席"的肴馔用料，均为本地特产或是自制加工的，很少使用外地原料。而且用料灵活多变，注意季节。以面点为例，如夏天供"雪花球"，秋天供萝丝饸子，冬天供脂油包，春天供春卷、三鲜饸子等，都是具有季节性特色的品种。此席又很少有纯肉菜，认为是粗菜。

"三套碗席"中肴馔的烹饪特色，一般都具有"本乡本土"的风格，绝少有外帮菜。烹调方法上，用多拌、卤、酱、蒸、炸、炒、汆、焖、烧、煮、烩、溜等。口味上多以咸为主，趋向清淡，而且制工精细。如"抽梁换柱"一菜，是将猪肋骨肉剁成寸半长条，用沸水焯后，加汤、葱、姜、大料、酱油、绍酒、白糖等焖熟，再抽出骨截，抽骨的地方插入冬笋条（如抽出的骨头状）；然后以油炸之而成。再如鸡丝、肉丝等，都宜切得像火柴杆一般匀而细。又如点心"雪花球"，是将江米淘洗干净，泡软、蒸熟，再捣碎，做剂包入芝麻白糖馅，团成小球状，外沾匀一层绵白糖，如同雪球一般，清凉香甜。

"三套碗席"比较充分地反映了满族的烹饪特色，乡土气味十分浓郁。然而，这种传统的宴席至今却失传了，令人遗憾。

（二）"三套碗席"食单举例

1. 新宾县的"三套碗席"

新宾县，在历史上是清太祖努尔哈赤起兵之地，被称为"发祥地"。这里世居满族人，其饮食和烹饪当是满族风格无疑。据该县满园春饭店的

---

① 冻粉：东北地区对琼脂这一食材的俗称。冻粉又称素燕窝、石花胶、洋菜、洋粉等。从石花菜、江蒿等海生藻中提取的多聚半乳糖硫酸脂胶体，结冻结，干燥后制成。乾隆年间引入中国，稍晚传入东北。白色透明，如簁子面细，望之晶莹，握之轻虚。清水沃之即起胀，似燕窝状。多用于作凉菜、甜菜，还可作食品凝固剂，用于灌汤包馅等。

老厨师江沿凯叙述，他年轻时即在此地执厨，所制宴席均为"三套碗席"。现将他当时制作的一桌"三套碗席"食单辑录如下：

八凉碟：炒肉拉皮、拌蜇头拼拌海螺、蛋卷拼粉肠、卤肘子拼酱羊肉、酥白肉拼糖溜白果、抽梁换柱拼火腿、灌肠拼小肚、清冻拼花冻

大件一：红焖翅子

四怀碗：山鸡卷、烧蜇头、素烩、溜虾段

大件二：葱油海参

四中碗：芙蓉鸡蛋、辣子鸡、炸鸡脯、溜鱼段

大件三：浇汁鱼

四座碗：烩三鲜、烩葛仙米、烩鱼骨、烩龙鱼肠

四面饭：凉糕、马蹄酥、炸套环、三鲜蒸饺

2. 岫岩县的"三套碗席"

岫岩县也是满族世居之地。据该县老厨师张显明、张思生、隋明德等回忆，岫岩县的"三套碗席"是由前清"八八碗席"演进而来；"八八碗席"是由十六款酒菜（即"双八"）、八款大件、八款溜炒菜、八款中碗菜、八款汤碗菜、八款后大碗菜、八款干鲜果碟组成。他们所叙岫岩县"三套碗席"的食单是：

四果碟：鸭梨、香蕉、桔子、葡萄

十六凉碟：香肠、蛋肠、鲅鱼籽、卤鸡杂、清冻、糖醋排骨、鸡丝拌冻粉、松花蛋、熏肘子、黄瓜拌鸡丝、炸猪肚、火腿、小肚、咸鸭蛋、海米拍黄瓜、五香鱼

大件一：通天鱼翅

四点心：马蹄酥、凤糕、萨其玛、牛舌饼

四怀碗：烩干贝、烩鱼肚、烩鱼唇、烩鸡丝

大件二：通天海参

四点心：芙蓉糕、粘糕、卷切糕、肉酥烧饼

四中碗：葱烧肉片、芙蓉鸡蛋、烧海杂拌、八宝饭

大件三：清蒸驼蹄

四面饭：脂油包、萝卜丝馅子、酥火烧夹烧羊肉、小肉饭（每位）

四后大碗：鸡蛋糕、氽丸子、鸡丝冻粉汤、木梳背肉

3. 盖州的"三套碗席"

该县经营"三套碗席"亦有很久的历史，并出现过许多司厨高手。如门国江师傅曾在1958年于邓小平同志到盖平太阳升公社视察工作时，与做主食的厨师马洪升，为邓小平同志制作了当地的传统风味，受到好评。现将门国江师傅在旧时制作的"三套碗席"食单辑录如下：

四干果：瓜饯、桔饼、榛仁、桃仁

四鲜果：菠萝、白梨、葡萄、香蕉

八凉碟：水晶鸡、水晶肚、酥鱼、水晶肘子、凤眼肠、拌海螺、鸡丝扎菜、小香肠

大件一：三丝翅子

头道点心：澄面饺子、金丝饼

四怀碗：清汤银耳、清汤口蘑、清蒸虾仁、烧龙鱼肠

大件二：虾子海参

二道点心：鸡蛋卷、喇嘛糕

四中碗：芙蓉干贝、清蒸加吉鱼、烧双冬、烩什锦水果

大件三：清蒸琵琶肘子

三道点心：佛手酥、柿子包

四座碗：氽丸子、木梳背肉、鸡蛋焖子、氽鸡丝冻粉汤

4. 熊岳镇的"三套碗席"

盖州的熊岳镇，不仅是鱼米之乡，也以盛产水果著名，由于地域富庶、物产丰饶，因此饮食市场也很繁荣。该镇有许多厨师也以制作"三套碗席"著名，如史向阳、徐汉权、刘清林、孙玉祥等人，被称为当地厨行的"四大名旦"。现根据该镇老厨师李庆祥回忆，将昔日流行此地的一桌"三套碗席"的食单辑录如下：

十六凉碟：鸡蛋肠、肉肠、肝肠、酱肘花、拌鸡丝、豆汁鱼段、虾卷、卤鸡杂、辣椒白菜、炒咸菜丝、拌海螺、马牙肝、花冻、拌蟹肉、鸡丝拌冻粉、糖醋排骨

大件一：烩海参虎头丸子

头道点心：套环、松塔

四怀碗：烩翅子、烩干贝、烩口蘑、烩蟹肉

大件二：清蒸鸡

二道点心：荷花酥、马蹄酥、糖酥饼、喇嘛馒头

四中碗：烧鱼段、炒三鲜、溜虾仁、煎虾饼

大件三：清蒸肘子

三道点心：喇嘛糕、炸春卷

四汤碗：蒸蛋糕、氽冻粉、扣肉、氽丸子

（三）"三套碗席"的制作方法①

八凉碟

1. 炒肉拉皮。将五两地瓜粉（或土豆粉）用一斤五两清水搅匀（还要放点盐，以使旋成的拉皮柔韧度强）；锅中水烧沸，将掺水的地瓜粉舀二手勺入旋子中，遂即将旋子放入沸水中旋转，使粉子在旋子中均匀地铺开；粉子变干后，再用旋子边卷入一些沸水，使其上下熟透；然后迅速将旋子放入冷开水盆中，浸凉后，将粉皮扒下。以此方法将掺水的地瓜粉全部旋成拉皮。再将拉皮捞出，置墩上剁成宽条，堆入鱼盘中。再将切好的胡萝卜丝（一两）、鸡蛋皮丝（一两）、紫菜头丝（一两）、黄瓜丝（二两）和用油、酱油、味精等炒熟的猪肉丝（待凉）整齐地码在拉皮上面；然后将蒜泥、芥末面、芝麻酱、香菜末、海米（泡发）码在盘边。食时，浇以酱油、醋、香油，撒些味精，再拌匀即成。为夏季深受欢迎的佳肴。

2. 拌蛰头拼拌海螺。将蛰头四两洗净，片成片，放沸水中一焯便捞出，再放入冷水中浸凉，复捞出沥净水分；然后调以适量精盐、味精、醋、香油、蒜泥拌匀，放在盘中一侧。另将海螺肉烫熟、冷却后切成片，

---

① 由新宾县满园春饭店江沿凯厨师口述，笔者记录整理。

调以适量精盐、味精、香油拌匀，放在盘中另一侧即成。

3. 蛋卷拼粉肠。将四两猪肉馅置容器内，加入三分精盐、二分味精、五钱绍酒、一个鸡蛋、一两水淀粉和一两清水，以及适量葱末、姜末调匀，再用摊好的鸡蛋皮包成宽一寸五分、厚八分的长条蛋卷（长度约为四寸），遂上屉蒸熟（约二十分钟），冷却后顺长切成薄片，整齐地码在盘中一侧。另将商店出售的熏肠①四两，也顶刀切成薄片，整齐地码在盘中另一侧即成。

4. 卤肘子拼酱羊肉。取猪肘子一个，治净后用沸水焯透，再放入卤水②中，用小火卤熟，再抽出骨头，冷却后，取五两切成薄片（其余可再用），码于盘中一侧。另将瘦羊肉一块，也用沸水焯透，再放入酱汤③中，用小火酱熟（约二小时），取出，冷却后，取五两切成薄片（其余可再用），码于盘中另一侧即成。

5. 酥白肉拌糖溜白果。将三两猪肥膘肉切成长一寸五分、宽四分、厚一分五厘的条状，再一条一条地沾匀干面粉；然后放入用鸡蛋、淀粉调成的稀糊中拌匀，遂用热油炸熟呈金黄色时捞出；另用锅置火上，加一两八钱白糖熬成糖浆后，迅速倒入炸好的白肉条拌匀，倒入瓷盘中，趁热用手勺或筷子拨散开，冷却后码在盘中一侧。另将两个鸡蛋磕入碗中，加三钱水淀粉和一分盐调匀，用油勺摊成二分厚的圆蛋皮，再将圆蛋皮切成边长约五分的象眼片，用鸡蛋、淀粉调成的稀糊拌匀，遂入热油中炸熟至呈金黄色时捞出；另用锅置火上，加二两白糖熬成糖浆后，迅速倒入炸好的鸡

---

① 熏肠：是一种大量制作的食品。制法是：取九十斤瘦猪肉，用绞肉机绞两遍，置大盆内，取十斤猪肥膘肉切骰子丁，也置大盆内，再加三斤葱末、三斤姜末、三斤蒜末、八斤干淀粉（需用八斤清水搅匀）、三斤五两精盐、二斤味精、五钱火硝、五两花椒水、五两香料面，然后用木棍向一个方向搅匀，静置两小时后，再搅动一次，随即用灌肠机灌在肠衣内，两端用细绳扎紧，最后放沸水中用小火慢煮，至熟捞出，经熏制而成。

② 卤水：是用肉汤或清水，加葱段、姜片、花椒、大料、精盐、绍酒，经煮制后而成。宜卤制蛋禽类或内脏类原料，如鸡蛋、猪肉、鸡肫、鸡肝、鸭掌等。

③ 酱汤：是用清水加酱油、糖色、葱段、姜片、绍酒、精盐、白糖、药料包（其中有砂仁、肉蔻、草果、干草、丁香、花椒、大料等），经煮制而成。宜酱制猪肉、羊肉、鸡、鸭、猪肝、猪心、猪蹄等原料。用过的酱汤，撇去浮油，滤去杂质，可保存再用，且保存时间愈久，汤味愈佳。

蛋块拌匀，倒入瓷盘中，趁热用手勺或筷子拨散开，冷却后码入盘中另一侧即成。

6. 抽梁换柱拼火腿。取猪肋骨肉一斤二两，先顺着骨条划开，再剁成长约一寸二分的块，遂用沸水焯透，再用汤、酱油、葱段、姜片、大料、绍酒等焖烂，取出，抽出骨头，再将冬笋条（修削成如抽出的骨头一般）插入，拭干肉上的水气后，用热油炸至肋肉表面发脆、冬笋条熟透并呈金黄色时捞出，整齐地码在盘中一侧。另将腌制的猪火腿①，选其瘦肉一块（五两），蒸熟，待其冷却后，切成薄片，整齐地码在盘中另一侧即成。

7. 灌肠拼小肚。将煮熟并经熏制的五两蛋肠②切成斜抹刀薄片，整齐地码在盘中一侧。另将煮熟并经熏制的五两小肚③也切成薄片，整齐地码在盘中另一侧即成。

8. 清冻拼花冻。取猪皮一斤，治净后，放入沸水中焯透，再用刀刮净皮内外的油质，洗净后，放入清水中（水约三斤），加葱段、姜片、大料、绍酒，以小火熬至猪皮酥烂、冻汁发粘时，先将猪皮和葱姜等捞出（猪皮可另用），冻汁中用精盐、味精调好口味，舀出一半冻汁倒入容器内，锅中另一半冻汁中，甩入一个鸡蛋，俟鸡蛋熟后即舀出，倒入另一容器内，再撒些熟菠菜末和熟胡萝卜末搅匀。两种冻汁都冷却、凝固后（最好放入冰箱中），再分别切成薄片，码于盘中各一侧即成。

---

① 火腿：最初是我国南方食用原料。清代以后，逐渐在东北盛行起来。其制法与南方亦有不同，一般是：取一百斤猪后腿肉，治净后，剔骨，先将四斤精盐与一两硝面和匀，擦在猪后腿肉上；另用二斤精盐和五钱硝面，以四斤清水溶化，吸入注射器中，均匀地注入猪后腿肉中，再用四斤精盐、二两硝面，加二十斤清水煮沸，使其溶解，倒入缸中，俟凉后，将猪后腿肉放入，腌约四五天；然后将猪后腿肉捞出，洗净，用水煮熟，取出晾干，置案上用重物压扁；最后挂在熏炉里熏至赤红色而成。食时可蒸熟，切片装盘。

② 蛋肠：以鸡蛋为主要原料制成：取十斤鸡蛋，磕在盆内，加四斤水淀粉、四两葱姜水、二两精盐、半两味精、五两绍酒调匀，灌入肠衣中，两端用细绳扎紧，放入水锅中用慢火煮熟，取出，冷却后刷层香油即成。

③ 小肚：是一种宜大量制作的冷餐食品。制法是：取四十斤瘦猪肉，用绞肉机绞两遍，置盆内，取五斤猪肥膘肉，切骰子丁，也置同一盆中，再加入二斤葱姜水、一斤蒜末、一斤五两精盐、二斤绍酒、四斤水淀粉、二两味精搅匀，灌入小肚皮中，用竹针封住口；然后放入水锅中用慢火煮熟（约二小时），取出，再放熏锅内熏制而成。

大件三

1. 红焖翅子。取水发鱼翅一斤五两，置小盆中，加好鸡汤二斤、二两绍酒和适量葱段、姜片，上屉蒸一小时，取出，拣去葱、姜，滗出汤汁不要。另用一碗，碗底铺一些切好的火腿丝，再把蒸过的鱼翅码在里面（翅针长、整齐的码在底部），然后加六钱酱油、一斤好鸡汤、二分盐、三分白糖、二两绍酒、五钱葱段、三钱姜片，上屉蒸二小时左右，取出，拣去葱、姜，将鱼翅倒扣在盘内；原汤滗到锅中烧沸，用二分味精调好口味，再用约六钱水淀粉勾成薄芡，淋些鸡油和香油，浇在鱼翅上即成。成品色泽金黄，咸鲜味醇，鱼翅柔韧软滑。

2. 葱油海参。取一斤水发海参洗净，每只顺长切成两条（粗大的切成三条）；然后放入二斤鸡汤中，加些绍酒、葱段、姜片、酱油煨制十分钟，再将海参捞出（汤汁不要）。油锅置火上烧热，放入一两葱油，热时，烹入六钱绍酒、六钱酱油，再添入五两鸡汤、一分精盐、三分白糖，沸后，放入海参，用中火烧约三分钟，俟锅内汤汁约剩一两五钱时，调入二分味精，遂用约一两水淀粉勾芡，再淋入一两葱油、四分香油即成。成品葱香味浓郁，汁宽芡紧，油明芡亮，咸中而带微甜，海参柔软滑润。

3. 浇汁鱼。选大王鱼（或黄花鱼）一尾（约二斤），去腮、鳞、鳍、内脏，洗净，再从鱼身两侧各拉一排花刀（每隔一寸宽拉一下）；拉法是：刀先从距鱼头一寸长的部位垂直切下去，至骨处后，再将刀刃向头部倾斜，贴骨片至八分长，使一片鱼肉张开，然后在张开的部位底部（贴鱼骨处）横着划一刀（约一分深）。以此方法逐刀拉下去，直至鱼尾。全部拉成后，拎着鱼尾悬空一抖，鱼身两侧的两排离骨的鱼肉全部张开。然后用四分精盐和一两绍酒抹遍鱼身（包括改刀的部位），腌制约半小时后，用四两左右较干的湿淀粉抹遍鱼身（也包括改刀的部位），遂下入盛有七八斤植物油的锅（油约七成热）中炸制（底部为中火）；炸时，先拎着鱼尾，使鱼头贴近油面，然后用手勺舀着热油往改刀的部位不断浇去，俟张开的部位定型后，再将鱼全部下入锅中；炸约十分钟，俟鱼骨酥透、鱼面呈深黄色时，捞出，沥油后装在盘中。在炸鱼时，须另用一锅置火上烧热，添入一两植物油，热时，用葱末、姜末、蒜末炝锅，再放入笋丁（一两）、豌豆（一两）、胡萝卜丁（八钱）煸炒片刻；然后烹入二两醋、一两五钱酱油、三两清水、二两五钱白糖，沸后，用水淀粉勾成较浓的芡，再淋入一两植物油、五钱香油，成为酸甜汁。俟炸好的鱼装盘后，迅速泼浇至鱼身即成。成品"吱吱"有声，酸甜焦脆，骨亦能食。

四怀碗

1. 山鸡卷。取四两山鸡脯肉片成二十片（大小薄厚要相等），再一一用刀面拍松，然后用八钱绍酒、二分精盐、五钱葱姜水拌匀，腌制十五分钟。五钱火腿、五钱冬笋、一两冬菇均切细丝，用适量精盐、葱姜水、味精拌匀，分成二十份，每份卷入一片山鸡肉片中，卷成卷，再将每个山鸡卷沾匀干面粉，然后再蘸匀用鸡蛋和淀粉调成的薄糊，下入热油锅中炸熟至金黄色时捞出，整齐地摆入盘内，盘边撒点花椒盐即成。成品外脆里嫩，咸鲜香美。

2. 烧蜇头。取五两蜇头洗净，片成斜抹刀片，用沸水一焯即捞出，沥净水；五钱冬笋切成骨牌片，也用沸水焯过。锅置火上烧热，放入一两猪油，热时，用葱末、姜末炝锅，依次放入五钱绍酒、五钱酱油、三两鸡汤、一分精盐、二分白糖、一分醋，沸后，放入蜇头片、冬笋片，烧约一分钟，调入二分味精，再用约一两水淀粉勾成芡，淋些香油装盘即成。成品紧汁抱芡，不水汤，有脆度，咸鲜口为主。

3. 素烩。取一两冬笋切骨牌片，一两冬菇（水发），大的片成两片；一两菜花，顺茎劈成小块，一两口蘑，大的切成两片，一两嫩豆角，去纤后，片成斜抹刀片。然后将上述原料一起放入沸水中焯透，捞出，沥净水分。锅置火上烧热，添入一两五钱猪油，温热时，用葱末、姜末炝锅，依次添入四两鸡汤、五钱绍酒、三分精盐，沸后，放入经沸水焯过的原料，用中火烧约六分钟，然后调入二分味精，遂用约一两水淀粉勾芡，再淋些鸡油即成。成品汁宽芡紧，清淡素雅。

4. 溜虾段。取净大虾肉六两，每只以脊部为界，片成两片，每片再截成四至五段，然后置碗内，先放五钱葱姜水、一分精盐拌匀稍腌片刻，再磕入一个鸡蛋，加入一两五钱较干的淀粉拌匀，放置片刻，再下入热油中炸熟呈金黄色时捞出，沥油。勺中油倒出，少留底油（约半两），用葱末、姜末、蒜末炝锅，再放入笋片（五钱）和鲜豌豆（三钱）煸炒片刻，遂即下入炸好的虾段，翻两下匀，使其和配料拌匀，最后泼入用酱油（六钱）、绍酒（四钱）、鸡汤（二两）、白糖（二分）、醋（一分）、味精（二分）、胡椒粉（五厘）、水淀粉（五钱）、香油（三分）兑成的汁卤，翻勺拌匀即成。成品色泽金红，外脆里嫩，咸鲜口为主。

四中碗

1. 芙蓉鸡蛋。取五两鸡蛋清置碗中，加二两清汤、一分精盐、一分味精、五钱绍酒、六钱水淀粉搅匀。油锅置火上烧热，添用一斤猪油（实耗约二两），至三成热时，将鸡蛋清液体倒入，遂用手勺轻轻推动，催其致熟、飘浮于油面，然后连油倒入漏勺中，使蛋白沥净油分。勺涮净，再置火上烧热，添入五钱猪油，温热时，用葱末、姜末炝锅，再放入一两火腿片（象眼片）、五钱鲜豌豆粒，稍煸片刻，再烹入三钱绍酒、添三两鸡汤、一分精盐、二分味精，遂即下入沥过油的蛋白，稍煨后，用约五钱的水淀粉勾芡，再淋匀五钱鸡油即成。成品色泽洁白、清丽，口味偏淡而不腻。

2. 辣子鸡。取半只小嫩鸡，治净后，剔除大骨（小骨不剔），剁成小块，置碗中，加一两五钱湿淀粉拌匀。油锅置火上烧热，加入二斤五两植物油（实耗约二两），热至七成时，将挂糊的鸡块下入炸熟，呈深黄色时捞出沥油。锅中油倒出，少留底油（约半两），用葱末、姜末炝锅，再放入带辣味的半两青椒块煸炒片刻，遂即放入炸好的鸡块，翻两下勺，使其和配料拌匀，然后泼入用酱油（六钱）、鸡汤（二两）、绍酒（五钱）、白糖（二分）、精盐（五厘）、味精（一分）、水淀粉（五钱）、香油（三钱）制成的汁卤，炒熟拌匀即成。成品外焦里嫩，咸辣而香，明油亮芡。

3. 炸鸡脯。取四两鸡脯肉切成长一寸四分、宽和厚均为四分的条，置碗中，加入一两鸡蛋液、一两五钱较干的淀粉拌匀。油锅置火上烧热，放入二斤五两植物油（实耗约二两），热至七成时，将挂糊的鸡条下入炸熟，至呈金黄色时捞出沥油，再放入盘中，盘边撒些花椒盐即成。成品外酥里嫩，咸香诱口。

4. 溜鱼段。取四两净鱼肉切成长一寸二分、宽和厚均为五分的条，置碗中，加入一两五钱较干的淀粉拌匀。油锅置火上烧热，放入二斤五两植物油（实耗约二两），热至七成时，将挂糊的鱼段放入炸熟，呈金黄色时捞出沥油。锅中油倒出，少留底油（约半两），用葱末、姜末、蒜末炝锅，再放入五钱胡萝卜片（骨牌片）和五钱青椒片（骨牌片）煸炒片刻，遂放入炸好的鱼段，翻两下勺，使其和配料拌匀；然后泼入用酱油（六钱）、鸡汤（二两）、精盐（一分）、醋（三分）、白糖（三分）、味精（一分）、水淀粉（五钱）、香油（二钱）制成的汁卤，炒熟，拌匀即成。成品明油亮芡，外焦里嫩，咸鲜而略有蒜醋味。

四座碗

1. 烩三鲜。将二两水发海参洗净，片成抹刀片，用沸水焯过；二两净虾肉片成片，用三分之一个鸡蛋和五钱湿淀粉上浆，再用温油滑散至熟；二两生鸡脯肉也片成片，用三分之一个鸡蛋和五钱湿淀粉上浆，也用温油滑散至熟。然后将"三鲜"放入盛有一斤重鸡汤的锅中，加五钱酱油、一分精盐、二分味精，烧沸后，用约六钱水淀粉勾成米汤芡，再淋入三分香油和适量葱丝、姜丝，盛入坑盘里即成。成品汤色银红，原料鲜嫩，口味咸淡适宜。

2. 烩葛仙米。将加工的六两葛仙米①经沸水焯后，放入盛有一斤鸡汤的锅中，加入二分精盐、二分味精、一两鲜豌豆、五钱熟火腿细丁，稍煨后，用约六钱水淀粉勾成米汤芡，再淋入二分香油，撒些葱丝、姜丝，盛入坑盘中即成。成品汤色乳白，咸鲜清淡。

3. 烩鱼骨。将加工的鱼骨（五两）切成小丁，经沸水焯后，放入盛有一斤鸡汤的锅中，再加一两切好的冬笋细丁，用二分精盐、八钱醋、二分味精调好口味，稍煨后，用约六钱水淀粉勾成米汤芡，再放入半分胡椒粉、三分香油和适量葱丝、姜丝、香菜段，盛在坑盘中即成。成品汤色乳白，原料脆嫩，口味酸辣，刺激食欲。

4. 烩龙鱼肠。将加工的龙鱼肠②（五两）切成一寸长的段，用沸水焯透后，放入盛有一斤鸡汤的锅中，加入四钱酱油、一分精盐、八钱醋、二分味精、一两冬笋丝，稍煨后，用约六钱水淀粉勾成薄芡，再放入半分胡椒粉、二分香油和适量葱丝、姜丝、香菜段，盛入坑盘中即成。成品汤色银红，口味酸辣。

---

① 葛仙米：即地耳，干者灰褐色，如葡萄干大小，多用于制作烩菜。
② 龙鱼肠：即鲖鱼肠子，经治净后晾干而成。

四面饭

1. 凉糕（其制法与本章第三节的"流传民间的满洲饽饽"中所述"凉糕"同）。

2. 马蹄酥。取面粉五两，用三两猪油搓成干油酥，另用五两面粉，用五钱猪油、二两五钱温水和成水油面团。再把干油酥包入水油面团中，先按扁，再用擀面杖擀成长方形薄片；然后折叠三层，再擀成长方形薄片，由前向后卷成筒状（直径约一寸五分），按每两二个切成剂；每个剂子顺长切成两爿，每爿刀口朝外，用两手拇指和食指向里搣成马蹄形。全部制成后，放入温油锅中慢火炸至酥透，见胚料浮上油面，内中层次张开，呈淡黄色时捞出，盛入盘内，撒上食用红色素拌成的白糖（约二两）即成。成品色泽悦目，香酥甜脆。

3. 炸套环。取一斤面粉，加明矾（二钱六分）、精盐（一钱六分）、碱（三钱）、水（六两五钱）和匀，俟矾、精盐、碱充分溶化后，用手将面团揣至光滑，揉成面团，每隔半小时重揣一次（共揣三次），然后醒三小时。再将面团置案上摊开，上面刷一层油，盖上油布再醒两小时。随后将面团切成大条，再把大条抻成二寸宽、二分厚的长条，用走锤擀平，稍刷一层油，切成八分宽、二寸长的剂子，每个剂子在中间划一刀（不划断）；每两个剂子摞在一起，从刀口处翻过呈套环形，抻约六寸长；再逐个放入七成热的油锅中炸制，并用钩子轻轻翻动，见生胚鼓出油面、呈淡红色时，捞出，沥油后，盛在盘中即成。成品咸香、有韧性。

4. 三鲜蒸饺。取面粉一斤，用五两沸水和成面团，醒后，搓成长条，按每两六个下剂。再将每个剂子擀成直径约二寸七分长的圆薄片。在制剂前，需将六两虾肉馅，加植物油、葱末、姜末、精盐炒熟；将四两鸡蛋也用植物油、精盐炒熟。炒熟的虾馅、鸡蛋冷却后，置同一盆中，加三两韭菜末和适量的精盐、味精、香油搅拌成三鲜馅。再把三鲜馅分别包入每个擀成的圆薄面片中，成蛤蜊形。然后上屉用旺火蒸熟（约五分钟）即成。成品皮薄馅鲜，鲜美诱口。

至此，一桌"三套碗席"全部制成。

二、农村操办红、白喜事的家宴

为了解和研究满族农村操办红、白喜事的家宴，20 世纪 80 年代初，笔者曾专程到新宾县永陵镇附近的农村和岫岩县汤沟子乡节鞭杆沟村进行实地采访，同这些地方操办红、白喜事的司厨者和老辈人举行了多次座谈。他们向笔者介绍，满族农村操办红、白喜事的家宴，其"红事"的菜肴，一般以用酱油调制的居多，其"白事"的菜肴，则不用酱油，而一律用精盐调味，菜均呈白色。两者在编列组合上大体相同，只是"红事"宴席在喜庆气氛上应注意浓厚些，"白事"宴席则应注意肃洁庄重些。在宴席的规格上，一般有"三六席"（即六个凉菜、六个热菜、六个碗菜）、"四六席"（即六个凉菜、六个热炒、六个烩菜、六个碗菜）、"八碟八碗席"（即八个凉菜、八个碗菜）和"八八席"（即八个凉菜、八个热菜、八个碗菜）等。其中最为流行的则是"八碟八碗席"和"八八席"。

新宾县永陵镇地区流行的"八碟八碗席"，已是这里家家户户操办红、白喜事时必备的宴席了。这种宴席在规格和件数上是固定不变的，但具体品种则根据自家的经济条件和季节、时令的不同而有所区别。一般常见的"八碟八碗席"的品种是：肝肠、冻肠、冻子、面肠、面蛤蟆、卤猪头肉、拌干豆腐片、炸肝（上述为八碟）；酸菜粉、素烩汤、甩秀汤、下水汤、烧肉块、烧肉丸子、粉花汤、川白肉（上述为八碗）。随配的主食一般为粘豆包、粘火勺、饸饹、春饼、豆面卷子等。这些肴馔，乡土风味浓郁，有些品种也颇有特色。如肝肠一菜，是将新鲜猪肝剁得极碎，加适量淀粉和精盐、葱姜水、花椒水、味精等拌匀，再灌入治净的猪大肠内，两头用细绳扎紧，用水煮熟而成；食时切斜刀片码于盘内，白圈褐瓤，煞是好看，也别有味道。再如面蛤蟆一菜（此品种虽用白面制作，但在"八碟八碗席"中，亦属于菜类），是将发酵的白面团，下入适量碱、矾揉匀后，揪成一小团一小团的下入油锅内炸制，小面团在油锅内任其油温催熟而涨发，成品凸处四见，圆鼓鼓的像一只只蛤蟆。又如烧肉块一菜，是将熟五花肉切成均匀的八块（每块重约一两），烧成后每客恰好一块。

岫岩县汤沟子乡节鞭杆沟村流行的"八八席"，则更加突出了满族农村的乡土风味，席中肴馔品种的制作上也较为精细。据这里 81 岁的老人何崇华和 75 岁的老人何贵洪介绍，当地的"八八席"一般品种有：猪头糕、卤排骨、肉肠、白片肉、白肚、煮肝、炸干果、水菜碟（上述为八个凉菜）；粗杂办、细杂办、葫芦条、豆腐泡炒芹菜、萝卜丝丸子、炸三角面、炸地瓜片、盒子肉（上述为八个热菜）；烩海参、虎皮蛋、炒桶肉、葫芦条炖鸡块、炒鸡血、炒野鸡瓜子、佛手白菜、烩红白豆腐（上述为八个碗菜）。随配的主食一般有炒楂子、汤面、焖大米饭等。

现将上述"八八席"中的肴馔制法逐一介绍如下：

八凉菜

1. 猪头糕。取猪头半个，治净后，先用沸水焯透，再捞出用温水漂洗过，放入煮罐中，添足肉汤（汤要漫过猪头约五寸），加入二两葱段、二两姜片、一两白酒、三两酱油、五分精盐和适量花椒、大料，沸后，调以小火煨至猪头七成熟，取出，拆去骨头，置小盆内脸面朝下；煨猪头肉的原汤过箩，取一部分倒入盛猪头的小盆内（汤量与猪头相齐），然后上屉蒸烂（约 3 小时），取出使其冷却，再扣到案上即成。食时切片装盘。成品汁浓肉烂，咸口味香。

2. 卤排骨。取猪排骨一斤五两，剁成长一寸二分的块，先用沸水焯透，捞出漂洗过，再放入盛肉汤的锅中（汤要漫过排骨约三寸），加一两葱段、一两姜片、八分精盐和适量花椒、大料，沸后，调以小火卤至熟烂（约一个半小时），将锅离火，冷却后将排骨捞出即成。成品白色，咸味适度，香烂诱口。

3. 肉肠。取五两七瘦三肥的猪肉馅置容器中，加二两五钱肉汤澥稀，再加入一两湿淀粉、四分精盐、五钱葱姜水、三钱蒜汁、三分味精调匀，灌入一根治净的猪大肠内，两端用细绳扎紧；然后用沸水焯过，再换水并加些葱段、姜片、花椒、大料、精盐用慢火煮熟（约一个半小时）；煮时，须用尖针在肠上扎些小孔，以防煮时爆裂。煮熟的肉肠冷却后，切片装盘。成品肠烂肉嫩，具有蒜香味，咸淡适口。

4. 白片肉。取带骨的猪肋肉二斤（一方块），治净后，先用沸水焯透，再换水并加适量葱段、姜片、花椒、大料，加盖烀烂（约二小时），取出后，抽出骨头，片成大薄片装盘。食时可蘸酱油、蒜末、腐乳汁、韭菜花酱等。成品肥香不腻，热食为佳。

5. 白肚。取猪肚一个，治净后，用沸水焯过，捞出，用刀刮净皮面的粘液，再用水漂洗干净，然后换水并加适量葱段、姜片、花椒、大料用慢火煮烂（约二个半小时），捞出后，切成象眼小块装盘。食时可蘸酱油、蒜末、辣椒油等。成品香爽诱口，有一定韧度。

6. 煮肝。取猪肝一块（约一斤五两），洗净后。在正面的每叶肝上顺长划五六道刀口（深度约为二分），再用沸水焯透；然后换水并加葱段、姜片、花椒、大料、精盐，用慢火煮透（约十五分钟）后，将锅离火，使肝在汤内冷却，再捞出顶刀切片装盘。成品香嫩，每片边部均有齿形花纹。

7. 炸干果。取白面五两，用五个鸡蛋、一两白糖拌和揉匀，醒后，擀成大薄片，再切成边长约五分的象眼块，放入热油锅中炸酥，呈金黄色时捞出即成。成品脆香味甜。

8. 水菜碟。水菜指含有水分较多的黄瓜、水萝卜、白菜等。根据季节和时令，可将上述原料切成细丝，码于盘中，上面也可配些胡萝卜丝、紫菜头丝、鸡蛋皮丝、熟猪肉丝等，浇以用酱油、醋、味精、香油等调成的清汁拌之而食。成品咸口微酸，清凉爽脆。

八热菜

1. 粗杂办。取三两嫩白菜茎，洗净后，切成长一寸二分、宽三分的细条，一两胡萝卜和二两大豆腐（又称水豆腐）也切成与白菜相同的条；胡萝卜条和豆腐条分别用热油炸过（胡萝卜条需炸透，豆腐条需炸成金黄色）。锅置火上烧热，添一两五钱猪油，热时，用葱末、姜末炝锅，再下入白菜条煸透，出尽水气；然后添六钱酱油、一斤肉汤、半分精盐，再放入炸过的胡萝卜条和豆腐条，沸后，调以慢火煨至五六分钟，放入二分味精，遂移大火上，用约六钱的水淀粉勾成米汤芡，淋些香油，盛入坑盘中即成。成品为烩菜，汁宽料烂，咸口。

2. 细杂办。取二两嫩白菜茎、一两胡萝卜、二两大豆腐、一两鸡蛋皮、一两熟猪肉，均切成长一寸二分、宽一分的丝。胡萝卜丝和豆腐丝分别用热油炸过（胡萝卜丝需炸透，大豆腐丝需炸成黄色）。锅置火上烧热，加入一两五钱猪油，热时，用葱末、姜末炝锅，再下入白菜丝煸透；然后加六钱酱油、一斤肉汤、半分精盐，再下入炸过的胡萝卜丝、豆腐丝、鸡蛋皮丝和熟猪肉丝，沸后，调以慢火煨至三四分钟，放入二分味精，遂移大火上，用约六钱的水淀粉勾成米汤芡，淋些香油，盛入坑盘中即成。成品为烩菜，汁宽菜烂，咸口。

3. 葫芦条。将八月份成熟的葫芦瓜用刀旋成长条，挂起晾干。用时，取用四两，用水煮软，捞出，切成一寸二分长的段，二两干豆腐也切成与葫芦瓜相同的宽条，用沸水焯过。锅置火上烧热，加入一两五钱猪油，热时，用葱末、姜末炝锅，再放入葫芦瓜条和干豆腐条煸炒片刻，然后加六钱酱油、一斤肉汤、半分精盐，沸时，调以慢火煨四五分钟，加入二分味精，遂用约六钱水淀粉勾成米汤芡，淋些香油，盛入坑盘内即成。成品为烩菜，汁宽料烂，咸口。

4. 豆腐泡炒芹菜。取三两豆腐泡，顺长切成二分宽、一分厚的粗丝，再用沸水焯一下；取四两去叶的芹菜茎，切成寸段，也沸水焯一下。炒锅置火上烧热，加入一两五钱植物油，热时，用葱末、姜末炝锅，再下入经沸水焯过的豆腐泡丝和芹菜段煸炒片刻，然后加四钱酱油，一两五钱肉汤、半分精盐、二分味精略煨一下，用约三钱水淀粉勾芡，淋些香油即成。成品紧汁抱芡，咸香脆爽。

5. 萝卜丝丸子。取白面三两置容器内，加入二两凉肉汤调匀，取二两去皮的青萝卜，切细丝，用沸水焯透后，捞出，挤净水分，加入白面中；然后再调入二分精盐、半分花椒面和适量的葱末、姜末、香油拌匀，再挤成山楂大小的丸子，迅速而连续地下入热油锅中炸熟至呈老黄色时捞出沥油后装盘即成。成品外脆里嫩，松软而清香。

6. 炸三角面。取白面三两，用两个鸡蛋和约一两清水、五钱猪油和成面团，醒后，擀成大薄片，再用刀划成边长约一寸的三角形小块，遂放入热油锅中炸熟至呈金黄色时捞出，沥油后装盘，上面撒些白糖即成。成品酥脆甜香。

7. 炸地瓜片。取地瓜一斤五两，洗净后，去皮，再切成长一寸五分、宽一寸、厚二分的片，然后下入热油锅中炸熟至呈金黄色时捞出，沥油后装盘，上面撒些白糖即成。成品外脆里嫩，甜香可口。

8. 盒子肉。将五两茄子去皮，切成长一寸四分、宽八分、厚二分的夹刀片约三十片；再取三两猪肉馅置碗内，加入适量精盐、味精、葱末、姜末、花椒面、香油调匀，分别抹入茄夹中。再将茄夹一一沾匀干面粉，然后蘸匀用鸡蛋和淀粉调成的稀糊，放入热油锅中炸熟至金黄色时捞出，沥油后装盘即成。成品外脆里嫩，咸香可口。

八碗菜

1. 烩海参。取四两水发海参，片成抹刀片，用沸水焯透，捞出沥水；一两冬笋切成边长约五分的象眼片，与一两青豆一起，都用沸水焯一下，捞出沥水。锅置火上烧热，放入一两猪油，热时，用葱末、姜末炝锅，再加六钱酱油、一斤肉汤、一分精盐；然后放入沸水焯过的海参片、冬笋片和青豆，煨制约两分钟，加二分味精，用约六钱水淀粉勾成米汤芡，淋些香油，盛入坑盘内即可。成品汤汁银红，口味咸鲜，原料脆嫩。

2. 虎皮蛋。取五个鸡蛋，洗净，放入冷水锅中煮熟，捞出，剥皮，再放入热油锅中炸成虎皮色时捞出，沥油后，每个顺长切成八瓣，整齐地摆在盘内；然后浇入用酱油、味精、香油对成的清汁即可。成品外脆里嫩，咸香适口。

3. 炒筒肉。取猪肋骨肉二斤，顺骨划开，再剁成长约一寸二分的段，用沸水焯透后，再换水并加葱段、姜片、花椒、大料煮熟（约一小时），捞出，抽出骨头，即成"筒肉"。炒锅置火上烧热，放入一两五钱植物油，热时，用葱末、姜末炝锅，再加六钱酱油、三两肉汤、二分白糖，然后放入"筒肉"，沸后，移慢火煨至七八分钟，调入二分味精，随即用约五钱水淀粉勾成芡，淋些香油即成。成品明油亮芡，肉烂味香，咸口。

4. 葫芦条炖鸡块。取母鸡半只，治净后剁成小块，取晾干的葫芦条五两，洗净后，用水煮软，捞出，切成长一寸二分的段。锅置火上烧热，放入一两五钱植物油，热时，用一两葱段、五钱姜片炝锅，再放入鸡块煸炒透；然后放入葫芦条煸炒片刻，随后加一两酱油、二斤肉汤、一分精盐，沸后，撇净浮沫，移至慢火炖至鸡块、葫芦条熟烂，再调入二分味精即成。成品汤浓料香，具有乡土味。

5. 炒鸡血。在满族农村，有吃炖鸡必须随配炒鸡血一菜的讲究，以此证明鸡是新鲜的。炒鸡血一菜则取用新鲜鸡血八两，置容器内，加三两清水、五钱葱姜水、三分精盐、二分味精调匀，然后倒入锅中煮熟，盛在盘中即成。成品咸鲜香嫩，须用匙舀食。

6. 炒野鸡瓜子。取八两野鸡胸脯肉，洗净后，片成薄片。锅置火上烧热，加入一两五钱植物油，热时，用葱末、姜末炝锅，再放入野鸡肉片煸炒至断生；然后加入五钱酱油、一两五钱鸡汤、一分精盐、二分味精，稍煨片刻后，用约五钱水淀粉勾成芡，淋些香油即成。成品紧汁抱芡，味香料嫩。"瓜子"是野鸡肉的俗称，非配料。

7. 佛手白菜。用刀将嫩白菜茎修切成八个长三寸、宽二寸的块；把每块白菜茎顺着纤纹划开四刀（两端不要划断）；再用沸水略焯一下，使其柔软，叠而不折；然后在案上铺平，上面抹匀一层用面粉和鸡蛋调成的薄糊。把经用适量精盐、味精、香油、葱末、姜末调味的四两猪肉馅分成八份，抹匀在八块白菜茎上，叠起，合处捏紧，即成佛手形状，再在佛手的每道"指缝"间插入一排水发的海米，然后码在大碗中（插入海米的一面朝下），加三两肉汤、四钱葱姜水、二分精盐，上屉蒸烂（约二十分钟），取出，将"佛手"倒扣盘内（原汤不要）；锅置火上，添入四两肉汤，用适量精盐、味精调好口味，沸后，用水湿淀粉勾成米汤芡，再淋些猪油和香油，浇在"佛手"上即成。成品造型形象，白汁咸口，清淡雅观。

8. 烩红白豆腐。取三两血豆腐（用鸡血制成）切成骰子丁；取三两大豆腐也切成骰子丁；然后将两种原料放入沸水中焯透，捞出沥水。锅置火上烧热，添入一两五钱猪油，热时，用葱末、姜末炝锅，再加六钱酱油、一斤肉汤、二分精盐，沸后，下入血豆腐丁和白豆腐丁，稍煨后，调入二分味精，随用水淀粉勾成米汤芡，淋些香油即成。成品汤汁银红，原料鲜嫩，咸口。

另将炒碴子、汤面的制法介绍如下：

1. 炒碴子。根据用量，将苞米碴子用脱皮机脱去皮，放入清水中浸泡数日（以苞米碴子将要在水中发酵为度），然后捞出，洗净，用水磨磨成粉状，在放通风处晾干（无水气为度），置容器内，加适量水揣揉成面胚，醒后，用压漏机压成面条状，随用沸水煮熟，捞出，沥净水分。炒锅置火上烧热，根据食用量，放入底油（猪油），热时，用葱末、姜末炝锅，再放切好的猪肉片煸炒片刻，然后依次放入酱油、肉汤、精盐、时令青菜（切细条），沸时，放入面条，用慢火煨入味，调入味精，至锅内汤汁收干时，淋些香油，装盘即成。成品柔韧咸香，是满族农村年节时最流行的主食之一。用此料也可制成烩碴子，即汤多而不勾芡。

2. 汤面。根据用量，将苞米粒用水泡软，捞出洗净，用水磨磨成粉状，再放置缸内，加盖使其发酵，然后用吊包布将发酵的苞米面过滤。过滤的苞米面置容器内，加清水搅开，再使其沉淀，滗出水，将沉淀的苞米面取出，摊在案上晾干，也可用硝灰（草木灰）隔着布吸干其水分，然后揣成面团。俟锅中清水烧沸后，用手揪着面团，一块一块地下入锅中，煮至半熟，再捞出，稍凉后，重和成面团。锅中换水，再沸后，用汤套子将面团挤成面条，下入锅中煮熟，捞出盛入碗内，趁热浇入生酱、辣椒油、香油，撒入葱花、味精拌匀即可。成品筋滑香辣，具有浓郁的乡土味。

第六章 满族食俎的特色

满族烹饪，是伴随着满族的发展而发展的。在满族烹饪的发展过程中，由于历史的原因，满族在不同时期内曾与其他兄弟民族杂居相处，这就使满族烹饪除了有本民族的特色外，又吸取了蒙古族、朝鲜族和汉族的烹饪特色；尤其是汉族烹饪对满族烹饪的影响很大。由于满、蒙两个民族都是我国北方的少数民族，居住地域相连，饮食生活和风俗习惯多有相近之处。特别是清代，清政府对蒙古采取联盟的政策，使两个民族之间的关系和交往更加密切了，其烹饪技艺也是互相影响，互相渗透。人们常将我国北方古代的烹饪称之为"满蒙遗风"，这是有一定道理的。元、明、时期，满族人的先世——女真人与高丽国（今朝鲜）之间的贸易往来也是很密切的，高丽国某些先进技术，如制作餐具技术、制作糕饼技术等，曾对女真族和后来的满族有过一定影响。后金天命四年（1619），萨尔浒战役之后，后金俘虏了大批朝鲜李氏王朝派去配合明军作战的士兵。后来，被俘的一部分朝鲜士兵就定居在当时的后金都城赫图阿拉。这样，朝鲜传统的种植水稻的技术不仅在这里传播开去，而且其饮食习惯和烹饪长处也会在一定程度上影响了满族人。清入关后，满、汉长期杂居，满族烹饪在各个方面都吸收了汉族的烹饪特色。在清宫中，有"满席"和"汉席"（俗称满点汉菜），在官府中，曾流行过"满汉全席"，在民间，如童岳荐等人编写的《调鼎集》一书中，也曾记载过"满席"和"汉席"。这种满席和汉席区分开来的情况，固然与清政府的政策有关，但作为"并驾齐驱"的满、汉烹饪，在清朝这一历史时期内，是较充分地得到融汇贯通的。满族烹饪中的烧烤特色、火锅品种、蜜饯风味、糕饽制作，以及烹制东北山珍野味的长处，被汉族烹饪加以吸取和发扬。而汉族烹饪中的选料精细、刀工讲究、烹调方法多样、调味多变、菜肴变化多端等长处，也充实了满族烹饪的内容。当时，满族作为统治阶级，民族的心理愿望表现得是挺强烈的，尽管中原强大的封建经济文化势力将满族的一些固有风俗"汉化"了，但在烹饪这一点上，有很多地方仍然保持着满族的习惯，而且一些传统肴馔，在清朝这一漫长的历史时期内，得以博采众长，不断地改进和演化，充分地发展起来。特别是东北地区的肴馔，有很多都是在满族烹饪的基础上发展起来的。就是北京地区的一些宴膳，如烧燎白煮席、烧碟、烤肉、白片肉、砂锅白肉、虎皮肉、晾肉、筒子肉、糊肘、炒肉末、血肠等，还有涮火锅、饽饽（糕点）、蜜饯果脯和用"关东货"制作的山珍野味类肴馔等，也都是满族食俎的赓续或影响所致。

第一节　满族烹饪原料的加工

满族人民在长期的饮食生活中，对烹制菜肴时的原料加工积累了丰富的经验。但由于当时种种条件的限制，这些加工原料的经验，虽然没有形成完整而系统的理论，但却有实用性。而且这些经验，也为后来的厨师继承和发扬。下面，仅就满族烹饪中具有代表性原料的加工，予以介绍。

一、熊掌加工

熊是满族人在狩猎中的主要对象之一，吃熊掌及熊肉是他们的饮食习惯。有关熊掌的加工方法，《清稗类钞·饮食类》中有如下的记载："或见陈春辉邦彦故第墙外，有砖砌酒筩，高四五尺，上口仅容一碗，云是当日制熊掌处。以掌入碗，封固置口上。其下燃烛一枝，以微火熏一昼夜。汤汁不耗而掌已化矣。光宣间，有张金坡者，名锡銮，官奉天有年。其庖人治此甚精，饫之者且谓口作三日香也。"这说明在清代，东北的厨师制作熊掌的方法已是很精湛了。选熊掌做菜，最好用长白山狗熊的前掌。早时用炙法加工，后来习惯于用水煮来加工。

当年新割的熊掌,不能立刻就吃,宜等到明年彻底干透,才可烹调。收藏熊掌也有一套办法。首先,新割的熊掌不能见水,要用草纸或粗布把血水擦干。然后,预备大口陶罐,先用石炭垫底,上面铺上厚厚的一层炒米,再将熊掌放入,周围仍用炒米塞严,顶上再用石灰封口,搁上一两年,才能拿出洗净发制。

熊掌经煮制褪毛后,洗净,掌面、掌背均涂上厚厚一层蜂蜜,先在慢火上煮约一小时左右,然后把蜂蜜洗去,再放入鸡汤中,加葱段、姜片、绍酒、大料等,一开始就用慢火来煨,最好是炭火,煨至三小时左右,保准扑鼻香。熊掌事先涂上蜂蜜来煨,一是可以消除熊掌的异味,二是能使其皮肉组织更好地受热,便于酥烂筋软。

熊掌最好煮至八成熟,取出,从掌背处剔除骨头,掌面朝下放在碗内,再加好鸡汤、酱油、绍酒、白糖、葱段、姜片,上笼蒸烂,取出,即可烹制成菜。当然,熊掌加工不限于此法,还可以放入大砂锅内,加水、鸡肉、火腿、猪肘子等慢煨。

二、飞龙鸟加工

飞龙鸟,清时称树鸡。其所以有此名,大概是它常栖息于树上,而羽毛的颜色又与树干相仿的缘故。近人又称其飞龙,是因它飞起来很优美,像条小龙。它的胸脯特别发达,约占全身重量的一半,所以用飞龙鸟做菜,一般取用胸脯,其他部分另用。清时,此鸟是每年向清宫必献的贡品之一。

飞龙鸟的胸脯肉取下后,宜放在清水中泡出血质,使肉呈粉白色,再进行加工。飞龙鸟因是野禽,难免有一点野味,如烧、煨时,最好用鸡汤、火腿等一同烧之,串串味儿,这样味道更佳。清时,飞龙鸟以烤、炸方法制作的居多,成品固然干香有味,但由于此鸟体内很少脂肪,如果经烘烤或热油加温,势必使其肌肉组织更加紧缩,烹制失当,食时如嚼木屑,发艮发柴,没有丰腴厚润的感觉。所以现在东北地区的厨师已开始用溜、爆的方法对飞龙鸟的烹制进行新的探研,如将飞龙鸟的脯肉生切成丁、片、丝等,经用绍酒、精盐、葱姜水等调味后,再用湿淀粉和鸡蛋清上浆,经油划熟后，配上青椒、鲜蘑、豌豆等进行快速烹制，这样会使飞龙鸟肉在薄浆的"保护"下，扬长避短，保持鲜嫩状态，提高了食用效果。

三、猴头蘑加工

猴头蘑，俗称猴头，清时称麇尾。说它是猴头，固极像猴的脑袋；说它是麇尾，因它像麇鹿的尾巴尖。这种大型真菌，与熊掌、飞龙鸟、蛤什蟆齐名，被称为是满族的四大名菜。

猴头在采集后，可以鲜食，但一般都要晾成干货。所以使用猴头蘑，多是用干制的。加工时，先用温水泡上几小时，再放到大砂锅里加水用慢火煨煮，然后再加适量碱和少许硼砂同煮，至煮透可用时为止。用碱和硼砂会破坏猴头蘑的营养价值，而且发出的颜色也会加重，这无疑是一种传统而古老的发制方法。应该改进的是：猴头蘑用温水泡透后，洗净，再用水煮软。当然，煮的时间可视猴头的大小老嫩而定。煮软后，再用清水泡透。这样，猴头蘑就变成淡褐色了，比用碱和硼砂发出的美观些。发好的猴头蘑要剔去老根，片成很薄的片，用精盐、绍酒等腌入味，再放入用鸡蛋清和玉米粉调成的薄浆中拌匀，然后逐片地放入微沸的水中氽熟。由于猴头蘑片挂上了一层薄浆，不仅色泽洁白，而且很滑嫩，这样氽熟的猴头蘑片，宜用"扒"的方法烹制成菜。还可配其他原料做烧、煨、蒸等菜。

四、蛤什蟆加工

古籍中将蛤什蟆又写成"哈什马"，这是满语的谐音。《沈故·哈什马》中记载道："哈什马形似田鸡，腹有油，如粉条。有子如鲜蟹黄，取以作羹。味极肥美。然惟兴京（今辽宁省新宾县）一带有之。满洲人用以祀祖，取其洁也。"这说明起码在清代，满族人就有烹制蛤什蟆的习俗了。

清时，在满族民间食蛤什蟆是很平常的事。春末夏初沼泽河沟，遍地俯拾皆是蛤什蟆。在当时，还有在婚娶时食"蛤什蟆抱饺子"的习俗。是时，捉来一百只蛤什蟆，也用不着怎么加工，只是放在清水里"养一养"，便将这一百只蛤什蟆连同包好的一百个饺子一起下入沸水锅内，蛤什蟆在沸水锅中烫得难忍，就要寻找凉快的地方，于是差不多每只蛤什蟆就紧紧地抱上了一个饺子，俟饺子熟了，蛤什蟆也自然熟了。吃这种"蛤什蟆抱饺子"是图个吉利。

在用蛤什蟆烹制菜肴时，其加工方法也不算复杂，一般是用经干制后的蛤什蟆。即将蛤什蟆用清水泡上几小时，俟表皮回软后，摘净背上的黑筋，剖开肚皮取出油，再将油用清水泡软，用手搓成小条状，即可做菜肴了。这就是说，如用鲜活的蛤什蟆，即可整只而食；如用干制的蛤什蟆，一般只取腹中之油，称蛤什蟆油。

五、犴达罕加工

古籍中将犴达罕又叫"堪达汉"，这也是满语的谐音。有人将犴达罕说成是四不像，这是不对的。犴达罕是驼鹿，而四不像是麋鹿。取用犴达罕做菜，一般只用其头脸部位，这是最珍贵的，美称为"麒麟面"，俗称为"犴达罕鼻子"。

犴达罕头脸在加工时，首先要放在水锅中煮，煮至能褪毛时取出，褪净毛，褪不净的细毛可用小钳子拔净（但不要将皮面撕破），再放到大砂锅中，加入清水、绍酒、葱段、姜片、酱油、大料等煮至七成熟，除净异味，然后取出（正面朝下），置大碗内，添好鸡汤、酱油、绍酒、葱段、姜片、大料、白糖等，上笼蒸至酥烂后取出，拣出葱段、姜片、大料，即可烹制菜肴了。

六、鹿茸加工

鹿茸是鹿身上最珍贵的东西，即是未骨化的鹿角。它生长在雄鹿的额上，外表生有天鹅绒状的茸皮，里面是软骨和许多细血管，充满着血液。在清代，鹿茸是满族烹饪中的上乘美味，也是向清宫进献的贡品。

选用鹿茸时，不用春、夏时期长成的鹿茸，而是用鹿茸芽子，一般在二寸长以里，其茸很嫩。取茸时，选好了鹿后，取茸人要提前一些时期训好它，使鹿与取茸人熟悉起来。俟取茸时，需几人合力，将鹿紧紧缚住，一个紧抱鹿头，另有人用熟练的手法迅速剜下嫩茸，然后用沸水烫鹿头止血。取下的鹿茸用洁布包缠，放入微开不沸的水中慢煨约一小时，熟后取出，解开包布，刮去茸皮，洗净后，切成薄片，即可烹制菜肴了。现在来看，这种取鹿茸的方法是很原始和残忍的，并不足取。尤其是如今取鹿茸已有了缚鹿的机关，而且鹿茸多为药用，食鹿茸的古老食风已逐渐消迹了。

七、野兔的加工

野兔是东北地区较为常见的野味之一，因此也是满族人常食用的原料。

宰杀时，左手拎住野兔耳朵，将野兔悬空提起，待兔挣扎稍歇的瞬间，用一短棍，在野兔脖子和腮之间猛击一下，要做到准而狠。这时，兔血会从两耳冒出来，需拎起野兔的后腿，头朝下将血控出。接着用绳将野兔头部拴住挂起来，再用磨快的小刀，在咽喉处开刀，沿胸部划开，直到肛门。只需划开皮层，不能划破肌肉。随后，左手扒住划开的兔皮、右手执刀，一边剥一边撕，逐渐将兔皮剥下，然后割去头部和四肢下部，开膛破肚，取出内脏。反复用水漂洗干净，浸泡一天，见兔肉由粉白色变为白色、血分完全渗出，即成制菜的兔肉原料。家兔的宰杀和加工方法亦然。

八、猪的加工

满族人宰猪是有很多规矩的。如杀猪前要用黄酒灌入猪耳，猪嚎叫时被认为是"福音"。因此缚猪时也不缚猪嘴。为的是让猪尽量嚎叫。而且宰杀的猪，都是无杂毛的大肥猪，猪宰杀后，放入大沸水锅中浸烫，以便褪毛。褪毛后将光猪置于案上（腹部朝上），剖腹后，取出内脏，砍下头，然后用劈刀将整猪顺脊劈为两爿，有脊骨的一面称为硬扇，无脊骨的一面称为软扇。分档选料时，一般将腰排肉（肋肉）剔去肋骨后，斩成大方块，放水中煮熟，俗称白肉，在清代的祭祀中多用此肉。前肘上部分的肉，称前槽。前槽中的肉以"哈尔巴"（猪的肩胛骨部位的肉）最为细嫩了，烹制猪肉类菜肴，多取此料。后肘上部分的肉称为后鞴肉。这部分的肉常用烧、炖、炒等方法烹制成菜。

九、鸭的加工

满族人用鸭做馔的历史由来已久。在祭祀中也常用鸭作为祭品。"关东煮鸭""挂炉鸭"就是满族乃至清宫御膳中的代表肴馔。而关东鸭这一品种,在清代是东北地区著名的特产。

鸭宰杀后,首先要褪毛。鸭的毛较难褪。可在杀鸭前先喂以适量冷水,并将鸭身也用冷水浇透,这样褪起毛来就容易多了。褪毛时,将鸭浸入约九十度热的水中,并用木棍搅动,粗毛自然脱落,然后再摘净细毛。另外,鸭的肛门骨上有根叉肠和两根骚筋,臭味很大,需除去;鸭尾翘起的一块肉也应割去。但如做挂炉鸭时,骚筋可以不除,否则烤时,油会从肛门流出,影响质量。

十、海参的加工

海参,是辽东沿海的特产。赵学敏《本草纲目拾遗》中记载:"海参出盛京、奉天等处者第一,色黑肉糯多刺,名辽参、刺参。"文中所说盛京、奉天等处出产的,其实也是辽东沿海所产。用海参做馔,多取干制品。泡发加工海参的方法一般是:将海参洗净,放入陶器中(忌用铁器),加清水浸泡一至二天,使海参回软,然后换水,置火上烧沸后,端下,加盖焖发一夜。翌日晨,一般即可涨发透。如稍大者涨发不透,可换沸水再焖发,至涨透为止。涨发后的海参,须换清水"养一养",使其涨发得更加充分。在海参做馔之前,一般还要将海参用汤、绍酒、葱段、姜片煨一下,以除尽海腥味。

十一、血肠的加工

血肠,满语称为 Senggiduha,是满族流传最广的传统食品。加工血肠的一般方法是:将猪宰杀后,用木盆接取猪血。然后加入适量盐,并用木棍搅动,使猪血不凝固。另将猪肠皮治净,用细绳将一端扎紧,将猪血灌入肠内，遂将灌口也用细绳扎紧。水锅烧沸后，将血肠放入，再沸后，改用慢火煮熟（约二十分钟）。捞出后，解下两端的细绳，顶刀切成厚约二三分的金钱片，即可配酸菜、白肉等烹制成馔。

十二、豆腐和冻豆腐的加工

大豆是东北地区的著名特产。用大豆制豆腐，我国汉、唐时期就已有之。满族人制豆腐始于何时，尚无史料可查。但大豆这一品种早在汉代就传入东北。世代居住东北的满族人对种豆、食豆都有丰富的方法和经验。特别是清代，在满族民间，用大豆做豆腐和用豆腐做馔，已是很普遍的现象。

制豆腐时，须将黄豆洗净，以二十斤为例，放入清水中浸泡一夜，翌日即涨透。捞出后，再洗净，用磨磨成豆泥。另将十字木架挂好，系上纱兜，纱兜下置一大盆。然后用一分豆泥、三分清水的比例，将豆泥在纱兜中过滤，成为豆浆（滤过的豆渣可另作他用）。再将过滤的豆浆置旺火上烧沸，撇去浮沫，然后将二两五钱石膏粉搅入豆浆中，搅匀后立即撤离火口，用盖盖上，约三十分钟后，见锅中浆、水分清即可。豆腐板和木框摆好；将纱布用水润湿，铺在豆腐板上，再将豆浆放入（此时豆浆已成脑状），上面再盖一块木板，木板上用菜墩压住。半小时后，豆腐即制成。制成的豆腐切成方块，浸在清水中备做馔用。

制冻豆腐要在冬季。即将制好的豆腐浇匀清水，放在户外，一夜即冻实。冻实的豆腐再用清水浸泡回软，洗净，即可备做馔用。冻豆腐中多有蜂窝形小孔，食之胀松而筋道，别有一番滋味。

第二节　满族烹饪的操作方法

满族烹饪中的操作方法，是在满族人民长期的生活和生产劳动中，并伴随着社会进步和经济的发展而逐渐形成的。另外，东北地区特有的原料物产、较寒冷的气候和满族人民的饮食习俗，对其烹饪方法的形成也具有直接的影响。满族人民自古善于狩猎，猎获的各种野兽肉，其质地比较坚韧，需要经过较长的加温过程才能熟烂，因此，"煮""炖""熬"等是这种加温过程中必须使用的方法。东北地区气温较低，特别是冬季，天寒地冻，人们习惯进食热菜和热汤，以补充体内的热量，因此，"烧""烤""涮"等也就成为烹制肴馔中经常运用的手段了。在夏季，人们需要降低体温，喜欢吃一些凉食，这样，就需要用"拌""炝""腌""渍"等方法制成肴馔。在满族人民的饮食生活中，还有吃甜食和蜜制品的习惯，在祭祀活动中，对祭品的烹制也有定规。这些因素，也促成了满族烹饪的方法又有"蜜饯""糖溜""燎""蒸"等之分。清入关以后，满、汉烹饪之间的交流更加广泛；满族烹饪在汉族烹饪的影响下，其操作方法愈加丰富多样。下面，我们执简驭繁，将满族烹饪中最常见的操作方法一一予以记述。

一、烧

满族烹饪的主要操作方法之一。与"烤"并列，被视为满族烹饪中的最显著特色。烧是将原料改刀后，或用调味品生腌，或经煮熟和蒸熟，再用旺火热油闯炸[①]后，至断生，然后加汤（或水）、调味品，以慢火烧至酥烂；最后再移到旺火上收汁，使其汤汁浓稠（或用淀粉勾芡），稍加明油而成。烧又分白烧、红烧两种。白烧是原料经蒸、煮至熟后（一般不过油），烧时用精盐找口，成品为白色。红烧是原料经酱油腌制（或在烧制时用酱油找口），一般要经过油再进行烧制，成品为红色或金红色。用烧法制成的菜肴如烧小猪、烧七星羊肉、烧肋条、烧肉块等。

二、烤

满族烹饪的主要操作方法之一。与"烧"并列，被视为满族烹饪中的

[①] 闯炸，东北烹饪术语。指改刀并经调味品腌过的原料（也有不加调味腌制的），放入用旺火烧热的油锅中爆一下，随即捞出，使原料骤然受热，收缩而变得挺实，并能排除异味，然后再进行下一步的烹调。

最显著特色。烤是将原料经加工后，用调味品腌渍，或制成半成品，再放入烤炉中，用木炭、柴、煤等燃料，利用辐射热能，把原料烤熟。烤又分暗烤和明烤两种。暗烤使用封闭的烤炉，烤时须将原料用烤钩悬挂在烤炉顶端；或放在烤盘里（烤盘中须要加适量汤汁），再放进烘热的烤炉中烤制。一般烤生料时（如鸡、鸭、乳猪、肉条等）多用烤钩或烤叉，烤半熟或有卤汁的原料时（如羊肉、猪脊肉等）多用烤盘。暗烤的特点是原料四周受热均匀，在高温状态下迅速烤熟，达到外酥脆、里鲜嫩的目的。暗烤的品种有挂炉猪（乳猪）、挂炉鸭、挂炉鸡等。明烤使用敞口的烤炉或烤槽，在烤炉口或烤槽口上置有铁架。原料须改刀成为较小的条、片等，或用铁钎串起来，置在铁架上反复烤制，烤时须不断翻动，使其受火均匀。明烤的特点是设备简便，操作容易，因烤时火力分散，可用视觉直视原料的受热情况而灵活掌握。明烤的品种有烤鹿肉片、烤狍肉片、烤羊肉片等。

三、煮

满族烹饪中的主要操作方法之一。这是一种很古老的操作方法，自从有了陶器之后便开始使用。在满族祭祀中，所制祭品也多采用此法。因此，世人又有"满菜多烧煮"之说。煮是将原料（有的须改刀，有的整只）经沸水焯透后，置于多量的汤汁或清水中，先以旺火烧沸，再转用温火煮至熟烂。又有白煮、清煮、红煮之分。白煮是将原料放在清水中煮熟，一般不加调味品，如煮白肉。清煮是将原料放在清水中，加花椒、大料、葱段、姜片、精盐等煮熟，如清煮鸡。红煮是将原料放在汤或水中，加酱油调成红汁，并配其他调味品煮熟，成品为红色或淡红色，如红煮羊肉。煮的特点是不勾芡，口味清鲜。

四、蒸

满族烹饪中的主要操作方法之一。在满族的祭祀活动中，祭品除经煮法制成外，也常采用蒸的方法，如许多饽饽制法即是如此。还有猪、羊等祭品，也常是采用此法。蒸是以蒸气为传导加热的方法。即将原料（生料或经初步加工过的半成品），置于容器中，加好调味品和汤汁（也有的不加汤汁，只加调味品）后，上笼蒸熟而成。蒸制菜肴所须的时间和火候，是随原料质地的老嫩和烹调要求而有所不同。只须蒸熟不须蒸烂的菜，一般用旺火；对某些经过细致加工的花色菜，一般需用小火，且蒸制的时间较短；对于要求蒸制酥烂的菜，则须长时间地用中火蒸制，但蒸后的成品要酥烂而不失其形状。蒸的特点是能保持原汁原味，原料中的味道不会像煮那样溶于汤中。一般较精细的菜肴常用蒸法制成。蒸的品种有蒸驼峰、蒸白鱼、蒸鸡蛋糕等。

五、炖

满族烹饪中的主要操作方法之一，也是使用较广、较普遍的一种烹饪方法。特别是在满族民间的日常饮食中，此法更为常用。炖是将原料经改刀后，先经沸水焯透，清除异味，再放入陶制或铁制的器皿内，加汤（或清水）、葱、姜、酱油、精盐、猪油等，慢火炖熟而成。炖与煮的区别是：炖菜汤汁较少，炖成后连汤带菜一起盛入容器中供食用，而且炖的原料一般要改成较小的块、片等。而煮则是汤汁宽些，原料一般都是大块的，而且煮后的汤汁另用，不随煮的原料一起供食。炖菜的特点是汁浓料烂，味道很鲜醇，为满族人最惯于食用的。炖菜的品种有猪肉炖粉条、小鸡炖蘑菇、土豆炖芸豆等。

六、炒

满族烹饪中的主要操作方法之一，也是使用最广泛的烹调方法。在满族食谱中，用炒制成的菜肴品种很多，如炒鱼翅、炒海参丝、油渣炒菠菜、炒野鸡丝、土豆丝炒芹菜等。炒是将原料改刀成丁、片、丝、条后，先用葱末、姜末在底油中炝锅，再下入改刀的原料，一边用旺火不断煸炒，一边加调味品，操作动作要敏捷，原料断生即可。炒的特点是脆、嫩、鲜。炒又分生炒、熟炒和生熟炒。生炒是将生的原料改刀后，经炒熟而成，如清炒肉片。熟炒是将煮熟的原料改刀后，经炒制而成，如煸白肉。生熟炒是将一半生原料、一半熟原料混在一起炒熟而成，但操作时，须先将生原料煸至八成熟，再下入熟原料，如炒生熟肉片。

七、熘

满族烹饪中的主要操作方法之一。最初是广泛流传在民间，后经厨师们的发挥，以致用熘的方法制成的菜被广泛地经营于市肆酒楼饭馆之中，如锅熘肉片、油熘里脊、锅熘鸡、锅熘鱼等。熘是将改成片的原料调味后，挂上蛋粉糊，用少量的油及文火熘至两面呈金黄色后，再加入调味品和少量汤汁，用微火收干汤汁。一般熘菜似煎菜一样色泽鲜丽，又比煎菜质酥嫩而味醇厚。

八、扒

满族烹饪中的一种主要操作方法，也是一种古老的操作方法。是在"炖"的基础上发展起来的。扒是将原料加工后（或整形，或切成厚片、条等）用葱、姜在底油中炝锅，再加汤和调味品，然后将改刀的原料放入，用慢火扒至料烂汤尽，再用淀粉勾芡，淋些明油，经翻勺后（将原料朝上的一面翻入勺底）盛入盘中即成。扒菜时须将汤汁一次加足，使汤汁在火上慢慢耗掉，其味渗入原料肌里。特点是味醇而香烂，汁宽芡亮，成菜的形状比较整齐。扒菜的品种有扒肘子、扒扣肉等。在清入关前的满族菜谱中，常见的扒菜是以猎获的兽肉为多。

九、燸

满族烹饪中的一种主要操作方法，也是一种古老的操作方法。"燸"是"靠"的谐音，"靠"是满族土语，即等候很长时间的意思。"靠"加了火字旁，成为一种烹调方法，也是包含需加温很长时间的意思。燸是将原料改刀后，用葱段、姜片在底油中炝锅，再加汤（或水）和调味品，然后将改刀的原料（有的还须用油炸一遍）放入，用温火燀至料烂汤尽。燀和扒的区别是：燀菜不勾芡，原料改刀的形状大小均可，加温时间较长，口味较浓重，一般用来制作熊肉、狍肉等质地坚韧的原料；而扒菜须勾芡，原料改刀的形状须小而薄些，加温时间较短，口味较清淡，一般用来制作猪肠、熟肉片、鱼肚、海参等质地较嫩的原料。燀菜的品种有燀鸡块、干燀肚块、燀鲳鱼等。

十、煨

满族烹饪中一种主要操作方法。煨是将原料改刀后，用汤和调味品在微火上慢慢煨熟，使原料充分入味。但煨的方法也多用在原料的半成品加工上，如水发的海参改刀后，放在汤中，加葱段、姜片、绍酒、酱油等煨一煨，然后再烹制成菜，这样做是能除去原料中的异味。用煨法烹制成菜，则有原料酥烂、味入肌里的特点。煨和炖的区别是：煨菜用微火，原料多用软嫩而有筋性的，成菜汤汁较少；炖菜一般用中火，原料多用质地较老的（如老母鸡肉、猪肉块等），成菜汤汁较宽。煨菜的品种如鸡汤煨蕨菜、松仁煨山鸡、糟煨玉米笋等。

十一、炸

满族烹饪中的一种主要操作方法。炸是将原料（可用生料，也可用熟料）改成小型的片、段、条、块等后，一般还要用调味品腌入味，再挂上淀粉糊和蛋糊（也有不挂糊或沾一层干淀粉的），放在用旺火烧热的油中炸熟即成。炸的特点是外酥脆、里鲜嫩，干香诱口，多为佐酒之菜。在满族祭祀活动和民间逢年过节时，此法应用得比较广泛。炸菜的品种如干炸肉、炸丸子、炸角子等。

十二、熬

满族烹饪中的一种主要操作方法。这种方法多用于民间日常的饮食中，如熬茄子、熬白菜等，是最习以为常的品种。熬是多将蔬菜等改刀成段、条、片等，鱼类原料一般为整型。先用葱末、姜末在底油中炝锅，再将改刀的原料放入煸炒至断生，出尽水分，再加汤和调味品，用小火熬熟。熬与炖的区别是：熬菜多用质嫩形小的原料以锅中底油煸透，再加汤和调味品熬制，成品半汤半菜。而炖菜常用质坚耐火的禽畜原料，改刀后用沸水焯透，再用较多的汤或清水炖制，一般不须煸锅，成品汤汁较多。

十三、煎

满族烹饪中的一种主要操作方法。此法也多用于民间。如煎刀鱼、煎丸子、煎鸡蛋、煎黄米饭等。煎是将原料改刀为扁形的段、厚片等，经调味后，一般还要沾上一层干淀粉（或面粉），放在用中火烧热的油中（比炒菜的油多些），先煎底部的一面，再煎上部的一面；俟两面均煎呈金黄色并熟透时，即可取出。煎的特点是操作简便，成品外香酥、里软嫩。

十四、涮

满族烹饪中一种古老的食用方法。涮，一般是将主料（如羊肉、猪肉等）切成薄片，放入火锅中烧沸的汤中涮一下，蘸上调味品，边涮边吃的方法。涮的特点是主料鲜嫩，断生即食，且汤味鲜美。一般是由食者根据自己的口味，掌握涮的时间和调味。涮的烹制要求是：选用的原料必须是新鲜质嫩，改刀时要大小薄厚均匀，以薄为准，使原料放在汤中一滚即熟，保持原料的鲜嫩。另外，调味品（俗称调味碟）要准备得丰富多样，以供不同口味食者的需要。涮的品种如涮羊肉、涮海鲜等。

十五、拌

满族烹饪中一种常见的操作方法。特别是在夏季经常使用。拌是将生原料或凉的熟原料切成丝、片、丁、条后，加调味品拌制而成。拌菜的调味品，一般有酱油、精盐、香油、芥末、辣椒油、花椒油、葱汁、姜汁等，取其清香诱口。也有用白糖和醋拌制的。拌菜中的荤料，一般都须煮熟或汆熟，然后用冷开水投凉，再进行拌制。但也有将荤料烫熟后，不须用冷开水投凉的，直接加调味品拌制，如拌腰花、拌肚丝等，这样可以促其原料迅速入味。拌菜的特点一般是鲜凉爽口，清新脆嫩，多为夏季的佐酒菜。拌菜的品种如海米拌黄瓜、拌粉皮、绿豆芽拌粉丝等。

十六、腌

满族烹饪中一种常见的操作方法。多在民间的日常饮食中使用。如将黄瓜、芋头等放进大酱缸里腌制，称腌黄瓜、腌芋头。再如将胡萝卜、芹菜、白菜等经改刀后，放入小罐中，加精盐、花椒等腌制，称为小菜。腌制的原料多选用新鲜而质地脆嫩的。腌菜的调味品主要有大酱、酱油、精盐、糖、醋等。满族烹饪中的腌菜，一般都是小菜或咸菜。另外，腌也是烹制菜肴过程中的一道操作程序，如原料改刀后，要用调味品腌渍入味，以便使成菜达到味入肌理的目的。

十七、冻

满族烹饪中一种常见的操作方法。冻是用猪肉皮为主要原料，经治净、改刀后，用清水和调味品熬至猪肉皮酥烂、汤汁粘稠后，连料带汤汁一起倒出，置容器内，冷却后即成。还有将猪肉皮熬烂后，取出不要，用冻汁配以煮熟的虾片、鱼片、鸡块等制成的菜。这种冻菜，美称为"水晶"，如水晶虾片、水晶肘子等。冻菜的特点是清凉筋滑，味美诱口，为佐酒佳肴。制冻菜要掌握原料和水的投放比例，熬时用慢火，使冻汁熬得恰到好处。如比例失调，汁冷却后不凝固，或凝固得不挺实，会影响质量。

十八、蜜饯

满族烹饪中一种主要的操作方法。满族人素喜甜食。"蜜饯"这一方法为满族人所始创，如今已风行全国各地。蜜饯也称蜜渍，一般有两种作法：一种是将糖、蜂蜜加少量清水调溶，再将原料放入，以文火熬制，至原料酥烂、糖汁收浓时即成；另一种是将主料经改刀后，置碗内，加糖水，上笼屉蒸烂，取出，滗出糖汁于勺内，原料倒扣盘中，勺内糖汁加蜂蜜熬稠，浇于原料上即成。前一种方法适用于易熟烂的原料，如香蕉、苹果等，后一种方法适用于不易熟烂的原料，如羊排骨、猪排骨等。

上述，是满族烹饪中主要的和常用的操作方法。还有一些操作方法，如溜、贴、氽、糖溜等，则是受到汉族烹饪的影响所致，就不一一记述了。

第三节　满族肴馔的风格和特色

在历史上，当一个民族取得政权后，本民族的文化、礼仪、风俗、饮食等都会相应地得到充分的发挥和发展。汉族是我国历史上占据政权统治地位时间最久的民族，且人口最众，因此汉族烹饪在我国烹饪史中占有主导地位。我国元代，是蒙古族建立的封建王朝，因此蒙古族的烹饪技艺和食俗食风也就在那个时期得到较为充分地发挥和发展。著名的烹饪古籍《饮膳正要》则记述了元代宫廷御膳和蒙古族的传统饮食，成为研究元代烹饪史和蒙古族食俗食风的珍贵资料。我国清代，是满族建立的封建王朝，满族又是一个善于博采众长、不墨守成规的民族，在满族取得政权后，在烹饪和饮食方面，除了保持本民族的风格和习惯外，并积极地从汉族烹饪中吸取有益的经验和特长，使得满族烹饪在清代的这一历史时期内，不仅取得了长足进步，而且得到了充分的发挥和发展：与汉族烹饪并驾齐驱，互相融合和促进，使我国烹饪技艺的水平达到了高峰状态。清代的满族烹饪，不仅在东北、北京和中原地区深有影响，还波及川贵、江浙、广东等地。这其中除了政治的因素外，也有满族肴馔的长处和特色被各地人们所接受的缘故。因此，探讨满族烹饪的风格和特色，总结满族烹饪技艺的经验和长处，不仅有助于满族民族烹饪的进一步发展和提高，也有助于促进我国清代烹饪史的研究工作。

一、浓郁的野意风味

前面已经讲过,满族的先世肇始于长白山一带,自古是善于狩猎的民族。长白山一带盛产的山珍野味是他们饮食的主要来源。满族人民和他们的先世喜食各类野兽肉,是长期形成的饮食习惯。这种饮食习惯,世世代代被保留下来。因此,在满族烹饪中,以熊、虎、鹿、狍、獐、兔、野猪、犴达罕、飞龙鸟、野鸡、山鸡、野鸭及各类野菌、山菜等为原料,经过烧、烤、煮、蒸、炖、煨、燎、腌等方法制成的菜肴,就构成了一种独特的野意风味。

衡量一款菜肴的质量和价值,除了精湛的烹饪技艺外,在很大程度上也取决于所选用的原料。满族烹饪中的这种野意风味,由于在取料上珍贵,经济价值高,营养成分丰富,又有滋补和食疗的功效,因此独树一帜,深受欢迎。在烹制野意风味上,不仅在满族民间积累了丰富的经验,市肆酒楼饭店中的满族厨师也在长期的操作实践中,不断加以研制、创新、改革,其制法逐渐完善,品种逐渐繁多。特别是清入关以后,满族烹饪和汉族烹饪互相交流和影响,野意风味的制法更加精湛。

满族烹饪中的这种野意风味,最初是将大块的野兽肉或整鸡、整鸭等,经治净和调味品腌制后,或煮或蒸或烧或烤,然后置大盘中,由食者各取自带的佩刀或小刀割食。元代以后,烹饪方法和食用方法逐渐进化了,即野味原料改刀成小型的形状(如小块、厚片等),烹饪后置盘或大碗中,由食者以匙或箸食之。清代以后,烹制方法愈加精细。在选料上,已讲究分档取料,择其最优部位烹制菜肴,如取熊的前掌(这种前掌,还讲究熊在蹲仓以前割下的);取蛤什蟆腹中之油;取梅花鹿的胸脯肉以及筋、膝、茸、尾;取飞龙鸟的胸脯肉;取幼獐、幼狍等;取犴达罕的头脸。在加工中,已讲究刀法的运用,如将野鸡肉、野鸭肉切成细丝;将鹿胸脯肉剁成茸泥,氽鹿丸子;将飞龙鸟胸脯肉、野鸭胸脯肉切成丁等。在烹调上,已讲究慢火烧、炖、煨和快火炒、爆、溜。这类野味菜肴总的特点是:酥烂和鲜嫩并举,汁芡宽余、重油重酱,粗犷实惠,滋味浓酽,不讲究花色点缀,菜码较大。著名的品种有扒犴达罕鼻子、红煨熊掌、烤飞龙、飞龙汤、冰糖蛤什蟆油、煿鹿脯、氽鹿丸子、烧鹿筋、清汤鹿尾、烤狍肉、烧野猪肉、炒野鸡丝、爆炒鹌鹑、葱油兔肉等。

二、火锅、涮锅的魅力

火锅和涮锅大体相同，在制法和食法上有别：火锅是将汤和原料置锅内，用炭火煨制后，方可食之；涮锅是将汤置锅内烧沸后，由食者以箸夹着生肉片往沸汤中涮熟而食。这类锅子的烹调方法，起源于我国寒冷的北方。具体地说，是我国东北诸少数民族始创的。如早在一千多年前的辽代初期，在民间已有吃火锅的习惯了，这在内蒙古地区出土的辽代壁画墓中的壁画上已有佐证。但是，将火锅这一烹调方法由关外传到关内，并在全国风行，这个贡献当归于清入关。诚如与张恨水同时代的老作家张友鸾在《谈北京菜》一文中所说："涮羊肉所用的火锅，是从东北随着清兵进关的。"清定鼎北京后，在清宫中，历代皇帝都喜食火锅，常常是御膳中的主菜。特别是康熙、乾隆年间，宫廷内曾举办六次"千叟宴"，宴上的主菜亦是涮火锅。清宫中食火锅的风俗也必然要影响到各地官府之中。随着八旗官员驻防各地，火锅逐渐在全国风行起来，并逐渐成为市肆酒楼饭店中经营的风味菜肴，如北京、天津、四川、上海、福建、广东等地都结合

□ 内蒙古赤峰市敖汉旗墓葬壁画中的"涮火锅"场景

本地的地方风味，创新了多种多样的火锅，使火锅成为我国烹饪中富有民族特色的、独具一格的佳肴美馔，深受国内外食者的欢迎。

在满族烹饪中，白肉火锅算得上是传统的、具有代表性的名菜了。制法是：将锅子中加入酸菜丝（垫底），周围摆上大海米、冰蟹、猪瘦肉片、蛎蟥、咸香菜；然后将切得很薄的熟猪肋肉片整齐地码在锅面上（或者将切好的白肉片卷成筒状，摆在盘内，配粉丝盘一同放在锅子的旁边，由食者自下），再浇入调味的肉汤（或鸡汤），盖上锅子盖，将烧着的木炭投进炭筒内。俟锅中汤烧沸、稍煨后，即可端至席上，并要配粉丝盘、韭菜花碟、辣椒油碟、酱油碟、腐乳碟等，供食者蘸食。还有一种野味火锅，制法是：将锅子中添足汤；烧着的木炭投进炭筒里，再将嫩鹿肉、嫩狍肉、野鸡肉、发好的鹿筋、野鸭肉、山鸡肉等，或再配以海参、虾片、鱼片、猪肉片、羊肉片等，投入锅内煮熟，加入调味品，即可食之，亦可以箸夹着各种生肉片涮之而食。这种火锅的制法和食法，在《奉天通志》中都有详细的记载。到了清朝后期，火锅的花样品种渐多，如三鲜火锅（以猪里脊片、海参片、鸡肉片为主要原料）、什锦火锅（以海参、大虾、鸡肉、猪肉、熟白肉、羊肉、干贝、冬笋、冬菇、火腿、白菜心等为主要原料）、海味火锅（以各种海鲜品为主要原料）等，均是宴席中的"押桌"菜肴。

火锅、涮锅类菜肴（还有后来发展的砂锅类菜肴），在满族烹饪中占有重要的地位。这类菜肴适于冬季食用，具有盛器别致、容量大、热度高、原料多样、作料丰富的特点，而且自添自涮、遂心所欲，气氛融合热烈，颇能助人兴致，难怪它风行全国，至今久盛不衰。

三、羊、猪肴馔的特色

羊和猪是满族人民和他们的先世较喜食的两种畜肉。金、元时期，满族的先世以食羊为重，即著名的"全羊宴"，这在史籍中多有记载，明代至清以后，食猪的风俗渐盛，所谓的"满人食肉大典"，即指食猪肉而言，可见食猪肉已成为满族重要的大宴了。食羊肉和食猪肉又与满族的祭祀活动密切相关，许多羊类肴馔和猪类肴馔都是从祭祀的祭品中逐渐演进和派生出来的，这在前面已有谈及。

满族烹饪中的羊、猪类菜，在清代时已发展得较为完善。如羊类菜中的烤羊肉、七星羊肉、满汉羊肉、蜜汁羊排等，都是宴席上经常出现的品种。这类菜肴无论在刀工、火候和操作方法上，都已达到成熟的地步。如蜜汁羊排一菜，是将带肉的羊排骨剁成约二寸长的段，用适量酱油、绍酒腌入味后，再放入热油中炸透，呈金黄色时捞出，沥油后，整齐地码在碗里，再倒入蜜汁（用水将白糖、蜂蜜溶化了的甜汁），上笼蒸至羊排酥烂，取出，将蜜汁滗入锅内，羊排翻扣在盘内，锅内蜜汁烧沸后，用湿淀粉勾成薄芡，浇在羊排上即成。猪类菜肴在满族烹饪中更是占有相当的比重，而且其中有些菜肴具有较高的知名度，如烤乳猪、糟蒸小猪、烧小猪、白哈尔巴、烧哈尔巴、红扒肘子、干炸丸子等，都在关内和江南一些省份广为流传。在东北地区，还有一些猪类菜，如焦溜肉段、滑溜肉片、煎丸子、溜三样、锅包肉等，都可称为地道的东北风味，虽然还不能说是满族菜，但这些传统风味也是与满族的食猪风俗和善制猪肉菜的影响有关。

四、独具一格的蜜饯和皮冻

蜜饯，既是蜜饯甜食的简称，也是制作甜食的方法；皮冻，是用猪肉皮熬成的冻汁，配以各种原料制成的半透明的冷菜。蜜饯和皮冻，是满族烹饪中的两大发明。

喜食蜜制食品，是满族重要的饮食习惯。明代女真人居住的"建州老营"，曾是著名的蜂蜜产地；因此，满族用蜂蜜制作甜食的习惯由来已久。清朝建都盛京后，在大内（今沈阳故宫）中就专有"熬蜜房"，可见蜂蜜是满族饮食中不可缺少的原料。在满族烹饪中，用蜂蜜制成蜜饯甜食的品种很多，如蜜饯山芋、蜜饯地瓜、蜜饯苹果、蜜饯桔子、蜜饯白梨、蜜饯青梅、蜜饯胡萝卜等。尤其是蜜饯红果（山楂）一菜，已是著名的佳肴。其制法是：将大山楂洗净后，用沸水一烫即捞出，剥去外皮，抠出籽。锅置火上，先放入一点白糖炒成糖色，再加适量水和所需白糖、蜂蜜，溶合后，下入剥皮去籽的山楂，以慢火熬至甜汁粘稠，并均匀地沾挂在山楂上即成。此菜色泽悦目,汁浓料烂,甜中有酸,酸中有甜,爽口开胃,有助消化,是宴席中不可缺少的一道蜜饯菜肴。满族烹饪中的这种蜜饯风味,随着满族入关而带至北京。如今北京市场上的蜜饯果脯、甜点甜食等,大都与满族的这种蜜饯风味有关,当是这种风味的演进和发展。

皮冻类菜肴,是由满族祭祀中的祭品发展而来的。在祭祀中,须将剥下的猪皮用火燎尽毛,再煮熟,称燎毛猪皮肉。煮猪皮的汤汁冷却后即成为冻。这种方法,久而久之地被流传下来,后经不断的改进和提高,就逐渐成为一种冻类菜品。特别是经过厨师们的研创,冻类菜品的制法更加精湛;不仅有清冻、混冻一些常见的品种,还有花冻、五丝冻、五彩皮糕、水晶肘子、水晶虾片、水晶鱼片、水晶彩蛋等。如水晶彩蛋一菜,其制法是:将熬好的冻汁中加入煮熟的虾肉末、猪里脊末、菠菜末、胡萝卜末等调匀;将鸡蛋壳的一端破一小孔,抽出蛋液,再注入冻汁。俟冻汁在蛋壳内凝固后,剥去蛋壳,便成为晶莹透亮、五彩缤呈的水晶蛋了。

五、筵宴必备的饽饽和粥品

饽饽,前文中已有记述。它在满族烹饪中占有重要地位。粥品,是以大米、小米、黄米、江米、秫米等为原料,配以各种果脯、小豆、莲子、栗子、小枣、白糖、蜂蜜、桂花酱等熬成的稀粥。饽饽和米粥,是满族各类宴席中必不可少的主食品。

前面已经讲过,满族饽饽是在祭品的基础上,经过不断改进和研创而发展起来的。满族饽饽的特点,一是用料广泛,几乎所有的米、面原料都可取用,特别是注重取用粘米、粘面;二是多用蜂蜜为主要调料,使得饽饽香甜、醇浓、适口,远胜于白糖的功效;三是制作方法丰富多样,面或发或炝、或干或稀;形状或方或圆、或球或饼,制法或炸或蒸、或煮或烤,变化多端,特色各异。因此满族饽饽的流传十分广泛,在我国各地的面点制品中,都不同程度地有满族饽饽的影响。

粥品,最初是满族民间的家常饭食,分咸、甜两种。满族民间承办喜宴时,也常将粥品当为一道主食。后来,这种食俗又发展到市肆酒楼饭店的宴席之中。人们饮着白酒、吃着荤馐,往往口干舌燥,需要调配一下口感,以增进食欲,这样,稀稠得度、香甜适口的粥品,就很受欢迎。在清代的宴席中,粥品往往是不可缺少的主食。常见的品种有糯米粥、栗子粥、小豆甜粥、豌豆粥、莲子冰糖粥、八宝粥、杏仁粥、小米甜粥、糯米桂花粥等。

第七章　清入关前的宫廷御膳

第一节　努尔哈赤与后金时期的食俎

努尔哈赤是清朝的开创者和奠基者。在历史上，他是满族人民崇拜的英雄人物。他生于公元1539年，卒于公元1626年。公元1583—1626年在位，庙号清太祖。明万历二十一年（1593）后，他逐渐统一了东北女真的各个部落。明万历三十一年（1603），迁赫图阿拉城（今新宾县老城），又命额尔德尼借用蒙文创制满文；明万历四十三年（1615），确立了八旗制度；1616年正月，建立了金国（史称后金），于赫图阿拉举行登极大典。1618年，以"七大恨"誓师，公开反明；由于在萨尔浒战役中大获全胜，逐步据有辽东地区。1621年，下令实行"计口授田"，推动女真社会由奴隶制向封建制发展。努尔哈赤不仅是位能征善战的军事家，在治国方面，也做了许多有益于民的事情。本文仅就他对膳食方面的态度、作风以及与此有关的一些政策，做些探讨；也许正因为这些"细节琐事"，可以看出他对清初时期的满族烹饪，起过一些推动作用。

后金的满族，是善于学习、勇于进取、不墨守成规，且少有民族成见的。这些优点，在努尔哈赤身上体现得很明显。特别是他执行正确的民族政策，使得满、汉人民同居乐业。如他在天命七年（1622）三月，下过一道旨谕："……上谕曾著满汉人等合居一处，同住同食同耕。今闻满洲以汉人之牛车，执汉人令运粮草，并索取诸物。岂令汉人给满洲为仆乎？因其远处迁来，无住舍食粮耕田，故令尔等合居一处。自此以后，满洲人与汉人合舍而居，计口合粮而食。所有田地，满、汉人等务宜各自耕种。若

□ 1616年正月，努尔哈赤在赫图阿拉称汗，建元天命

满洲人欺索汉人故违此谕，则汉人可扭而告于执法之官，而汉人亦不准因降此谕任意诬枉满洲人，寔因尔等，同为一帝之民故耳。"① 由于努尔哈赤的旨谕，使得大批从关内迁此的汉人与满人长期和睦相处，这不仅有益于经济生产的发展，也把关内的饮食习俗和先进的农耕生产技术传播过来，无形中也使满、汉的民间烹调互相影响和促进。不仅如此，在努尔哈赤的政权中，对满、汉官员（包括蒙古官员）也执行平等的政策，在编制、礼仪，甚至在饮宴和娱乐当中，都注意保持均衡。"昔承平时，满洲汉人贸易往来，汉官员妻子及下人之妻子等，不令见满洲人，且不使满洲人立于其门，或至无故乱打，轻视欺压。"② 后金进入辽东地区后，由于努尔哈赤执行正确的民族政策，使得满、汉人之间由互相敌视而转为和睦相处，以至"……汉之小官及平人前往满洲地方者，得任意径入诸贝勒大臣之家，同席饮宴，尽礼款待"③。这种平等的民族政策与良好的文化氛围，为满族烹饪更多地吸取汉族烹饪的特长创造了有利的条件。清中叶以后形成和发展起来的满汉全席，如今已成为家喻户晓的中国宴魁，它最初的孕育雏

---

① 《满洲秘档》，"太祖谕令满汉人杂居"。

② 《满洲秘档》，"跑冰戏"。

③ 《满洲秘档》，"跑冰戏"。

胎，就在于努尔哈赤当时行施的这种民族政策。

后金时期，努尔哈赤虽然有专用的厨师，宫廷里也有御膳房，但膳事用度算不得豪侈，肴馔也算不得讲究。在传统的好客食俗基础上形成的各种礼仪，以各类野兽肉和家畜、家禽等为主要原料，通过煮、炖、蒸、烧、烤等方法制成肴馔，以大盘和大碗盛装，具有浓郁的牧猎风格——这是努尔哈赤的膳食以及当时宫廷膳食的主要特色。努尔哈赤本人在膳食方面也不追求当帝王的排场和尊严，如他在天命十年（1625）正月接见宗兄珠扈郭星阿等人时，曾说："筵宴或饮食时，不可唯朕一人独宴。"① 他不但不追求排场，还提倡节俭，经常告诫贝勒、臣官们要以国事为重，不要在饮食上挥霍。对于贝勒们给他进献的食品，也常是持推却的态度。如天命十年（1625）七月，他在召集众贝勒"训话"时说："尔等与其进各种食物适朕之口，何若秉承朕意，将国家之事精心治理之为愈也。尔等有利于国者，心有所得，务即陈述，以备采择，施于国中。否则遇事务遵朕行之。"② 从这段文字中可以看出，他对那些为迎合他的口味给他进献食物的贝勒们是很不满意的，而让他们把这份心思用于治国献策上面。

努尔哈赤除了改革政权机构，颁布一些进步的经济政策和农耕政策外，也注意接受中原文化和中原的生活设施等，对于在经济上、生活上有所发明创造的人，总是给予鼓励。仅举两则与烹饪有关的例子就可证明这一点。比如杌，是一种矮凳，早在宋代就已有之。《宋史·丁谓传》载："（帝）遂赐坐，左右欲设墩，谓顾曰：'有旨复平章事。'乃更以杌进。"在努尔哈赤建立后金国初期，凡办筵宴还是席地而坐的。天命四年（1619）初夏，才以杌代替"席地而坐"。"天命四年五月，上（清太祖）御殿赐宴，殿左右设凉棚八座，命八旗贝勒大臣等分班而坐。大贝勒代善、二贝勒阿敏、三贝勒莽古尔泰、四贝勒及朝鲜二降帅等，则各赐短杌侍宴。前次筵宴，皆席地而坐。短杌之设，自兹始也。"③ 以杌代替"席地而坐"，不仅是前清宫廷筵宴一个不小的进步，也使满族在烹饪范畴内进入一个新

---

① 《满洲秘档》，"太祖敬礼宗兄"。
② 《满洲秘档》，"太祖却进食物"。
③ 《满洲秘档》，"太祖赐宴始设短杌"。

的饮食文明时期。再如天命六年（1621）六月，海洲所属析木城的制陶艺人，采用先进的技术，创造了 3510 件用于烹饪的瓷质精细、色调新颖美观的盆、盎等，进献于努尔哈赤，得到努尔哈赤的高度赞扬。他当时说："……珠玉金银，固可宝爱，然寒者不可以为衣，饥者不可以为粟，岂如贤才技士之为益于人者大乎？今析木城乡民，献所造绿瓷器皿，此真有益于国家，胜珠玉金银万万矣。该乡民操此良技，不可不予以赏赉，用示鼓励。"[1] 析木城艺人送来的这批瓷制餐具，努尔哈赤想来是受纳了，并回以金银相酬；这些瓷制餐具，想来亦用于宫廷的筵宴之中。"美食须美器"，我们也可以推想，这些精美的瓷制餐具，亦会对当时宫廷肴馔的烹饪技艺产生促进作用。

努尔哈赤在膳食方面提倡节俭的同时，也一再告诫属下切忌饮大酒。他曾说："……曾闻嗜酒之人，无论得何物、习何艺，一无有所裨益。盖纵饮无节，或与人斗争，以刀伤人而抵罪；或坠马伤手足、折颈项；或为鬼魅所魇；或得闷气噎食之病；或失欢于父母兄弟；或毁其器具、消落家业，流于卑贱。酒为谷所造，饮而饮之，弗饱也。若馎饦，若炊麦，均可充饥，何不食之？而嗜饮酒耶，愚者因之丧身，贤者因之败德，复被谴于君上，甚至夫饮酒而取憎于妇，妇饮酒而见怨于姑。下及僮仆，亦不能堪而去之，嗜此奚为。昔贤云：忠言逆耳利于行，良药苦口利于病。……悦口之酒，有害其身，可弗戒哉。"[2] 应该说，努尔哈赤的这段忌酒之言是很精辟的，反映了他治国断事的明智见识。对于一些饮大酒的人，他一是鄙视，二是训斥。当时的蒙古，凡饮酒过量者皆治以罪，"殷实之人罚马，中等人罚牛，下等人罚羊"[3]，努尔哈赤得知蒙八旗的官员台吉琐诺玛在被遣放时，不听妻子和儿子们的劝说，饮酒过量致死时，曾感叹地说："台吉琐诺玛饮酒，妻子不能劝谏，徒于死后哭泣。我国之人，皆耻笑焉。若多尔吉鄂齐尔桑二子不谏尔父饮酒，致过量以死，后悔何追。虽痛哭亦无

---

[1] 《满洲秘档》，"太祖赏乡人献绿瓷制器"。
[2] 《满洲秘档》，"太祖谕戒嗜酒"。
[3] 《满洲秘档》，"蒙古饮酒过量者有罚"。

益矣。"① 在我国东北，天气寒冷，八旗官兵行军打仗，为御寒而喜于饮酒是很自然的，但要适时、适度，如放纵饮酒，既不利国利军，也不利家利民，也会助长大吃大喝的作风。努尔哈赤正是看出了这一点，一再谕戒嗜酒，这都是有益于他的建国统一大业的。

努尔哈赤在位期间，养畜业还没有发展起来，肉类食物主要靠狩猎活动获取（当然也有饲养的羊、牛、猪等）。牛是当时的主要农耕和负载工具，但在努尔哈赤的膳事活动中，却把牛作为一种主要的食用原料，这是不利于当时的农业生产和运输事宜的，应该说是努尔哈赤的一个疏忽。清太宗皇太极即位后，即谕禁宰牛，并规定"今后自大内及诸贝勒府，以及庶民，凡大祀上陵用牛外，其屠宰马骡牛驴，考悉令禁止。若违法而以马牛骡驴屠卖，经奴仆首告时，准首告之人脱离其主"②。由于这道禁令，致使后来宫廷筵宴和满族的民间烹饪中，都一律取消了用牛以及马、骡、驴等作为原材料；就是在清入关后的清宫御膳中，也没有用牛和马、骡、驴等肉做成的肴馔。

由于当时政治、军事、经济发展和外交礼节等方面的需要，更是由于努尔哈赤奉行了一系列的利国利民的政策和规定，这无形中促使当时的宫廷筵宴以及满族烹饪得到一定的发展，这种发展虽然不是很显著，但却为后来满族烹饪的长足进步打下了良好的基础。清朝后来的封建统治者们在饮膳上豪侈腐化，迫使厨役们不断创造精美肴馔，以迎合他们的口腹之欲，这是清宫御膳得以发展的因素之一；但像努尔哈赤这样比较有为的帝王（包括康熙皇帝），在膳食上提倡节俭，而奉行有利于国家经济发展的各种政策和规定，也是清宫御膳乃至满族烹饪得以发展的因素之一。这应该是对此问题认识的两面观。

---

① 《满洲秘档》，"蒙古饮酒过量者有罚"。
② 《满洲秘档》，"太宗谕禁宰牛"。

第二节　后金时期的宫廷食品

明万历四十四年（1616），努尔哈赤称汗，将赫图阿拉建为都城。"赫图阿拉"是个满语，汉译为"横山岗"，就如古籍里说的"陡坡高岗"。清王朝之初，关外三京的第一座京城就建在这里。它位于抚顺南面，清时被称为"龙兴之地"，称兴京，满语为 yenden hoton，意为兴起、肇兴之城。这时候，努尔哈赤已经选出了以雅喀穆为首的御厨州底。雅喀穆也就成为清王朝的御厨鼻祖。对此，《满文老档》里这样说："han bc budaulebuye YaKamu gehungg niyalma."译成汉语，即是"给汗（努尔哈赤）供膳者雅喀穆"。

后金时期的宫廷食品，指努尔哈赤在赫图阿拉城建后金国以后，包括迁都东京城（今辽阳市郊）时期，至迁都沈阳之前，宫廷筵宴中的菜肴、酒类和主食品。这一时期的宫廷食品，史籍中记载的不多，即使记载，也是略而又简，至多记有菜名和所用原料的种类。也可以想见这些食品的制法是比较简单的，品种上也很有限。这是因为，第一，当时的满族还没有摆脱奴隶制度，经济生产和手工艺水平还处在比较低级的状态；第二，当时，各部落之间的战争十分残酷而频繁，作战部队的口粮及动荡的战争生活只能用一种简便而又实在的供膳方式与之相适应；第三，处于边关塞外的这一带满族人的流动居住区域，还没有过多的受到中原饮食文化和先进的烹饪技术的影响，也囿于文化和某些传统观念、习俗的限制，制作食品的方法比较粗糙；第四，由于努尔哈赤奉行一系列

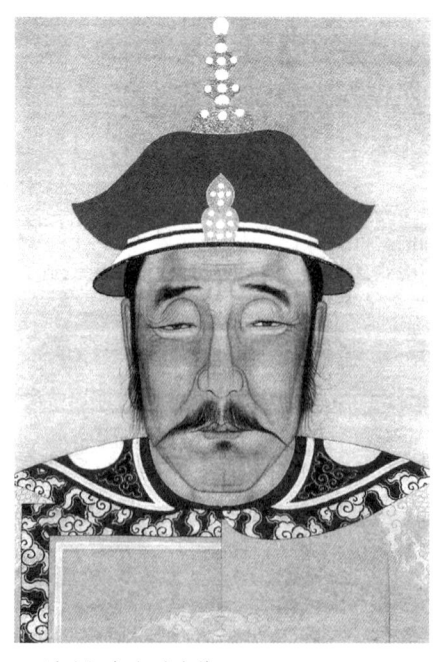

□ 清太祖努尔哈赤像

进步的治国和发展经济的政策，提倡节俭，一定程度上限制了宫廷筵宴的排场和奢侈风气。尽管如此，这一时期的宫廷食品还是具有某些特色的。这些特色主要与满族传统的饮食习惯有关：其选料上，包括各种山珍野味、家畜家禽、时鲜蔬果，以及某些水产品；在烹饪方法上，当时已经流行使用陶制的火锅，以及烧、烤、炖、熬、煮、蒸、炸、溜、蜜饯等；在调料上，主要使用海盐、酱油、大酱、猪油、白糖、蜂蜜、醋、花椒、大料、葱、姜等。

一、野味类食品

野味类食品，主要是指以虎、熊、狍、獐、鹿、山羊、公野猪、山鸡、野雉、野鸭等为原料制成的菜肴。这些原料，大多是治净后，割成大块，放入水锅中，加入海盐、酱油、葱、姜、花椒、大料等煮熟后，盛在大盘或大碗内置于席上，由食者操自带的小刀割之而食。这种食法虽然原始一些，但也表现了满族人粗犷、豪爽和实惠的传统食风。烹制野味的原料一般是整只的；体大的宰成大块，俗称"肉盘子"。

二、家畜、家禽类食品

家畜、家禽类食品，主要是指以猪、羊、骡、马、驴、鸡、鸭、鹅、鸡蛋、鸭蛋、鹅蛋等为原料制成的菜肴。这些原料，大多如烹制野味类食品那样，割成大块后，加调味品煮制或烤制。最典型的就是煮白肉，煮时成大块，并不加任何调味品，熟后以刀割之而食，食时可蘸些盐酱。但有些则是切成小块的，如炖猪肉、炖鸡肉等，制时，将猪、鸡等治净，剁成寸许小块，用葱、姜在油中炝锅，再将肉块下入煸炒一番，然后加调味品和肉汤，以文火炖烂而成，食时连汤带肉盛至大碗中。如果配鲜蔬制菜，则需将肉切成薄片或小条状，制时，用油和调味品将肉片（或肉条）连同切好的蔬菜在锅中烧（或炒）成。烧或炒制这些菜品时，不勾淀粉芡，成品有少量的汤汁。

三、米、面类食品

米面类食品，主要是指以玉苞（苞米）、稗子米、秫米（高粱米）、荞麦、粘玉米、粘秫米、小米，以及由这些米类磨成的面制做的各种饭食和面食。这类食品，一般是以米饭为讲究些的。制米饭多采用"焖"的方法，即将米淘净后，加适量的水，先用旺火烧沸后，再转用小火加盖焖至水分收干、米熟而涨发时即成。面食的制法多采用"蒸""贴""炸"等方法制成，如《满文老档》卷五十三，天命八年（1623）五月时记载说："汗（努尔哈赤）对八贝勒家人说，在宴席桌上摆的东西有：麻花饽饽一种，麦子饽饽二种，朝鲜饽饽一种，炸食饽饽一种，馒头、绿豆粉、果子……"这里说的朝鲜饽饽，指高丽饼、打糕一类食品。

四、饮料类食品

饮料类食品，主要是指汤羹、茶、酒类等液体或半液体的食品。汤羹类食品一般有肉羹、鱼羹、鸡蛋羹、蛤什蟆羹、大肉汤等，其中以蛤什蟆羹和大肉汤最为常见，是当时宫廷筵宴上的著名品种。羹类菜是以各种熟肉撕（或切）成细条（或丝）后，放在适量肉汤中，加入调味品，沸后用淀粉勾成薄芡即成。大肉汤是用猪、牛、羊的肉或骨头熬制的汤，加调味品制成，汤中也有些碎肉或带肉的骨头；或以苏子油、豆油做底油，用葱、姜炝锅后，再加肉汤和调味品，沸后，将切好的白肉片放入汆熟即成。大肉汤也是当时宫廷筵宴上必备的菜，这在《满文老档》里多有记载。

茶类一般有芝麻茶、面茶、天池茶、松罗茶、清茶、黑茶、奶茶、茶卤等。芝麻茶是将白芝麻磨成面后，用锅炒熟（不加油），然后加盐，像冲油茶面一样地制成半液体状态，即可食用。面茶亦称油茶，是将面粉加牛的骨髓油和干果仁（如芝麻仁、核桃仁等）炒熟，食时，根据用量盛于碗内，加糖或盐，以沸水冲成半液体状态即成。天池茶是吉林长白山天池的特产；松罗茶是从朝鲜国引进的；清茶即指不加花的素茶；黑茶又称红茶，须经熬制后饮用，茶液色深红近黑，茶味较浓重，特别是吃过油腻的食品后，饮用此茶最佳，因为这种茶里含有较多的茶碱，能帮助胃肠消化，提精增神，久饮则能成癖；奶茶指蒙古的奶茶；茶卤即凉茶，多在夏季饮用，制时须将茶叶放在大壶中，加沸水泡开，冷却后饮用。另外在夏季，还多饮用暑汤和酸水。暑汤类，似绿豆汤，即用绿豆加水熬制而成，汤中可放蜂蜜、白糖，亦可放盐。酸水是用醋、糖加水熬制而成，冷却后饮用，酸甜而凉，十分爽口。

酒类主要有烧酒和米酒。烧酒是用高粱酿成的白酒，是宫廷筵宴中的主要酒类，祭祀时亦用之。米酒即是黄米酒，又称芦酒，满语曰"詹冲努力"，是秋后用大黄米或小黄米煮成粥状，装入缸内，加大麦曲经发酵酿成，味甘香微酸，清凉爽口。努尔哈赤在统一女真各部的每次庆功会宴席上，皆饮此酒。另外，还有一种叫奶饼子油的食品，古称"醍醐"，是在熬制马奶子（古称白玉浆）的过程中，待奶面上凝出浮油，取出，再经熬炼后而成，可以配饽饽、粘糕同食。

五、水产类食品

水产类食品较之野味类食品和家畜类、家禽类食品，则食用得少些。这类食品的用料则多为淡水鱼类，以苏子河、太子河产的各种鱼类，如细鳞鱼、白鱼、鲤鱼、胖头鱼等为主。制法上多用炸、烧、熬、炖、煮等方法制成。水产类食品在当时的宫廷筵宴上不算主要的肴馔，即使在后来北京的清宫御膳中，水产类食品的比例也是较小的，这可能与满族的饮食习惯和饮食爱好有关。

第三节　入关前宫廷宴会的种类

早在1616年，努尔哈赤在赫图阿拉（今辽宁省新宾满族自治县永陵镇）建立金国。天命六年（1621）由此迁都东京城，后又于天命十年（1625）迁都沈阳。1636年，清太宗改元天聪为崇德，改后金国号为清。清入关以前，后金至清初的政权还处在初级阶段，当时的宫廷筵宴，由于受到文化、习俗和经济力量的制约,其烹饪技术还不算精湛,但在筵宴的等级、规格和形式上,还是很讲究,甚至是很活泼的。我们从下面的这些宴会的种类中就可以看出这一点。

一、太子河冰宴

冰宴,是自努尔哈赤建立后金以来,在冬季经常举办的一种别开情趣的筵宴活动。最初是在新宾的苏子河上举行,后来迁都东京城,遂在太子河上举行。在冰宴之前,还要举行各种娱乐活动,如踢形头、赛跑等。如努尔哈赤迁都沈阳的前两个月,还在辽阳太子河上举行过一次较大的冰宴活动。史书上将这种活动称为"跑冰戏"。《满洲秘档》一书中是这样描写这场冰宴活动的:

> 天命十年正月初二日,上(努尔哈赤)率众福晋、八旗蒙古诸贝勒及其福晋、诸汉官员及其妻等,御太子河冰上踢形头。诸贝勒率随侍人等踢形头二次。上与众福晋御冰之中央,命于两旁约地赛跑,先至者以金银为赏:初一等每分银二十两,二等每分银十两,置银十八分,使汉官员之妻等赛跑往取。落后者十八人,每人亦赏银三两。次每分银二十两;置银八分,使蒙古小台吉之妻赛跑往取。落后者八人,每人亦赏银十两。次每分银二十两、金一两,置金银十二分,使众人妻子与小台吉之妻等、诸贝勒福晋、与蒙古之众福晋等,均同赛跑往取。诸贝勒福晋及众人之妻,与小台吉之妻,均至,蒙古福晋落后者十二人,每人亦赏金一两、银五两。间有坠于冰者,上览之大笑。遂筵于冰上戌时⋯⋯

娱乐后的冰宴活动。无非是供膳者在河边搭起临时炊灶,烧烤或蒸煮一些山珍野味、禽畜之肉,娱乐者或以垫坐于冰上,或站于桌旁,配酒食之。此类筵宴,虽不算讲究,但也其乐陶陶,野趣横生。

二、娶亲宴

努尔哈赤统一了女真各部落后,在他建立后金国的前一年(明万历四十三年,即 1615 年),他曾为贝勒、大臣和一般官员之子娶亲,规定了娶亲宴的等级。即:

九畜宴——为贝勒、亲王、郡王之子娶亲的宴席。此宴准杀牛、羊、猪等九只牲畜用以制做肴馔。贝勒、亲王、郡王之子还亲时设宴亦不得超过九畜。

六畜宴——为大臣之子娶亲的宴席。此宴准杀牛、羊、猪等六只牲畜用以制作菜肴。大臣之子还亲时设宴亦不得超过六畜。

三畜宴——为大臣以下的一般官员之子娶亲的宴席。此宴准杀牛、羊、猪三只牲畜用以制做菜肴。一般官员之子还亲时设宴亦不得超过三畜。三畜宴是清初清太祖时期娶亲宴的最低等级。

三、家宴

这是一种小型的宫廷宴会。因常以宫内家族的形式出现,故称宫廷家宴。这种宴会,是努尔哈赤在赫图阿拉城建立后金国时期一度流行。宴时,不设专厅,也没有桌椅,是在炕上设炕桌,具有传统的民间格调。赴宴者围炕桌盘腿而坐。或者选在露天场所,地上铺着兽皮,赴宴者席地而坐就餐。这种宴会,规模较小,参加人数也少,也不注重礼仪,较为随便。宴会上的肴馔,多取料于山中的野味、山菜、苏子河中的水产等。

四、宴席

也是一种小型的宫廷宴会,不过比一般宫廷家宴"正规"一些。这种宴席,是努尔哈赤用来招待一般官员和汉官降人、戚属、外藩中职务较低级的人物的。宴中的肴馔多取料于猪、羊、鹿、獐、狍、公野猪等,也有苏子河产的细鳞鱼,一般以煮、炖、烤的方法制成。也有佐酒的菜肴,如炸肝、溜肚、血肠等；饮用的酒，则是米酒或烧酒。

五、露天宴会

这种宴会，是后金进入辽东地区后，在东京城、沈阳建都时常常举行。宴时的肴馔以陶制的火锅为盛器居多；火锅中的原料，多以羊肉片、猪肉片为主。满人食火锅的特点是不分季节，冬夏皆食，夏季有西瓜火锅。这类露天宴会的主食一般为稗子米饭、秫米饭。除火锅之外，还有其他肴馔，多是大碗炖菜，如炖羊肉块、炖猪肉块、炖牛肉块、炖鹿肉、炖狍肉等。饮用的酒类则多是烧酒或芦酒。主食除饭外，还有粘食和玉米面饽饽，但很少用，多以饭食为主。

六、大宴

这种宴会，多在年节或喜庆之日举行，参加人数较多，场面比较盛大，肴馔也很丰富。赴宴者多为外部族头人、外藩使臣、明朝的降官降将和公主、额驸回阙省亲等。这种宴会的盛行时期，则是在迁都沈阳以后。因为有外交和喜庆性质，通常是皇帝亲自赴宴，场面有几桌、十几桌、几十桌不等。如《满文老档》记述这种宴会时说："……（原档残缺）入八角殿（指汗）、屠四牛，治四十桌，大宴诸申、尼堪（指汉人），蒙古总兵官以下，千总以上……"宴上的肴馔，以选料精细、器大料丰为特色，即是选用肉块较整而质嫩的各种禽畜、野味之肉，经炖、煮、蒸、烤等方法加工后，盛于大盘或陶钵内上席，由宴者以小刀割之而食。尽管肴馔丰盛而实惠，但出于礼仪和礼节，赴宴者一般不宜放腹而食，以免失体面，常常是礼仪尽到后，见皇帝离宴，这种大宴亦即结束。

七、筵宴

筵宴是当时宫廷中的最高级宴会。其特点是礼仪隆重、陈设讲究、肴馔繁多而精美、场面盛大。多半是接待外藩或外部落的首领，或是军事大捷、喜庆大典、万寿节、千秋节等而举行的宴会。如在 1636 年初，后金改号为清的典礼举办完毕后，即设了这样的宴会。宴时，皇帝有专用的红漆大桌。所用牲畜一般需十多只，如牛、羊、猪、虎、熊、公野猪、狍、獐、鹿等。还有各种野禽和家禽，如山鸡、野鸭、鸡、鸭、鹅以及各式奶制品；主食有各种饽饽，如麻花饽饽、高丽饼、炸角子、撒糕等，以及大肉汤和水果，也有海味，如烧钱鱼、银口鱼等。酒类以烧酒为主，也有米酒、黄酒、奶子酒、清酒等。在筵宴中，还有杂耍、歌舞节目，或是大力士摔跤表演。

第四节　盛京的御府菜

御府菜，指后人对清入关前建都盛京时宫廷菜肴及王府菜肴的称呼。伪满时期，流行于东北的满汉全席（一种地方官宴）的菜单中，就记有"满洲八小炒"的一组菜，即：御府八宝酱、御府干贝菜心、御府掐菜辣子、御府椿鱼、御府鸭掌、御府酱鱼丁、御府铁雀、御府铁花里脊。如今，这类具有浓郁的东北地方和民族风味的菜肴，已经失传了。为了使这笔传统的烹饪遗产再度展现出来，达到"古为今用"的目的，有必要对它作番挖掘和整理，使之复活，重新走进餐厅。

历史上的沈阳故宫，曾被称为"留都宫殿""盛京宫殿"。它是清太祖

□ 沈阳故宫大政殿

努尔哈赤、清太宗皇太极营造并执政的地方，清世祖福临也曾在这里即位称帝。这里也是清朝对全国实施统治之前，东北地区局部政权的统治中心。而故宫内的大政殿（早期称为"大殿"，一度又称"笃恭殿"），是多用来举行各种大典（如皇帝即位、颁召大赦、宣布队伍出征、迎接将士凯旋等）的地方。当时宫廷的重要宴会，常在这里举行。据《大清会典》记载，后金（即大金）进入辽东地区后，就常常在沈阳故宫的大政殿前举行露天宴会。清太宗皇太极在万寿节（皇帝生日）或军事大捷时，也多在大政殿或殿前举行大宴。《清太宗实录》载："甲寅，上（指清太宗）御笃恭殿。召内外诸王、贝勒、贝子、文武君臣赐大宴……"又如《崇德实录稿》载："初四日，皇帝（清太宗）御大殿（即故宫）。聚外藩蒙古贝子，设大宴宴之。以人妆狮子及各色戏耍全。"这类筵宴所用原料，除了猪、牛、羊外，亦有东北出产的各种野味，如鹿、狍、獐、熊、虎、公野猪、野兔等，还有鸡、鸭、鹅等禽类及鱼类。这种鱼类，可能是鲟鱼、鳇鱼、细鳞鱼或鲈鱼，多产自黑龙江、苏子河或松花江。

自1644年后，康熙、乾隆、嘉庆、道光等清朝皇帝曾11次"东巡"，故宫便是他们的"驻跸"地，也是他们对朝政的临时处理地。这些皇帝御驾故宫时期，都要举行各种筵宴，即使日常膳食也是十分排场、奢侈。如康熙在位的第21年，他东巡盛京时，于三月六日在故宫祭奠开国四大功臣后，遂于大政殿赐宴群臣，"告祀礼成，宴请臣于旧宫"。又如乾隆在位的第43年，他东巡盛京时，于八月二十五日卯初二刻（五点二刻）在盛京保极宫用早膳，据《盛京照常节次膳底档》载，这次早膳"用摺叠膳桌摆：山药鸭羹热锅一品（双林做），燕窝口蘑锅烧鸭子一品（张东官做）、羊肉丝一品、清蒸鸭子鹿尾烧鹿肉攒盘一品、竹节卷小馒首一品、猪肉馅提摺包子一品（张东官做）。福泰安进菜八品、饽饽四品、安膳桌菜三品、饽饽二品、全猪肉攒盘一品、银葵花盒小菜一品、银碟小菜四品。随送红白鸭子烫膳进一品（此一日未使珐琅器皿等样，仍使照常家伙膳单垫底）。额食三桌、饽饽八品、奶子四品，内管领炉食三盘共一桌。福隆安进菜五品、饽饽二品（共一桌），全猪肉八盘一桌"。八月二十七日未正（午后两点），乾隆于盛京保极宫用晚膳，膳时，"用摺叠膳桌摆：野鸡热锅一品、燕窝肥鸡丝一品（双林做）、糖醋樱桃肉一品（张东官做）、鸭子萝卜白菜一品（郑二做）、羊西尔占一品；后送韭菜炒肉一品（常二做）、烧狍肉鹿尾烧鹿肉攒盘一品、象眼小馒首一品、鸡肉馅烫面饺子一品、白面丝糕糜子米面糕一品、粘花糕一品（系愉妃进）、粘散粉子饽饽一品、银葵花盒小菜一品、银碟小菜四品；随送粳米干膳进一品，次送饽饽二品、青水海兽碗菜一品、羊渣古一品（此二品系收的）共一桌"。再如乾隆在位的第48年，他第四次东巡盛京时，于九月二十日在大政殿赐宴群臣，桌宴排列后，"……皇帝（乾隆）乘黄舆至大政殿。臣等随东西班诸官降阶祗迎皇帝升殿。各就坐，大臣进酌，诸臣宣酝，堂下乐止。殿上有豹皮衣替数十人，或奏乐或歌唱，或齐和之。又有起舞于楹内者四五对舞者。是进酌大臣云：退舞。设角觚戏于阶下，戏毕，皇帝还宫。东西诸臣，皆于本位起立，别无祗送之节。诸臣罢时，宴桌亦不撤……"还应该说明的是，清代诸朝皇帝每次东巡盛京，都随带一个庞大的厨役班子，以供他们在盛京用好"御膳"。这就使盛京的御府菜和北京的宫廷菜有着内在的联系，使御府菜处在宫廷菜不断影响的环境之中，反之，辽宁的满族烹饪与食俗又给北京的宫廷菜以较深的影响，其烹饪技术水平不断得到提高和发展。

盛京作为清朝的留都，所属政权机构，皆沿袭北京朝制具体而微。当时的盛京亦有内务府，还有盛京将军府和户、礼、兵、刑、工五部衙门，城内遍布王府和官衙。那些居官盛京各衙门的宗室觉罗和王公大臣们，每当皇帝东巡盛京，都要受到赐宴，宫廷筵宴的风貌和肴馔的

□《盛京典制备考》中所记的膳食事务组织（影印件）

精美，不能不给他们日后的膳食以较大的影响。还有在京身近宫廷并时常受到赐宴的王公贵族，因触犯皇威或宫忌而遭受贬斥被遣归原乡本土盛京的，他们在饮膳和食俗上也会给御府菜带来一定的影响。随着清王朝的巩固和强盛，宫廷膳事愈加豪侈，盛京贵族阶层则对物质生活和在饮膳方面的追求也日益讲究。盛京王府和官衙中的厨役们，为了满足官宦显贵们愈来愈高的口味，则千方百计地创造荤素珍馐。而在这种创造过程中，按照主子的意图，如何追求和模仿宫廷菜肴的风味，取得烹饪技艺上的不断突破，则是一个重要的方面，也是形成御府菜的一个重要因素。

如果说御府菜从努尔哈赤、皇太极执政于沈阳故宫时就初具规模，那么经历了整个清代历史的阶段，这其间又不断直接和间接受到宫廷肴馔风格的影响，因此御府菜虽然没有什么丰富的史料可查，但仍可以推断出它达到了筵宴精美、肴馔烹制优良的地步的结论。同时，由于御府菜的产地是满族的故乡，受到满族食俗影响至深，想来御府菜比宫廷菜更具满族风味（因宫廷菜受汉族烹饪的影响较大）。在御府菜形成和发展的长期过程中，其风味特色也会从不同渠道通过市肆上的高级饭店体现和反映出来，予辽宁地方菜肴以深刻影响。

辛亥革命后，清朝倾覆，宫廷御膳房也随之解体，一些御厨被溥仪带到新京（今长春），使溥仪在伪宫中的膳食继续保持宫廷风味；另一方面，一部分市肆饭店和原来清朝官府中的庖厨也被应召入伪宫，由此也使溥仪的膳食结构，具有一定的东北地方风味特色，其中难免有御府菜的基因和影响。在伪满时期的东北官场宴会中，流行一种"满汉酒席"（见《北京民族饭店菜谱·宴会菜单·满汉酒席》，中国旅游出版社1982年版）；从这份保存下来的珍贵的菜单来看，其中就有"满洲八小炒"——即前面提到的那八款御府菜，尽管只有菜名，没有制法，但终归是给我们提供了一种探讨御府菜的依据。下面，笔者根据满族传统的烹饪特色，加上个人的理解和在实践操作中的体会，对这八款菜试做粗浅的补注，将它们复制出来：

御府八宝酱

将各二两重的鸡脯肉、净虾肉、猪里脊肉，各五钱重的熟火腿、冬菇（水发）、冬笋、鲜口蘑均切成二分见方的丁；五钱水发海米洗净。再把鸡肉丁、虾肉丁、猪里脊丁分别用一些鸡蛋和淀粉上浆，再分别用温油滑散至熟，捞出沥油，熟火腿丁、鲜口蘑丁、冬笋丁、冬菇丁用沸水焯一下，捞出沥水。然后将炒勺置火上烧热，放入一两五钱猪油，热时，用葱末、姜末炝锅，再放四钱黄酱炒透，遂下入"八宝丁"煸炒，一边煸炒一边加适量的酱油、鸡汤、绍酒、味精，稍煨后，用淀粉勾芡、淋些香油即成。成品黄润、咸口，因用八种原料炒制，并突出黄酱的味道，故名。

御府干贝菜心

取三两干贝，洗净，置容器中，加适量鸡汤上屉蒸软；取盖菜心二十棵，洗净，用沸水焯一下，捞出，再用冷水浸凉，再捞出，沥净水分，去掉根头和叶梢，用适量绍酒、精盐、白胡椒粉腌喂片刻，整齐排列于盘中。汤锅置火上，放入约二斤鸡汤，并用绍酒、精盐、味精调好口味，沸后，放入腌入味的盖菜心，用小火煨透（但不宜过烂），取出，整齐地码于盘中（煨盖菜心的汤可另用）。另用锅置火上，放入五两鸡汤，并用绍酒、精盐、味精调好口味，沸后，放入蒸软的干贝稍煨一下，遂用淀粉勾成薄芡，淋些鸡油，浇于盖菜心上即成。成品清淡悦目，咸口微轻。

御府掐菜辣子

取六两掐菜（即绿豆芽），摘去根、梢，留用中段，洗净后，沥水；取冬笋、扁豆（去纤）、熟火腿（均一两重）切细丝，再用沸水略焯一下，捞出沥水；取四钱去籽干红椒，亦切细丝。炒锅置火上烧热，加入一两猪油，热时，放入掐菜快速煸炒出水气，倒在漏勺中沥净油水；锅擦净，再置火上烧热，加入一两五钱猪油，热时，下入葱末、姜末和干红椒丝炝锅，遂放入冬笋、扁豆、熟火腿诸丝煸炒一下，再放入掐菜煸炒，一边煸炒一边加三钱绍酒和适量精盐、味精、香油，炒透装盘即成。成品色泽清丽，利落爽口，咸辣而刺激食欲，为火候菜。

御府椿鱼

取黄花鱼两尾（约二斤四两），治净，鱼身两侧剞兰草花刀，再用适量绍酒、精盐、白胡椒粉腌入味（约二十分钟）；二两香椿洗净，用沸水焯一下，捞出切细末。锅置火上烧热，放入约六两猪油，约四成热时，将腌过的黄花鱼沾匀面粉，再拖过鸡蛋液下入勺中半煎半炸，俟鱼煎炸至透、两面均呈金黄色时，倒入漏勺里沥油。锅涮净，再置火上烧热，添入一两五钱猪油，热时，用葱末、姜末、蒜片炝锅，依次放入六钱绍酒、八钱醋、一斤五两鸡汤和适量的精盐、香糟，沸后，放入煎过的黄花鱼，移小火加盖焖约二十分钟，俟锅内汤汁将尽，调些味精稍煨，将鱼用平铲取出，肚对肚地摆于盘中；将香椿末放入锅内余汁中，加些香油稍炒，浇在鱼身上即可。成品椿、糟香味并举，咸鲜而清淡。

御府鸭掌

取鸭掌三十只，治净，用水煮熟，捞出后，从掌背将骨拆除，再用适量绍酒、精盐、白胡椒粉腌入味；取熟火腿一两，切成二分长的象眼形小片六十片；选豆苗叶六十瓣，洗净，用沸水略焯一下，捞出用冷水浸凉。每只鸭掌从掌面部沾一层干淀粉，再抹一层调入味的鸡茸，然后用切好的火腿小片和豆苗嫩叶在上面摆成花草形状。全部制成后，掌面朝上摆入盘中，用小火蒸熟，取出，再整齐地摆在另一盘中。汤锅置火上，加五两鸡汤，用绍酒、精盐、味精调好口味，沸后，用淀粉勾成薄芡，淋些鸡油，浇在蒸好的鸭掌上即成。成品制工精巧，雅丽悦目，食之清鲜素淡。

御府酱鱼丁

选净鱼肉五两，切成三分见方的丁，先加适量酱油、绍酒腌拌一下，再用鸡蛋、淀粉上浆；一两冬笋，切成与鱼肉相同的丁；一两鲜豌豆，洗净，用沸水焯一下。取一小碗，放入三钱酱油、二两鸡汤、五钱绍酒、二钱醋、二钱白糖和适量盐、味精、淀粉、香油兑成红色卤汁。炒锅置火上烧热，加入一斤植物油（豆油或菜籽油），至四成热时，下入上浆的鱼丁划散至熟，捞出沥油；锅中油倒出，少留底油，用葱末、姜末、蒜末炝锅，再放入二钱黄酱炒透，然后放入冬笋丁、豌豆丁煸炒片刻，遂放入滑熟的鱼丁翻炒，最后泼入兑好的红汁炒匀即成。成品色泽深黄、紧汁抱芡、酱香味扑鼻，食之咸而微带回甜。

御府铁雀

取铁雀（即麻雀。因毛色似铁，故名）二十只，治净（须刺破眼，以防油炸时迸开，烫伤操作者），用适量酱油、绍酒腌拌入味（约二十分钟），再用热油炸透，呈深黄色时捞出，沥油。锅中油倒出，涮净，重放底油（约一两五钱），用葱末、姜末炝锅，再放入四钱黄酱炒透，依次放入五钱绍酒、六钱酱油、一斤五两鸡汤、四钱白糖和适量精盐，沸后，放入炸好的铁雀，再沸后，用小火加盖慢煨约二十分钟，见汤汁收干，调些味精稍煨，遂将锅撤离火口，用箸将铁雀一一夹至盘中摆好，锅内余汁用大火加香油炒亮，浇在铁雀上面，三两生菜叶洗净，围在烧好的铁雀周围即成。成品老红色、油亮滋润，食之咸香酥烂。

御府铁花里脊

取猪通脊肉（外脊肉）五两，切成柳叶片，先用适量绍酒、精盐腌渍一下，再用鸡蛋清、淀粉上浆；二两雪里蕻叶用水泡出咸味，捞出，沥净水分；取一小碗，放入二两鸡汤和适量精盐、绍酒、味精、淀粉兑成白汁。炒锅置火上烧热，放入一斤猪油，至四成热时，下入浆好的里脊片滑散至熟，捞出，沥净油分；锅中油倒出，少留底油，用葱末、姜末炝锅，再下入雪里蕻叶煸炒一下，然后下入滑熟的里脊片炒匀，遂泼入兑好的白汁炒透，淋些香油即可。成品白、深绿相间，明油亮芡，食之咸鲜滑嫩。因雪里蕻嫩叶喻为"铁花"，故名。

从上述探研御府菜的制法中，可知其烹饪风格具有选料精、配料多、加工细、汤色浓、口味醇的特点。御府菜从某一方面体现了满族菜肴的精华部分，是满族菜贵族风味的类型。

下卷

第八章 清代宫廷中的膳食事务管理

第一节 内务府的膳食管理机构

内务府是管理皇家事物的总机关。其属下的御茶膳房、掌关防管理内管领事物处，还有广储司的茶库，营造司的炭库、柴库，掌仪司的果房和庆丰司管辖的牲畜群（猪、羊等），都是宫廷膳食管理的组成机构。

一、御茶膳房

御茶膳房是负责管理皇帝、皇后和皇室人员及其他有关人员日常膳食的机构，并承担部分筵宴方面的事物。

清代初期，御茶膳房下设茶房、清茶房和膳房。茶房的司膳官员有总领三名、承应长四名；另有承应人三十六名、茶房人十七名。清茶房设承应长四名、承应人十六名、茶役八名。膳房的司膳官员有总领三名，另有饭房人三十五名、承应长两名、承应人十五名、庖长（厨师长）三名和厨役二十名。康熙十年（1671），宫中又增设侍卫饭房，也属御茶膳房管辖。此机构有领催六名、厨役十二名。后又增置催长二名，领催十一名，厨役二十八名。侍卫饭房专掌内廷各臣（如军机大臣、军机章京、上书房老师、南书房翰林、值班奏事的九卿官员等）和御前及各处侍卫的日常膳食。肴馔原料则按日由内膳房等处领取。据乾隆二十一年（1756）记载，仅紫禁城内各处值班官兵的饭食银两，每年竟达九千五百四十余两。

雍正即位（1723）后，御膳茶房由管理事物大臣总管。茶房和膳房总领奉旨授为二等侍卫（武职正四品），茶房人内另授三名三等侍卫（武职正五品）、四名蓝翎①侍卫（武职正六品）；膳房人内另授六名三等侍卫、七名蓝翎侍卫。

乾隆十五年（1750）五月又奉旨："内右门内太监等预备膳之膳房，着改为内膳房，其饭房着改为外膳房。"②此后，膳房又有内、外之分。内膳房下设荤局、素局、点心局、饭局、挂炉局等机构，专掌皇帝、皇后和妃嫔们的日常膳食，外膳房则承办部分筵宴及为值班大臣、侍卫等备膳。

乾隆二十四年（1759）奉旨，膳房总领改为尚膳正和尚膳副，茶房总领改为尚茶正和尚茶副。后来又规定：尚膳正额定三名，其中一等侍卫（武职正三品）一名、二等侍卫两名，尚膳副为三等侍卫，下设尚膳十二名（其中五名为三等侍卫，七名为蓝翎侍卫），再下设庖长四名、副庖长四名、庖人五十名；领班顶戴拜唐阿③四名、拜唐阿四十一名、承应长五名、承应人八十四名、催长两名、领催十一名，外膳房厨役二十八名，内膳房厨役六十七名。尚茶正额定两名，奉旨授为二等侍卫，一名尚茶副授为三等侍卫，下设尚茶六名（其中两名授三等侍卫，四名授蓝翎侍卫），再下设领班顶戴拜唐阿四名、拜唐阿二十三名、承应长四名、承应人七十一名。清茶房设承应长四名、承应人十六名。

乾隆三十六年（1771），御茶膳房又增设档案房，设主事一名、委署主事一名，每人各领披甲苏拉④五名，管理各项膳食档案事宜，后又增设笔帖式十一名，负责记载皇帝、皇后、妃嫔和宫中各项饮馔事宜。

嘉庆二十五年（1820），寿康宫又增设茶膳房，并设三等侍卫总领一名、蓝翎侍卫副总领一名、下设笔帖式一名、拜唐阿十一名、承应长二名、承应人十二名、茶役四名。寿康宫的茶膳房，是专掌太后、太妃日常茶膳之处。膳房设三等侍卫总领一名、蓝翎侍卫副总领一名、笔帖式一名、拜唐阿十五名、承应长两名、承应人十八名、庖长一名、庖人七名。

---

① 蓝翎：清制官六品以下用鹖鸟羽毛，称蓝翎，无眼，俗称老鸹翎，为礼帽上的装饰品。
② 光绪二十五年刊刻《大清会典·事例部》卷一一七三。
③ 拜唐阿：清代职名，满语，汉译为"有用的"或"成材料的"。清代各衙门无品级当差者的泛称。"领班顶戴拜唐阿"是拜唐阿的头儿，通常是皇帝被服侍得满意而赏赐其人某品顶戴。
④ 披甲苏拉：清宫御前侍卫、乾清门侍卫、尚膳侍卫（均为武职）属下的执役人。

皇子饮膳也有专门的饭房和茶房。其中饭房设委署顶戴头目一名、拜唐阿七名、承应人四名、庖人两名；茶房设委署顶戴头目一名、拜唐阿五名、承应人两名。

另外，在圆明园、颐和园等御园内，也设有御膳房（称"园庭膳房"）；在热河、滦河、张三营等行宫处，亦设"行在御膳房"，皇帝每次巡行，都要带一个御膳班子，以保证皇帝途中的饮馔需要。

御茶膳房下属还设有买办肉类处、肉房和干肉库等机构，负责各种肉类、海鲜品的采进、保管和供应。这些机构，由内务府派来的库长、库守主持。御茶膳房每日所需要的猪、羊等，由内务府所属的庆丰司供给。

二、掌关防管理内管领事务处

掌关防管理内管领事务处（以下简称"掌关防处"）是负责宫廷内"后勤"供应和食品加工的机构。此机构设郎中一名、员外郎一名，均由内务府司员兼任，另有笔帖式八名，下设正内管领三十名、副内管领三十名。这些管领，均属内务府三旗，每旗正、副管领各十名，共六十名。掌关防处的职掌，《钦定大清会典》（卷九五）中有着规定："掌供大内之物役，凡宫中之事，率其属而听焉。"该处内管领共使用宫中苏拉[①]四千九百五十名，其中服役于食粮钱等事宜的苏拉就有二千七百名。这些执役的苏拉，直接或间接地与御茶膳房的膳食有关。因为掌关防处下设的内饽饽房、外饽饽房、菜库、酒醋房、官三仓、恩丰仓等机构，都是为御茶膳房和宫中膳食服务的。

（一）内饽饽房

始建于雍正二年（1724）正月。设三十名内管领，每日轮流值班。另设仓长一名、仓副二名、仓上人十二名、饽饽厨役四十名、苏拉四名。内饽饽房主要承办皇帝、皇后、妃嫔日常饮膳用的各类饽饽，每月朔望[②]两日佛楼上用的"炉食供"和佛城用的"玉露霜供"，以及平时内用、赏用的

---

① 苏拉：满语。指执役人。清时内廷苏拉隶属太监，内务府亦有之，执役于宫内。

② 朔望：指农历每月初一日和十五日。

饽饽、馃子、花糕等，还有上元节①、端午节、中秋节等宫中所需要的元宵、粽子、月饼等。

（二）外饽饽房

始建于雍正二年（1724）正月。设正内管领一名、副内管领一名，另设仓长三名、仓副三名、仓上人二十名、厨役七十八名、苏拉十二名。外饽饽房主要备办皇帝、皇后、妃嫔等的宴桌和各类供桌、大宴桌，以及筵宴外藩蒙古王公用的班桌，皇子等用的内用桌，专备赏赐御膳用的跟桌，佛前上供用的小供桌、七星供桌等所需要的各种饽饽；还要备办供各寺庙用的供饼等。

（三）菜库

始建于康熙三十三年（1694）四月。由堂派两名内管领管理，另设库长一名、库守三十名、领催十五名、苏拉三十名。菜库负责管理和供应宫中所用的干、鲜蔬菜。宫中所需要的各种干、鲜蔬菜，一部分是由各地菜园头、庄头、瓜园头，每年按量缴纳，一部分是采买的。

（四）酒醋房

始建于顺治十年（1653）。由堂派两名内管领管理，另设酒匠十六名、酱匠十六名、醋匠八名、苏拉八名。酒醋房主要承办制作宫中所用的玉泉酒、白酒、醋、清酱、面酱、豆酱、酱豆豉，及酱王瓜、酱茄子、酱胡萝卜、酱瓜条、酱冬瓜、酱糖蒜、酱紫姜、酱莴笋、酱苤蓝、酱整瓜、酱包瓜等各种酱制小菜。

（五）官三仓

始建于雍正元年（1723）。设正内管领三名、副内管领三名，另设仓长九名、副仓长十八名、仓人一百三十六名。据《钦定大清会典》（卷九五）记载：官三仓为"掌供仓储之物用，凡内廷分例、各处分例及祭祀、筵宴等所需米、麦、盐、蜜、糖、蜡、油面及豆谷、芝麻、高粱等一切杂粮，并家伙等项，俱由本仓照例备办"。官三仓不仅负责上述物品的进纳和供出，还要负责管理。仅米、麦一项，其数目就大得惊人。如每年专供皇帝、皇后们食用的上等好米需七十石，其他各处还需用白米六千石、老

---

① 上元节：农历正月十五日为上元节，十五日夜称元夜、元宵。

黄米八千石，麦子每年需用一万石之多。宫中用蜜由打牲乌拉处① 交运；糖、蜡、香油、灯油等由广储司出银采购。油面和苏油，由官三仓用苏子加工榨取；香油、灯油亦由广储司出银采购，岁用银更多，需三万三四千两。由于官三仓的管理项目复杂，吞吐量大，银两出入颇多，所以每三年需由钦派大臣率人盘查清点。

（六）恩丰仓

恩丰仓始建于乾隆二十八年（1763），奏准："东华门外空闲围房设恩丰仓一座。今仓物运储米石，以备太监等支领。"② 由内务府派司员一名和内管领一名主持。该仓是专门运储米石的仓场，主要供应太监等所需口粮。其中共有房屋七十四间，又分大仓七座，每座储米三千石；小仓五座，每座储米一千八百石。这十二个粮仓，按天、地、宇、宙、日、月、盈、余、秋、收、冬、藏等十二个字编号。每座仓均由内务府都虞司派章京、领催和披甲等人轮班看守。每年的正月、四月、七月和十月，为两黄旗太监领米之日，二月、五月、八月和十一月，为正白旗太监领米之日。每至领米之日，由恩丰仓知会该旗，传告太监来此按量领米，每次并限三日内领完。粮米收放完毕时，呈堂报账核销，年终并要汇总提奏。因此仓账目出入甚大，所以也与官三仓一样，每隔三年亦由钦派大臣率人盘查清点。

内务府所属的御茶膳房和掌关防处下设的内饽饽房、外饽饽房、菜库、酒醋房、官三仓、恩丰仓等机构，主要是负责管理皇帝、皇后和其他皇室成员，以及内廷大臣、侍卫、太监等的日常膳食所用食品。

第二节　光禄寺

光禄寺是沿袭明朝宫廷膳食机构体制设立的。始于顺治元年（1644），

---

① 打牲乌拉处：地址在吉林省永吉县乌拉街镇，又称"布特哈乌拉城"。满语"布特哈乌拉"，汉译为江河渔猎之处。"打牲乌拉"在文献中亦有"捕牲乌喇"之称。顺治初年设置。康熙四十五年（1706年）在旧城之东重建新城。这里设置打牲乌拉总管衙门，是专给皇室采捕鲟鳇、蜂蜜、人参、松子、东珠、貂皮等贡品的特设机构。

② 《光绪会典事例》卷一一九二。

初设时隶属礼部管辖,康熙十年(1671)分出另立,光绪二十四年(1898)复又并入礼部,但不久又分出,直至光绪三十二年(1906年),于宫内官制改革时,才又重归礼部,以至同清朝共覆。光禄寺是国家专门管理筵宴的机构,除内廷筵宴和宗室筵宴外,宫中其他各类筵宴,均主要由光禄寺具体办理(或光禄寺与内务府共同办理)。

光禄寺的职官,《钦定大清会典》(卷七十三)中规定:"光禄寺管理事物大臣满洲一人……卿,满洲一人,汉一人;少卿,满洲一人,汉一人。"其职掌是:"掌燕劳荐飨之政令,辨其品式,稽其经费。凡治具,则戒其属以供事。"

一、光禄寺的组织机构

(一)大官署

设署正二名(满、汉各一)、署丞二名(满洲)。大官署为"掌供豕物"[①]之所,具体承办宫中祭祀、筵宴所需的猪、猪肉(俱据各处来文供备)。另外,咸安宫和景山的教习人员和办理经咒人员每日所需猪肉,内廷各处造办饽饽的桌张,御书处造墨所用的猪油、猪胆,也均由大官署承办。

(二)珍馐署

设署正二名(满、汉各一)、署丞二名(满洲)。下设打牲纲户长六名、壮丁五十四名(每名壮丁给地五十一亩,由珍馐署管理)。珍馐署为"掌供禽兔"[②]之所,具体备办宫中祭供、筵宴所用各类野味、鱼鲜。如每月朔望需供用七只活兔,每岁七月上旬需用水鳧十八只,九月上旬需用鸿雁十八只,十一月上旬需用活兔十八只,十二月荐献鸭蛋二百个,每岁冬季荐献银鱼二百尾;还有天坛、地坛、太庙、历代帝王庙、关帝庙、寿皇殿等处祭祀时所需用的活兔等,均需珍馐署承办。另外,宫中供其龙壶龙爵,各处所需天池茶、黄茶和煎熬乳茶处(由一名茶长、十一名蒙古熬茶人组成),也由珍馐署负责备办和管理。

---

①② 光绪二十五年刊刻《大清会典·光禄寺则例》卷四十三。

(三) 良酝署

设署正二名（满、汉各一）、署丞二名（满洲）。良酝署为"掌供羊酒"①之所，具体承办宫中祭祀、筵宴所用的各种酒类如乳酒、祭酒、燕酒、烧酒和乳油、羊、羊肉、牛酪等。另外，负责酿造诸酒的酒局库（设库史二人，由正黄旗、镶蓝旗各一人充任），也属良酝署管理。

(四) 掌醢署

设署正二名（满、汉各一）、署丞二名（满洲）。掌醢署为"掌供醢酱之物"②之所，具体承办宫中筵宴所用的酱、醋、花椒、白盐、砖盐等调料、香料。这些调料、香料，俱据宫内各司来文发给。

(五) 银库

设司库二名（满洲）。另设库使八名，兼司出纳。银库为"掌银库之藏"③之所，具体承办宫中祭祀、筵宴所用的金尊池、金台盏、金钟、金大执壶、金小执壶、银尊池、银台盏、银钟、银杓、银大罐、银大执壶、银小执壶、银茶壶、铜盘、铜碗、铜碟等。这些金银等盛器，皆由银库收储，按事应用。其盛盖金银等器皿的缎袱、布袱及油单、布单等物，均由库行文，工部移取。

光禄寺除上述机构外，还有"掌章奏文移"④的典簿厅，"掌催理挡案"⑤的督催所，"掌收文监印"⑥的当月处，"掌膳册奏销"⑦的黄册房等，均有典簿、署正或由堂官派人管理。

二、光禄寺承办筵席的种类和规格

光禄寺承办的各类筵席，分满、汉两种。"满席自一等至六等。"

一等席：用面定额一百二十斤，席上有玉露霜方酥夹馅各四盘，白蜜印子、鸡蛋印子各一盘，黄白点子、松饼各二盘，合图例大饽饽六盘，小饽饽二盘，红、白馓子三盘，干果十二盘，鲜果六盘，砖盐一碟；其陈设计高一尺五寸；每桌银价八两；一般用于皇帝、皇后死后的随筵。

二等席：用面定额一百斤，席上有玉露霜二盘，绿印子、鸡蛋印子各

---

①②③④⑤⑥⑦　光绪二十五年刊刻《大清会典·光禄寺则例》卷四十三。

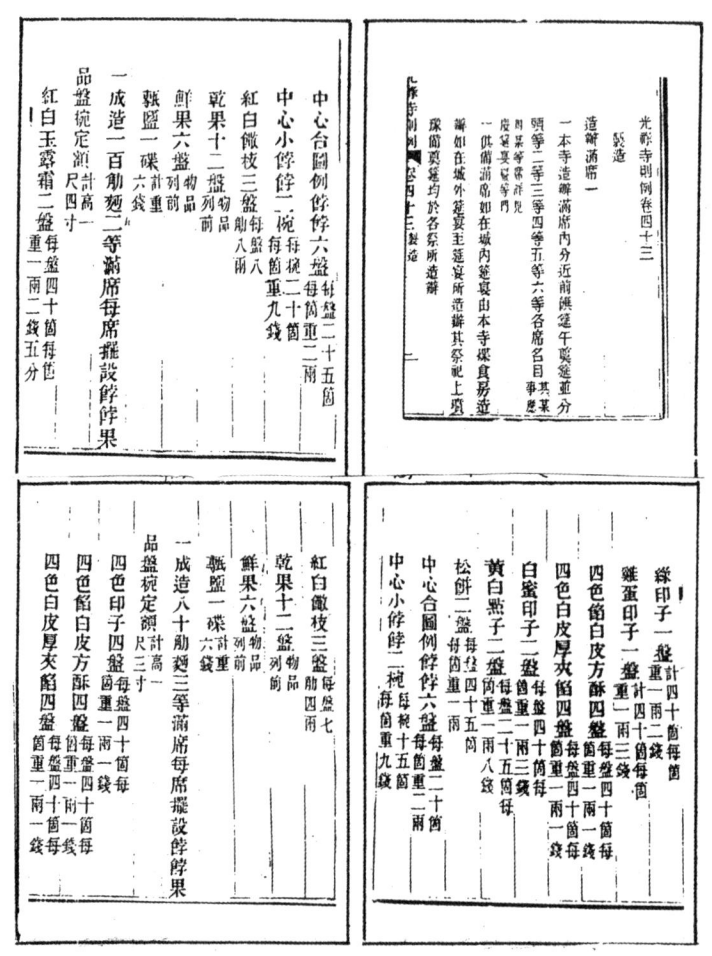

□ 光绪二十五年刊刻《大清会典·光禄寺则例》（卷四十三）记载的"满席"膳单（部分）

一盘，方酥翻馅饼各四盘，白蜜印子、黄白点子、松饼各二盘，饽饽以下与一等席同；其陈设计高一尺四寸；每桌银价七两二钱三分四厘；一般用于皇贵妃死后的随筵。

三等席：用面定额亦为一百斤，席上无黄白点子、松饼，另有四色印子四盘，福禄马四盘，鸳鸯瓜子四盘，其他与一等席同；其陈设计高一尺三寸；每桌银价五两四钱四分，一般用于贵妃、妃、嫔死后的随筵。

四等席：用面定额六十斤，方酥以下，大体与三等席同，其陈设计高一尺二寸；每桌银价四两四钱三分；主要用于元旦、万寿节、皇帝大婚、大军凯旋、公主或郡主成婚等筵宴及贵人死后的随筵等。

五等席：用面定额四十斤，方酥以下，大体与四等席同；其陈设计高一尺一寸；每桌银价三两三钱三分；用于赐宴朝鲜进贡的正、副使臣，西藏达赖喇嘛和班禅额尔德尼的贡使，除夕赐下嫁外藩的公主及蒙古王公、台吉等的馔宴。

六等席：用面定额二十斤，无方酥夹馅、四色印子、鸡蛋印子，余与五等席同；其陈设计高一尺；每桌银价二两二钱六分；用于赐宴经筵讲书、衍圣公来朝，越南、琉球、暹罗（今泰国）、缅甸、苏禄（今菲律宾的苏禄群岛）、南掌（今老挝）等国来朝进贡的使臣。

"汉席自一等至三等"，又有上席、中席之分。

一等席：有鹅、鸡、鸭、鱼、猪肉等肴馔二十三碗，果食八碗、蒸食

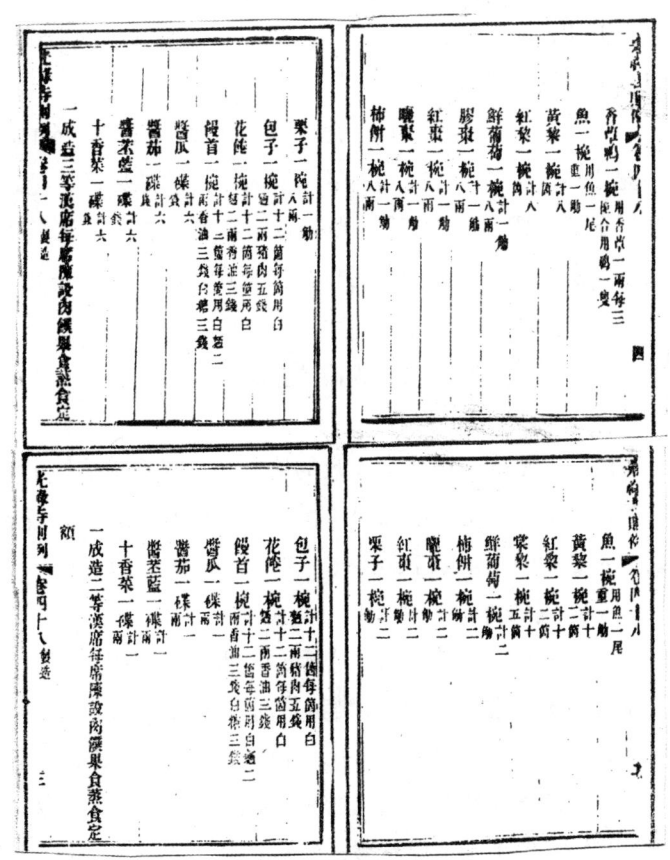

□光绪二十五年刊刻《大清会典·光禄寺则例》（卷四十三）记载的"汉席"膳单（部分）

三碗、蔬食四碗；主要用于赐宴主考和举贡等官。

二等席：不用鹅，其他与一等席大体相同，有肴馔二十碗，多用于赐宴同考官、监试御史、提调官等。

三等席：不用鹅、鸭，有肴馔十五碗，果实以下，与二等席同，内帘、外帘、收掌四所和礼部、光禄寺、鸿胪寺、太医院等各执事官，均用三等席。

上席：高桌陈设宝装一座，用面定额二斤八两，宝座花一攒，肉馔设九碗，果实五盘，蒸食七盘，蔬菜四碟；矮桌陈设猪肉、羊肉各一方，鱼一尾。文进士的恩荣宴、武进士的会武宴和主席大臣、读卷执事官等均用上席。

中席：高桌陈设宝装一座，用面定额二斤，绢花三朵，肉馔以下与上席高桌同。文、武进士和鸣赞官等用中席。

上述各等汉席，主要用于临雍宴，赐宴文、武会试考官，或实录、会典等书开馆编纂日及告成日赐宴等。

另外，光禄寺设有炸食房，是厨役掌灶操作肴馔的地方。各种宴席制作完毕后，盛入器内，置于红油矮桌上，酒要装在瓷罐里，"系以红络，均列于饽饽棚内"，然后由光禄寺堂官检验查看，再按桌缠上红布，覆以红袱，夜里由厨役看守，翌日再抬至现场陈设，以备宴用。

三、光禄寺备供祭品、筵宴的职掌

清宫因是皇帝居住和执政的地方，是封建统治的中心，因此每年各种祭祀活动和大小筵宴频繁不断。据光绪朝刊刻的《大清会典·光禄寺》记载，光禄寺的主要职掌是：

（一）寺堂官巡视宰牲

每临大祭祀（如天坛、地坛、太庙等处祭祀）前期，寺堂官需巡视宰牲事宜，并要报告备供情况。是时，太常寺官员要设香案于宰牲亭外，"导引二人前导"；光禄寺的一名堂官诣案前，"向宰牲亭立"；俟三上香毕，即与御史礼部司官共同监视宰牲事宜。宰牲时，太常寺官需赴牺牲所领牲，领来的牛要覆以彩缎，经过香案入宰牲亭。每宰一头牛，负责报牲的厨役要跪在香案前高声报告。

（二）卿二人执事皇帝受福胙

皇帝受福胙（祭祀用的肉）时，由光禄寺卿二人执事，并由满洲卿执事皇帝进胙。如满洲卿因故未能执事，由汉卿替之，再下则由满洲少卿、汉少卿依次替之。祭时，由司爵官、司胙官恭奉福酒福胙，陈于左边胙桌上，上面还设有盛福酒的龙壶和进福酒的爵、盛福胙的龙盘。皇帝行终献礼毕，司爵官执爵酌酒，司胙官奉胙，皇帝跪受福酒福胙，然后由侍卫接过，陈于右边胙桌上。祭毕，由光禄寺官员率厨役恭舁，福酒送清茶房，福胙送内膳房。并由光禄寺负责颁胙，各衙门需持单赴祭所祇领。颁胙时也有差别，如宗人府、内阁为一等，理藩院、都察院、詹事府、光禄寺、太仆寺、顺天府、鸿胪寺等为一等，翰林院、国子监、太医院、中书科等为一等……掌仪司颁胙，由光禄寺差役送交。

（三）列圣、列后大事备馔筵、奠筵

列圣、列后大事时，光禄寺需备供馔筵、奠筵。如初崩朝晡，日中三设奠：朝晡，需各献羹饭肴馔一席；午奠，需供馔筵一席；殿奠启奠，均需供奠筵二十一席。月祭，供奠筵十一席；百日奠，供奠筵二十五席；四时大祭时，清明供奠筵二十五席；中元，供奠筵二十一席；冬至、岁暮供奠筵三十一席；祖奠，供奠筵三十一席。途次朝晡奠时，朝奠，献羹饭肴馔一席；晡奠，供馔筵一席；飨奠、迁奠，各供馔筵二十五席；期年再期三周年致祭，俱供奠筵三十一席等。凡近前馔筵，用一等满席；午奠馔筵，用二等满席。光禄寺备办这些奠筵、馔筵时，需准于礼部来文。皇贵妃、贵妃、妃、嫔、皇子、皇子福晋[①]等初薨，移殡宫后，所用奠筵、馔筵，经准后，也由光禄寺如数供备。

（四）僧道诵经备斋筵

僧道对坛诵经时，光禄寺需按大例、中例、小例备供斋筵。大例者，需供僧坛、道坛（佛正棚）供品各八十碗（共一百六十碗），其中粘果十碗、大鲜果三十碗、大干果三十碗、大炉食三十碗、大蜜炸衬三十

---

① 福晋：满语，即妻子之意。汉语译为"夫人"。清代亲王或郡王世子妻室，清制均要加封，正室封为"福晋"，侧室封为"侧福晋"。福晋也有贵夫人之意。

碗、大蒸食三十碗。佛正棚左右，还需各用供品三十碗，两坛共计用供品一百二十盘，其中大干果六十碗、大炉食二十碗、大蜜炸衬二十碗、大蒸食二十碗。天地亭、九庙棚、韦驮棚、楼棚、库棚等各棚，各用供品二十碗，两坛共计用供品二百碗，其中中干果五十碗、中炉食五十碗、中蜜炸衬五十碗、中蒸食五十碗。供献棚内的供品，两坛共用一百六十二碗（每坛用供品八十一碗），其中大干果十八碗、粘果十八碗、大鲜果十八碗、大炉食十八碗、大蜜炸衬十八碗、大蒸食十八碗、茶食十八碗、拖荤十八碗、炸素十八碗。取水用的供品，两坛共用五十碗（僧坛、道坛各用二十五碗），其中大鲜果十碗、大干果十碗、大炉食十碗、大蜜炸衬十碗、大蒸食十碗。其大供陈设，计高一尺四寸，其中供陈设，计高一尺三寸。中例者，需供僧坛、道坛（佛正棚）的供品数量与大例同，佛正棚左右的供品数量亦与大例同，但规格不是大供，而是中供；天地亭、九庙棚、韦驮棚、楼棚、库棚的供品仍与大例同；供献棚内的供品，则少于大例，两坛共用九十八碗（每坛用四十九碗），其中大干果二十八碗、大粘果十四碗、大鲜果十四碗、大炉食十四碗、大蜜炸衬十四碗、大蒸食十四碗；取水用的供品，复与大例同。其大供陈设，计高一尺三寸；其中供陈设，计高一尺二寸。小例者，备供数量皆与中例同，唯大供陈设，计高一尺二寸，中供陈设，计高一尺一寸。按小例核减备供者，佛正棚内无大鲜果供，其余与大例同，供献棚内的供品，两坛共用五十碗（每坛用二十五碗），其中粘果十碗、大干果十碗、大炉食十碗、大蜜炸衬十碗、大蒸食十碗；取水用的供品，两坛共用四十碗（每坛用二十碗），其中大干果十碗、大炉食十碗、大蜜炸衬十碗、大蒸食十碗；余俱与小例同。

另外，凡僧坛、道坛、佛前供献，光禄寺每日还需备供素馔三席，取水供献，每次用素馔一席；请神供献，每次用素馔一席；禅僧诵经、佛前供献，每日用素馔三席；监经大臣，每人每日用素馔二席；执事等各官，每二人每日用素馔二席。这些素席，每席俱用素馔十二碗。

还有，喇嘛诵经时，光禄寺需据礼部来文如数备办果供，其品种为荔枝、龙眼、葡萄干、晒枣、松子炉食等，每盘固定二十个。

（五）文武殿试备饭食

文武殿试时，光禄寺需为读卷执事官等备办饭食，每桌定额为肉馔六碗二盘，又有蒸食三盘、干果八盘。阅卷结束时，需为阅卷大臣备早餐（加用宝装一座），早餐的品种有：金饼一盘、白饼一盘、芝麻饼一盘、馒头两盘。

（六）大军凯旋备饭食

大军凯旋时，光禄寺需为解俘官备办饭食，每桌定额为肉馔十碗、蒸食三盘、干果四盘、鲜果四盘。

（七）宫中庆典备茶宴

凡宫中庆典时所办茶宴、迎送下嫁外藩公主和蒙古王的筵席、除夕给下嫁外藩公主和蒙古王的筵席、迎送出征大将军经略的筵席、接待达赖喇嘛所赐筵席等，所用乳茶皆需光禄寺备办，其数量均以桶记，由寺内官员具体负责承办。承办官需前一日率熬茶蒙古至备茶所，并由承办官监视其熬茶。

（八）贡使等来京供食物

光禄寺除上述职掌外，还要给来京的衍圣公、各地和外藩的贡使及随役、来京领取梳绸的喇嘛、来京的达赖喇嘛和班禅额尔德尼，以及内药房医生、殿试内阁写榜供事等备供所赐食物。这些食物的品种和数量，都有明确的规定。每至岁除，蒙古王、固伦公主额驸、科尔沁图什叶图汗亲王等来京庆贺，所赐筵席、乳茶、食物等，也由光禄寺承办。

每至元旦、万寿、除夕时，皇帝要赐宴外藩蒙古王公等，备办的筵席由内务府和光禄寺共同办理；皇太后圣寿、皇后千秋、各级妃嫔的生辰等日所举办的筵宴，皇子、皇孙、皇曾孙等婚礼中的初定礼、成婚礼筵宴和普宴宗室，以及皇帝举办的千叟宴等，则主要由内务府负责备办。

第三节　尚膳侍卫、司膳太监和厨役

清代宫中的膳食规制既复杂又特殊。皇帝和皇家的各类筵宴频繁不断，一方面宫中膳食缺乏统一的管理机构，各膳食机构的职官、职掌也常常变化不定；另一方面，皇帝和皇家人员是要每日必餐的，因此就需要大量的服侍者。直接为皇帝、皇家人员的膳食服务的，一般由司膳太监充职；至于肴馔、茶点的烹制，则归于厨役。

一、尚膳侍卫

清宫的侍卫大体有御前侍卫、乾清门侍卫和尚膳侍卫。尚膳侍卫专司帝后和妃嫔等处的进膳、办膳事宜，"膳房进膳、办膳之事，头、二、三等侍卫（此侍卫皆内务府人，非大门、乾清门侍卫也）及拜唐阿掌之"[①]。尚膳侍卫中，又分头等侍卫尚膳正、二等侍卫尚膳正、三等侍卫尚膳副、二等侍卫尚茶正、三等侍卫尚茶副、三等侍卫正总领、三等侍卫、蓝翎侍卫副总领、蓝翎侍卫等职别。

尚膳侍卫的具体职掌是主持御茶膳房，他们的编制及其所属人员，我们从清代档案《御茶膳房请领门照官员等清册》中便可明了：御茶膳房设头等侍卫尚膳正一员、二等侍卫尚膳正二员、二等侍卫尚茶正一员、三等侍卫尚茶副一员（以上各跟役两名），再下设膳上三等侍卫三员（各跟役一名）、茶上三等侍卫一员（跟役一名）、膳上蓝翎侍卫三员（各跟役一名）、茶上蓝翎侍卫一员（跟役一名）、额外蓝翎侍卫副总领二员（各跟役一名）。在这些侍卫之下，还有具体主掌各处职官，他们是：堂主事一员（跟役一名）、笔帖式八员、候补笔帖式一员、阍寝尚茶副二员（各跟役一名）、阍寝尚膳副一员（跟役一名）、膳上库掌四名、膳上庖掌三名、膳上领班拜唐阿三名、茶上领班拜唐阿二名、茶上库掌一名、膳上拜唐阿三十二名、茶上拜唐阿二十四名、额外茶膳上拜唐阿十七名、茶膳承应掌三名、副库掌一名、副庖掌一名、承应掌六名、承应人八名、茶膳房效力拜唐阿十三名、茶膳承应人四十二名、侍卫饭房催总二名。

内务府对御茶膳房尚膳侍卫等人的管理，有着严格的规定，这在清代档案《御茶膳房确无嗜好实已断净并附三人保一人员衔名册》（无朝年）和《御茶膳房有无嗜好人员数名册》（宣统元年）中均有记载。

第一，凡在御茶膳房供职的侍卫官员，每人均要有三人做保。如《御茶膳房确无嗜好实已断净并附三人保一人员衔名册》中载："头等侍卫尚膳：维康；保人（为撰者加）：继德继、善秀铣。二等侍卫尚膳：永福；保

[①] 〔清〕吴振棫：《养吉斋丛录》卷二十四。

人（为撰者加）：庆治庆、林显广。三等侍卫尚膳：吉顺；保人（为撰者加）：治恩福、昱兆泰。……"从字面上看，似乎每位侍卫只有两人做保，但仔细辨别，这保人姓名，并非只有二人，而是三位保人的姓名拆解，重新组合，这大概是一种管理上的办法吧。

第二，尚膳侍卫要做到"确无嗜好"。所谓"确无嗜好"者，大凡是指私念或情欲。对能做到这点的侍卫官员，御茶膳房的清册上都有明确的记录。如宣统元年的《御茶膳房有无嗜好人员数名册》中，就有对头等侍卫尚膳正玉秀等二十七人"以上确无嗜好者二十七人"的记载。侍卫们做到"确无嗜好"，为的是专心效忠皇上。

第三，提倡净身，净身是"确无嗜好"的保证。做到净身的侍卫官员，清册上也有明确的记载。如对三等侍卫尚膳副吉浦、三等侍卫福泰等五人，《御茶膳房有无嗜好人员数名册》中就记云："以上实已断净五员。"

第四，对于嗜好情形可疑，又未净身的侍卫官员，则无人敢保，并要内控掌握。如《御茶膳房有无嗜好人员数名册》中，对二等侍卫尚膳正德善、二等侍卫尚茶正庆云等十人，就有"以上情形可疑十员，送所查验"的记载。

御茶膳房的尚膳侍卫们，乃是皇帝的近侍，对他们的严格管理和控制，是为了确保皇帝的绝对安全；从这一点上来看，御茶膳房的人员清册中关于侍卫们有无嗜好的记载，就不令人为奇了。

二、司膳太监

清以前，特别是明中叶以后，宫廷太监拥有出使、监军、镇守和侦察官民等大权。到了清代，鉴于明太监有专横之弊，遂削减其人数、权力，设总管太监为首领，授爵以四品为限，隶属于内务府管辖。由于太监在宫中的职务很广泛，因此明细分工，各有专司。专司膳食的太监则通称为司膳太监。司膳太监中也有严格的等级，可分为总管、首领和一般太监等，如：七品执守侍总管太监、八品随侍首领太监、司膳太监、抬水差使太监……这些太监，专司上用膳馐、各宫馔品及各处供献、节令宴席、随侍、坐更等。

太监虽是官名，但作为一般司膳太监来说，其实只是皇帝的膳食仆役。他们的职掌是为皇帝传膳、抬膳桌、捧食盒、摆餐具、递饭菜等，有的要"尝膳"（以防食物有毒有异，太监尝过，皇帝方能食之），有的随时服侍皇帝左右。皇帝用膳完毕，还要撤家伙，或是奉旨将肴馔分赏妃嫔和其他人等。末代皇帝溥仪在他所著的《我的前半生》一书中，对司膳太监们为他备膳的情形有过详细的记述：

> 到了吃饭的时间——并无固定时间，完全由皇帝自己决定——我吩咐一声"传膳！"跟前的御前小太监便照样向守在养心殿的明殿上的殿上太监说一声"传膳！"殿上太监又把这话传给鹄立在养心门外的太监，他再传给候在西长街的御膳房太监……这样一直传进了御膳房里面。不等回声消失，一个犹如过嫁妆的行列已经走出了御膳房。这是由几十名穿戴整齐的太监们组成的队伍，抬着大小七张膳桌，捧着几十个绘有金龙的朱漆盒，浩浩荡荡地直奔养心殿而来。进到明殿里，由套上白袖头的小太监接过，在东暖阁摆好。平日菜有两桌，冬天另设一桌火锅，此外有各种点心、米膳、粥品三桌，咸菜一小桌。食具是绘着龙纹和写着"万寿无疆"字样的明黄色的瓷器，冬天则是银器，下托以盛有热水的瓷罐。每个菜碟或菜碗都有一个银牌，这是为了戒备下毒而设的，并且为了同样原因，菜送来之前都要经过一个太监尝过，叫做"尝膳"。在这些尝过的东西摆好之后，我入座之前，一个小太监叫了一声"打碗盖！"其余四五个小太监便动手把每个菜上的银盖取下，放到一个大盒子里拿走。于是我就开始"用膳"了。

溥仪进膳完毕，领班的司膳太监还要向太妃们禀报溥仪的进膳情况。

如上所述，皇帝每日用膳，最少需有几十名司膳太监服侍，再加上服侍太后、太妃和其他皇家人员的司膳太监，那数目就十分可观了。这些司膳太监，虽然每天周旋于肴山馔海，自身的膳食却极平常，不得"近水楼台"，未经帝后赏食，断不敢擅吃剩食。且又有些戒律约束他们，如这些司膳太监和其他太监一样，都是不吃牛肉，吃牛肉是犯了大五荤，殿神会罚他们在树皮上蹭嘴，直蹭到皮破血流为止。他们的收入虽然微薄（最高定额为月银八两、米八斤、制钱一贯三百，最低定额为月银二两、米一斤半、制钱六百），可是他们还要给殿神上供，每逢初一和十五，要自买鸡蛋、点心、酒和豆制品等供神，到了年节，还要供整猪整羊和大量的果品。这虽然是经济负担，可他们却自愿自觉，希望殿神保佑他们逢福避祸。

三、内廷厨役的腰牌册

明代宫廷中，厨子有铜质腰牌，类似"身份证"或"出入证"，清代宫廷中的厨子有无此物，至今尚无实物可考。但清代档案中有《内廷厨役腰牌册》（无朝年），详细记录了内廷各膳房厨役的编制、人数、年龄和面部特征。既然有腰牌册，就可以推断出当时内廷的厨役也应该是配有腰牌的了。

这份《内廷厨役腰牌册》，共记有二百二十位厨役（第一号至二百二十号）。其记法是："第一号：承应供差厨役刘金山，年六十岁，面黄有须；第二号：宋广荣，年五十八岁，面黄有须；第三号：张永寿，年五十九岁，面黄有须；第四号：杨清心，年六十二岁，面黄有须；第五号：周福，年六十一岁，面黄有须；第六号：赵德海，年五十七岁，面黄有须；第七号：王文广，年五十岁，面黄有须；第八号：李秀利，年五十八岁，面黄有须；第九号：赵文玉，年三十二岁，面黄无须；第十号：温崇秀，年

□ 内廷厨役腰牌册（节录）

四十九岁,面黄无须……"在这二百二十位厨役中,第一号至十五号为承应供差厨役,第十六号至三十号为承应供差苏拉,第三十一号至三十七号为御茶房茶役,第三十八号至七十二号为野意膳房厨役,第七十三号至九十号为长春宫厨役,第九十一号至九十七号为长春宫他坦厨役,第九十八号至一百〇五号为长春宫茶役,第一百〇六号至一百二十四号为重华宫厨役,第一百二十五号至一百三十四号为重华宫他坦厨役,第一百三十五号至一百四十四号为重华宫茶役,第一百四十五号至一百七十一号为永和宫厨役,第一百七十二号至一百八十六号为永和宫他坦茶役,第一百八十七号至一百九十四号为永和宫茶役,第一百九十五号至一百九十六号为野意膳房写字人,第一百九十七号至二百〇六号为野意膳房厨役,第二百〇七号至二百一十二号为野意膳房苏拉,第二百一十三号至二百一十六号为野意膳房厨役,第二百一十七号至二百二十号为野意膳房苏拉。这些内廷厨役中,年龄最大的为康景清,年七十三岁,年龄最小的为陈国珍,年仅十六岁。不仅如此,在这份《内廷厨役腰牌册》中,对一些变动、传出或遗失的厨役,也都有详细的注明,如"十二月十四日由敬事房交出三十五名(第三十八号至七十二号——撰者注)经销出记""第一百二十二号:于长顺,年四十九,面黄有须。二十四年八月初十日遗失""第一百九十五号:野意膳房写字金简斋,五月十四日敬事房传出""第二百〇五号:刘隆溪,年十七,面黄无须。遗失""第二百〇七号:野意膳房苏拉徐福亭,年三十八,面黄无须。五月十五日敬事房传出"等。

这份《内廷厨役腰牌册》,不仅反映了内廷膳房严格的管理制度,也对各宫所用厨役的人数和他们的职别提供了证据,是我们研究和探讨清宫御厨们厨事活动的珍贵的原始资料。

四、额外招募厨役

御茶膳房的厨役总计能有多少?清代膳食档案中无明确记载。吴振棫的《养吉斋丛录》(卷二十四)中,却为我们提供了一段难得的依据:"旧时,膳房匠役四百名,道光癸卯,裁二百名。"这说明,起码在嘉庆朝,御膳房的厨役计有四百名,推计在"乾隆盛世"年代,由于乾隆皇帝讲吃讲喝讲排场，御膳房厨役的数目还要多些。

由于清宫中的各类膳食事项十分繁杂，各膳房的厨役时有调动，加上其中有衰老病死者、触犯宫规逐出者，因此厨役的人数往往变化不定。另外，如王府、官府或市肆酒楼饭庄、风味食铺所制肴馔，一旦为帝后所赏识，遂招其厨役入宫，这种情况，叫作"额外招募厨役"。如苏州名厨张东官，就是此种事例。高阳说他"不是曹寅，便是李煦为康熙物色的苏州厨子，大概是个六品顶戴，不过上面多了个顶子，下面却少了一物，不然不会进宫当差"[①]。这得做些补释。张东官是"苏州厨子"没有错，《盛京节次照常膳底档》[②]中就有"苏州厨役张东官"的记载。此档为乾隆四十三年（1778）七月至九月立，是乾隆在这期间东巡陪都盛京（今沈阳）每日进膳的实录，张东官当时是随扈东巡为乾隆供膳的主厨之一（还有双林、郑二、常二）。他若是在康熙朝入宫当差，不仅要过雍正朝，还能在乾隆四十三年时随乾隆去盛京，想是不大可能。应该是在乾隆二十一年至二十二年（1756—1757）间，乾隆第二次南巡至苏州行宫时，苏州织造普福安排张东官为乾隆和皇太后供膳，在得到皇家母子的赞赏后，才举荐张东官入宫当差的。这有《苏造底档》[③]为证。此档所立时间为乾隆二十一年十月至乾隆二十二年十一月十一日，是乾隆和皇太后在此期间所食"苏造菜"（张东官所制的苏州肴馔）的实录。如档中记："乾隆二十一年，十一月二十一日，早膳后太监如意传旨：'叫张东官做菜，钦此。'随做苏造鸡苏造肘子攒盘（注：冷盘）一品、鸭子火熏香菇秋梨炖白菜热锅一品、燕窝肥鸡溜野鸡炖面筋二品、冬笋口蘑蝴蝶肉（注：猪大肠头）烩肝二品。恭进皇太后菜三品，侍候上（乾隆）菜三品。"从中可知，张东官在苏州行宫为这皇家母子供膳起，就已成为乾隆中意的近侍御厨了。那他是不是六品太监呢？此乃俗传，并无实据。他是厨役身份，与"侍监"有别，不在净身之列。即使有了六品顶戴，也是因他供膳甚佳而获乾隆赏赐的一种

---

① 高阳：《古今食事》，台湾：皇冠出版社1987年版，第97页。
② 《盛京节次照常膳底档》，乾隆四十三年七月二十日至九月二十日立，中国第一历史档案馆藏本。
③ 《苏造底档》，乾隆二十一年十月至乾隆二十二年十一月十一日立，中国第一历史档案馆藏本。

名誉。

自咸丰以降，垂帘训政的慈禧因先后要照顾六岁、五岁的小儿皇帝同治、光绪，她的西膳房就代替了闲置的御茶膳房，为了完善厨政和满足她嗜好美味的需要，这期间她额外招募了一些厨役。但有的传闻并不确切，如一篇文章中写道："有一天慈禧太后在静心斋歇凉，忽听大街上有打锣鼓的声音。慈禧问：'是干什么的？'当差的回答说：'是卖豌豆黄、芸豆卷的。'当下当差的就把那个人叫进来，说：'老佛爷有请。'那个人说：'敬老佛爷尝尝。'慈禧尝过后说好吃。从此就把这个人留在宫中，专门为她做着吃。"其实，豌豆黄在乾隆中叶前宫中就已有之。中国第一历史档案馆中存有清代皇家的宴膳底档，乾隆朝的最多，其中有乾隆册立的第二位皇后乌拉那拉氏于乾隆十九年三月十六日进膳时的一份膳单，点心类中见有"豌豆黄"，并附录制时所用的豌豆、白糖、红枣的用量。兹见，慈禧将卖豌豆黄的食贩招入宫中为她专做此食，恐不属实。

这类招募厨役，自被召入宫中后，服役无年月，有的一辈子待在宫里。由于膳房的厨役各有明细分工，各掌其责，相互间不得任意互助，除非上有旨令，欲尝招募厨役的手艺，否则无事可做。帝后多事，用膳时馔品又多，哪能常想到招募的厨役！因此有的人每年仅做一二次菜点，有的甚至从未做过一菜一点。

第九章　清宫的膳食原材料和贡品

第一节　清宫膳食原材料的来源

清朝宫廷有关膳食原材料的来源，大体分三个方面：一是户部支银，向市场购买；二是内务府属下的掌关防管理内管领事务处和广储司、营造司、掌仪司、庆丰司等管辖的机构负责供应；三是各直省按每年应纳贡目进贡。据光绪年间的史料记载，同治朝以前的宫廷膳食原料所需是"岁支四万金，节省若干，仍交还，实销三万数千两，为鸡、鸭、猪、鱼、蔬菜诸物之需，羊只则取之庆丰司（膳房不用牛肉，惟用牛乳，亦庆丰司所供），其余山珍海错及诸干菜，皆各处所贡，不须市易也"[①]，即是一个证明。

一、户部支银采买的膳食原材料

宫中采买有关膳食原材料，所用银两需向户部支领。仅光禄寺，每年要向户部支银一万七千两，分春、秋两次提领，每次提领八千五百两，均用为各类筵宴的补助开支。还有御茶膳房属下的买办肉类处，需支银采买猪、鸡、鸭和各种腥物；菜库需支银采买部分蔬菜；等等。如果将与膳食原料有关的调味料、油料、燃料等计算在内，其支银费用则大得多了，估计每年需支银十万两。如由广储司支银采买的糖类（包括冰糖、八宝糖、

---

① 〔清〕吴振棫：《养吉斋丛录》卷三十四。

缠糖、白糖、黑糖等），一年需用银一万四五千两左右；采买的蜡类（包括黄蜡、白蜡、羊油蜡、柏油蜡等），一年需用银一万三四千两左右；采买的香油和灯油，一年需用银三万三四千两左右；等等。

二、内务府机构备办的膳食原材料

宫中需备办的膳食原料，有关膳事机构均有分工。掌关防管理内管领事务处属下的官三仓，每年需供内用（帝后们食用）的黄、白、紫三色老米和玉泉山、丰泽园、汤泉等处及朝鲜等处进献的上等好米七十石，还需供宫内各处白米、粗老黄米、麦子二万四千石。庆丰司职养外藩所进之羊，专供御膳茶房使用；其中张家口外的三旗牛群，每年就要按额交御茶膳房乳油一千三百九十七斤八两、乳饼六百一十九斤、乳酒二千五百三十斤。掌关防管理内管领事物处属下的菜库，每年要按额交宫内各类蔬菜瓜果；安肃县的菜园头和西瓜园头，则向宫中专纳白菜和西瓜。如菜库的三十名香瓜园头，每人每年要缴纳一百担香瓜、一百个西瓜、十八斤杂样干菜、二升鲜豌豆、五斤苏子叶、三十斤黄豆角、三千一百四十斤酸菜、二百斤白菜、八百九十斤小芥菜、三百斤大芥菜、一百七十五斤韭菜、一百七十六条黄瓜、四斗茄子、二十八斤大葱、三十四斤"春不老"等。

不仅如此，清宫在各地还设有三旗皇庄、园圃，用以保证宫中的原料供应，"旧时计大庄四百五十八所，半庄一百七十一所，园一百所。共地一万二千七百八十八顷。坐落顺天、永平、天津、保定、宣化府所属，及喜峰口、古北口外等处。此外，盛京别有庄头；而南苑、归化城捕牲乌喇，又有增设捐益分并，制度不一，编定等第，按例征输。米、谷、刍、豆之外，征而至于盆、盎、箕，帚，皆有定数"①。在盛京、张家口、密云、冷口等处的牛庄，属下还设有蜜户（养蜂产蜜处）、网户（捕鱼处）、鹰手（狩猎捕野禽人）、捕狐户（捕捉狐狸处）、捕牲户（捕捉野味处）、捕水獭户、鹳户（养白鹳处）、细鳞鱼（东北特产）户等处。在盛京、保定、河间、永平、顺天、广宁等地有三旗果园。在京都近畿的新果园、南苑果园，设

---

① 〔清〕吴振棫：《养吉斋丛录》卷三十四。

有园头。果园园丁每年按额所纳的葡萄、杏、桃、榛子、山里红、干梨、枸柰子等，均有果房人司其出纳。清宫的膳食管理机构，为了妥善保管这些大批进纳的食品原料，从乾隆间就设有冰窖，有"冰窖五所，其四所各藏冰五千块，其一所藏冰九千二百二十六块"[①]。仅从藏冰这些细致的数目来看，可见当时原料管理的制度该是怎样的严密了。

三、各直省进贡的膳食原材料

各直省为宫中进贡的膳食原料，均有定额和季节性。在定额上，如盛京将军每年入冬要进贡鹿羔（幼鹿）六十只，由皇家捕牲兵在围场捕捉，这种鹿羔十分不易得，如进贡不足数，则由次年补进。再如蒙古等地，每至年节要进羊和乳酒，以九数为单位，至十二九，即羊一百零八只，乳酒一百零八瓶。又因外藩贫苦，屡饬裁减，进贡数目逐渐减少。在季节上，如正月，东、西陵处要向内务府进奶饼；四月底五月初，由崇文门处进黄花鱼；十月，由天津等地进银鱼；十一月，由南方进冬笋，盛京进香水梨，盛京将军还要进鹿贡，因为每年入冬以后至立春止，皇上要吃鹿尾，御膳房必须备用。在冬季，保德州要进贡石华鱼（河鲤），这种鱼产在天桥峡下，此峡极险，当时流经这里的米筏往往触礁而坏，米落入水中，石华鱼食此米，故特别肥硕。冬季进贡的鱼类，还有一种鲟鳇鱼，又称牛鱼，是很有名的贡品，在辽金时期就以贵重著称："牛鱼，鲟鱼也，头略似牛，微与南方有别，然土人直呼为鲟，惟中土人或谓之为牛耳。重数百斤或千斤，混同黑龙两江、虎儿哈河皆有之，最不易得；得之则群众而脔食之。《演繁露》载：契丹主达鲁河钓牛鱼以占岁……"[②] 这种鱼，又是"巨口细鳞，鼻端有角……冬日辇充大庖，亦有售于市肆者"[③]。每年十二月，由黑龙江处捕鲟鳇鱼的壮丁按额捕获，进贡于京。另外，皇帝在春秋两季谒陵途中，直隶总督还要进福寿字饽饽，以及奶猪、乳羊、鸡、

---

① 〔清〕吴振棫：《养吉斋丛录》卷三十四。
② 〔清〕杨宾：《柳边纪略》卷三。
③ 〔清〕吴振棫：《养吉斋丛录》卷二十四。

鸭等物；提督、总兵要进野鸡；长芦盐政要进猪、羊、鸡、鸭及果品、酱菜；等等。

各地向清宫进献的贡品，当然不止膳食原料一类，其他如翠玉如意、绸袍绸裖、丝金荷包、鼻烟端砚、花纱葛布、各类香料、珍兽皮毛、湖笔宣纸、画扇象牙、珠宝罗缎等无不尽有，无不尽精，这里略去不述。唯将同治朝以前各直省向宫中每年进贡的膳食原料的品种和数量辑录如下，以助读者明了当时宫中由各直省进贡膳食原料的大概。

直隶督年贡进：桂圆五桶、南枣五桶；

长芦盐政□□进：佛手九桶、苹果九桶、香橼九桶、圆果九桶、木瓜九桶、冈榴九桶、广橙九桶、南荸荠九桶、狮柑九桶；

两广督□□进：香橙十桶、甜橙十桶、香荔十桶、苏泽堂橘红一千片、老树橘红一千片、署内橘红一千片；

广东抚□□进：南华菇二箱、槟榔九匣、豆蔻九匣，馀同前；

山东抚端阳进：麒麟菜五匣、海带五匣、紫菜五匣、松子五桶、鱼翅五桶、扁豆五桶、蛏干五桶、莲子五桶；

山东抚□□进：吉祥菜五匣、冈榴五匣、万年青五匣、耿饼九篓、长生果五桶、柿霜九匣、薏仁米五桶、木瓜五桶、金丝枣五桶；

山东抚年贡进：佛手九桶、香橼九桶、恩面九桶、博粉九匣、凤尾菜九匣；

山西抚年贡进：藕粉五十匣、葡萄干三箱、柿霜五十匣、飞罗白面四箱、石花冰鱼五十尾；

两湖督端阳进：通城葛二箱、百合粉二箱、通山茶一箱、安化茶一箱、郧耳一箱、香蕈一箱、笋尖一箱、蕲艾一箱、砖茶一箱；

河南抚□□进：贡面九箱、山药粉四匣、百合粉四匣、金橘脯四瓶、桃脯四瓶、樱桃脯四瓶、柿霜四箱、藕粉四箱、永枣五匣；

陕西抚端阳进：百合粉三匣、薏仁米三匣、白扁豆三匣、吉利茶九瓶、桂花五匣、玉麦三袋、紫麦三袋；

陕西抚年贡进：富饼五匣、邠枣五桶、吉利茶五瓶、百合粉五匣；

四川督年贡进：仙茶二银瓶、陪茶二银瓶、菱角湾茶二银瓶、春茗茶二银瓶、观音茶二银瓶、名山茶二银瓶、青城芽茶十锡瓶、砖茶一百块、锅焙茶九包、百合粉三匣、荸荠粉三匣、藕粉三匣、香菇一箱、丁香菌一箱、名山笋尖一箱；

闽浙督□□进：福圆干四箱、状元青果二桶、蜜罗柑四桶、红黄柚四桶、酸枣糕八匣、莲子四箱；

福建抚□□进：福圆干六箱、状元青果四桶、蜜罗柑六桶、红黄柚六桶、酸枣糕十匣、莲子四箱；

闽浙督十月进：红柑十桶、文旦二桶、芦柑二桶、橘饼二桶、闽姜一桶；

福州将军□□进：红橘四桶、福橙四桶、冰糖四桶、藕粉八十袋（其他略）；

福州将军兼管闽南关□□进：蜜柑二十桶、文旦八桶、红橘四桶、福橙四桶、藕粉八十袋、冰糖四桶、秋季佛手十桶；

浙江抚端阳进：芽茶三十瓶、城头菊三箱、咸淡腿一百只、藕粉三十匣、南枣二桶、衢橘五桶、瓯柑五桶；

安徽抚端阳进：珠兰茶一箱、松罗茶一箱、银针茶一箱、雀舌茶一箱、梅片茶一箱、樱桃脯一桶、枣脯一桶、青饼一桶、青螺一桶、琴笋一桶、藕粉一箱；

江西抚端阳进：永新砖茶一箱、安远茶一箱、芦山茶一箱、铅山香菇二桶、鄱阳虾米二桶；

云贵督端阳进：普洱大茶五十元、普洱中茶一百元、普洱小茶一百元、普洱女茶一百元、普洱芽茶三十瓶、普洱蕊茶三十瓶（其他略）；

陕甘督端阳进：兰州挂面五箱、同州吉利茶五瓶、甘州枸杞五匣、宝鸡玉麦五石、甘州果丹五匣；

陕甘督年贡进：西安挂面二箱、同州吉利茶三瓶；

陕甘督秋贡进：哈密瓜二百元。①

---

① 〔清〕吴振棫：《养吉斋丛录》卷二十四。

综上所述，只是各直省进贡的小特产品，供帝后们吃个新鲜的。此外，皇帝过万寿节，宫中诸臣和各省督抚仍要进贡；皇帝到各处巡游，地方官也要进贡；皇帝每进膳时，各妃嫔要进菜为贡……这数不清的贡品、受用不完的膳食原料，反映了清宫御膳的奢侈与豪华，由此也可以想到，建立在物质原料如此丰富基础上的清宫御膳，其铺排场面和肴馔的取材，该是怎样丰盛了。

第二节 《进小菜底档》中记载的各省贡品

中国第一历史档案馆收藏的有关清代宫廷的膳食档案中，有一份《进小菜底档》，记载了乾隆三十九年（1774）十一月初九日起至四十三年（1778）四月止，由各省地方官向宫廷进贡的膳食特产原料的日期、品种和数量。这份膳食档案，是乾隆时期宫廷各种膳食档案中仅有的一种；而在其他各朝宫廷的膳食档案中，这种档案则是空白。因此，这份《进小菜底档》所提供的第一手资料，就显得很珍贵了。它使我们不仅能从中粗知乾隆时期宫廷御膳情况的一个方面，而且对乾隆皇帝进膳的肴馔品种的具体内容，特别是他每进膳必有数种"小菜"（乾隆每日进膳的肴馔，凡记"小菜"一类，膳食档案中只记小菜的数目，没有具体品种）这一笼统的概念，也会有一个大致的了解和估计。下面，仅就这份《进小菜底档》中提供的资料，试对乾隆的膳食趋向和他进膳的"小菜"内容，做一个大致的探赜。

一、东北特产

在《进小菜底档》中，记载东北地方官向宫廷进贡的膳食原料，无论从次数上、数量上和种类上，都是居第一位的。如乾隆三十九年（1774）十一月初九日，盛京将军弘晌进三次鲜：鲜鹿尾一百三十个、鹿舌一百三十个、鹿通恩二十个、肋条四十块、发尔什四十块、煺鹿四只、拆件狍四只；佐领安庆等随进关东鹅二十只、鸭子二十只、白鱼四尾、鳇鱼四尾、鳊花鱼四尾、花鲜鱼四尾。乾隆三十九年（1774）十二月初十日，船厂将军富春进：晾鹿尾三十五个、喀尔喀马五十五块、克尔森十五块、肋条五十五块、野鸡五十五只、野猪一口。乾隆三十九年（1774）十二月十三日，盛京将军弘晌进：卤虾九瓶、卤虾油九瓶、卤虾云豆九瓶、卤虾豇豆二瓶、卤虾茄子一瓶、卤虾苤蓝二瓶、卤虾王瓜二瓶。乾隆四十年（1775）十月初六日，盛京将军弘晌进初次鲜：鲜鹿尾十二个、鹿舌十二个、鹿肉五十块、晾鹿尾三十一个、晾鹿肉九十三块、晾鹿舌三十一个、煺鹿肉七块、鹿肠四袋、

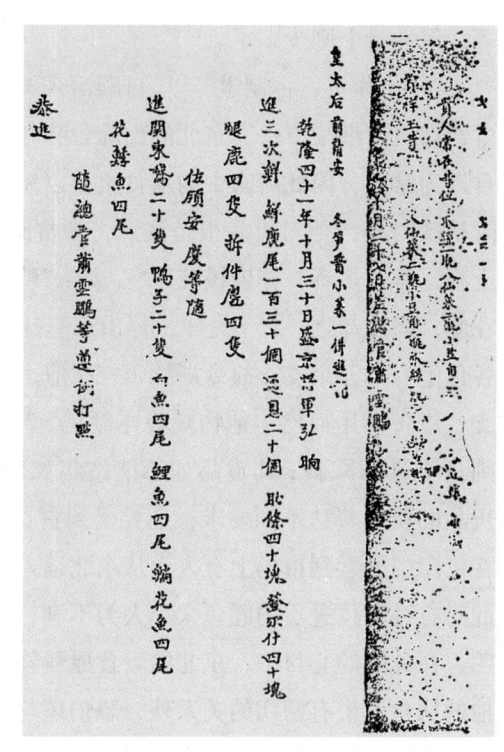

□《进小菜底档》中进纳鹿贡的记载

鹿肚两袋、野鸡二十只。乾隆四十年（1775）十二月十六日，锦州训都统德福进：卤虾二瓶、卤虾豆角一瓶、卤虾芹菜三瓶、卤虾瓜子三瓶、粘徽粉子九匣、海米九匣。乾隆四十年（1775）闰十月初九日，盛京将军弘晌进二次鲜：鲜鹿尾十一个、鲜鹿舌十一个、鹿通恩四个、肋条八块、发尔什八块、鹿肠四袋、野鸡二百二十只、野鸡肫二百二十个。乾隆四十年（1775）闰十月二十八日，盛京将军弘晌进三次鲜：鲜鹿尾一百三十个、鹿通恩二十个、肋条四十块、发尔什四十块、煺鹿四只、拆件狍四只；佐领安头等随进：关东鹅二十只、鸭子二十只、白鱼四尾、鲤鱼四尾、鳊花鱼四尾、花鲜鱼四尾。乾隆四十一年（1776）十月二十一日，黑龙江将军富玉进：赭鲈鱼二十四尾、细鳞鱼三十一尾、野鸡二百二十只、树鸡四十一只、野猪四口。乾隆四十三年（1778）四月初五日，盛京将军弘晌进腊猪二十口、腌鱼一千五百斤……与此类原料相近的，还有衣梨（伊犁）将军衣勒图进的鹿尾和野鸡，张家口总管进的熏猪、晾羊、晾羊羔

等，但数量上则少多了。

"任土作贡，古制也。"① 自顺治入关、清朝定都北京后，这种进贡制度当然也要继续下去。东北的山珍野味和土特产品，本是自古以来满族人食以为常的，因此清宫中的膳食贡品以东北产的居多，也是理所当然。乾隆执政时期，他对贡品很是注意，常常阅览各省贡目，辄加修改，"应贡土物，有过多者，亦皆核减"②。如："乾隆三年，登州镇总兵马世龙奏进花鹰，高宗却之。二十九年，停山东巡抚进牡丹"③；"其时如懋勤殿所存各色笔有二万余支，故令浙抚于三次应进一千九百九柄内，减为七百五十支，以备御用而已。他物减裁亦额是"④ 等。但对东北进贡的膳食原料，则从不进行减裁；其贡品如不能按年如数交额，将由次年补进。而且其贡品的质量若达不到要求，还要受到责罚。如有一次乾隆去"大祀天坛"，在正阳门外看到市场上有人卖从东北运入京城的鳇鱼，竟达一二丈长，因此对打牲乌拉进贡的鳇鱼太小大为不满，最终把总管索柱革了职。这就说明，在乾隆的心目中，东北的膳食原料物品是占有重要位置的，这除了与他的饮食习俗有密切的关系外，恐怕还与宫中传统的祭祀和设供有关。每临这些活动时，都离不开满族习用的膳食原料及食品。

其实，《进小菜底档》中记载的东北贡品，已经超出了"小菜"的范围；盛京每年进献的三次鹿贡及东北进献的关东鹅、鸭子、白鱼、鳇鱼、鳊花鱼、花鲟鱼、鲤鱼、野鸡、狍子、野猪等，都是做"大菜"的原料；这种情况，我们翻开乾隆在任何年间进膳的底档，都可以找到证据。如"清蒸鸭子烀猪肉烧狍肉攒盘一品"⑤ "蒸肥鸭鹿尾烧狍肉攒盘一品"⑥ "肉丝清蒸关东鸭子一品"⑦ "奶油酥野鸭子一品"⑧ "蒸肥鸡烧狍肉鹿尾攒盘一

---

① 〔清〕吴振棫：《养吉斋丛录》卷二十四。
② 〔清〕吴振棫：《养吉斋丛录》卷二十四。
③ 〔清〕吴振棫：《养吉斋丛录》卷二十四。
④ 〔清〕吴振棫：《养吉斋丛录》卷二十四。
⑤ 《盛京节次照常膳底档》（乾隆四十三年七月二十日起至九月二十日立）。
⑥ 《盛京节次照常膳底档》（乾隆四十三年七月二十日起至九月二十日立）。
⑦ 《盛京节次照常膳底档》（乾隆四十三年七月二十日起至九月二十日立）。
⑧ 《江南节次照常膳底档》（乾隆三十年正月至四月立）。

品"① "鹿尾酱一品"② "碎剁野鸡一品"③ "鹿筋炖羊肉二品"④ "鹿筋鹿肉脯一品"⑤ "白鱼旋子一品"⑥ "秋梨烩关东鸭子一品"⑦ "蒸肥鸭奶油酥炸羊羔鹿尾攒盘一品"⑧ "鹿筋苔蘑拆鸭子一品"⑨ "鹿筋酒炖羊肉一品"⑩ 等等。

二、南味原料

在《进小菜底档》中，记载南方（包括福建、浙江、安徽、湖北等地）诸省地方官向宫中进贡的膳食原料，其次数、数量和种类，仅次于东北居第二位。如乾隆三十九年（1774）十一月间，杭州织造寅著进糟鹅蛋八瓶、糟鸭蛋八瓶、糟萝卜八瓶；乾隆四十一年（1776）五月初一日，杭州织造福海进糟鹅蛋八瓶、糟鸭蛋八瓶、豆豉四瓶；乾隆四十一年（1776）五月初二日，福建巡抚余文仪进燕窝二十包，十二月二十八日，福州将军永德进燕窝五十包；乾隆四十二年（1777）五月初四日，安徽巡抚闵鹗元进青笋四桶、绿螺四桶；乾隆四十三年（1778）十一月二十日，湖北巡抚陈辉祖进银鱼干五匣、素燕窝⑪五匣、笋片四匣、虾米五匣；等等。此外，还有长芦盐政西宁进的冬笋、百合、银鱼，江南河道总督吴嗣爵和萨载进的

---

① 《江南节次照常膳底档》（乾隆三十年正月至四月立）。
② 《节次照常膳底档》（乾隆元年至三年立）。
③ 《节次照常膳底档》（乾隆元年至三年立）。
④ 《苏造底档》（乾隆二十一年拾月至二十二年十一月十一日立）。
⑤ 《苏造底档》（乾隆二十一年拾月至二十二年十一月十一日立）。
⑥ 《哨鹿节次照常膳底档》（乾隆四十四年五月至十月立）。
⑦ 《哨鹿节次照常膳底档》（乾隆四十四年五月至十月立）。
⑧ 《哨鹿节次照常膳底档》（乾隆四十四年五月至十月立）。
⑨ 《节次照常膳底档》（乾隆四十四年十月至四十五年正月立）。
⑩ 《节次照常膳底档》（乾隆四十四年十月至四十五年正月）。
⑪ 素燕窝：由石花菜、江篱、麒麟菜等海生藻中经水煮提取胶质，再经冻结、脱水、干燥而成。成品白色透明，多为细条状，似燕窝，故名素燕窝。又称琼脂、洋粉、石花菜等。可拌凉菜、制水晶菜、配制灌汤包子馅，亦可制果冻。成书于乾隆三十年（1765）的《本草纲目拾遗》（赵学敏著）引《月湖笔数》："近时素食中盛一种素燕窝，宁波洋行颇多，形白而细长……厨人买得，汤沃之即起胀，蓁蓁然凝白类官燕，以入素馔为珍品……"

酱瓜、酱姜、酱王瓜、酱杏仁、酱豆角、风肉，河东河道总督姚立德进的卧（倭）瓜、小王瓜、小豆角、八仙菜，山西巡抚巴延进的石花鱼等。

乾隆是一位好吃的皇帝，尤其喜食苏扬菜。在他六次南巡期间，不仅到处寻求好水、好茶（这些事见于《茶诗》里），而且食尽南菜美味，在民间至今还流传着关于他微服私访、驾临市肆酒楼饭店品尝名菜的传说。在他的膳食档案里，记有一位叫张东官的厨役，此人便是苏州人，有一手烹制姑苏菜点的绝技，是为乾隆制作日常膳食的主要厨师。乾隆四处巡游时，常常将张东官带在身边，可见他的南味嗜好程度很深。

值得一提的是，在《进小菜底档》中，还有干菜库内存放燕窝的记载：乾隆三十九年正月起至十二月，此十二个月每月辇局用月规燕窝二包十两。辇局陆续一年添用燕窝三包。共用过燕窝三十七包（每包十二两）。至于库内存放燕窝的数量，该档案中则记道："乾隆四十一年正月，库内旧存燕窝九十二包五钱"，加上这期间福建地方官进贡的七十包燕窝，"共燕窝一百六十二包五钱"。如果按月规用燕窝二包十两计算，则是三十四两。这就是说，乾隆每日用燕窝数量，均在一两以上。现代的燕菜席，每十人一桌用燕窝的投料标准大约是五钱，而乾隆一人，每日用燕窝的数量竟是一两之多！他一日两餐，即使每餐都有燕窝，其数量也是绰绰有余。我们这样说，似乎只是推算；实际上，乾隆每餐必有燕窝菜是一点不假的，这可以从他每日的膳食档案中找到证据。翻开他任何年间的膳食底档，每日食谱中都有燕窝菜的记载，如："燕

□《进小菜底档》中进纳燕窝的记载

窝红白鸭子南鲜热锅一品"①"燕窝鸭子热锅一品"②"燕窝挂炉鸭子挂炉肉野意热锅一品"③"燕窝芙蓉鸭子一品"④"燕窝鸭子鸭腰汤一品"⑤"燕窝冬笋八仙鸭子一品"⑥"燕窝锅烧肥鸭子一品"⑦"燕窝锅烧鸭子太极图一品"⑧"燕窝黄焖鸭子炖面筋一品"⑨"燕窝烩什锦鸭子一品"⑩等等。在这些燕窝类菜中,绝大部分都有鸭子做配料——这可以说是南方菜的代表原料,而制作的烹调方法,则是满族传统的"锅子法"。乾隆喜食南味,是他长期受汉族文化和食俗影响所致,另一方面,则反映了满、汉烹饪技艺互相渗透、融合所带来的结果。

三、小菜

从清宫的宴膳档案中可以看到,乾隆每日进膳的食单中都有小菜(或南小菜)数种。这类小菜,没有具体品种,统以"小菜"概记之。如"珐琅葵花盒小菜一品,珐琅银碟小菜四品"⑪"葵花小菜一品,珐琅碟小菜四品"⑫"银葵花盒小菜一品,银碟小菜四品"⑬"银碟花盒小菜一品,金碟小菜二品"⑭等。应该说明的是,上述"小菜"二字以前的部分,均为不同的盛具。可以说,如果没有《进小菜底档》这份资料,就无法了解这类小菜

---

① 《江南节次照常膳底档》(乾隆三十年正月至四月立)。
② 《江南节次照常膳底档》(乾隆三十年正月至四月立)。
③ 《盛京节次照常膳底档》(乾隆四十三年七月二十日至九月二十六日立)。
④ 《盛京节次照常膳底档》(乾隆四十三年七月二十日至九月二十六日立)。
⑤ 《苏造底档》(乾隆二十一年拾月至二十二年十一月十一日立)。
⑥ 《节次照常膳底档》(乾隆四十四年十月至四十五年正月立)。
⑦ 《哨鹿节次照常膳底档》(乾隆四十四年五月至十月立)。
⑧ 《哨鹿节次照常膳底档》(乾隆四十四年五月至十月立)。
⑨ 《盛京节次照常膳底档》(乾隆四十三年七月二十日至九月二十六日立)。
⑩ 《盛京节次照常膳底档》(乾隆四十三年七月二十日至九月二十六日立)。
⑪ 《盛京节次照常膳底档》(乾隆四十三年七月二十日至九月二十六日立)。
⑫ 《江南节次照常膳底档》(乾隆三十年正月至四月立)。
⑬ 《哨鹿节次照常膳底档》(乾隆四十四年五月至十月立)。
⑭ 《哨鹿节次照常膳底档》(乾隆四十四年五月至十月立)。

的具体品种。

根据《进小菜底档》中所记,我们似乎可以把乾隆所食小菜这个概念分为两类:一类是启封装置后便可食用的或至熟便可食用的;一类则是需要加工烹制的。这两类小菜,基本属于冷荤或凉菜。属于前一种的,大体应该有糟鹅蛋、糟鸭蛋、糟萝卜(杭州进),酱瓜、酱姜、酱王瓜、酱杏仁、酱豆角(江南河道进),卤虾油、卤虾云豆、卤虾豇豆、卤虾茄子、卤虾苤蓝、卤虾王瓜(盛京进),卤虾、卤虾豆角、卤虾芹菜、卤虾瓜子(锦州进),瓶装卧(倭)瓜、瓶装小王瓜、瓶装小豆角、瓶装八仙菜、瓶装瓜丝(河东河道进)等;属于后一种的,大体有冬笋、百合、银鱼(长芦进),熏猪、羊羔(张家口进),鹿舌、鹿肠、鹿肚、野鸡肫(盛京进),青笋、绿螺(安徽进),风肉(江南河道进),银鱼干、素燕窝、笋片、虾米(湖北进),腊猪、腌鱼(盛京进),等等。当然,其他贡品,如各种鹿类原料和各种野味等,除做大菜外,也不能排除加工小菜的可能性。而且,乾隆所食的小菜,也绝非上述贡品所能概括的。宫内御膳房和酒醋房(专门承办制作酒、调味品和各类腌制小菜的机构)制作的应时小菜和各王公大臣为奉承乾隆的饮食嗜好而进献的小菜,则会更加繁多而丰富。仅如上所述,我们便会得知,在乾隆每日豪侈的膳食中,小菜类品种已是必不可少的和重要的组成部分。

第三节　清宫中的东北膳食贡品

清代,东北地区进献清宫中的膳食贡品,从次数、数量、经济价值上,都居全国首位,究其原因,主要是:一、自古以来,满族人的食用原料、饮食习惯就根植于这片广阔的土地,即使定都北京也不会轻易改变;二、把祭祀定为国俗的清朝政权,其省牲、受胙、酒醴、供献等皆有定规,供献食品亦须遵循祖制,因此,东北食用原料是他们祭告天神、先祖,以求赐福或禳灾的习俗所不可缺少的部分;三、东北的山珍野味、土特名产,具有滋补、延寿的营养价值,可以烹制高贵肴馔,以饮宴豪华奢侈著称的清朝统治者,不会忘记从中寻求美味以享口福。以下仅就清宫中的东北膳食贡品及有关内容,作相关探讨和释介。

一、盛京将军和盛京内务府备办的贡品

在东北地域内,由于盛京距北京较近,又是陪都,因此,盛京方面自然成为东北地区向清宫进献贡品的中心。黑龙江、吉林等地的贡品,也要驰交盛京,由盛京方面差人如期恭进。盛京将军和盛京内务府每年都有向清宫进献贡品的定额数目。

(一)盛京将军备办的贡品

盛京将军每年向清宫进献的主要是鹿贡,按例分七次进毕。头三次是让皇帝"尝鲜",即"初次鲜""二次鲜""三次鲜";后四次为"鹿差",即"初次鹿差""二次鹿差""三次鹿差""四次鹿差"。这七次鹿贡的进献日期,于入冬后始,至立春止。如"初次鲜",谨按道光二十三年(1843)改减之数仍须进"鲜鹿尾五盘(咸丰十年添进十盘,现进十五盘)、鲜鹿舌五个、鲜鹿筋条十块、鲜鹿发尔什二十块、鹿大肠五根、鹿盘肠五根、鹿肚

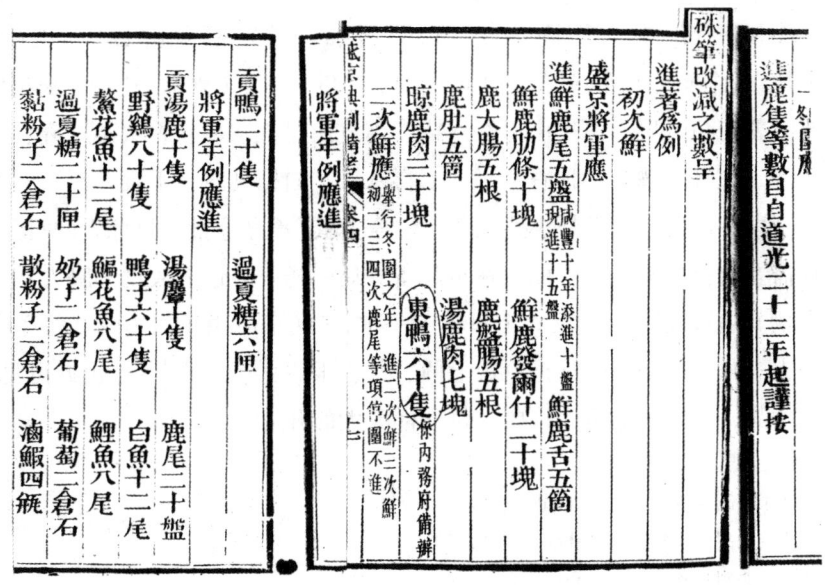

□〔清〕崇原重订《盛京典制备考》中,盛京将军年例向清宫进贡的关东货(部分)

五个、汤鹿肉七块、晾鹿肉三十块、关东鸭六十只（系内务府备办）"①。四次鹿差的进贡数目则要大得多了，如第四次鹿差应进的数目是"毛鹿二百二十只、狍子八十只"②。这样，七次鹿贡的数目加在一起，即有鲜鹿尾二百七十盘、鲜鹿舌二百六十个、鲜鹿筋条二十八块、鲜鹿发尔什三十八块、鹿大肠一百六十二根、鹿盘肠三百三十二根、鹿肚一百六十个、汤鹿肉七块、晾鹿肉三十块、汤鹿二十四只、鹿肝肺三十四份、毛鹿四百六十只、湿鹿筋一百斤；另有拆件狍四只、狍子一百三十六只、狍肠五十四根、獐子四十只；还有关东鸭六十只、树鸡四十只、野鸡四百只，以及鹿舒满一百根。除此之外，每年还得按例进贡鹿羔六十只，如鹿羔进贡数额不足，则由次年补进。

不仅如此，盛京将军每年还有一次年例应进贡和一次年贡。年例应进贡为"贡鸭二十只、过夏糖六匣、贡汤鹿十只、汤獐十只、鹿尾二十盘、野鸡八十只、鸭子六十只、白鱼十二尾、鳌花鱼十二尾、鳊花鱼八尾、鲤鱼八尾、过夏糖二十匣、奶子二仓石、葡萄二仓石、粘粉子二仓石、儆粉子二仓石、卤虾四瓶"③。这些贡品，每年由三佐领轮替一员送京。盛京将军的年贡，除一些鹿品外，还有"树鸡三十只、野鸡二百只、关东鸭二十只（系内务府备办）、通睛鱼二十九尾（外加一尾）、哲鲁鱼二十三尾（外加一尾）、细鳞鱼二十一尾（外加一尾）、白鱼十五尾（外加一尾）、鳊花鱼八尾、鳌花鱼八尾、去皮山里红八罐、带皮山里红八罐、香水梨八罐、截梨八罐、花红八罐、平顶香八罐、书喜八罐、白糖九匣、干菜九匣、卤虾九瓶、卤虾油九瓶、卤虾小菜九瓶"④等。为了承办这批数目惊人的贡品，不仅需要大批的捕牲兵，而且在贡品备齐后，送京时还需大批的脚夫和大小车辆、包装物品等。仅六十只羊羔一项，"送京应用车六十辆，每车需用一夫一马，每一夫一马折价银七两，共折银四百二十两"⑤。由此可见，这些贡品，光是运输费，将要支付怎样庞大的开支了。

---

① 《盛京典制备考》卷四，"礼部应办事宜"。
② 《盛京典制备考》卷四，"礼部应办事宜"。
③ 《盛京典制备考》卷三，"会计司应办事宜"。
④ 《盛京典制备考》卷四，"礼部应办事宜"。
⑤ 《盛京典制备考》卷四，"礼部应办事宜"。

（二）盛京内务府备办的贡品

盛京内务府每年也有向清宫备办贡品的任务。其贡品为"贡鸭六十只、卤虾二篓、过夏糖二十匣、粘粉子米二十仓石、散粉子米十五仓石、糖芽黄米八仓石六斗四升、点灯油一千零九十四斤"①。这些贡品，将交于清宫内务府属下的掌关防管理内管领事务处。

除此之外，其他下属的机构，如掌仪司、牧群司、都虞司等，每年也要按例向清宫备办大批贡品。掌仪司每年需在白露节时备办香水梨两千个，秋分时节需备办梨两千八百个，年底需备办野鸡一千只，还有冻梨两千六百二十五个、榛子八十八仓石、山梨皮二仓石四斗、樏樽块十六仓石二斗等。这些贡品，都由执事人按期送京。牧群司每年需备办奶油三百七十斤零二两、奶酒一百六十斤、奶饼子一百六十斤零八两、小奶饼子六斤。这些贡品，应随盛京将军的第二次鹿差，照数送往清宫内务府。都虞司每年需备办精选的细鳞鱼一百尾，道光二年（1822）奉谕旨将此鱼数折银六十两送京；又需备办杂色鱼两万四千斤，道光二十三年（1843）奉谕旨减去九千斤，道光二十五年（1845）又奉谕旨照原数全部折银七百二十两送京；还需备办鹿肉干两千七百束、全鹿一百二十只，道光九年（1829）奉谕旨将其共折银四百五十两送京。

除了盛京官府方面每年向清宫进献的膳食原料外，在民间，每临冬季，亦有大批的"关东货"输往北京，有一首竹枝词这样写道："关东货始到京城，各处全开狍鹿棚，鹿尾鲤鱼风味别，发祥水土想陪京。"足见当时的北京饮食市场上，以"关东货"为原料烹制肴馔的酒楼饭店一定是为数很多了。

二、吉林的采贡中心和吉林将军等备办的贡品

（一）吉林的采贡中心

吉林省永吉县乌拉街镇（距吉林市七十华里），在清代是专门给清皇室采集贡品的中心城镇。努尔哈赤统一扈伦四部后，在此城之东建了座新

---

① 《盛京典制备考》卷三，"会计司应办事宜"。

城,称打牲乌拉。清入关前,这里曾是努尔哈赤和皇太极的围猎之地;清入关后,这里则划为经济特区,成为向清宫进宝纳贡之地。这里设置打牲乌拉总管衙门。康熙年间,其总管官衔高达三品,而江南三个织造衙门的总管官衔最高时也只有五品。可见清王朝对此地的重视。这个采贡中心向清宫进献的贡品,最初主要是人参和貂皮,后来改为蜂蜜、鲟鳇、鳡鱼、松子等。每年需进献的数目为:蜂蜜六千斤,白蜜、蜂王浆(蜜尖)、贮蜜蜂巢(蜜脾)各十二匣,鲟鳇二十尾,鳟鱼十八尾,细鳞鱼、鳡鱼五千三百尾余,松子八千斤等;还有大量的松塔、东珠[①]。为使这些贡品能按期如数进献,总管衙门拥有大批的捕牲兵和采贡工具,捕牲兵多时达四千名左右。此外还有归属协领衙门的兵丁上千名,也要参加一定的采贡作业。其采贡的山场和河口,遍布吉林、黑龙江两省。如捕鲟鳇鱼时,往往下网十余日始能捕到一尾。捕后,需送特设的鱼圈里饲养至冬天,然后再破冰取鱼,挂冰冻实,派执事人输往北京——捕牲兵含辛茹苦之状,由此可见一斑。

(二)吉林将军、副都统备办的贡品

吉林将军、副都统等地方官,在每岁庆贺年节时,也要向清宫进献贡品。据《竹叶亭杂记》卷一记载,属吉林每岁向清宫进贡的膳食原料,四月间要进油炸白肚鳟鱼肉丁十罐;七月间进窝雏、鹰鹞各九只;十月间进两年期野猪二口、一年期野猪一口、鹿尾四十盘、鹿尾骨肉五十块、鹿肋条肉五十块、鹿胸岔肉五十块、晾干鹿脊条肉一百束、野鸡七十只、稗子米一斗、铃铛米一斗,围场要进两年期野猪一口、一年期野猪一口、鹿尾七十盘、野鸡七十只、树鸡十五只、稗子米一斗、铃铛米一斗;十一月间进七里香九十把、公野猪二口、母野猪二口、二年期野猪二口、一年期野猪二口、鹿尾三百盘、野鸡五百只、树鸡三十只、鲟鳇鱼三尾、翘头白鱼一百尾、鲫鱼一百尾、稗子米四斗、铃铛米一斗、山楂十坛、梨八坛、林檎八坛、山韭菜二坛、野蒜苗二坛等。另外,接驾或恭贺万寿节时,还要进贡梅花鹿、角鹿、鹿羔、狍、狍羔、獐、虎、熊、海参、白肚鳟鱼肉

[①] 东珠:又称北珠。以颗大、光润为上品。大者直径可达半寸。清时用其为皇帝和王公大臣"制珠冠,嵌玉器"。

丁、烤干白肚鳟鱼肚囊肉、油炸鲟鳇鱼肉丁、烤干细鳞鱼肚囊肉、草根鱼、鳑头鱼、鲤鱼、花鲜鱼、鱼油、晾干鹿尾、晾干鹿舌、鹿后腿肉、小黄米、炕稗子米、高粱米粉面、玉米粉面、小黄米粉面、荞麦糁、小米粉面、稗子米粉面、水端饽饽、搓条饽饽、豆面剪子股饽饽、打糕肉夹搓条饽饽、炸饺子饽饽、打糕饽饽、撒糕饽饽、豆面饽饽、豆馨糕饽饽、蜂糕饽饽、叶子饽饽、水端子饽饽、鱼儿饽饽、野鸡蛋、葡萄、杜李、羊桃、山核桃仁、松仁、榛子仁、核桃仁、杏仁、松子、白蜂蜜、生蜂蜜、山韭菜、贯众菜、藜蒿菜、枪头菜、河白菜、黄花菜、红花菜、蕨菜、芹菜、蘑菇、鹅掌菜等。

另据史料记载，康熙平定吴三桂叛乱后，将其降卒由云南拨至东北地区充当苦差，他们除浚壑修壕外，"并司采山梨、红野鸡，于冬十月进贡之职"①。由此可见，采贡是一种繁重而艰辛的劳动。还有当地大批的打牲丁，他们名义上虽然是皇家在册的旗民，但实际上也如同失去人身自由的奴隶，他们不能迁居，不能从事商业和农业，唯一的"权利"就是为皇帝采集贡品。

三、黑龙江将军、副都统备办的贡品

黑龙江每岁向清宫进献的膳食贡品也很多。乾隆时期，每年恭遇万寿节时，黑龙江将军、副都统等进献的主要有鹿、堪达汉、四不象，还有鹤、马、貂鼠、灰鼠等。这些贡物，在漫长的输送路途中，须谨慎饲养，以保持鲜活状态。这种情况"敬依往制"，直至嘉庆时期。后来，贡物品种逐渐增多，如每年六月，要进白面；白面乃小麦所制，"磨面胜内地，充贡者。将军、副都统等公捐麦价，罗五六过，尘飞雪白，如束皙赋②所云。岁以六月时进十二囊，囊六十斤。十一月年贡亦附之"③。七月进鹰鹘。

---

① 《伊通县乡土志》，"物产"。
② 束皙赋：晋束皙著《饼赋》中有"……尔乃重罗之麸，尘飞雪白"之句。麸，原义为大麦粥，这里解作面粉。
③ 〔清〕西清：《黑龙江外集》卷八。

进献鹰鹞之前，须将地方诸城送交的鹰鹞集于幕府，以备挑选为贡品，例在本月初旬差人送京。十月进鱼、雉等鲜味，俗称进鲜，所谓鱼类，根据当时黑龙江一带所属水域的特产，计有鳌花（鳜鱼）、哲绿（鲈鱼）、纽摩顺（细鳞鱼）、发绿（鲂鱼）、草根（鲩鱼）、感条（鳑鱼）、昂次（黄颡鱼）、达发哈（鳑头鱼）、屈尔富（鲟鳇鱼）等。十一月进年贡，除鱼、雉等物外，还有野猪和海东青。海东青又名海青，体小而健捷，性情猛恶，能搏击鹰隼，大者力能制鹿，送京途中，要饲之以鸭肉，可见其珍贵。此物多用于围猎。十二月进春鱼。此外还有飞龙鸟（树鸡）等。

上述这些贡品，每临进献清宫之前，都要折成银两计算，尔后"诹吉日包封供堂上，辕门三炮，将军、副都统北面行三跪九叩礼，差官跪穿堂，斜负黄袱驰而出"[1]。当地将这种向清宫进献贡品的方式称为"走大车"，可见完全是用大车运送。运送吉林境内后，将由吉林方面接替运送，至盛京境内，再由盛京或直隶方面如期运至北京。

在清代，黑龙江、乌苏里江流域的物质资源非常富饶，成为当时举世闻名的"鞑靼海峡和贝加尔湖之间最富庶的地域"[2]。就连居住在这一带最东北边陲的满人族系——达斡尔人，也要照例向清宫进献贡品，苏联历史学家巴赫鲁申在他的著作《哥萨克在黑龙江上》一书中就曾记载过这一事实："中国人常常到达斡尔人这里来征收贡物。"可见当时的清宫统治者，为了追求膳食和宴筵享乐，真是吃遍了天涯海角的美味！

---

[1] 〔清〕西清：《黑龙江外记》卷五。
[2] 《马克思恩格斯全集》卷十二，"中国和英国的条约"。

第十章 清宫的食风与食规

清朝皇帝比中国历代皇帝都要固守祖制家法。为了奉行先祖遗训,他们的生活充满了教条和礼仪色彩。清宫中的食风与食规,则是这些教条和礼仪中的组成部分。

就清宫的食风和食规而言,它的基调当是满族的固有食俗。但是也应该看到,这些食风和食规,也受中原古俗和古制的影响。满族自古以来就是一个讲究礼仪、颇多风俗的民族,入关以后,长期与汉族共同生活在历史悠久、文化发达的中原封建社会中,不能不潜移默化地受到汉族文化、风俗的影响。随着社会经济文化的发展,清宫中的食风与食规也在逐渐变革,原始宗教色彩逐渐消失,祈求吉祥如意、富贵福寿的食俗日益浓重。另一方面也应该看到,清宫的食风,也与民俗和地区有很大的联系性,如食腊八粥、元宵、粽子、月饼等,无论清宫或是民间,都有此风尚。如腊八节、元宵节在北京都处在寒冷季节,在这时吃一些含糖量较高的热粥和元宵是很可口的。同样,端午季节,北京一带少雨燥热,吃一些带有竹叶或苇叶清香的凉甜食品也使人适意。在清宫中,尽管皇帝的御膳豪华无比、挥霍无度,但所用原料也不是用之无账、任意取拿的,而是有严格的管理和分配制度,我们称它为食规。

第一节 清宫的各类御宴

清宫中举办的御宴,无论从次数上和种类上,都显得比历代朝廷要多、要频繁，筵宴的种类也繁杂。概括起来，清宫的御宴大体有如下种类。

一、皇帝大婚宴

清朝皇帝成婚称为大婚。通过行大婚礼册立皇后的只有福临（顺治）、玄烨（康熙）、载淳（同治）、载湉（光绪）。为什么呢？按清制，幼冲皇帝在亲政前需行大婚典礼，其中有纳彩、大征、祭告天地和太庙、册立、奉迎、合卺、朝见、庆贺、祈福等诸多隆重又繁缛的礼仪，还要举办纳彩宴、合卺宴、团圆宴、庆婚大宴。这里仅以其宴情分述如下。

（一）纳彩宴

这是具有订婚之意的宴会。先由皇太后等议婚，选定皇后，再择吉日派遣正、副使向皇后的父母家赠送彩礼，称"纳彩"，类似满族民间的"放定"。为庆贺纳彩礼成，还要在皇后的父母府邸举办宴会，称"纳彩宴"，由内务府御茶膳房承供。即"恭查上案系备饽饽桌一百张，酒宴桌一百席，羊九九，礼奶油、烧黄酒一百瓶（注：每瓶十斤）"。赐后父宴，仅用饽饽桌八十张，酒宴席八十席，宴毕照案赏给备差人等……其余饽饽桌二十张，酒宴席二十席，酒二十瓶，拟添办羊二十只，赏给后母等因钞出"[①]。宴中的"饽饽桌"，即如前所述的皇帝大婚用四等满席的规格；而其"酒宴席"，实为全羊席，乃为满洲"富人享客，或食全羊，即席间不设杂肴，惟羊是需"[②]之习尚在清宫中发展成的御宴。

（二）合卺宴

合卺或称"饮交杯酒"，为满族婚礼中的习俗，满语称"阿察布密"。即使皇帝大婚，也必行此宴。在清宫中，这是规模较小的宴式，但规格却很华贵。如光绪皇帝和皇后行礼进宴的情况，则是"坤宁宫东暖阁铺设，龙凤喜床中置宝瓶，所装为珠宝、金银、米谷等物。皇后梳双凤髻、戴双喜如意，御双凤同和袍。俟皇上、皇后坐龙凤喜床食子孙饽饽讫，由福晋四人率内务府女官请皇后梳妆上头，仍戴双喜如意，加添扁簪富贵绒花，

[①]（光绪朝）《大婚典礼红档》，卷六十七。
[②]《奉天通志》（民国版），"礼俗三·饮食"。

戴朝珠,乃就合卺宴"①。其宴馔是:

赤金长盘菜二品:挂炉猪(乳猪)、羊乌叉。
赤金碗菜二品:燕窝双喜字八仙鸭、燕窝双喜字金银鸭。
赤金盘菜四品:燕窝"龙"字拌熏鸡丝、燕窝"凤"字金银肘花、燕窝"呈"字五香鸡、燕窝"祥"字金银鸭丝。
赤金碗汤菜二品:细猪肉丝汤(帝、后各一品)。
红地金喜字瓷碗汤菜二品:燕窝八仙汤(帝、后各一品)。
五彩百子瓷碗膳二品:老米饭(帝、后各一品)。
赤金螺蛳碟小菜二品:(未记,不详)。

进合卺宴时,光绪在南边炕上居左,皇后居右,对面而坐,仍由福晋四人服侍。使用的大宴桌上套黄地龙凤双喜字红里床单。帝、后的婚服前襟上缀着红绸金双喜字怀挡(餐巾),执赤金镶玉箸,还有"各吃"的小餐具如红地金喜字三寸瓷接碟、汤匙、板匙、赤金馏锅等。进宴期间,坤宁宫外有结发侍卫夫妇念"合婚歌"。宴毕礼成后,至夜,光绪和皇后还要吃长寿面(又称合喜面)。

(三)团圆宴

此宴在皇帝、皇后成婚后的第二天举行。仍以光绪同皇后进此宴为例。寅正时刻(晨四时),坤宁宫洞房摆团圆宴,比合卺宴更为华奢。其宴馔是:

赤金盘菜四品:燕窝"乾"字三鲜鸭子、燕窝"坤"字什锦鸡丝、燕窝"和"字红白鸭丝、燕窝"泰"字金银鸭子。
赤金盘菜四品:燕窝"龙"字金银鸭丝、燕窝"凤"字黄焖鱼翅、燕窝"双"字清蒸酱肉、燕窝"喜"字烹虾米。
"双喜"字赤金盘菜二品:燕窝座龙什锦"双喜"字鸭块、燕窝喜凤金银"双喜"字奶猪(注:清蒸奶猪)。

---

① 《清宫述闻》卷四,"内廷一"。

"喜"字赤金盘饽饽四品：龙凤"喜"字饼（二品）、"喜"字花糕（二品）。

红地金"喜"字瓷碗汤馔四品：燕窝八仙汤（二品）、燕窝"喜"字鸡丝挂面汤（二品）。

宴时所用大宴桌、赤金碟、五彩百子瓷碗等各种餐具，大致与合卺宴相同。

（四）庆婚大宴

此宴在朝见礼、庆贺礼之后，即皇帝、皇后成婚的第五天举办。是时，皇帝在太和殿、皇太后在慈宁宫设庆婚大宴，分别宴请皇后的父母和族属等。皇太后在后宫所设宴桌，其中一张为后母列坐，宫眷、命妇等入宴作陪。这里只说太和殿的大宴，其规模与元旦、万寿节的大宴等同，是最为隆重的国宴之一，顺治大婚时始为，康熙、同治、光绪大婚时循例举办。凡为入宴的王公大臣、六司百官，乃至后父，均穿朝服，按朝班排立。抬桌、搬物、尚茶、尚膳的侍者们亦需穿礼服（蟒袍）。按例需设宴桌二百一十张（每两人一席），用羊百只、酒一百瓶。但根据实际情况又有所增减。以光绪的庆婚大宴为例，共设宴桌一百八十九张，用羊七十七只，酒七十七瓶。具体摆设是：太和殿内设宴桌一百零二张，其中一张为后父列坐，一、二品王公大臣、前引大臣、文武显宦、起居注官等列坐；太和殿檐下设宴桌二张，由都察院正、副左都御史、理藩院尚书、侍郎列坐；丹陛上设宴桌四十二张，由一、二等世爵、侍卫和后父族属人等列坐；丹墀左右设宴桌四十一张，由三品以下官衙京府的各等官员列坐；在西班之末设宴桌二张，供外国使臣列坐。太和门内檐下，东、西两侧设丹墀大乐。进宴之馔，亦是惟羊是需，为全羊席。宴罢，皇帝大婚即告全部礼成。

二、除夕筵宴

这种筵宴，在清宫中具有传统性，皇帝在每年除夕必要举行一次。这是一种规模虽然不大，但却非常讲究的筵宴。《养吉斋丛录》（卷十五）中记叙乾隆时期的除夕筵宴时写道:"除夕,保和殿筵宴,入座者年班外藩及王公一、二品大臣。而讲官以本年起居注进书作前后序者二人预宴,席于殿之西北隅。是日派蒙古王公递酒,上将进殿后门,出席前排列,上升座,赐坐,行一叩礼。宴毕,仍出席如前。俟上出殿后门,乃退(筵内果品羊腊等,皆得携归)。""按:殿上坐次既定,乐作。进爵大臣起,退至殿门外,去补服,仍悬数珠入殿,至御座下跪,掌仪司以台琖授进爵大臣,恭进御前,复退至御座下,上进酒,进爵大臣一叩起,至御前受台琖,退。进爵大臣再叩,起至殿门外,仍服补服,入原坐次。"

上面记载的除夕筵宴,为清朝历代皇帝每年除夕循例举行。皇室的除夕家宴,多在乾清宫举办。下面,以乾隆四十一年(1776)时的除夕筵宴为例,看看乾隆的这种筵宴是如何进行的:

午正(中午十二时),太监们在乾清宫摆下御用金龙大宴桌。此宴桌共摆膳品八路,一路——松棚果罩四座,上安迎春象牙牌四个,两边花瓶一对,中间点心五品,用青白玉盘;二路——一字高头点心九品;三路——圆肩高头点心九品,此十八品用青白玉碗;四路——红色雕漆看果盒两副,两边苏糕鲍螺四座,用小青白玉碗;五路、六路、七路、八路膳均为十品,此四十品用青白玉碗。除果盒外,八桌八路共摆宴膳六十三品。在膳桌旁边,还要摆奶子一品,小点心一品,炉食一品;两边摆放油糕一品,鸭子馅临清饺子一品,米面点心一品,皆用五寸青白玉盘盛装。还要摆上南小菜、青酱、酱三样、老腌菜等四品。在乾隆面前,左面摆金匙、叉子,右面摆羹匙、筷子,正面摆筷套、手布和纸花。

乾隆宴桌摆毕,由敬事房接着摆后妃们的陪宴宴桌。此宴桌是带有帏子的高桌,分左右两排,设在乾隆宴桌的左前方和右前方。并按后妃地位之别,宴桌上分别摆放绿龙黄碗、白里酱色碗、里外酱色碗、紫红碗。紫龙碗每桌皆备。并各按绢花。每桌备高头点心五品、干湿点心四品、银碟小菜四品(内有清酱一品)。

未初二刻(下午一时三十分),太监开始传送热馔,乾隆升入宝座,中和韶乐奏起。皇后、妃、嫔、贵人、常在等也按次入宴。这时,由总管太监负责,先为乾隆呈献汤膳盒一对:左一盒内有红白鸭子大菜汤膳和粳米膳各一品,右一盒内有燕窝捶鸡汤和豆腐汤各一品。这种膳盒称为"雕漆飞龙宴盒"。接着为后妃等送汤膳和粳米膳各一品。帝后等用膳毕，奏乐也停止了。

这时，帝后们要到南府看承应戏。茶膳房要准备奶茶。进奶茶也讲究礼仪，先为乾隆呈进白玉奶茶，当太监将这盛奶茶的碗盖拿出宫外后，才能送后妃们的奶茶。当奶茶饮毕，撤下茶桌，承应戏也就停止了。

接着是转宴大席。转宴是乾隆和后妃们共宴。席上的肴馔先从乾隆的怀里从里向外转起，然后依次转给皇后、妃、嫔等。先转汤膳碗，再转小菜、点心、群膳、捶手、果钟、苏糕、鲍螺、金羹匙、金匙、高头松棚果罩等，唯有花瓶、筷子、叉子和果盒不转。

转宴大席用毕，接着是酒宴。乾隆用酒宴时，乐声伴随而起。乾隆所用的一桌酒膳，均用铜胎掐丝珐琅盘摆设。此桌酒膳分五路，每路八品，共四十品，用五对飞龙宴盒呈进：头对盒——荤菜四品，果子四品；二对盒——荤菜八品；三对盒——果子八品；四对盒——荤菜八品；五对盒——果子八品。在头对宴盒摆设完毕后，进二对宴盒。在进二对宴盒的同时，开始摆设后妃们的各桌酒宴。后妃们的酒宴每桌膳食为十五品，即菜七品、果子八品，每桌由一对盒呈进。酒宴摆毕，摆宴人要退出殿外。过一时辰，开始送酒，并要启奏丹陛大乐。酒至，乾隆首饮，后妃们依次再饮。饮酒毕，要上果茶。果茶用后，酒桌即撤下，后妃们遂离座。侍宴的总管太监启奏宴毕，祝乐大奏，乾隆离宴，并传旨将余下的酒宴分赐王公大臣。至此，除夕筵宴便告结束。

三、凉棚宴

凉棚宴，是清朝皇帝在长至节举办的一种筵宴。清朝初建时即有之。长至日古为"长日"，意为冬至以后，日子一天天长了。《礼记》中说："郊之祭也，迎长日之至也。"这便是长至节的由来。清宫中的长至节不在冬至正日，而是在冬至次日。因冬至这一天时值郊祭大典之期，为戒斋之日，也是"秋决"之日，是肃刑期，故长至节须移至冬至次日。清朝皇帝举办凉棚宴，是一种"忆苦思甜"的措施。因为满族自古是个狩猎的民族，常年在寒冷的北方从事生产和征战活动，不曾享受过安居乐业的美好生活。清入关统一中国后，许多王公贵族便骄逸居安、挥霍腐化起来。为防止和提醒他们不要奢侈败国，故在长至节这一天，在寒冷的殿外搭起凉棚，席地而坐吃着冷饮冷食，以重温艰苦的狩猎和征战生活。

凉棚宴开始时，是在子夜时于午门外至太和殿这段路上设法驾卤簿。是时，清帝在太和殿紫宸台设御宴，太和殿门窗皆开，紫宸台左右也皆是宴桌，一直铺排到殿外东西两檐下。凉棚宴的主要赴宴者是王公贵族和一、二品大臣，席位在皇帝近前。三品官员和侍卫等，席设于殿外东西两檐上。殿外丹墀上由蓝布搭棚，称"凉棚"，是为四品以下官员设置的。

宴时，除皇帝一人独坐宝座外，所有赴宴者皆坐棕毯上。殿内设六个大火盆、八个小火盆；每个凉棚内设四个大火盆、二个小火盆；棕毯上铺有红黄毯。即使如此，因天寒地冻，四处露风，食的又是冻饽饽、冻果子，人人不免抖战。民间称此为"冻人儿吃冰食儿"，赴宴者中也流传出"上头风吹，下头凉吸，冰坨子肚内打的的"的俚语。况且筵宴的时间也很长，此宴一般开始于卯正时刻（上午六时），宴时，要经过奏乐、唱赞、行礼（如受茶礼、受酒礼、受馔礼等）、隆庆舞、喜起舞、蒙古乐、高丽筋斗、回子筋斗、金川乐、番子乐、番童戏等礼仪和节目，筵宴结束前还要奏乐行礼，直至辰时末（上午九时）才能散席。所以每当举办此宴时，总有一些重臣元老心有怨言，表于面上，皇帝虽然有所察觉，但因囿于是先祖旧制，不便撤销，只得照例举办。直到光绪以后，举办的次数才逐渐减少。

四、大宴

大宴是在元旦或万寿节时举行，宴所一般在太和殿。此宴在顺治时即已有之。如《养吉斋丛录》记载："顺治癸巳元旦，大宴毕，复宴内三院辅臣学士及部、院、卿、寺、堂上官、国子监祭酒、六科都给事中、各掌道御史于保和殿。"文中所指的元旦大宴，即为此宴。后来为历代清朝皇帝循例举行。根据史料记载，在太和殿举办的大宴程序一般是这样的：

宴前，首先要在殿内宝座前为皇帝摆设御宴桌张，然后再摆设前引大臣、后扈大臣、豹尾班侍臣、起居注官、内外王公、额驸、一二品文武大臣、台吉等人员的宴桌一百零五张。其次，还要在太和殿前檐下的东、西两侧，陈中和韶乐和理藩院尚书、侍郎及都察院左都御史等人的宴桌。在太和殿前丹陛上的御道正中，向南张一黄幕，内设反坫，对坫内预备大铜火盆二个，上放大铁锅两口，一口是盛肉用的，一口是装热水备温酒的。丹陛上共设宴桌四十三张，供二品以上的世爵、侍卫大臣、内务府大臣以及庆隆舞、喜起舞大臣等入宴。再次，丹陛内设皇帝的法驾卤簿如同大朝之仪，两翼卤簿之外，各设八个蓝布幕棚，棚下设三品以下文武官员的宴桌。外国使臣的宴桌设在西班之末。太和门内檐下，东、西两侧设丹陛大乐。

太和殿大宴按例需设宴桌二百一十张，用羊百只、酒百瓶。乾隆四十五年裁减宴桌十九张、羊十八只、酒十八瓶。嘉庆、道光以后，此大宴的桌张，根据实际情况又有所增减。

太和殿大宴，皇帝御用宴桌由内务府恭备，其他宴桌由大臣们按规定恭进，如若不敷再由光禄寺负责增备。大臣们恭进宴桌的规定是：亲王每人进八桌（其中大席一桌：银盘碗四十五件、盛羊肉大银方一件、盛盐银碟一件；随席七桌：每桌铜盘碗四十五件、大铜方一件、小铜碟一件），羊三只，酒三瓶（每瓶十斤，下同）；郡王每位进五桌（其中大席一桌，随席四桌），每桌等级均与亲王数同，羊、酒数同亲王；贝勒每位进三桌，羊二只，酒两瓶；贝子每人进二桌，羊、酒数同贝勒；入八分公每人进一桌，羊一只，酒一瓶（贝勒以下进宴席的器物，均与亲、郡王随席同）。筵宴之前，先行文宗人府，报明大臣的名爵、应进桌张和羊、酒的数目，宗人府汇总送礼部查核后奏明皇帝。

太和殿大宴时，王公大臣均穿朝服，按朝班排立。吉时，礼部堂官奏请皇帝礼服御殿。这时，午门上钟鼓齐鸣，太和殿前檐下的中和韶乐奏"元平之章"。皇帝陞位后，乐止，院内阶下三鸣鞭，王公大臣等各入本位，向皇帝行一叩礼，坐下后，便是进茶、行谢茶礼，进酒、行谢酒礼，进馔、行进馔礼等一套烦琐的仪式。然后进舞。据《啸亭杂录》记述："国家肇兴东土，旧俗所沿，有喜起、庆隆二舞。凡大宴享，选侍卫之猥捷者十人，咸一品朝服，舞于庭除，歌者豹皮褂貂帽，用国语奏歌，皆敷陈国家尤勤开创之事。乐工吹箫击鼓以和，舞者应节合拍，颇有古人起舞

□《万国来朝图轴》(局部)

之意，谓之喜起舞。又于庭外丹陛间，作虎豹异兽形，扮八大人骑禺马作逐射状，颇沿古人傩礼之意，谓之庆隆舞。"进喜起舞的大臣原为十八员，嘉庆八年（1803）正月十六日奉旨增为二十二员。进舞大臣均穿朝服，先入殿内正中向皇帝行三叩礼，然后退立东侧，俟西边的乐曲奏起，喜起舞大臣按时依次进舞，每对舞毕，行三叩礼后退居原处。舞毕进蒙古乐曲，还有朝鲜族、回族等人表演杂技和百戏，筵宴进入高潮，然后鸣鞭奏乐，皇帝还宫，众皆出。至此，大宴即告结束。另外，元旦的次日或皇太后的生日，慈宁宫也要举行类似的大宴。

五、千叟宴

如前文所述，千叟宴始于康熙时期，赓续于乾隆时期。它是清宫中规模最大、参加人数最多的盛大宴会。无论康熙或是乾隆举行千叟宴，都是在他们的六十寿辰以后，赴宴者也都必须是六十岁以上的老人。清吴振棫《养吉斋丛录》（卷十五）载："乾隆五十年，逢国大庆，依康熙间例，举行千叟宴于乾清宫。宴席于品极班列，凡八百宴，与宴者三千人。"其筵宴的准备和过程大体是这样的：

由于千叟宴规模盛大，宴前需要大量的准备工作。内务府营造司的工匠们为老叟进出的各个宫门油饰了过木门座；设宴的殿宇房间也油饰一新；营造司木库为御膳房添造了捧盒、茶桌、木墩和端茶饭与酒的木盘；营造司铁库添铸了蒸笼铁锅、生铁行灶和鹅博铁杓、板沿锅、生铁锅。还要搭盖蓝布凉棚，加造坠风用的青白石鼓等。内外御膳房还要备齐各种主副食品、玉泉酒等各种供膳之物。而千叟宴的组织和通联工作也是颇费人力物力的。随着宴期将至，京外入宴的各省官员、商人、外藩等人，均须水路兼程、长途跋涉，于封印前云集京城。

开宴前，在管宴大臣的指挥下，依照赴宴者年岁和品阶的高低，预先摆设席面，分一等桌张和次等桌张两级设摆，盛器和肴馔也有显著的区别。在一等桌张上入宴的，有王公和一、二品大臣，外国使节等。每桌摆设火锅两个（银制和锡制各一），猪肉片一盘，羊肉片一盘，鹿尾烧鹿肉一盘，煺羊肉乌叉一盘，荤菜四碗，蒸食寿意一盘，炉食寿意一盘，螺蛳盒小菜二盘。另备肉丝烫饭。在次等桌张入宴的，有三至九品官员、蒙古台吉①、顶戴、领催、民兵等。每桌摆设火锅二个（铜制），猪肉片一盘，羊肉片一盘，烧狍肉一盘，蒸食寿意一盘，炉食寿意一盘，螺蛳盒小菜二盘。也备肉丝烫饭。

乾隆在中和韶乐高奏和宫廷音乐的悠扬声中，步出暖轿，升入宝座。赞礼官高声宣读行礼项目，然后奏宫廷丹陛大乐。管宴大臣引着在殿外两边和阶下序立的大臣官员由两旁分别走到丹墀

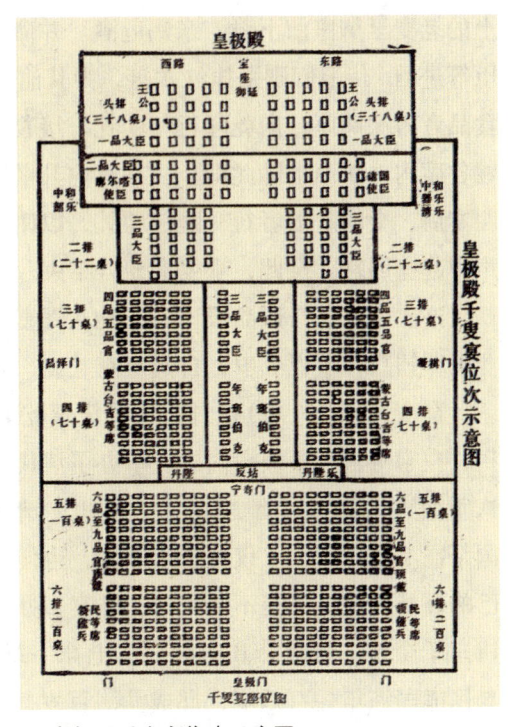

□ 皇极殿千叟宴位次示意图

正中，在鸿胪寺赞礼官的带领下，全体赴宴者向乾隆行三跪九叩礼。尔后，管宴大臣再引着大臣官员回到自己的座位旁，并与其他赴宴者再向乾隆行一叩礼，然后入座。在丹陛清乐声中，茶膳房大臣向乾隆进献红奶茶一碗，俟乾隆饮后，侍卫等手执银里椰瓢碗分赐殿内及东西檐下王公大臣等茶（茶碗亦赏给各人）。其余赴宴者则不赏茶。被赏茶的王公大臣等接茶后均行一叩礼，以谢御赏之茶。这时，茶膳房首领二人在宝座前摆下金龙膳桌一张。茶膳房总管首领太监向乾隆呈送蒸食、炉食、米面饽饽、奶子等十五品。然后展揭宴幕，经过"奉觞上寿"的礼仪，尚膳总管开始率人上宴。在宫廷音乐中，先上御宴，并在丹墀两边摆设银包角花梨木桌两张，每桌安放银折盂一件，金杓、银杓各一把，玉酒盅二十件。执壶内管领和御前侍卫将酒放在乾隆面前的膳桌上。乾隆遂召一品大臣和九十岁以

---

① 台吉：清代爵位名。满语，蒙古语借词，源于汉语"太子"。成吉思汗时期及后称皇太子为"鸿台吉"。努尔哈赤时期沿用此称。后来此称主要用于赐封蒙古、西藏等上层分子。

上的老叟至御座前下跪，亲赐卮酒。并命皇子、皇孙、曾孙为殿内王公大臣等进酒。侍卫们则手执红木盘，为其他赴宴者进酒，并赐给食品。受酒、食品者再次离座，向乾隆行一叩礼。接着，内务府护军人等执盒上膳，分赐各席内，乐声也随此即止。在宫内升平署歌人的歌声中，宴毕。赞礼官谢宴后，全体赴宴者行一跪三叩礼，以谢皇上赐宴之恩。乾隆在中和韶乐声中起座回宫。至此，千叟宴便告结束。

这次千叟宴，以品级班列，凡八百宴，与宴者三千人。闽人国子监司业衔邓锺兵，年百五岁，自闽至京赴宴，尤为盛事。

嘉庆元年（1796）正月，为了庆贺乾隆对嘉庆的禅位和乾隆当了太上皇，在宁寿宫之皇极殿内外，举办了清代的最后一次千叟宴。宣称与宴者八千余人，其实只有3056人。这里，清廷是做了手脚，真来那么多人，国帑岂不消耗过大。仅这三千余人，也使嘉庆愁眉不展。但为了父皇和自己的登基大吉，只得不惜工本，将宴事办得尽量风光。这样，宴中共得贺诗三千余首。乾隆恭和康熙原韵七律一章，嘉庆也要"圣制恭和"。与宴老民熊国沛年一百六岁，邱成龙一百岁，赏六品顶戴；九十岁以上老民八人，赏七品顶戴。

可是，宴事一过，嘉庆就以诸官纠劾为由，将大贪官和珅论罪赐死，抄其家产，仅第26编号就折银两亿多两。因为，嘉庆要面对大清国的根基已被他的父皇奢泰忘危和"慷慨宽厚"几乎挖空了的严峻现实。故而民间有"和珅跌倒，嘉庆吃饱"的舆情。

六、茶宴

茶宴始于乾隆时期。此宴一般是过元旦后三日举行。是时，由乾隆亲自点来能作诗的文武大臣，曲宴于重华宫。宴时，乾隆

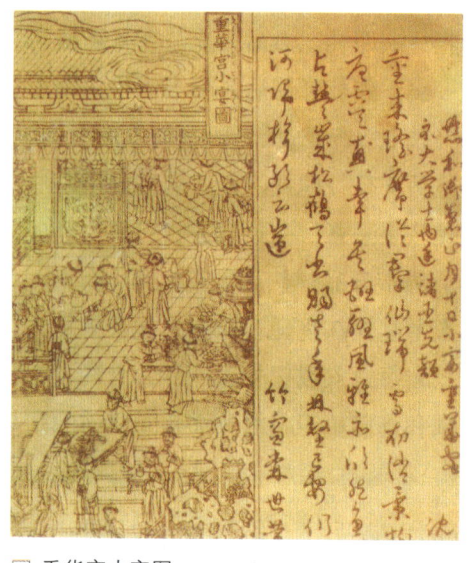
□ 重华宫小宴图

升宝座，群臣每两人一几，一边饮茶一边看戏。用的茶是茶膳房供应的奶茶。宴时，"仿柏梁体，命联句以纪其盛。复当席御制诗二章，命诸臣和之，岁以为常"①。

七、大蒙古包宴

此宴也始于乾隆时期。当时，乾隆为扩充新疆回部，采取了一些措施。哈萨克各地的部落长为讨好乾隆，争先向乾隆进献当地土特产。乾隆为此设宴款待他们。宴所设在山高水长楼或避暑山庄的万树园。为大黄幄殿，其中可容千余人进膳。如保和殿之宴，宴时，王公宗室皆赴之。乾隆亲赐卮酒于新降诸臣等，以示无外。因此宴以大黄幄殿为主要特征，故称大蒙古包宴。乾隆以后的清朝皇帝也循例举行。如嘉庆八年（1803），嘉庆皇帝荡平三省教乱，也举办了此宴。

八、宗室宴

宗室宴在每岁元旦及上元日举行。是时，由皇帝亲点皇子、皇孙及近支王、贝勒等，曲宴于乾清宫或奉三无私殿。宴时，皆用高椅，馔极丰富，每二人一席，赋诗饮酒。这种筵宴，每年循例而行，是皇帝用来联络亲属感情的一种家宴。如乾隆壬寅年（1782），乾隆曾普宴宗室于乾清宫，参加者数十人。

九、廷臣宴

廷臣宴在每岁上元后一日举行。是时，由皇帝亲点大学士九卿之有功勋者。宴所在奉三无私殿。宴时，按宗室宴之礼，蒙古王公等也皆参与。这种筵宴，也是每年循例而行，是皇帝用来联络属臣感情的一种形式。

---

① 《清朝野史大观》（第一辑），"茶宴"。

十、九白宴

九白宴始于康熙时期。当时,康熙初定蒙古外萨克等四部落时,这些部落为了表示向清朝的投诚忠心,每岁以"九白"为贡,即白骆驼一匹、白马八匹。以此为信,不可一岁无九白贡。这些贡品,年例由呼图克图奏进。其贡献献后,则设宴招待使臣,称九白宴。以后每年循例而行。后来,道光皇帝为此曾作诗云:"四偶银花一玉驼,西羌岁献帝京罗。"《养吉斋丛录》(卷十五)记载九白宴时说道:"按旧会典载:喀尔喀土谢图汗、扎萨克图汗、丹金喇嘛、那颜台吉四季共贡白马八匹、白骆驼一匹。又康熙三十年,以土谢图汗、车臣汗既留汗号,仍准贡九白,其余概不得贡。至若昔时出塞行围,蒙古王公进宴,则进九白。虽必欲之,实为嘉贡。而与年贡之九白,则别为一事。"

十一、外藩宴

外藩宴始于康熙时期。是康熙招待蒙古王公贵族的筵宴。康熙即位后,数十次巡行塞北,同蒙古各族建立了巩固的联盟。特别是他制定实施的对蒙古经济政策,对安定蒙古,巩固边防,起到了积极的作用,使明代"屡犯边境"的蒙古民族,成为守卫北方边疆的"万里长城"。外藩宴则是康熙用来加强联络蒙古王公贵族感情的一种筵宴。后来,外藩宴又包括宴请回族和新疆、西藏、金川各部落的外藩。宴时,例设中和韶乐、舞

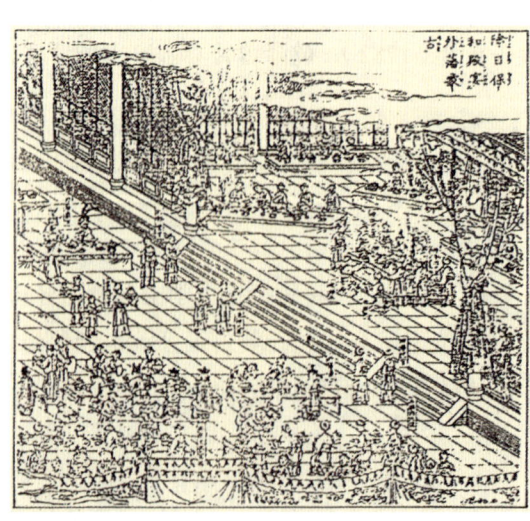
□ 保和殿宴外藩

庆隆舞，并陈蒙古、回部、金川及各藩部乐，并表演杂技。

外藩宴的宴所没有定址，在丰泽园、紫光阁、避暑山庄等处，皆设过此宴。康熙巡行蒙古地区时，也曾在当地设过此宴。自康熙继帝位以后，此宴举办的次数不胜枚举。如"康熙二十年后，蒙古诸藩先后效顺，而喀尔喀最强，圣祖北巡，以镇抚之。庚午秋，大宴于多伦诺尔，凡四十八家"①。又如"新正筵宴，外藩在向丰泽园。设大幄次，以存旧制。乾隆间，紫光阁落成，其后遂宴于阁。宴后例有赏内务府大臣司其事"②。再如"曩圣驾驻跸避暑山庄，筵宴外藩，辄召至御前赐酒，内廷词臣，亦得与赐。观灯或一夕，或三夕。银花火树，无异上元。其地在万树园。平原千亩，夭乔繁茂。虽以园名，不施土木。宴时则张穹幕"③。还如"山庄宴外藩，嘉庆间，有在卷阿胜境者。万寿节宴外藩，有在阅是楼者"④。

十二、宗亲宴

宗亲宴是清朝皇帝招待近支亲藩的一种筵宴。道光以后，宴所一般在奉三无私殿。赴宴者的地位，要在皇子位次，或亲王，郡王以上。如《养吉斋丛录》（卷十五）记载："……乾隆间，有扎萨克而兼一二品官职者，亦与廷臣宴。又宗亲宴，间有命异姓王公与列者。如乾隆庚寅之超勇亲王成衮扎布、额驸色布腾巴尔珠尔、拉旺多尔济是也。"从某种意义上说，宗亲宴对维护清朝的统治、加强中国各族的团结、巩固边防，都起着积极的作用。

十三、蒙古亲藩宴

蒙古亲藩宴是清朝皇帝专门招待与皇家有联姻的蒙古亲属的一种筵

---

① 吴振棫：《养吉斋丛录》卷十五。
② 吴振棫：《养吉斋丛录》卷十五。
③ 吴振棫：《养吉斋丛录》卷十五。
④ 吴振棫：《养吉斋丛录》卷十五。

宴。宴所一般在正大光明殿。宴时，由掌仪司负责安排歌艺杂技，蒙古王公按礼要递酒。坐陪的有满洲一、二品大臣。嘉庆七年（1802）以后，又允许汉族一、二品大臣入宴坐陪。清廷历来与蒙古的关系十分密切，历代清朝皇帝对此宴都很重视，每年循例举办。而受宴的蒙古亲属，更是视此宴为大福。对皇帝在此宴中颁赏他们的食物十分珍惜。《清稗类钞·蒙人宴会之带福还家》一文中则记载了一段很有趣的事情："年班蒙古亲王等入京，值颁赏食物，必携之去，曰带福还家。若无器皿，则以外褂兜之，平金绣蟒，往往汤汁所沾濡，淋漓尽致，无所惜也。"

上述，应该说只是清宫一部分御宴的种类。因为清宫中的筵宴名目繁多，仪式繁缛。大宴人数多达数千人，小宴只是帝、后二人（如皇帝大婚时的合卺宴和团圆宴即是如此）。皇家各等人员（如太后、皇帝、皇后、妃、嫔、皇子、皇孙等）的生日、婚丧嫁娶、国家庆典、军事大捷、逢年过节、祭神祭祖、接待外藩使节、公主下嫁等等，都有各种各样定规的筵宴。这种情况，在前章中已有略述。深入研究清宫中的各种筵宴，对于继承我国传统的筵宴风格，提高现代筵宴的制作水平，是有积极意义的。

第二节　清宫中的年节食俗

清宫中年节的高潮在除夕、元旦两日。这是被列为清宫"三大节"之中的两个年节（另一个是万寿节），在民间亦是作为一年中最隆重的节日。其所以如此，除有"辞旧岁迎新春"之意外，更重要的原因，还是与经济生产有关。因为自古以来，我国中原地区皆以农业生产为主，寒冬季节，这个地区的农民在收获之后，归粮于仓，下年的农耕尚未开始，就有时间做适当休整。新年的活动特别在中上层农民中更加丰富。以农业生产为基础的清朝宫廷，必然也要与民同俗。于是在新年之际，清宫内也百般庆贺，以祈来岁之福，同时，上行下效，宫廷的活动又必然影响到民间，首先是京城中的百姓。

一、腊八日雍和宫煮粥供佛

每至腊八日，宫内有亲王或大臣到雍和宫监视煮粥供佛。在宫内，则在皇帝御中正殿佛堂前搭设黄毡圆帐房，称小金殿，由御前大臣侍奉。御驾亲临后，众喇嘛于殿下唪经，有时请达赖喇嘛和蒙古活佛章嘉呼图克图为皇帝拂拭衣冠，申祓除之义。相传腊八日为佛祖释迦牟尼的成道之日，教徒皆以米及果物煮粥供佛。宋时佛寺于是日供应腊八粥，以后逐渐流传民间。佛寺中的腊八粥，是在做浴佛会时，送门徒的七宝五味粥，民间则以果子杂料煮粥。到了清代的北京，民间的上等腊八粥，是用黄米、江米、小米、菱角米、栗子、红豆（赤豆）、小枣等合水煮粥，并配以桃仁、杏仁、莲子、花生仁、瓜子、榛仁、松子仁、红糖、白糖、桂花酱、葡萄干等同煮。清宫中的腊八粥也大抵如此。

二、腊月二十三日坤宁宫祭灶

在清宫中，每年腊月二十三日在坤宁宫祭灶，要设供案、安神牌、香烛等。供品按例有三十二种。并要从南苑猎取黄羊一只，从盛京（今沈阳）内务府进贡麦芽糖作为供品，故北京人一直称麦芽糖为关东糖。从这一点来说，尽管小年祭灶是中原地区的习俗，但也融入了满族习俗的成分。传说祭灶是由于灶神在是日升天向玉皇大帝汇报民间各家情况。为了希望他能"上天言好事，下界降吉祥"，需要来一次热烈的欢送。又据《搜神记》载：汉宣帝时，阴子方在腊日早晨做饭看见灶神显现，他用黄羊祭祀，以至暴富。后来许多人就都仿效他的做法。清宫中的这一天，皇帝、皇后先后到坤宁宫佛前、神牌前、灶前拈香行礼。晚上，亲王、郡王、贝勒等大员在内廷有值宿任务的，都给假回家祭灶。嘉庆曾作过一首祭灶诗，描写了清宫和民间的这种风俗："嘉平小除夜（民间亦谓腊月二十三日为过小年），媚灶用黄羊。典祀千门遍，礼传五祀详（汉五祀为：门、户、井、灶、中，清同）。铋芳袅鼎篆，精洁列盘糖。"清朝皇帝祭灶，与民俗有所不同。据民俗学家论述，汉武帝初年，大臣以祀灶可化丹砂为黄金，以黄金为器皿可益寿，益寿可见蓬莱仙者进言，皇帝才开始亲自祭灶。清帝亦取此意亲祭之。清宫中祭灶的供品，有与北京民间所用相同的，如都用麦芽糖、糖饼、黍糕、枣、栗等。但也有不同之处，清宫仍沿袭古俗，用黄羊祭灶。在民间则很难做到。

三、除夕乾清宫皇帝的家宴

除夕，意味着年节临至高潮，清宫中习俗很繁琐，帝、后等要分别到宫内各处拈香礼佛，设供祭祖，祈求神灵保佑。这天晚上，皇帝循例要举行大规模的家宴。关于此种筵宴，在前节已述及。下面，再将乾隆四十四年（1779）举办的除夕家宴略述一番，以便加深对此宴的了解。

这次家宴从三十日中午摆皇帝金龙大宴桌开始，乾清宫从外向里先摆八路冷膳：头路松棚果罩四座（上安象牙牌），两边各放一对花瓶，中间是铜胎掐丝珐琅盘盛的点心五品；二路一字高头九品；三路圆肩高头九品；四路雕漆果盒二副，两边是苏糕、鲍螺四座；五至八路各摆冷膳十品，计四十品。此外，东边还有捶手果钟四品，奶皮、小点心、炉食、南小菜和清酱各一品，西边是捶手果钟四品，敖尔布哈、鸭子馅包子、米面点心、酱两样小菜和水贝瓮菜各一品。内庭等位的宴桌是分东、西两边摆设的，东边：头桌是颖妃、惇妃，二桌是婉嫔、循嫔，三桌是禄贵人、鄂常在；西边：头桌是容妃（香妃）、顺妃，二桌是诚嫔、林贵人，三桌是明贵人、白常在、武常在。另设陪宴十九桌。当时，皇后已死，中宫虚待，因此这里也没设她的席位。到申初二刻（下午三时半左右），传摆热膳，摆毕，奏乐，皇帝御殿升座，妃嫔入席，筵宴开始。宴间还要不断地进汤膳、奶茶和佐酒之馔。乾隆的一桌酒宴计四十品，摆成五路，每路八品，用五对盒恭进，主要是以燕窝、鹿脯、鸭子、狍肉、鸡、肘子等原料制成的荤菜，还有各种果子。六桌妃嫔等位的酒宴，其中二桌用绿龙碗，四桌用青龙碗，每桌荤菜七品，果子八品。

另据档案记载，光绪时期的除夕家宴一般在阅是楼举行，因为这里是慈禧经常用膳的地方。这天凌晨四时，光绪帝即到宫内十多处佛堂拈香，早六时至保和殿筵宴。宴毕，至乐寿堂给慈禧请安，并随从慈禧办事、召见、侍膳、看戏。然后光绪和慈禧分别到各宫给道光、咸丰、同治帝后像或神牌拈香行礼。午时，光绪和宫眷们分别向慈禧行辞岁礼，宫眷们再到钟粹宫给皇后行辞岁礼。下午，光绪、皇后和宫眷们再到阅是楼，同慈禧共进家宴，并陪慈禧看戏。

四、元旦太和殿的筵宴

元旦，是清宫中年节的高潮。清朝皇帝循例要在太和殿举行大规模的筵宴，以庆贺新年伊始。关于此类筵宴，在前节中已有详述。故不重述。下面，根据档案记载，仅将光绪三十四年（1908）元旦这天，光绪的主要活动记述如下：

凌晨二时，光绪在爆竹声中到养心殿各处拈香，至东暖阁明窗行开笔仪式，即先向金瓯永固杯中注屠苏酒，亲手点燃蜡烛，将"万年青"笔打开，在吉祥炉上熏一下，然后濡染朱墨，写吉语数字，再用墨笔写吉语数字，以祈新岁之福；并浏览一遍新历书，以寓授时省岁之意。晨六时，到奉先殿、堂子（在紫禁城外、皇城的东南角）行礼后，回乾清宫进奶茶，在西侧弘德殿内进吉祥饽饽（饺子），其中一个吉祥饽饽馅内包有小银锞，放在表面，若一下箸即得之，则认为吉利（侍者供奉此吉祥饽饽时，总是要以某种方式暗示光绪，使光绪一下箸便夹着这个包有小银锞的吉祥饽饽）。然后到坤宁宫拈香行礼，并在此接受皇后及瑾妃请安、道新喜、递如意。光绪、皇后及宫眷等再分别至乐寿堂给慈禧请安、道新喜。八时半，光绪率王公大臣在皇极殿给慈禧行礼，皇后率宫眷、福晋、命妇等给慈禧行礼。光绪、皇后再分别递"万年吉祥如意"，瑾妃以下宫眷再给皇后行礼、递如意。九时半，光绪到太和殿接受文武百官行庆贺礼（不知何故，此日未在此举行筵宴）。然后回乾清宫受内朝礼。十一时，至大高殿及景山内寿皇殿拈香行礼。十二时，光绪在乾清宫举行宗亲宴。宴毕，光绪、皇后和宫眷等仍至阅是楼侍奉慈禧看戏，戏毕跪送。

五、正月十五日上元节食元宵

作为新年的延长，正月十五日的上元节（又称元宵节）也包括在内。此日之夕，不仅民间家家吃元宵，宫中这几天的晚膳中亦备有各种不同馅料的元宵，只是比民间的要精致。上元节又有灯节之称。此习汉代即有，以后历代沿袭。清沿明旧，在宫中不仅张挂各式华贵的宫灯，而且已有冰灯的制作。乾隆御制《冰灯联句》诗序中道："片片鲛冰，吐清辉而交璧月；行行龙烛，腾宝焰而灿珠杓。"可见当时晚间冰灯的景致十分可观。另据《清朝野史大观·灯节》记载的清宫灯节景象，更是十分壮观："新年典礼，以正月十五日之灯节为终止。灯之形式各殊：有兽形，有作花形，有作果子等形者。以白纱糊之，上敷颜色。中有一灯作龙形，约长十五英尺，其下有十竿；以太监十人持之。龙之前，另有一太监持一灯如珠，以龙恋是也。游灯时，并佐以音乐。灯之后，则有烟火，各呈中国历史中之风景，以及葡萄紫藤。与其他诸花形焉，种种幻状，极为可观。烟火之侧，有一游动之木屋，太后及诸宫眷，居其中视之，而免冒寒气也。"

第三节　皇帝的饮食习惯

清朝历代皇帝的进膳情况（包括进膳时间、礼仪、程序等），一般都是沿袭前规，无多大差别。只是各代皇帝的饮食习惯不同、口味不同，也有当时国力和经济状况的原因，因此反映在各代皇帝的膳食上，相对的比较则有繁有简，肴馔的样式也有很大不同。而且，随着社会的进步和御厨们技艺的不断提高，也对皇帝们的饮食习惯有着潜移默化的影响。

一、皇帝的饮食起居

执政的清朝皇帝，都是按照宫中旧规，于每日寅时三刻（晨三时三刻左右）起床。这时，专有"请驾"的宦官传呼皇帝请驾。如果是年幼未执政的皇帝，一般要睡到六时才起驾。如年幼的光绪皇帝就是这样。皇帝起驾后，要到书房里读书。

皇帝每日的进膳时间都有严格的规定，是时务必开膳。《养吉斋丛录》（卷二十四）对此有过记载："卯正二刻，早膳。午正二刻，晚膳。申、酉以后，或需饮食，则内宫别有应承之处，其物随意命进，无定供矣。"卯正二刻，即是晨六时二刻；午正二刻，即是十二时二刻。如果皇帝在傍晚或是夜里想吃些食物，不论想吃什么，传执事人取来就是了，俗话说"点心点心"。但在清宫的膳食档案中记载，皇帝每日进膳的时间一般在卯初三刻（或卯正一刻、卯正二刻）进早膳，在未正进晚膳；也就是说，一般在晨五时三刻或六时一刻、六时二刻进早膳，在下午两时进晚膳。这与《养吉斋丛录》中记载的有些出入。不过后者记载的可信度高，因为是原始的档案。

皇帝每次进膳，都是独自一人，只准与皇太后的食桌摆在一起。皇后、妃嫔等是不能与皇帝一起进膳的。皇后、妃嫔等各自有单独膳房。每次皇帝进膳时，差不多在同一时间里，皇后和妃嫔们也都用起膳来，妃嫔们都要向皇帝进献几款皇帝喜欢吃的肴馔。皇帝每次的膳食，当然自己吃不了，食后也要按例分赏给众妃嫔或身边的侍卫、太监。

尽管皇帝的用膳时间有规定，但不等于御厨们按时将肴馔烹制出来，再由侍卫们端至皇帝用膳的餐桌上就行了。因为皇帝没有固定的就餐场所，皇帝来到哪里，御膳房的御厨们就得跟到哪里，随时侍候。如果皇帝出去散步，点心局就要派上随从，带着食盒，装上皇帝喜欢吃的茶点，以备随时应用。如果皇帝到外地巡游，御膳房的御厨也要随之而去。但皇帝要到避暑山庄或颐和圆、圆明园等地，只是带走宫内御膳房几个最得意的御厨，因为在这些地方，已经设置了掌膳班子。

皇帝用膳时，有时因事务在身，需有专人去请驾；但也有皇帝到时自己传旨用膳。无论何种情况，御膳房必须在最短的时间内将肴馔制成，摆在御膳桌上，而且要十分注意肴馔的温度。在天冷的时候，餐具一般多备水对子，即盛肴馔的盘子下边有蓄热水的装置，这样可使肴馔保温长久。再如点心和粥要分放两桌，侍者需将粥盛出几碗放在桌上，皇帝进膳时，侍者可随时根据皇帝的用意，或端稀的、稠的，或端热的、温的。

饽饽，是满族的传统食品，特别是清入关后，饽饽食品制法愈加精细，样式亦愈加繁多。清朝皇帝每次进膳，必有数种饽饽，并在旁边另摆饽饽桌子，以赏赐宗亲、廷臣和侍卫等。据《养吉斋丛录》（卷二十四）记载：御膳房"进膳有膳单，每日膳单，指出某物赐某处，赐某人。曩时内廷主位、阿哥、公主，及御前、内务府、军机、南书房入直大臣，皆间得被赐。每日召见外省文职臬司以上，武职总兵以上，亦赐饽饽二盘，谓之克什（满语，赐也）。进膳之物，按时备供，不设饮"。清朝皇帝在进膳时以饽饽赏赐属臣之举，代代沿袭，是清宫的一种传统食俗。

皇帝在早膳后至晚膳前这一段时间，一般是要处理国事，如审阅上奏的文件（各省送来的公文），发各种指示给军机处；还要召见满汉军机大臣，商议每日军机处送来的"见起"（清政府的重要文件名称）和重要朝政。至中午以后，皇帝须回殿休息，或是用些点心，或睡午觉。皇帝用过晚膳之后，下午的时间多是娱乐和游玩，如观戏、习武、写字、作画、读书等，或是与皇后、宫眷们聊天谈家常；有时也要举办一些学术活动，如摆设"经筵"（学术论坛）等。

晚膳与早膳的情况大体相同，一般只是多添一些酒类。清宫御膳房从乾隆时期开始，为皇帝开列的膳桌上，除有肴馔名称外，还要写上用何种规格和样式的餐具盛装，并要写出制作肴馔的厨役的名字。这一方面是给皇帝提供方便，另一方面是便于御膳房机构对厨役的掌握。皇帝吃着可口的菜肴，指示再照样添一品时，可以立刻按原味做来；如皇帝吃某菜而高兴时，还要赏赐厨役一些物品，这样亦可查对膳单，按旨论赏。同样，如烹饪失宜，或出了差错，亦可按制作肴馔的人名追究责任。

在皇帝进膳时，还有这样的习惯，即吃得高兴时，要下旨赐筵于皇后、妃嫔或大臣。这在清代皇帝的饮食中，也算得上是一种遗风。特别是那些受宠爱的妃嫔，被赐筵的次数颇多。但宫外的赐筵就比较少些。如皇帝赐筵宫外大臣，这是不寻常的举动，宫外大臣定会受宠若惊。光绪时期的宫外大臣袁世凯，就多次受到赐筵，但袁另有野心，欲篡皇位，所以他被赐筵是捞取资本的好机会。因此他不惜重金，往往以几千两银子赏给传膳的大太监。

二、皇帝的一日两餐

皇帝的一日两餐，视为正餐。当然，正餐之外，根据皇帝的饮食需要，又有一些不定规的便餐（如早点、午点、夜宵等）。

皇帝进膳场所，举办筵宴一般在乾清宫、太和殿；祭祀时进膳，在坤宁宫；日常膳食则多在养心殿、重华宫等处。

皇帝进膳时的家什设施是怎样的呢？福格著《听雨丛谈·膳卓膳合》中曾有过记述："御膳房进膳，凡果碟、冷碟，俱陈于矮卓，幂以黄龙巾袱，用黄绒绳兜卓之四隅昇之，谓之膳卓；熟食羹馔，则盛于黄龙圆盒，叠叠三四盒，包以黄布厚棉袱昇之，谓之膳盒。考《明季水部备考》云：'内宫监成造御用彩漆膳卓、膳盒、托合之类，供应宫殿床、卓、器皿、生铁、锡灶、砂铫、盘、罐等件云云。'是膳卓膳合之器，自明已然矣。"这段文字说明，皇帝就餐时的设施，在很大程度上都是沿袭明宫时的风格。不仅在这点上是如此，在膳事机构和对厨役的管理制度上，也多沿袭明制。

皇帝的膳食概貌又是怎样呢？《清稗类钞·饮食·皇帝御膳》中也曾有过大略的记述："皇帝三膳，掌于御膳房。聚山珍海错。书于牌。除远方珍异之品以时进御外，常品如鸡、鱼、羊、豚等，每餐皆具。必双，御膳房主之。"这段文字中所说的"皇帝三膳"，是将除正餐之外的午餐（便餐）也计算在内；文中所说的"书于牌"，是指银牌子，此牌上写有肴馔名称，插于肴馔旁边，即起注明之意，也表示此菜经检验无毒，皇帝可以放心地进食了。在皇帝的御膳中，凡呈进的肴馔，忌单数，俗称"皇帝忌食寡妇菜"；此文中所说皇帝的肴馔"必双"，即此意也。

清朝历代皇帝由于对进食的观念不同，需求不同，也由于国力、经济、开支等各方面的因素，每次进膳的场面、肴馔的数量也有很大差别，如像努尔哈赤和康熙两位皇帝，进膳时就比较简单，康熙常常只食一味，不食他味，膳食上算得上节俭。乾隆就不一样了，他好吃、好排场、好浮华，每次的膳食一般在四五十品以上。我们可以随便在他的膳食档案中抄录两例，以示说明。如《哨鹿节次照常膳底档》中记载乾隆四十四年（1779）五月至十月，乾隆的每日进膳单中，其中七月初七日的早膳中这样记录道：

上（乾隆）至水芳岩秀供前拈香行礼毕，卯正，一片云西暖阁进早膳，用折叠膳桌摆：燕窝八仙鸭子一品（八仙碗）、燕窝锅烧肥鸡一品（红潮水碗）、炒鸡白鸭子炖杂烩一品（腰兰碗）、羊肉片一品（五福珐琅碗）、清蒸鸭子糊猪肉攒盘一品、竹节卷小馒首一品（珐琅盘）、江米镶藕一品（五福盘）。

妃嫔等六位进菜四品，安膳桌二品、饽饽二品、咸肉一品、珐琅葵花盒小菜一品、珐琅碟小菜四品，随送萝卜汤下面进一品、鸡汤老米膳一品（汤膳碗鹊桥仙度珐琅碗，金碗盖金银花绿带膳单），额食三桌、饽饽六品、奶子二品、青水海兽碗菜三品、江米镶藕一品（此四品系收的），共一桌；内管领炉食四盘一桌，盘内六盘一桌（原档如此——著者按），进毕，赏用。

妃嫔等位一片云东暖阁聚座分例膳：粉汤。

早膳后熬茶时送：

符供尖、巧果一品，瓜果二品，共一盒，呈进，进毕，赏用。

这天下午的晚膳则这样记录道：

含青斋进晚膳用折叠膳桌摆：肉丝清蒸肥鸭旋子一品、肉丝莲子酒炖鸭子一品（八仙碗）、肥鸡油煸白菜一品（江黄碗）、火熏猪肉一品、羊肉片一品（此二品五福珐琅碗），后送鲜蘑菇爆炒鸡一品、供尖鹿舢（筋）肉条一品、蒸肥鸡烧狍肉攒盘一品、象眼小馒首一品、鸭子馅包子一品、螺蛳包子豆尔馒首一品（此三品珐琅盘）、江米镶藕一品（五福盘）、珐琅葵花盒小菜一品、珐琅碟小菜四品，随送红粳米膳一品、野鸡酸汤一品、供尖燕窝鸡丝汤一品（汤膳碗、鹊桥仙度珐琅碗、金碗盖、金银花线绿带膳单）。

进毕，赏用。

从乾隆在位的六十年中，以他的进膳趋向来看，是从少到多、由简到繁，以至后来愈发铺张豪华起来。乾隆初即位时，膳食上尚有节制，每次所用的肴馔并不很多。如《乾隆元年至三年照常膳底档》中记载乾隆于元年（1736）八月二十六日的早膳时写道：

> 早膳用大银盘摆南小菜一品、熏肉一品、米面小点心一品（俱银碟），巳时伺候。冬笋炝鸭子、火熏白菜（此二品黑白紫龙碗）、野鸡瓜、南小菜（此二品四号银盘）、攒盘肉一品、米面点心一品（此二品四号银盘）。
>
> 进粥膳毕。总管谢成、王太平钦奉。

此膳单记录乾隆这次的早膳，连粥点在内才是十品，这毕竟算很简单了。到了乾隆十九年（1754）间，乾隆进膳的数量略有增加。如此年五月十日的早膳则是这样的：

> 辰刻进早膳：肥鸡锅烧鸭子云片豆腐一品、燕窝火熏鸭丝一品（常二作）、清汤西尔占一品（荣贵作）、拈丝锅烧鸡一品（荣贵作）、肥鸡火熏白菜一品（常二作）、三鲜丸子一品（常二作）、鹿筋炮肉一品（常二作）、清蒸鸭子糊猪肉咯尔沁拈肉一品，上（乾隆）传炊鸡一品（荣贵作）；竹节卷小馒首一品、孙尼额芬白糕一盘、蜂糖一品、珐琅葵花盒小菜一品、南小菜一品、炭腌菜一品、酱黄瓜一品、苏油茄子一品、粳米膳一品。

此膳单记录乾隆的这次早膳，共计十八品，这算是开始讲究起来了。到了乾隆四十四年（1779）至四十五年（1780）间，乾隆的日常膳食则更加铺张。如乾隆四十五年（1780）十一月十四日的晚膳，在《节次照常膳底档》（乾隆四十四年十月至四十五年正月立）中是这样记录的：

> 天坛小书房进晚膳用高丽小膳桌摆：烧狍肉鹿尾羊乌叉攒盘一品，象眼小馒首一品，福隆安、德保进鸭子白菜热锅一品，菜四品、

安膳桌二品，冬笋口蘑锅烧鸭子一品，燕窝肥鸭丝一品，小菜四品，安膳桌一品，野鸡瓜一品，饽饽二品，安膳桌一品，甑尔糕一品，银葵花盒小菜一品，银碟小菜四品；随送粳米干膳进一品、鸭子鸭腰汤进些，次送红白鸭子藕烩一品、鸭子火熏白菜一品、羊西尔占一品。

此三日（应为本月十二、十三、十四日）（五福珐琅碗）共一盒。白面丝糕糜子米面糕一品、螺蛳包子豆尔馒首一品、素提褶包子一品，共一盒。

福隆安、德保进菜二品、饽饽一品、小菜三品。共一盒，呈进。

上进毕，赏用。

此膳单记录乾隆的这次晚膳，共计四十品之多。到了乾隆的晚期，他所用的膳食豪侈得更加惊人，这里就不再抄录了。

嘉庆皇帝的日常膳食，大概是受他父亲的影响，与乾隆时期大同小异。嘉庆死后，国力衰退，危机显现，所以道光即位后，特别节俭膳食，以示表率。据有关材料记载，道光即位后，每天只吃一款豆腐炒猪肝，不知是否真实？咸丰和同治时期，尽管清王朝每况愈下，但宫中御膳却更加讲究起来，较之乾隆时代已是有过之而无不及，我们抄录两份这一时期的御膳食单，便可证明这一点。一份是咸丰十一年（1861）十二月，刚即位不久的小皇帝载淳（同治），除夕的晚膳是："大碗菜四品：燕窝'万'字金银鸭子、燕窝'年'字三鲜肥鸡、燕窝'如'字锅烧鸭子、燕窝'意'字什锦鸡丝；杯碗菜四品：燕窝溜鸭条、攒丝鸽蛋、鸡丝翅子、溜鸭腰；碟菜四品：燕窝炒炉鸭丝、炒野鸡瓜、小炒鲤鱼、肉丝炒鸡蛋；片盘二品：挂炉鸭子、挂炉猪；饽饽二品：白糖油糕、如意卷；燕窝八仙汤。"[1] 另一份是咸丰十一年（1861）十月初十日，进给皇太后的一桌早膳，即："火锅二品：羊肉炖豆腐、炉鸭炖白菜；大碗菜四品：燕窝'福'字锅烧鸭子、燕窝'寿'字白鸭丝、燕窝'万'字红白鸭子、燕窝'年'字什锦攒丝；中碗菜四品：燕窝肥鸭丝、溜鲜虾、三鲜鸽蛋、烩鸭腰；碟菜六品：燕窝炒熏鸡丝、肉片炒翅子、口蘑炒鸡片、溜野鸭丸子、果子酱、碎溜鸡；片盘二品：挂

---

[1] 清代档案"御茶膳房"四九四号。

炉鸭子、挂炉猪；饽饽四品：百寿桃、五福捧寿桃、寿意白糖油糕、寿意苜蓿糕；燕窝鸭条汤；鸡丝面。"[1] 清朝末期，洋人入侵，国内险象环生，但以慈禧为代表的清朝统治者的饮食生活，却是达到了最高峰，慈禧日常进膳需各式肴馔百余样，这是众所周知的豪华轶事了。现将同治时期慈禧和慈安两太后在冬季进膳的一份膳单抄录如下，就知其当时宫廷的膳食是如何耗费得惊人了：

> 皇太后二位，每位前晚膳一桌。火锅二品：八宝奶猪火锅、酱炖羊肉火锅。大碗菜四品：燕窝"万"字金银鸭子、燕窝"寿"字五柳鸡丝、燕窝"无"字白鸭丝、燕窝"疆"字口蘑肥鸡。怀碗四品：燕窝鸡皮、氽鱼脯、鸡丝煨鱼面、大炒肉炖海参。碟菜六品：燕窝炒炉鸡丝、蜜制酱肉、大炒肉焖玉兰片、肉丝炒鸡蛋、溜鸡蛋、口蘑炒鸡片。片盘二品：挂炉鸡、挂炉鸭。饽饽四品：白糖油糕寿意、立桃寿意、苜蓿糕寿意、百寿糕。随克什一桌：猪肉四盘、羊肉四盘、蒸食四盘、炉食四盘。

上述这份膳单是固定的，还要不断增加时令菜肴，皇帝、皇后、妃嫔们也都要向两位太后进献几味，这合计起来也就有上百种肴馔了。而且这些肴馔，仅是不同的燕窝菜就有六品，从肴馔原料的选用和烹制的技艺方面来看，均已达到了前所未有的最高水准。

三、帝后的口味嗜好

清朝历代皇帝的饮食口味各有所好，反映在他们进膳的膳单上的肴馔名目也就有所不同（包括清代史籍中记载的有关皇帝进膳时的肴馔）。康熙时期，康熙进膳所用的原料主要是东北出产的各类兽肉和羊、鸡、猪肉等。乾隆所食的肴馔则丰富多彩得多，除了东北的山珍野味外，主要喜食燕窝、鸭子、苏州菜点、锅子菜和素食，也爱品茶和食水果，但他不吃海

---

[1] 清代档案"御茶膳房"四九四号。

河产品，在现今保存下来的有关记载他日常膳食的大量的食单中，几乎找不出由鱼翅、海参、大虾、鲍鱼和各种鱼类烹制的菜肴。清朝末叶的光绪皇帝，则特别喜欢吃海味菜，在有关记载他进膳的档案中，用鱼翅、海参、海蜇、海带等原料烹制的菜肴每餐必备。而慈禧则喜欢吃鸭子、熏烤菜和带有糖醋味、果味的菜肴，也喜欢吃菌蘑菇耳和新鲜的蔬菜。溥仪喜欢吃素食和西餐，但不喜饮酒。

为了使皇帝的口味得到保证，御膳房在烹制菜肴时，除了注意严格地选料之外，在烹制菜肴的过程中也要精细加工，特别是火候和口味，都要符合标准。而且御膳房每次为皇帝烹制的肴馔，必须将使用的原料和调料详细记入账单。为皇帝烹制的肴馔，用今天的话来说，就是"色、香、味、形"都要符合标准，一款菜的选料、加工、切配、火候、调味、烹制等，都有定规，绝不允许同一款菜，你做是这样，他做是那样。这是御膳房一贯的旧制。如道光时期，道光想吃乾隆时期的肴馔，御膳房马上就有条件组织厨役去做，而且和乾隆当时所食的肴馔基本一样。从这一点来说，清宫御膳房在继承前代肴馔烹制技艺方面，是毫不含糊的。

为了更确切地掌握和了解皇帝的口味嗜好，御膳房的供差者都花费了脑筋，主管膳事的官员每次都要留心打听和观察皇帝在这一次进膳中多吃了什么，少吃了什么，没吃什么，并要向守护在皇帝身边的宦官讨教，好知道皇帝在进膳时对肴馔的态度以及有关评价。本来，负责皇帝膳事的机构是内府，御膳房隶属内务府，但实际上指挥御膳房的却不是内务府，而是皇帝身边的宦官，因为他们对皇帝的口味嗜好最清楚，因此御膳房也就乐意接受宦官们的指挥，免得出差错。

第四节　清宫中的膳食用料份例

在清宫中，帝后、妃嫔、皇子及福晋等每天膳食所需要的物料，都是按着皇家食制中规定的份例备办。这类份例账单，自顺治朝就已有之。

一、帝后、妃嫔、皇子、福晋的膳食物料份例

清朝皇帝每日用膳所需要的物料份例当然是最多的了。据有关膳食档案记载，皇帝每日恭备的份例是：盘肉二十二斤、汤肉五斤、猪油一斤、羊二只、鸡五只（其中当年鸡三只）、鸭三只，白菜、菠菜、香菜、芹菜、韭菜等共十九斤，大萝卜、水萝卜、胡萝卜共六十个，包瓜、冬瓜各一个，苤蓝、干闭蕹菜各五个（六斤），葱六斤，玉泉酒四两，酱和清酱各三斤，醋二斤。早、晚随膳饽饽八盘，每盘三十个，而每做一盘饽饽需要上等白面四斤，香油一斤，芝麻一合五勺，澄沙三合，白糖、核桃仁和黑枣各十二两。御茶房还要为皇帝恭备每天用的乳茶等。皇帝例用乳牛五十头，每头牛每天交乳二斤（共一百斤）；皇帝每天用玉泉水十二罐、乳油一斤、茶叶七十五包（每包二两，下同）。

皇后每日的份例是：盘肉十六斤、菜肉十斤，鸡、鹅各一只，白菜、香菜、芹菜等共二十斤十三两，水萝卜、大萝卜、胡萝卜共二十个，冬瓜一个，干闭蕹菜五个，葱二斤，酱一斤八两，清酱二斤，醋一斤。早、晚随膳饽饽四盘，每盘三十个，用料与皇帝随膳饽饽相同。御茶房亦要恭备乳茶等。皇后例用乳牛二十五头，每天共得乳五十斤，日用玉泉水十二罐，茶叶十包。

妃嫔们每日的份例则是按等级备办。皇贵妃的份例是：盘肉八斤、菜肉四斤，每月鸡、鸭各十五只。贵妃的份例是：盘肉六斤、菜肉三斤八两，每月鸡、鸭各七只。妃的份例是：盘肉六斤、菜肉三斤，每月鸡、鸭各五只。嫔的份例是：盘肉四斤八两，菜肉二斤，每月鸭八只。常在的份例是：盘肉三斤八两，菜肉一斤八两，每月鸡五只。皇贵妃以下，各内廷主位：每日共需白菜四十斤，香菜四两，芹菜一斤，葱五斤，水萝卜二十个，胡萝卜、苤蓝、干闭蕹菜各十个，冬瓜一个，酱、醋各三斤，清酱五斤。另外，御茶房备办：贵妃每位例用乳牛四头，得乳八斤；妃每位例用乳牛三头，得乳六斤；嫔每位例用乳牛二头，得乳四斤；贵人以下没有例用乳牛，随本宫主位份例。妃嫔等位日用茶叶均为五包。

皇子饭房每日为皇子备办盘肉四斤、菜肉二斤，每月鸭十只。皇子福

晋日需盘肉十二斤、菜肉八斤；侧福晋每位日供盘肉六斤、菜肉四斤，无鸡鸭。另外，还需备办白菜五斤，干闭蕹菜八个，其他蔬菜按月供给，日用酱、清酱各四两，醋二两。皇子及福晋，每位例用乳牛八头，得乳十六斤，另备茶叶八包。

侍卫、太监们的饭房也有固定的份例，这里不一一赘述。

二、御茶膳房档案房按份例支出以外的账单

仅举雍正六年（1728）四月《大建进膳底档》的月本（初一至二十九）为例，以示说明。这份底档是御茶膳房的档案房记载雍正六年四月这一月中，供应帝后、妃嫔等膳食物料份例以外的一份专门账单。现截录初一和二十日这两日的记载如下：

初一：

万岁、皇后份例以外，添猪肉十七斤，鹅一只，鸭一只，鸡四只，笋鸡八只（一次）；

念经喇嘛等级食添猪肉二十五斤（一次）；

喂狗添猪肉七斤；

养心殿匠役九名，添羊肉一斤二两（一次）；

养心殿匠役一名，添羊肉二两（今日添起）；

宁寿宫皇贵妃等位素（速）减五十斤猪三口，猪肉十六斤八两，小猪二口，半鸭一只，鸡十四只，半笋鸡一只（一次）。

用祭：

奉先殿供减猪肉三十斤，羊肉五十斤（一次）；圆明园柏唐阿、匠役等级食减羊肉七斤（一次）；

养心殿领催一名，常减羊肉十两（今日减起）；

五四阿哥海子里住着，添猪肉八斤（一次）；

跟随人乾清门侍卫一名、太监三十五名，添猪肉十八斤四两（一次）；

哈哈珠塞四名，添羊肉二斤八两（一次）；

五十斤猪九口；

猪肉一百六十二斤四两；

小猪五口；

鹅一只；

鸭十五只半；

鸡三十五只；

笋鸡十二只；

羊肉七十二斤九两；

羊肝肠十五斤十两。

二十日：

万岁份例外，添鹅一只，小猪一口，鸭二只，鸡四只，笋鸡四只（一次）；

赏太监冯姚仁，添小猪一口，鹅一只，鸭一只，猪肉五斤；赏大人等饭食，添猪肉八斤（一次）；

喂狗添猪肉七斤；

宗室格格二位，不用鱼，添猪肉一斤（一次）；

养心殿匠役四名，添羊肉八两（一次）；

阿哥们师傅添份例猪肉六斤八两，鸡二只（一次）；

五十斤猪十三口；

猪肉一百二十九斤四两；

小猪十口；

鹅二只；

鸭十八只；

鸡四十九只；

笋鸡九只；

羊肉一百二十二斤一两；

羊肝肠十五斤十两。

从上述的记载中可以看出，尽管清宫中膳食物料的份例是有定规的，但每天总有一些流动事宜，需要额外备供膳食物料。另外还可以看出，宫中每日膳食物料的份例虽然十分庞杂，但笔笔有账，记录得十分细致，说明宫中的管理制度是十分严格的。

三、清宫筵宴中膳食物料的数额

清宫中举办各类筵宴，其膳食物料皆有定规的数额。这种定规的数额，一般不是宴后计算，而是宴前框定。这是清宫在膳事管理上的一个很大的特色。

中国第一历史档案馆保存的清宫御膳茶房的账册中，对于清宫筵宴所用的物料数额有过一些记载。如乾隆五十年（1785）举办的一次千叟宴，连同御桌，共摆筵桌八百余张，所用膳食物料的数额计有：白面七百五十斤十二两，白糖三十六斤二两，澄沙三十斤五两，香油十斤二两，鸡蛋一百斤，甜酱十斤，白盐五斤，绿豆粉三斤二两，江米四斗二合，山药二十五斤，核桃仁六斤十二两，晒干枣十斤二两，香蕈五两，猪肉一千七百斤，菜鸭八百五十只，菜鸡八百五十只，猪肘子一千七百个；每桌用玉泉酒八两（共用玉泉酒四百斤）。另外，用柴三千八百四十八斤，炭四百一十二斤，煤三百斤。

享有至高无上皇权的皇帝，尽管膳食用度大得惊人，但所用物料也有定规，皇帝每次举办的筵宴，所用物料的数额均入账册，而且记录得一丝不苟。如在清宫的膳食档案中，记有乾隆四十九年（1784）举办除夕筵宴中所用物料的数额，其中乾隆皇帝御用的一桌酒宴所用的物料数额为：猪肉六十五斤，肥鸭一只，菜鸭三只，肥鸡三只，菜鸡七只，猪肘子三个，猪肚二个，小肚子八个，膳子十五根，野猪肉二十五斤，关东鹅五只，羊肉二十斤，鹿肉十五斤，野鸡六只，鱼二十斤，鹿尾四个，大小猪肠各三根。另外，制点心用白面五斤四两，白糖六两。

从这次除夕筵宴所用的物料中可以看出，这些物料基本都是东北所产，反映出满族的固有食俗。尤其是在年除夕这样的环境下，品尝家乡风味，反映出皇家在进食上的心理意识。

四、各贡使来京所给食品的定额

每年,各省和外藩来京向皇帝进献贡品的官员(清时称贡使)络绎不绝。光禄寺专设机构负责接待他们,并按他们的等级拨给规定的食品。现根据《钦定大清会典则例》《钦定大清会典事例》等的记载,将一些各地贡使来京和宫内各种官吏所给食品的定额摘述如下:

衍圣公来京,日给鹅二只,面二十斤及茶叶、盐、酱、黄烛等物;

赫贞费雅喀等处乡长娶妇、索伦达呼尔、鄂伦春等处贡貂皮来京,俱日给猪肉二斤,盐菜八两,盐、酱各一两,灯油二两;间日给猪肉三斤,黄酒一瓶;第五日给馒首五个,随役各供给肉、盐、馒首等物,足二十日停给;

盛京礼部差役送各陵寝祭祀贡鲛鱼、蜂蜜来京,供给十日膳食;

盛京将军、盛京户部、礼部、吉林将军差送官物和领取官物来京员役,给十日膳食;

捕牲乌喇送东珠来京员役,给二十日膳食;

送人参、鳇鱼来京员役,给二十日膳食;

凡协领、翼领、总领,均每人日给猪肉三斤,鱼一尾,盐五钱;

凡佐领、轻车都尉、骑都尉、云骑尉,均每人日给猪肉二斤,盐五钱;来京的四、五品官员,每日供给的膳食与此同;

凡四品官随役四名,五品官随役三名,六品官随役二名,领催、披甲随役各一名,每日俱给食、盐;

喀尔喀哲布尊丹巴呼图克图等进贡来京,日给蒙古羊一只,鹅二只,鸡三只,牛乳七觥;间十日给牛一头、二两重黄茶一百五十包,乳油五斤,砖盐十八斤,及苹果、柿子、黄梨、葡萄、栗子、枣、核桃,以及酱、醋、灯油、黄烛等物;回日给牛一只半,天池茶一百包,乳油五斤,以及盐、酱等物;

噶勒丹锡埒图呼图克图来京的官员,日给蒙古羊一,黄茶二包,茶面一斤,牛乳二斤,乳油二两;

拉穆扎木巴噶布楚格隆来京的官员,每人日给羊肉二斤,茶一斤,面一斤，酥油、灯油各二两，第三日羊肉一盘；

西藏敏珠尔呼图克图、西宁苏木布木呼图克图来京的官员，俱与噶勒丹锡埒图呼图克图同；

达赖喇嘛来使、正使进京，每十日一次给蒙古羊十只，茶十斤，酥油五斤，牛乳十五斤，盐十两，烛十枝；从役等各日给羊肉一斤八两，盐一两。第五日每五人一席，每十有五人茶一筒，每七席用蒙古羊一只；副使日给羊一只，第二日给茶一斤，面二斤，酥油四两，灯油八两；

班禅额尔德尼来使、第穆呼图克图来使，均与达赖喇嘛来使同；

盛京喇嘛领取香蜡等物来京、喇嘛格隆班第从役，每人日给羊肉八两，盐五钱，十日停给；

陕西、岷州、鲁班等七寺喇嘛进贡来京、大喇嘛及从人，每人日给肉一斤，盐五钱，俱据礼部来文给发；

内药房切造医生十名，日给猪肉一斤，腌菜十五两二钱，以及酱、醋、灯油等物；

殿试、内阁写榜供事、礼部收掌办事书吏，每名日给米一升，猪肉一斤，每四名酒一壶；

刻字刷印匠，每名日给老米一升，生菜一斤，盐菜三两，菽乳一方，油、盐、酱、醋各一两，茶一钱；

新年之际，外藩蒙古王公来京庆贺，颁赐筵宴、乳茶之外，固伦公主额驸、科尔沁图什叶图汗亲王等，各给猪一头，雉、鱼各三十等；给和硕公主额驸等猪一头，雉、鱼各二十；给郡主和硕额驸等猪一头，雉十五只，鱼二十条；给县主多罗额驸、县君国山额驸、公主子孙等猪一头，雉、鱼各五；给亲王汉羊一只，猪一头，鱼二十五条；给郡王猪一头，鱼二十条；给贝勒猪一头，鱼十条；给贝子猪一头，鱼五条；给公台吉塔布囊等汉羊一只，鱼五条；给达赖喇嘛来使汉羊一只；给班禅额尔德尼来使汉羊一只；给归化城参领、佐领等和蒙古各旗送羊、酒来京官员，每二人汉羊一只；蒙古各旗进贡来京官员、护卫人等，各给羊肉五斤；其余官员每二人共汉羊一只。

第十一章　帝、后的御膳和御宴

第一节　康熙皇帝的膳事

一、康熙膳事略论

康熙皇帝，名玄烨，生于公元1654年，顺治十八年（1661）嗣位。他雄才大略、远见卓识、文武兼备，先后执政61年，奠定了清朝统治的基础，是一位对我国历史的发展做出贡献的、杰出的政治家、军事家。有关康熙的膳事情况，因清宫至乾隆始才设有膳食档案（即"御茶膳房"的档案房），因此他执政期间的膳食和筵宴活动，尚无档案可查。但我们仍能从一些清代书籍中，了解到他在这方面的粗略踪迹。从这些有限的膳事史料中，可以看出他是位比较清廉有为的皇帝，与一些只图吃喝享乐的皇帝不大一样；他的筵宴活动，也多为安邦治国的大业服务。

康熙作为当时世界上最富有的皇帝，人们想象他一定吃的是天下珍品，膳食用度奢侈豪华，其实不然。曾与康熙过从甚密的法国天主教传教士白晋[①]，写过《康熙皇帝》一书，对康熙的日常膳食有过如下记述："……康熙皇帝满足于最普通的食物，绝不追求特殊的美味；而且他吃得

---

① 白晋：1656年生于法国曼城。1682年2月7日随法国天主教传教团抵达北京。曾任康熙皇帝的侍讲，讲授天文历法、医学、化学、药学等西洋科学。后又任皇太子的翻译。1730年6月28日于北京逝世，享年74岁。主要著作有：《中国现状记·满汉服装图册》《白晋神甫自北京至广东旅记》《古今敬天鉴》《康熙皇帝》等。《康熙皇帝》一书，也是献给法国皇帝的奏折。

□ 康熙像

很少,在饮食上从未看到他有丝毫铺张浪费的情况。"《清稗类钞·圣祖一日二餐》亦有佐证,其中记云:"张文端公鹏翮偕九卿奏祈雨。圣祖览毕,曰:不雨,米价腾贵,发仓米本价粜穄子米,小民又拣食小米,且平日不知节省……朕一日两餐,当年出师塞外,日食一餐……尔汉人若能如此,则一日之食,可足两食,奈何其不然也。文端奏云:小民不知蓄积,一岁所收,随便耗尽,习惯使然。圣祖云:朕每食仅一味,如食鸡则鸡,食羊则羊,不食兼味,余以赏人。七十老人,不可食盐酱咸物,夜不可食饭;遇晚则寝,灯下不可看书。朕行之,久而有益也。"这里,除了康熙对"汉人""小民"有"不知节省"的偏见和错误认识及张文端趋炎附势的作风应该否定外,康熙"每食仅一味""不食兼味"的观点,确是他的养身之道,从另一方面来看,也有提倡节俭之风。一位帝王能做到这一点,也是很不容易了。

清朝皇帝每年到木兰围场举行"秋狝大典"的前后,都要在避暑山庄居住五个月左右,除了处理日常政务外,主要的时间是消夏避暑。康熙每次到避暑山庄,都要在澹泊敬诚殿赏赐扈从的王公大臣茶点,也常在延薰山馆对面的一片云楼听戏。康熙宠臣张玉书在《扈从赐游记》中记道:听戏时,"满诸臣坐于东廊,臣偕翰林诸臣坐西廊,小榭内设木榻,既宴,赐食数器,又特赐御膳野鸡羹一器",康熙在这里的日常用膳,则常常同后妃们在一起。意大利神甫马国贤曾到过避暑山庄,他在《京廷十又三年记》中记道:"康熙单独坐在一个砌高了的台子上,后妃们坐在地板上,在各自的小桌上用膳。"应该说,康熙到避暑山庄,是有"消夏度假"的意思,然其饮膳铺排,也并不显得怎样豪侈。

康熙在位期间,曾先后六次南巡,每次都踏勘河工,亲自登舟考察,

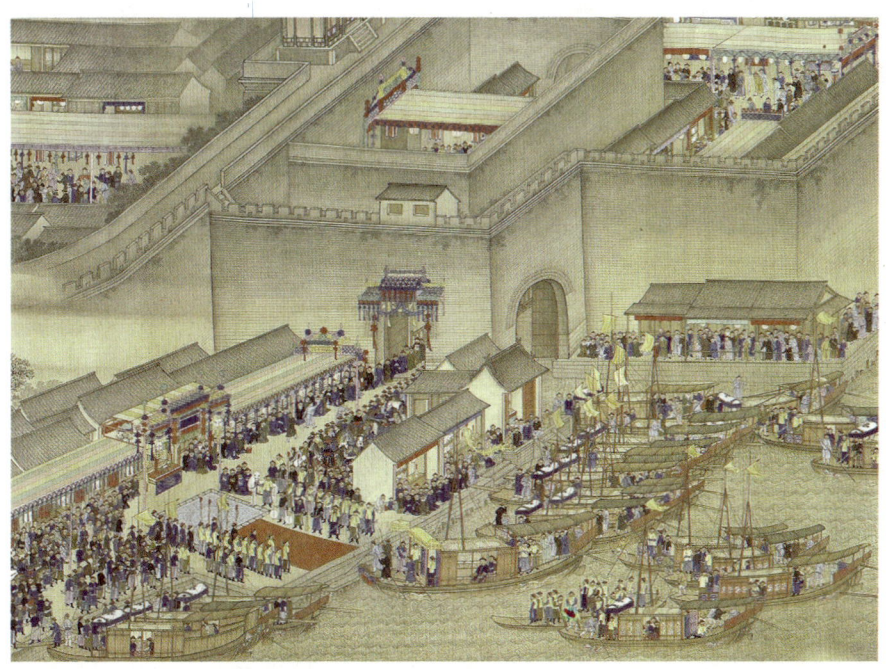

□ [清]王翚等绘《康熙南巡图卷·第七卷·无锡至苏州》(局部)

由于他的督责，淮黄及永定河的治理都取得明显进展。江南百姓对此很是感激。于是在康熙"二月庚申，上自苏州府启行，舟泊无锡县放生池"时，"江南百姓吁留停跸，献土物为御食，委积岸上。令取米一撮，果一枚，为留一日"。这里所说的"献土物为御食"，指的是羔羊、惠酒（即美酒、好酒）等。为此，康熙曾赋《无锡小民以羔羊惠酒争献御舟笑而遗之》记之。其诗曰："自昔君门隔九阊，如何草野得攀援？多因爱此元元切，忘分公然学负暄。"①

为了抵御沙俄入侵，巩固东北、西北边防，康熙曾四十余次巡视塞北。他很注意同蒙古贵族的联系，经常设宴款待他们，"龙沙张宴塞云收，帐外连营敬酒筹"②，借以联络感情并加强友谊。为了消灭噶尔丹叛国集团，保障西北安全，康熙又曾三次亲率大军对其讨伐，取得了完全胜利。他

---

① 参见卜维义、孙丕任编《康熙诗选》，沈阳：春风文艺出版社1984年版，第110—111页。
② 《康熙诗选》，"塞上宴诸藩"。

在第二次亲征噶尔丹后，于当年秋季巡行塞外，驻跸归化（今内蒙古呼和浩特市），赐宴蒙古上层贵族，以共盟抵御噶尔丹的叛乱势力。他对此次宴会，曾以《赐宴诸蒙古》一诗记之。其诗中云："羽林列队宴行宫，内外绥怀一体中。""人沾湩酒群情洽，乐和羌笛率舞同。"真实地描述了当时大家喝了奶酒，气氛热烈，在羌笛和胡笳的乐声中翩翩起舞的场面。康熙举办的这些筵宴活动，对抵御沙俄和噶尔丹叛乱集团，巩固国家统一，起到了积极的作用。

《养吉斋丛录》（卷二十四）中记：御膳房"进膳有膳单。每日膳单，指出某物赐某处，赐某人。曩时内廷主位、阿哥、公主，及御前、内务府、军机、南书房入值大臣，皆间得被赐。每日召见外省文职臬司以上，武职总兵以上，亦赐饽饽二盘。谓之克什。进膳之物，按时备供，不设饮"。此书作者吴振棫，为嘉庆朝进士，道咸间任四川、云贵总督。他的著述被清末学者谭献称为"循厥端绪"，对清宫的琐事轶闻能做到"皆正史之表之端委"。引文中的"曩时"，是指康熙朝，因为康熙的赐食于臣是大为出名的。他亲政后，为了亲和大臣，做法是要与大臣饮同食和，以示不分彼此。一般情况下，他吃什么就赏赐大臣什么，几乎一生如是。康熙这样不嫌麻烦，每日肯花时间去部署他的赐食之举，大臣们岂有对他不抱有感恩之心。这是康熙在治国中的一种宴政膳策。由此，"赐食于臣"之举就成为后世清帝们在进膳时所要遵循的方式。

在帝宫内，康熙凡遇庆典、年节、军事大捷、平定内乱或他过生日（万寿节）等时日，都要赐宴臣工。这些筵宴，一般在乾清宫、瀛台等处举行。如康熙二十一年（1682）壬戌正月上元，康熙赐宴群臣于乾清宫，"凡赐御酒者二，大学士、尚书、侍郎、学士、都御史皆上手赐；通政使、大理卿以下，则十人为一班，分左、右列，命近侍赐酒，且谕：醉者令官监扶掖……"[①] 又如在平定三藩叛乱后，于二十一年（1682）正月十四日，康熙在乾清门赐宴内阁大学士、各部院堂官、翰林院学士、讲读、日讲、编修、詹事、坊、局、科、道掌印官等九十三人。宴时，"敕诸臣欢忻畅饮，笑语无禁。宴毕，复命近御座前观灯，更赐卮酒，霑醉者令内官扶掖

---

① 〔清〕王士禛：《池北偶谈》卷三。

而行"①。这次筵宴,将康熙荡平三寇的喜悦、军事大捷时不忘优惠文官和亲慰属臣等心情都反映出来了。

康熙二十年(1681)七月九日,康熙颁谕中说:"朕统一中国无分内外,凡是民人都是朕的赤子……都是为使他们各乐其居,各安其业。"这与努尔哈赤据有辽东后视满汉人平等、"同为一帝之民故耳"是一脉相承的。努尔哈赤仅能使辽东的满汉人通吃合食,康熙是要将他的曾祖父这一遗训贯彻落实到全中国。清入关之初,清廷为防范"汉化",规定了满席、汉席分类的光禄寺宴制。《大清会典·光禄寺则例》中记:"康熙二十二年,始议准宫中元旦归改满席为汉席。"可见,这一重大的宴政变革,是康熙要化解满汉隔阂和体例上的分制。因为,"满汉一体"是他作治中最大的政治需要。康熙帝一生中苦研儒学,表倡程朱,开博学鸿儒科,设馆编纂《明史》《古今图书集成》《佩文韵府》《全唐诗》《康熙字典》等。在这样的环境下,官场和民间的满汉礼俗食习渐而得到有机交融。

在康熙执政期间,还创办过闻名中外的"千叟宴",其规模之大,赴宴人数之多,自古罕见。据清吴振棫《养吉斋丛录》(卷十五)记载,始次是康熙五十二年(1713),即康熙六十整寿时,于三月壬寅,他赐宴直隶各省见任、致仕、给还原品文武汉大臣、官员、士、庶等共计四千二百四十人。其中九十岁以上者三十三人,八十岁以上者五百三十八人,七十岁以上者一千八百二十三人,六十五岁以上者一千八百四十六人。而六十五岁以下至六十岁者,未被选主赐宴之列。何为?预测当时人数甚巨,宴场客纳不济;也有老者年不足,不可与帝寿之尊类等而同享盛宴的原因。这次盛宴,是在畅春园正门前举行。宴时,康熙又令"诸王以下,宗室子孙二十岁以下、十岁以上者六七十人,执觞劝侑"。过了三日,康熙又在此宴场赐宴满、蒙、汉军见任、致仕、给还原品文武大臣、官员、护军、兵丁、闲散人等共计二千六百零五人。其中九十岁以上者七人,八十岁以上者一百九十二人,七十岁以上者一千三百九十四人,六十五岁以上者一千零一十二人。又一日召集八旗年老妇人于皇太后宫赐宴。康熙六十一年(1722)正月初二日,康熙赐宴满、蒙、汉军文武大臣、

---

① 〔清〕吴振棫:《养吉斋丛录》卷十五。

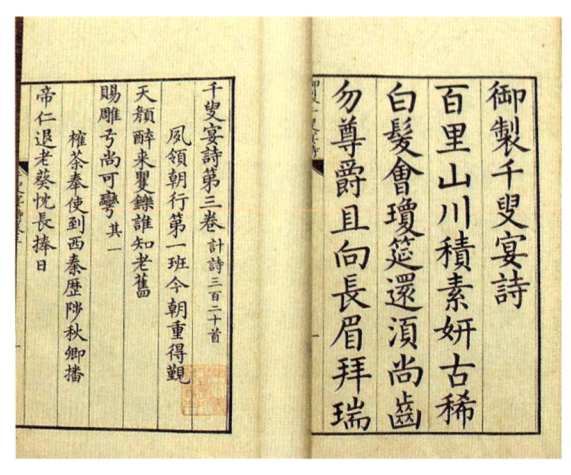

□ 康熙御制《千叟宴诗》

官员及致仕退黜人员六十岁以上者于乾清宫前。越三日，又赐宴汉文武大臣、官员六十五岁以上者。宴时，"王大臣则命诸皇子赐胾，年未及岁之皇子、皇孙，命侍立观礼"。这次盛筵上，康熙又亲赋七言律诗一首，命与宴诸臣按律恭和，名为千叟宴诗，并敕为图，以示后世。

综上所述，作为当时居万乘之尊的康熙皇帝，在自己的日常膳食中注意节俭，享乐中拘于铺排，巡游中体恤民情，并将赐宴作为政治手段，用以加强抵御外侮的同盟力量，特别是他开创的千叟宴活动，不仅具有积极的政治意义，而且也是中国烹饪史上的一个壮举——所有这些，成为他治国安邦的一种策略。一位封建帝王，做到用酒肴筵宴去巩固统治地位，也确是难能不易的。

二、康熙东巡盛京时的膳食

康熙十年（1671）、二十一年（1682）、三十七年（1698），康熙皇帝曾三次亲率王公大臣、文武诸官东巡盛京恭谒福陵、昭陵和永陵。这三次东巡，用他自己的话说是"巡行边塞，亲加抚绥，兼以畋猎讲武"[①]。

下面，将康熙三次东巡盛京时的膳食情况加以大略介绍，从中不仅可以看出清朝在这一时期国家经济状况的不断发展给康熙三次东巡盛京的膳食所带来的变化，更主要的，还可以了解满族早期的饮食习俗和烹饪上的特色。

---

① 〔清〕马齐、张廷玉等奉敕撰《清圣祖实录》，"康熙二十一年"。

(一)第一次东巡盛京时的膳食

康熙首次东巡盛京,是他亲政不久,国家经济状况还很薄弱的时候,因此他注意节俭,行营所用膳食,一部分由清宫内务府备办,另一部分则由盛京内务府备办。据《康熙起居注》记载,康熙第一次东巡盛京,途中经过十六处驻跸地,山海关外计有九处(往返计十八次),这段行程中所需的膳食用品归盛京内务府备办,合计起来只有杂粮二十二仓、猪九十四头(七十二斤重者三十八头、五十斤重者十八头、乳猪三十八头)、鸡一百八十只、鸭七十二只、鹅一百零八只。其他膳食品种还有:腌白菜、满洲小芥菜、开心小酸菜、不开心小酸菜、大酱瓜子、清酱瓜子、韭菜、茄子、水萝卜、大红萝卜、葱、蒜、芥末面和做饽饽、麻花、撒糕用的奶油、蜂蜜、白面、稷米,还有炒高粱面、炒小米面、鸡蛋、鹅蛋等。

另据《黑图档》[①]载,康熙此次东巡,过山海关后至盛京和由盛京返回大凌河时,由盛京方面备办的口粮为:"稷米二金斗、白小豆一金斗半、红小豆二金斗半、芝麻油一瓶、烧酒一瓶。早、晚在各处用米、中伙处扈从大臣用米一日一金斗二升,众人用茶面四升。随驾太监三十人,一日食米一斗五升。……所给之米,有稻米则给稻米,若无稻米则一并给稗米或燕麦。"而《总管内务府行文档》中,又将康熙此次东巡盛京过了山海关后,所需膳食的供应部门和在中伙处(驻跸地)所需膳食的具体数目也做了明确记载,即:"肉、蛋之类,规定驾出山海关后(关内由京师备办),沿途凡有皇庄处(盛京内务府所属皇庄)则由皇庄供应,无皇庄处则由广储司备办。其中责令山海关外所过中伙处每处预备七十斤猪二头、五十斤猪一头、小猪崽二头、鸭四只、鸡十只、鹅六只。"

(二)第二次东巡盛京时的膳食

康熙第二次东巡盛京,是在平定"三藩之乱"后。此次东巡,不仅到了盛京,还远涉打牲乌拉城(今吉林省永吉县乌拉街)。随行人数达七万

---

① 黑图档:"黑图"满文写作"heth",有"横、侧、副"之意。为清宫总管内务府、盛京内务府、五部等院及盛京将军往来行文形成之档案。起于康熙元年(1662),止于咸丰十一年(1861)。内容主要包括清帝东巡实录、皇室产业收支、选秀女、八旗官兵婚丧嫁娶及流民垦荒等。

人，历时为八十天。因人数多、时间长，故所需膳食用品也较前次东巡为多。

这次东巡所用膳食用品，均由盛京内务府所属二十三个粮庄和五十九个棉、靛、盐庄备办。据《黑图档》记载，属于二十三个粮庄备办的膳食用品有"猪六十二头，鹅二百三十五只，鸡六百二十只，鸭一百四十只，稻米十一仓石六金斗六升，红高粱米、白高粱米、燕麦等各种杂粮合计十仓石五金斗七升，豆面、菜豆八仓石九金斗半零二升，白面三千一百四十九斤，芝麻油一千零二斤八两，白芝麻油一百一十斤，以及饲养奶牛、牛犊、羊只、乘马等用豆一百五十二仓石八金斗半……"等。属于五十九个棉、靛、盐庄备办的膳食用品有"……猪七十二头，猪崽一百二十二头，稻米三十仓石一板斗一升……"等。另外，为了购买随行差役所需用的米、面、蔬菜、猪、羊、豆、盐、酱、酒等膳食用品，又向二十三个粮仓和五十九个棉、靛、盐庄征银八百八十八两五钱。

康熙此次东巡盛京时，清宫内务府还备办了腌制的狗肉、熊肉、虎肉、鱼等十四牛车，备办了各种菜肴十四马车。另外，"御膳房一日用羊十二只，拟三个月（实则八十天）令盛京备羊一千零八十只；驭车太监一百二十人，拟备羊一百八十只……多备二百四十只随时听用，合计需备羊一千五百只……还令预备挤奶乳牛五十条，随行七十条"。

（三）第三次东巡盛京时的膳食

康熙第三次东巡盛京，是在御驾亲征准噶尔，叛首噶尔丹覆灭、西北平定之后。此次东巡，正是盛夏时节，因人数众多，康熙恐致践踏沿途田亩，所以亲奉孝惠章皇太后并率诸皇子、王公大臣等绕道蒙古，诣盛京谒陵，旨在进一步安抚蒙古各部落，巩固西北边防。

康熙此次东巡，是规模最大、随行人员最多、时间最长（历时三个半月）的一次，也是国家经济状况大为振兴的时候。所备膳食用品自然比前两次要丰富得多。

据《总管内务府行文档》载，此次东巡，不计其他物品，仅从京师携带的膳食用品就有：掌仪司带的葡萄干等项五百斤，装一车；膳房带的簸箩、扁担等什物五百八十斤，装一车；茶房带的茶叶、奶油等项六百九十斤，装一车；内管领带的米、面等项三万四千三百余斤，装四十九车；送至伊吞口地方的米、面等项一万三千六百九十余斤，装二十余车；后来预备迎、送的米、面等项一万零五百余斤，装十五车。另外，为了备办巡幸中的日常膳食，还随带了大批的厨师，这些厨师的职别有"厨子、驮饭人、肉人、酿酒匠……米仓人、果人、饽饽厨子、豆腐厨子、膳房厨子……抬果子人、蜜仓人……杀鸡人、洗碗碟人……"等。

盛京内务府方面，为此次东巡备办的膳食用品也是十分丰富的。据《黑图档》载，属于烹饪原料方面的有："蘑菇十五斤、木耳十五斤、蕨菜三十斤、盐五百斤、蜜一百斤、白面二千斤、大麦面一百斤、淀粉五金斗、白稻米二金斗、红高粱米四金斗、白豆八金斗、稗米四金斗、白小米二金斗、黄小米二金斗、绿豆二金斗、白豇豆一金斗、菜豆一金斗、芝麻一板斗、芝麻油四百斤、白芝麻油一百斤、榛子仁一板斗、鸡蛋五千个、腌菜一千八百五十斤。"属于熟食菜肴的有："猪油炒白菜六罐、猪油炒芹菜六罐、猪油炒芹菜心六罐、猪油炒胡萝卜六罐、猪油炒菠菜三罐、酱烧茄子六罐、水操（焯）茄子六罐、水操（焯）白菜六罐、水操（焯）白菜心六罐、脆韭菜四罐、韭菜腌酱瓜四罐、韭菜腌茄子两罐……另备头等山里红一罐、二等山里红一罐、李子一罐。"

在盛京内务府备办上述膳食用品时期，又接到北京内管领处来告，来告中说："你处所用主子们在地方可用的山楂、李子、梨、蜜、盐、三种新产的蛋（鹅蛋、鸭蛋、鸡蛋）、松子仁、榛子仁、蘑菇、木耳、蕨菜等干菜及腌制的各种菜蔬、枸奈子、各种杂粮、油、面、小豆、黄豆、淀粉、大麦面、大麦米等及磨的极细的蒸粘米饭用的稷米亦酌情稍为预备，并带到伊吞口备用。"

如上所述，康熙在三次东巡盛京时所用的膳食，从烹饪的原料上来说是比较丰富的，但从制作方法上来说，只有腌、炒、操（焯）、烧等，是比较简单的。想来因是巡幸途中，囿于各种条件的限制，又加之康熙在膳食用度上的节制，所以其膳食不可与当时清宫御膳房制作的品种比拟。不过我们仍能从这些史料中看出满族食俗上的某些特色，如喜食猪和仔猪，还有蜂蜜、饽饽、酸菜、野味、甜食果品等等，这都为研究满族的饮食习惯提供了珍贵的证据。

康熙三次东巡盛京，拜谒祖陵；又北上辽吉边界，巡视东北军事设施，做出抵御沙俄侵略的部署，加强了边境防务；又曾六次南巡，并登舟考察，实地督责，使淮黄及永定河的治理都取得明显进展。可以说，康熙帝开创了清帝出巡的率例。

第二节 乾隆皇帝的膳事

在谈乾隆皇帝的膳事之前，我们先来聊聊雍正。康熙晏驾前，没能处理好传位问题，致使他的儿子们为争帝位斗得你死我活；雍正却稳稳妥妥地交给乾隆，对此有史家认为，这是雍正一生中做得最正确的一件事。根据是乾隆有"乃祖遗风"，与祖父康熙共建了"康乾盛世"，却把雍正从中间给挖出去了，理由是在"暴君"雍正的统治之下，哪会有什么太平盛世可言。

其实，雍正继帝首月，即下谕吏部全面彻查钱粮亏空积弊，严厉限期追缴。于是，康熙期间被熟视无睹的贪污、挪用公款案件被纷纷查清。无论案犯中多大的贵戚，雍正一律严惩。被抄家、追赃、判刑乃至斩首者甚多。第二年，雍正又下谕革除儒户、宦户名目，禁止绅衿逃避丁粮差役，严厉打击其包纳拖欠钱粮、欺凌盘剥佃户等不法行为。这一年，雍正又下谕给御茶膳房，凡是粥饭和菜肴，如有剩余严禁浪费和抛弃，可以给服役的下人食用；人不可再食则用来喂禽畜。朕将派人稽查，违者必定治罪。事隔三年，雍正又颁谕：上天降生五谷，养育众生，人们依赖粮食活命，哪怕是一粒粮食也不可丢弃。如有违者，量责四十大板。……雍正这些严谕，会遭到涉事者的怨声载道，他就有了"专横暴君"的恶谥。

□ 世宗雍正皇帝朝服像

然而，雍正给乾隆留下的却是一个相对清廉、国富粮丰和高效的行政体系，为"乾隆盛世"打下了牢固的基础。

乾隆，清世宗（雍正）第四子，曾被封为和硕宝亲王。他即位后，首先平定了西北、西南外藩的叛乱，并派兵抗击了廓尔喀的入侵，拒绝了英使马戛尔尼的无理要求，维护了国家的统一和主权。他积极推行"摊丁入亩"，鼓励垦荒，延长起科年限，使耕地与人口数目显著增长。他倡导汉学，开博学鸿词、经济、孝廉方正等科，编纂《续三通》《皇朝三通》和《四库全书》等。这都在历史上起过一定的进步作用。有关乾隆的膳事，史料中记载的较多，仅在中国第一历史档案馆收藏的清宫膳食档案册中，乾隆时期的就有二十多册。

□ 清陈枚画《耕织图册》中雍正化身为农夫的形象

一、乾隆御膳及其对当时的社会影响

经过康熙、雍正两朝对政权的培植芟理，天下出现了一统的局面，形势稳定，经济好转，渐趋繁荣。至乾隆年间，清朝走向全盛时期。在膳食上也大大讲究起来，铺张豪奢。由于他特别爱吃，这一时期清宫御膳中的筵宴规模和技艺水平都达到了空前的高度。出于政治上的需要，也出于乾隆本人喜游好览，寻求天下美味，在他执政期间，东巡盛京、朝圣曲阜、南游苏扬、西谒五台、视察京都……所到之处，膳事盛况空前。他的豪饮奢食，对各地官府和市肆民间的宴膳都产生了深远影响。下面，仅就当时宫廷、京都、山东、江南各处的膳事发展状况，作些探讨。

（一）宫廷御膳的新发展

1. 御茶膳房始设膳事档案

膳事档案处在乾隆以前诸朝的御茶膳房还没有，正式设立是从乾隆朝开始的。这不仅反映了宫廷膳事机构管理水平的提高和完善，也说明了乾隆及其朝廷对膳事事宜的重视，标志着当时的清宫御膳已发展到一个新的阶段。

从中国第一历史档案馆保存的一批清宫膳事档案来看，其中乾隆朝的最多，也最全面。这些膳事档案，有的是记录乾隆在宫中的日常膳食，如《乾隆元年至三年照常膳底档》《乾隆四十四年十月至四十五年正月节次照常膳底档》《苏造底档》等；有的是记录乾隆到各地巡游时的日常膳食，如《盛京节次照常膳底档》《五台山节次照常膳底档》《山东节次照常膳底档》《江南节次照常膳底档》等；有的是记录乾隆时期宫内各种膳事的底档，如《四季供底档》《进小菜底档》《御膳房新收等样器皿底档》等。这都是研究乾隆时期宫廷御膳的珍贵资料。

2. 宫内御宴种类繁多

乾隆时期的宫廷御宴，在种类、场面、规格等方面，不仅远远超过了前几朝，就是在乾隆以后诸朝中，也是望尘莫及。这是清朝的封建统治处在上升时期的一个标志，也反映了当时经济繁荣、国库富足和乾隆本人的讲吃讲喝和喜于铺排。以"千叟宴"来说，虽然始创于康熙时期，但到了乾隆时则大大发展了。乾隆四十九年（1784），因登基将届五十年，一再下谕"着于乾隆五十年正月初六日，举行千叟宴盛典"。《清实录·高宗纯皇帝实录》卷一千二百二十二载：

> 乾隆五十年乙巳，春，正月，辛亥朔。……丙辰，……上御乾清宫，赐千叟宴，亲王、郡王、大臣、官员、蒙古贝勒、贝子、公、台吉、额附、番部、朝鲜国使臣，暨士商兵民等，年六十以上者三千人，皆入宴。……命"千叟宴"联句，须赏如意、寿杖、缯绮、貂皮、文玩、银牌等物有差。……御制《千叟宴，恭依皇祖元韵》诗……①

---

① 《清实录》总第24册，《高宗纯皇帝实录》第16册，中华书局，1986年，第385—389页。

到了嘉庆初期，这种巨型宴会还能举办，嘉庆以后，就再无能力举办了。再如新正筵宴，是专门宴请外藩的，据《养吉斋丛录》（卷十五）记载："新正宴外藩，例设中和韶乐，舞庆隆舞，并陈蒙古、回部、金川及各藩部乐，并奏杂伎。"又说："新正筵宴，乾隆以来，率为定例。"这说明乾隆时期宫中某些新办的筵宴已成为先例，为后来各朝效仿。

从史籍中记载的乾隆时期的宫廷筵宴来看，规模较大的主要有乾隆十一年（1746）依康熙二十一年（1682）瀛台故事，于八月二十七日在西苑丰泽园崇雅殿赐王公宗室的筵宴；有乾隆二十六年（1761）在香山庆贺皇太后七旬圣寿而赐三班九老的筵宴；有乾隆五十年（1785）逢国大庆而举行的千叟宴；有乾隆四十七年（1782）为四库全书第一部缮录告竣而赐总裁、总纂、总校、分校等官员的筵宴；有乾隆四十一年（1776）平定金川、为皇太后幸宁寿宫而赐有

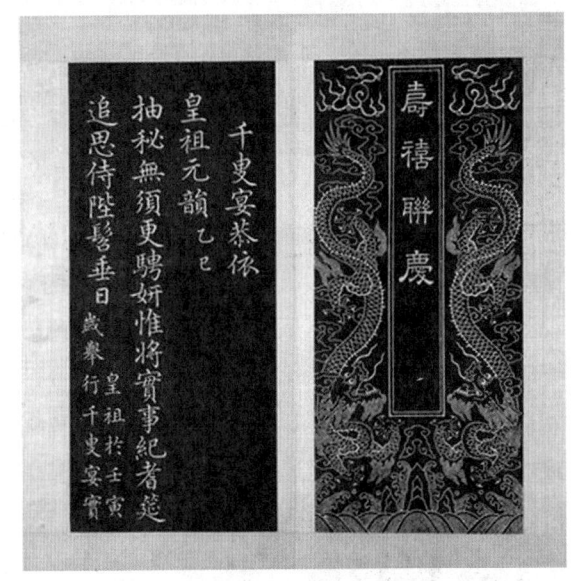

□ 乾隆御制《千叟宴诗》

功将军、军机大臣的筵宴；等等。当时宫廷每年的大小筵宴接连不断，如从元旦起排列至除夕的各类筵宴外，还有功臣宴、外藩宴、宗室宴、除夕家宴、寿宴等等。

3. 御膳风味融汇南北

乾隆时期的御膳风味，主要与乾隆本人的饮食习惯有关。从清宫膳食档案中乾隆的日常食单来看，有满菜，也有汉菜；有北方风味，也有江南风味。如乾隆四十三年（1778）七月至九月，在他东巡盛京期间，携带的主要厨师就是做苏扬菜的，一路巡行中为他烹制江南风味，如鸭子东坡肉、东坡蹄旋子、徽州肉白鸭子苏脍、糖醋樱桃肉、燕窝白鸭子五香鸡苏

□ 慈宁燕喜图：乾隆为皇太后纽祜禄氏举办寿宴的画面。殿堂正中坐于宴桌前的即是皇太后，向她奉觞祝寿者是乾隆

□ 上图放大的细部：宴桌上摆着的是"苏造菜"，意为"苏州制造"。乾隆母子二人皆嗜姑苏菜。江南地方官为逢迎乾隆所好，举荐苏州名厨张东官入宫为乾隆行俎。《苏造底档》（中国第一历史档案馆藏）中记：乾隆吃什么菜，就传旨张东官做两份，其中一份是进奉给皇太后的

□ [清] 姚文瀚《紫光阁赐宴图卷》(局部)

州热锅等。再如乾隆三十年（1765）正月十六日至四月二十日，在他南巡期间，其日常饮膳中又有许多北方风味，如清蒸鸭子烀猪肉鹿尾攒盘、奶油酥野鸭子、炒鸡大炒肉炖酸菜热锅、烤祭神糕、摊鸡蛋等。又如《乾隆四十四年五月节次照常膳底档》中记载的乾隆日常用膳的食单里，有北方风味的菜肴，如烧狍肉鹿尾羊乌叉攒盘、全猪肉丝汤、全羊肉丝汤、野鸡酸菜汤等；也有南方风味的菜肴，如江米镶藕、蒸螃蟹羹、糖醋锅渣、肉丝水笋丝、山药鸭羹、糯米鸭子等。

乾隆时期的御膳中这种南北融汇的特征，一方面是受到汉族烹饪的影响，因为自明朝都城迁到北京后，宫廷中的许多厨师都是山东人，山东风味也就自然在清宫御膳中被沿袭下来；另一方面是乾隆曾六次南巡，对苏扬肴馔大为欣赏，江南地方官将张东官等名厨举荐给乾隆，使南菜传入宫廷；又一方面则是满族从东北带入清宫的食俗，丰富的东北原料特产和用满族传统的烹调方法制成的肴馔，实际上是形成清宫御膳的导向因素。这三类肴馔，后经御厨们的不断改良，制法愈加精湛，以至成为独特的御式宴膳体系。

（二）京都一带的饮食

由于乾隆在宫中和行宫（避暑山庄等）举行各类盛大的筵宴，这种食风首先会波及京内各官府，又由官府中传到民间。当时的北京饮食市场上，酒楼饭店林立，各种风味争香，一派繁荣景象。有关当时京都官府中和民间的膳食，从潘荣陛所著的《帝京岁时纪胜》一书中可见大略。该书中所说的"镂花绘果为茶，十锦火锅供馔。汤点则鹅油方补、猪肉馒首、江米糕、黄黍饦。酒肴则腌鸡腊肉、糟鹜风鱼、野鸡爪、鹿兔脯。……杂以海错山珍、家馔市点等"，即是上层官府中的饮馔状况。书中所说"中秋桂饼之外，则卤馅芽韭稍（烧）麦、南炉鸭、烧小猪、挂炉肉，配食糟发面团、桂花东酒"，又记"游人络绎，焦包炉炙，浑酒樽筛，烤羊肉、热烧刀，此又为游人之酌具也"，即为市肆上的饮馔状况。在《帝京岁时纪胜》中，不仅记述了当时北京官府中和市肆上的佳肴名馔，还记述了几家著名的酒楼饭庄和糕点店："若饮食佳品，五味神尽在都门，什物珍奇，三不老带来西域。京馔北炒，仙禄居百味争夸；苏脍南羹，玉山馆三鲜占美。清平居中冷淘面，座列冠赏，太和楼上一窝丝，门填车马。聚兰斋之糖点、糕蒸桂蕊,分自松江;土地庙之香酥,饼泛鹅油,传来浙水。佳醑美醝,中山居雪煮冬淶;极品芽茶,正源号雨前春芥。……孙公园畔,熏豆腐作茶干。陶朱馆中,蒸汤羊为肉面。孙胡子,扁食包细馅;马思远,糯米滚元宵。玉叶馄饨,名重仁和之肆;银丝豆面,品出抄手之街。……更有辽阳口货,市归振武坊头,闽海杂庄,店在打磨厂里。关外鲦鳇长似鲸,边外麋鹿大于牛。熊掌驼峰,麋尾酪酥槌乳饼;野猫山雉,地狸虾醢杂风羊。……"

□ 晚清京师的旗家妇女落座在食肆中

从上面记述中,使人们得知乾隆时期北方人们的饮食好尚。象牙韭稍麦(烧麦)、南炉鸭(烤鸭)、挂炉肉、烤羊肉等,至今亦未曾失传。像一窝丝(即金丝卷)、熏豆腐、汤羊(清真蒸全羊)、扁食(饺子)、元宵、馄饨等,仍是现代酒楼饭铺中经营的名品。像辽阳口货、鲦鳇、麋鹿、熊掌、驼峰、麋尾(猴头蘑)、酪酥、槌乳饼、野猫、山雉、地狸、虾醢、风羊等,均是东北关东货。

到了乾隆六十年(1795),安徽桐城有位叫杨米人的,写成《都门竹枝词》一书,内容以诗词的形式描述了乾隆末年北京的风俗民情。其中有关饮食方面的诗词,比较详细地勾画出乾隆时期北京饮食市场的轮廓;其中既有平民百姓吃的大众化食品,也有仕宦富家举宴会客的美肴珍馐;既有摊头小吃,也有市肆上大饭庄经营的名品;既有南味,也有东北和北京的地方风味。而这描绘的不过是北京市井中前门外的一角而已。下面摘录数首,以见当时饮食市场之概貌。

三大钱儿卖好花,切糕鬼腿闹喧喧。
清晨一碗甜浆粥,才吃茶汤又面茶。

"切糕"是满族饽饽的一种,"鬼腿"是指天不亮切糕小贩推车上市。"甜浆粥"即豆浆(也称浆子),"粥"意稠也。"茶汤"是以黄米面或秫米面经炒熟后,加糖和沸水冲开而成。"面茶"是用糜子米面熬成粥,上撒以芝麻盐。

凉果炸糕聒耳多,吊炉烧饼艾窝窝。
叉子火烧刚买得,又听硬面饽饽叫。

北京的"凉果",是将鲜藕孔中注满糯米,蒸熟后切片,拌以红豆制成的澄沙馅和白糖;或以糯米面夹以澄沙馅蒸熟,制成糕、饼、卷、团等样,统称"凉果"。"炸糕"是指以糯米面包以澄沙馅,制成扁饼状,经油炸制而成。"聒耳"指将和成的面团用刀刮成猫耳朵形状,煮熟后拌以汁卤,为山西著名小吃,俗称猫耳面。"吊炉烧饼"是指以吊炉为炊具烤制的带有芝麻的烧饼,无芝麻者称为"火烧","火烧"因须以叉子为工具烙制,故称"叉子火烧"。"艾窝窝"是将江米面包以澄沙馅或山楂糕馅、芝麻屑、白糖等,制成馒头形,经蒸制而成。"硬面饽饽"是将面和成较硬的面坯,再揪成剂子制成带花纹的饼状,放在暗炉里烤熟而成,成品干香甜脆。

稍麦馄饨列满盘,新添挂粉好汤团。
宋公腐乳名儿好,马粪熏黄豆腐干。

稍(烧)麦、馄饨、汤团、腐乳都是尽人皆知的食品。"豆腐干"是北京当地的小食,制法是将豆腐切成小块或小片,经盐腌入味后,放在熏锅的铁箅上(锅底铺一薄层白糖、茶叶),加盖以小火熏至豆腐干呈老黄色而成。词中所说"马粪"系戏言,并非马粪熏成。

瓦鸭填鸭长脖鹅,小葱盖韭好调和。
苦麻根共茼蒿菜,野味登盘脆劲多。

"苦麻根"即苣荬菜,初春采后,可蘸酱而食。"野味"指山里产的各种禽、兽和蘑菇等。以上各种原料,都是北京和东北的特产。

两绍三烧要满壶,挂炉鸭子与烧猪。
铁勺敲得连声响,糊辣原来是脚鱼。

"两绍三烧"指绍兴酒和白酒。"挂炉鸭子""烧猪"(又称烧小猪)不仅是当时市肆上饭庄经营的名品,在清宫御膳房里也是乾隆皇帝经常食用的肴馔。"脚鱼"又称甲鱼、元鱼、鳖,多以"清蒸"方法制成,蒸时要放胡椒、绍酒、葱、姜等,并以胡椒味为显重。

爆肚油肝香灌肠,木樨黄菜片儿汤。
母鸡馆里醺醺醉,明日相逢大酒缸。

"爆肚"是北京的传统清真风味,制法是将牛肚治净后,择厚处切粗丝(也称细条),经沸水一焯即捞出,佐以酱油、芝麻酱、辣椒油、香菜等食之。"油肝"是将猪肝改刀后,用油汁炒制,也是北京的风味小吃。"香灌汤"是指猪肉馅用淀粉和调味品拌匀后,灌入肠皮中,煮熟后再熏制而成。"木樨黄菜"指用鸡蛋做成的菜肴。"片儿汤"即面片汤。清时北京的酒馆里,常在大酒缸上放一桌面,供食客作饭桌,店中以卖酒和下酒菜为主,业此者山西人居多,俗称"大酒缸"。

紫盖银丝炸肉丸,三鲜大面要汤宽。
干烧不热锅中爆,小碗烧肠叫兔肝。

"紫盖"一说是"炸紫盖",即酱肉用薄糊挂匀后,经炸制而成,一说是螃蟹盖中之黄。"银丝"即银丝卷,制法是将抻好的面截成小段,盘成饼状,蒸制而成。"炸肉丸"是猪肉馅(或牛、羊肉馅)经调味品和淀粉、鸡蛋拌匀后,挤成丸子,经油炸而成。"三鲜大面"是指以海参、鸡肉、虾肉为配料(称"三鲜")制成的汤面。"干烧"是四川风味,一般是将改刀的过油原料（如整条鱼）经肉末、干辣椒末、葱末、姜末、酱油、绍酒、白糖、鸡汤等燔烂而成；成品咸、甜、辣并举，具有独特的口味。"兔肝"疑是北京小吃"炒肝"。

羊角新葱拌蜇皮，生开变蛋有松枝。
锦华苏式新开馆，野味输他铁雀儿。

"变蛋"又称糟蛋，北方称松花蛋，此蛋剥皮后，上有一层雪花如松枝，故名。"锦华苏式新开馆"，说明当时的北京已有苏式菜馆了。"铁雀"即麻雀，因足、腿、羽毛皆为黑色，似铁色，故名。

不是西湖五柳居，漫将酸醋溜鲜鱼。
粉牌豆腐名南炒，能似家园味也无。

"五柳居"为乾隆时期杭州的著名菜馆，经营的名菜有"西湖醋鱼"。其制法是取西湖中所产之鱼，治净后，在鱼身两侧剖成花刀，用沸水氽透即捞出，摆在盘内，浇以糖醋汁而成，其味鲜嫩、酸甜。北京为内地，鲜鱼不多见，但也借鉴烹制"西湖醋鱼"之法，以醋为主要调味品溜制鲜鱼。"粉牌豆腐名南炒"，这是指用南方的烹调方法制成的豆腐菜，具有南方的乡土风味。

锡暖锅儿三百三，高汤添满好加餐。
馆中叫个描金盒，不比人家请客难。

"锡暖锅"即火锅，内以铜制，外挂锡面，故称"锡暖锅"。"锡暖锅儿三百三"，是引用乾隆在宫中举办"千叟宴"（实际是火锅宴），用了甚多火锅的原意。"描金盒"类似千叟宴中的螺蛳盒，是涮火锅的配套用具，圆形，内分数格，用于分装小菜和佐料，也是从宫中变通过来的。"不比人家请客难"是隐指乾隆，他在宫里头请高寿人吃涮火锅，而在京城食肆中亦能做到。

秋凉茭笋拌芝麻，春暖酸浆煮豆芽。
凉菜夏天扣子好，冬天又有炒饹馇。

"茭笋"即茭白和冬笋。"豆芽"即绿豆芽菜。"扣子"即焖子，以淀粉和水熬成糊状，冷却后置水中泡着，吃时切成薄片，放平锅中加油、酱油、醋、香菜等炒透，再拌以香油、芝麻酱而食；"扣子"又有淀粉和以少量肉馅，经调味后，蒸制而成，冷却后切片食用。"饹馇"是北京的传统小吃，制法是将用水泡开的绿豆磨成浆，再置铛上摊成饼形，然后切成小条或小片，经油炸或煎后，烹以酱油、醋、香油、香菜等，成品香酥焦脆。

小旦亲来为执壶，两边官座碧纱厨。
日斜戏散归何处？宴乐居同六合居。

这首竹枝词反映了当时的京官们吃喝玩乐的情形，也记载了各地戏班汇集北京的盛况，同时还提到了当时的著名饭庄"宴乐居"和"六合居"。

《帝京岁时纪胜》的作者潘荣陛，曾"从事禁庭"、"奉置史馆"；《都门竹枝词》的作者杨米人，曾久居京都，并写过剧本《双珠记》。他们从实际生活体验中记下来的这些官府和市肆饭庄中一些饮膳的概况，应该说是翔实可信的。从记载的这些京都风味中可以看到，满族食风和北京地方食品占了较大比重。此外也有清真、苏杭、山东、山西、四川等各地的名肴与小吃。北京饮食市场上的这种盛况，与清宫中的御膳互相呼应，在风味上具有某些内在的联系。这恐怕都与乾隆本人讲究膳食和他四处巡幸寻求美味而形成的社会风气和影响有关。

（三）乾隆赐孔府满汉宴餐具

乾隆皇帝在位期间，曾先后八次巡游山东，主要是到曲阜祭孔。中国第一历史档案馆收藏的《山东节次照常膳底档》，就详细记载了乾隆巡游山东时期每日的饮膳情况。这份膳食档案的内容，与乾隆巡游其他各地的膳食档案的内容大同小异。

乾隆三十七年（1772）十二月，乾隆亲驾曲阜，特赐孔府满汉宴餐具。据传，于敏中嫁女实为乾隆嫁女。清皇室不能与汉通婚，这个公主就被寄

□ 乾隆赐予孔府"满汉宴·银质点铜锡仿古象形水火餐具"中的鱼形锅

养在于敏中家里，后由于敏中出面与孔家连亲。这种说法的可信处在于：其一，据《清史稿》载，于敏中早已被乾隆"久直内廷，仅一子年已及壮，加恩依尚书品级予荫生。又以敏中正室前卒，特封其妾为淑人。三十三年，加太子太保。三十六年，协办大学士"[①]。可见，这位乾隆三年的状元，又是乾隆的继承人颙琰（嘉庆）的导师，于被乾隆安排到这样的特殊身份而"久直内廷"，他能替养乾隆的女儿就不是空穴来风。其二，乾隆赐予孔府的满汉宴餐具，制成于乾隆三十六年（1771），这么昂贵又精湛的手工制品，银匠若无两年的功夫实难完成。因是御用重礼，乾隆是要事先下旨并钦定设计规划的。这是说，乾隆对此事蓄策已久。若仅是于敏中的女儿出嫁，不值得他如此这般且又亲驾曲阜。说白了，这其实是给他的公主早就准备好的陪嫁品。但他也得自避祖制宫规之讳，又碍于君臣之别，就走了借祭孔而特赐的过场。

为了加强自己的统治地位，与历代皇帝一样，乾隆把祭孔视为执政期间的一项重要内容。乾隆作为少数民族——满族的统治者，他更清楚与汉族联盟并在思想上与汉族加强交融的重要性。因此他不辞劳苦，先后八次到山东祭孔，并将女儿下嫁给孔子的子孙，而且独出心裁地赐给孔府一套旷古未有的极为高贵而豪华的满汉宴餐具，反映了他这种用心的良苦。

这套满汉宴餐具全名是"满汉宴·银质点铜锡仿古象形水火餐具"。质地为银质点铜锡的，共计四百零八件，可盛装一百九十六道菜。出自在广东潮城经营"颜和顺正老店"的潮阳银匠艺人杨义华之手。其制作工艺堪称绝伦，在风格上，以夏、商、周时代的青铜食器为仿效；在形象上，多

---

① 赵尔巽等：《清史稿》卷一百三十一（列传一百六），"于敏中"，北京：中华书局1981年点校版。

以荤素类烹饪原料的形状为模式，如鹿、鱼、鸭、桃、瓜等；在工艺上，则精雕细镂，以翡翠、玛瑙、珊瑚、碧玉做成狮、蝉、鱼、鸭的提手、柄把等，作为餐具的点缀品。餐具上还多刻有各种图案、花卉和吉词联语；在种类上，则由小餐具、水餐具、火餐具、点心全盒四套餐具组成。

但是应该看到，乾隆所赐予孔府的这套满汉宴餐具，是满、汉两族合作以及思想交融的一种象征，表达的形式虽属食俎范畴，它的意义却远不止于食俎。从《孔府档案》中来看，也没有用这套餐具来盛装满汉大宴的记载。可是，也许正因为乾隆以赐孔府满汉宴餐具的形式来表达他寻求满汉两族和睦共处的"圣意"，人们也就从中领悟到了什么，于是这一时期左右，官府和市肆上开始盛行举办满汉席。以至于后来的满汉全席，不仅具有肴馔繁多、技艺精湛、礼仪讲究、场面盛大的特点，也带有某种政治特征和社会特征。

（四）江南地区的满汉大菜、满汉席

由于乾隆南北皆宜的饮食好尚和他多次巡游江南的影响，更由于他为了谋求巩固其统治地位而纵容满汉通吃合食的意向，这一时期在江浙地区的饮食市场上，开始兴尚满汉大菜和满汉席。如顾禄《桐桥倚棹录》一书中记载："所卖满汉大菜及汤炒小吃则有烧小猪、哈尔巴肉、烧肉、烧鸭、烧鹅、烧肝、红炖肉、荑香肉、木樨肉、口蘑肉、金银肉、高丽肉、东坡肉、香菜肉……上三鲜、汤三鲜、炒三鲜、小炒……炸八块、炸里脊、炸肠、烩肠、爆肚……清炖鸡、黄焖鸡、麻酥鸡、口蘑鸡、手撕鸡、风鱼鸡、滑鸡片……海参鸭、八宝鸭、黄焖鸭、风鱼鸭……醋溜鱼、爆参鱼、参糟鱼、豆豉鱼、炒鱼片……鱼翅蟹粉、鱼翅肉丝、清汤鱼翅、烩鱼翅……烩鱼肚、烩海参、十景海参、蝴蝶海参……炒虾仁、炒虾腰……黄菜、溜卜蛋、芙蓉蛋、金银蛋……什锦豆腐、杏酪豆腐、炒肫肝、爆肫肝……出骨脚鱼、生爆脚鱼……点心则有：八宝饭、水饺子、烧麦、馒头、包子、清汤面、卤子面、清油饼、夹油饼、合子饼、葱花饼……荷叶春卷、薄饼、片儿汤、饽饽、拉糕、扁豆糕、蜜橙、米丰糕、寿桃、韭合（盒）、春卷……"① 等一百七十余种。从摘录的这些品种中可以看出，这

---

① 顾禄：《桐桥倚棹录》卷十，"市廛"。

类满汉大菜，既有满族风味，也有北京风味；既有山东风味，也有江南风味，反映了这一时期我国各地饮食风味互相交流的广泛性。

乾隆时期的扬州，是一座水陆交通很发达的繁荣都市，这里商贾云集，市场兴盛，酒楼饭馆林立，且有许多名胜古迹。又因乾隆多次来此地巡幸，助长了这里酬酢宴乐的风气。在当地的官府和市肆酒楼中，已有满汉席这种饮宴形式。这在李斗的《扬州画舫录》中有详细的记述：

> 上买卖街前后寺观，皆为大厨房，以备六司百官食次：
> 第一分头号五簋碗十件——燕窝鸡丝汤、海参汇猪筋、鲜蛏萝卜丝羹、海带猪肚丝羹、鲍鱼汇珍珠菜、淡菜虾子汤、鱼翅螃蟹羹、蘑菇煨鸡、辘轳鸡、鱼肚煨火腿、鲨鱼皮鸡汁羹、血粉汤。一品级汤饭碗。
> 第二分二号五簋碗十件——鲫鱼舌烩熊掌、米糟猩唇猪脑、假豹胎、蒸驼峰、梨片伴蒸果子狸、蒸鹿尾、野鸡片汤、风猪片子、风羊片子、兔脯、奶房签。一品级汤饭碗。
> 第三分细白羹碗十件——猪肚假江鳐鸭舌羹、鸡笋粥、猪脑羹、芙蓉蛋、鹅肫掌羹、糟蒸鲥鱼、假班鱼肝、西施乳、文思豆腐羹、甲鱼肉肉片子汤、茧儿羹。一品级汤饭碗。
> 第四分血盘二十件——獾炙哈尔巴小猪子、油炸猪羊肉、挂炉走油鸡鹅鸭、鸽臛、猪杂什、羊杂什、燎毛猪羊肉、白煮猪羊肉、白蒸小猪仔小羊仔鸡鸭鹅、白面饽饽卷子、什锦火烧、梅花包子。
> 第五分洋碟二十件，热吃劝酒二十味，小菜碟二十件，枯果十彻桌，鲜果十彻桌。
> （此）所谓满汉席也。①

《扬州画舫录》一书的作者李斗，曾长期居住扬州，书中的内容都是根据他的耳闻目睹写成的，因此翔实可信。从他记录的这份满汉席菜单来看，充分体现了"满菜多烧煮，汉菜多羹汤"的特色。从中也反映了乾隆时期我国肴馔南北大融汇的兴盛景象。

---

① 李斗：《扬州画舫录》卷四。

□〔清〕李斗《扬州画舫录》(卷四)记载的"满汉席"菜单

(五)乾隆喜素食

乾隆在南巡期间,曾到常州天宁寺游览,午时在此寺进膳。主僧以素馔呈进于乾隆。乾隆食后很高兴,含笑对主僧说:"蔬食殊可口,胜鹿脯熊掌万万矣。"① 乾隆此时食素馔,不知是否深悟常进素馔于身体有益,但起码反映了他久食山珍海错而乍换素馔时的因新鲜感而引起的兴奋心情。

徐珂在《清稗类钞·饮食类》中记载:"高宗喜微行。在位六十一年,尝微行出京。时疆臣颇惴惴,以帝行踪隐秘,恐洞察也。顾帝所至,辄诫知其事者不得供张。"从这段文字看来,民间关于乾隆私访的故事并非都是编排,其中就详细记述了乾隆到苏州寒山寺游览和进食素馔的有趣情形:"一日,(乾隆)携二监微行,张公和公廷玉从之至苏州。时巡抚为陈大受。大受故识文和,警其突至。文和耳语大受曰:衣湖色袷袍者,圣上也。大受不知所出,遽上前跪迎。帝笑也,扶起之,谓勿惊。第假此间佛寺宿一旬,足矣,勿使左右及寺僧知也。大受唯唯。进馔,帝令五人同坐。食毕,大受修函介绍于寒山寺僧:谓有亲串数人,欲假方丈游数日。大受启帝,

---

① 《清稗类钞》,"高宗谓素食可口"。

谓微臣当随驾。帝曰：汝出，恐地方人士多识者，多不便，不如已。大受叩头谢。既而帝及文和二监赴寒山寺，僧以为中丞之戚也，供膳。帝谓吾等夙喜素餐，第供素馔足矣。僧导游各处，帝赠一笺。书张继枫桥夜泊诗，款署漫游子。留宿七日而去。临行以函告大受，略谓予去矣，恐惊扰地方，万勿远送。遂微行离苏。"

在清宫的祭祀中，设有"佛堂供"。顺治皇帝因笃信佛门，曾有到五台山出家当和尚的欲念。因此后来历朝皇帝，均受其影响。乾隆在位期间，曾多次到五台山拜佛。他也游遍了各地著名的寺院。由于信仰和讲究食道，自然对素食颇感兴趣。因此说，乾隆喜素食，既有信仰和心理上的因素，也有久食荤腥而追求清淡口味的原因。

二、乾隆南巡时的饮馔

乾隆皇帝游江南，恣览好山好水，寻求珍食名茶，在民间留下许多传说。但这在清代史籍中，却被视为"南巡盛典"。黄钧宰《金壶七墨全集·南巡盛典》中描绘乾隆游江南的"盛况"时说道：

> 先期督抚河漕诸大吏迎驾于山东，藩运两司有财赋之职者，饰宫观、备器玩、运花石、采绘雕镂，争奇斗巧。经费不足，取给于醢商。道府以下，治河渠，平道涂，修桥梁，缮城廓。武弁饬行伍，新旗帜，丞薄之属，缉盗贼，赡穷困，以示太平。銮辂既及河上，留从骑之半于东省，乃御舟渡河而南，于时沸翳涤道，勾芒扇芳，神人协欢，鱼鸟皆畅。则有属车霆掣，列梭云驰，羽盖挏星，霓旗晃日。扈从文武，络驿河干，髽发黎氓，红女黄童之众，匍匐瞻望，麕集而无哗。然后苍龙负舟，赤虬夹岸，楼船先行，文鹢偕征。但见一片黄旗，安流顺发而已……至则闺阃高敞，旌旆远张，迤逶锦帷，阛阓绣幕，文鹓云雾之绮，金蚕蓝碧之绨。步障非金谷可方，亭幔岂武夷所拟，箫籁既发，棹歌远扬，金石铿锵，宫商缥缈，大江南北，板舆提孺者，莫不袂帷汗雨，山朝而海归……

从中可以看出，乾隆游江南的场面是何等盛大，恰是乾隆一生六次游江南，不仅耗费巨资，也给沿途官商百姓带来沉重的经济和劳役负担。正是千千万万人民百姓的劳动成果和血汗，化聚成了乾隆南巡期间金爵玉盘里的琼浆玉液和佳肴美馔。

在游江南期间，单是在饮膳方面，就极尽排场和奢侈之能事。乾隆不仅带一个庞大的厨役班子随他同行，以保证为他备办品类繁多的名贵膳品，而且随"圣驾"的皇太后、皇后、贵妃、妃嫔们，每人也随带一个厨役班子，沿途所经之地的总督、巡抚、织造等高级官员还要向乾隆争献当地名食美馔，将擅长制作各种特殊风味的厨役"奉献"给随乾隆同行的厨役班子中服劳役，以丰富乾隆的每日用膳内容，满足乾隆的口福。北京的中国第一历史档案馆保存的一批清代宫廷的膳食档案中，有一份《江南节次照常膳底档》，详细地记载了乾隆三十年（1765）正月十六日起至四月二十日止，乾隆游江南期间的每日膳食情况，以及沿途所经路线、行宫和地方高级官员向乾隆进献的膳食用品。现抄录该档案中正月十六日和十八日的两份膳单，从中可以看出乾隆的每日膳食，其用度是何等铺排。

乾隆三十年正月十六日，卯初二刻，请驾伺候，冰糖炖燕窝一品，用春寿宝盖盅盖。

卯正一刻，养心殿东暖阁进早膳，用填漆花膳桌摆：燕窝红白鸭子南鲜热锅一品、酒炖肉炖豆腐一品（五福珐琅碗）、清蒸鸭子糊猪肉鹿尾攒盘一品、竹节卷小馒首一品（黄盘）。舒妃、颖妃、愉妃、豫妃进菜四品、饽饽二品、珐琅葵花盒小菜一品、珐琅银碟小菜四品。随送面一品（系里边伺候）、老米水膳一品（汤膳碗五谷丰登珐琅碗金盅盖）。额食四桌：二号黄碗菜四品、羊肉丝一品（五福碗）、奶子八品，共十三品一桌；饽饽十五品一桌；盘肉八品一桌；羊肉二方一桌。上进毕，赏舒妃等位祭神糕一品、盒子一品、包子一品、小饽饽一品、热锅一品、攒盒肉一品、菜三品。

正月十六日未正，黄新庄行宫进晚膳，用折叠膳桌摆：燕窝鸭子热锅一品、油焖白菜一品、肥鸡豆腐片汤一品（此二品五福珐琅碗）、奶油酥野鸭子一品、水晶丸子一品、攒丝糊猪肘子一品、火熏猪肚一品（此三品二号黄碗），后送小虾米油渣炒菠菜一品、蒸肥鸡烧狍肉鹿尾攒盘一品、猪肉馅伀包子一品、象眼棋饼小馒首一品、烤祭神糕一品、珐琅葵花盒小菜一品、珐琅碟小菜四品，随送粳米膳一品（汤膳碗五谷丰登珐琅碗金碗盖）。额食七桌：奶子八品、饽饽三品、二号黄碗菜一品，共十二品一桌，奶子二品、饽饽十五品（内有攒盘炉食四品），共十七品一桌；内管领炉食十品一桌；盘肉二桌，每桌八品；羊肉二方二桌。

总管马国用遵旧例，今日晚时请皇太后看烟火，伺候果盒；赏王子、蒙古王、郭什哈、额驸、大人、霍斯济、年班、回子等酒肉、元宵、果盒食，不必奏闻。记此。

正月十六日酉初二刻，万岁爷宫门升座，同王子、大人等看烟火盒子，将茶膳房随送上用丰灯果盒一副、元宵一品（五谷丰登珐琅碗）。赏两边王子、蒙古王、贝勒、贝子、公、郭什哈、昂邦、额驸、辖大人、总督、提督、布政、按察、官员人等，霍济斯王、年班、回子等，共用鼓盒、果盒十六副，攒盘饽饽果子六十盘，元宵二十八盒，每盒八碗，系内管领伺候。

…………

正月十八日卯正，请驾伺候，冰糖炖燕窝一品。卯正二刻，涿州行宫进早膳，用折叠膳桌摆：皇太后赐炒鸡大炒肉炖酸菜热锅一品、燕窝锅烧鸭子一品、猪肉馅伀包子一品、燕窝肥鸡挂炉鸭子野意热锅一品、厢子豆腐一品、羊肉片一品、羊乌叉烧羊肚攒盘一品、竹节卷小馒首一品、烤祭神糕一品、银葵花盒小菜一品、银碟小菜一品……上传叫冯鼎做：鸭丝肉丝粳米面膳一品、鸭子豆腐汤一品。……未正，上至宫门升座，茶膳房大人福隆安送上奶茶，赏奶茶毕，传膳。进晚膳用折叠膳桌摆：莲子八宝鸭子热锅一品、肥鸡火熏炖白菜一品、羊肉他他士一品、莲子猪肚一品、青笋香蕈炖肉一品、水晶丸子一品、奶油酥野鸭子一品。后送青笋爆炒鸡一品、摊鸡蛋一品、蒸肥鸡煤羊羔攒盘一品、象眼棋饼小馒首一品、荤素馅包子一品、烤祭神糕一品、银葵花盒小菜一品、银碟小菜四品、咸肉一品；随送粳米膳一品、树鸡汤一品。额食六桌：饽饽奶子十二品一桌、内管领炉食八品一桌、盘肉二桌（每桌八品）、羊肉四方二桌；上要饽饽二品、二号黄碗菜二品一盒。酉初，上至看灯楼，看花炮盒子，放盒子时随送上用：丰灯宝盒一副、元宵一品、三号黄碗膳房筋、茶房叉子。看花炮毕，还行宫伺候：炸八件鸡一品、醋溜脊髓一品、火熏猪肚一品、小葱拌小虾米一品、涿州饼子一品。

从上述膳单中可以看出，乾隆南巡期间的每日用膳，至少有五六十个品种，花样繁多，用料珍贵。而且所经之地负责迎送的官宦显贵们还要不断进贡特产名食。如正月十九日至赵北口行宫时，阿里哈达传恒进全猪肉丝烫粳米稗子米膳；二月十五日在船上，苏州织造普福进糯米鸭子、万年青炖肉、青笋糟鸡、燕窝鸭丝、鸭子火熏馅煎粘团；二月十六日在天宁寺行宫，高恒进燕窝肥鸭、燕窝火熏煨豆腐、春笋炖鸡、鸡蛋奶子折尖；二月二十六日在苏州府行宫，普福进火熏加线肉、什锦豆腐、白面千层糕等。这么多的美味佳肴，乾隆一个人当然吃不了，每次进膳后，都要将其中绝大部分原封不动地赏给皇后妃嫔或王公大臣们。

乾隆四十一年（1776），乾隆第四次南巡至扬州，江南诸省督抚等随驾聚此，举办了一场盛大的满汉席。据李斗在《扬州画舫录》中记，乾隆（及皇室人员）驻跸行宫，吃行宫膳房承供的宴膳。扈从乾隆的"六司百官"由江南地方官们陪同（共达2500余人），在上、下买卖街吃大厨房承供的满汉席，其食单也被李斗抄录，记有燕翅鲍肚、参狸鱽瑶等汉式羹烩和熊掌驼峰、乳猪全羊等满式烧煮及"洋碟""热吃劝酒"等130余种。几千官吏若不开二三百桌满汉席，岂能应酬圆满？而乾隆老饕和他的皇室人员在行宫的宴膳，更是格高一等，自不消说。而且，迎驾乾隆还要"馆宫观、平道涂、修桥梁、缮城廓"，要"赡穷困，以示太平"（黄钧宰《金壶七墨·南巡盛典》语）。江南虽富庶，也经不住他这么败当。奢泰忘危至此地步，已是国家的厄象。

总之，乾隆南巡期间，大兴土木，建造行宫，挥霍民财，寻求好茶好水，尝遍江南美味，所耗费的巨大开销是难以计算的。正是这种巨大的开销，加强了对劳动人民的压迫和剥削，成为清代经济由盛到衰的转折点的

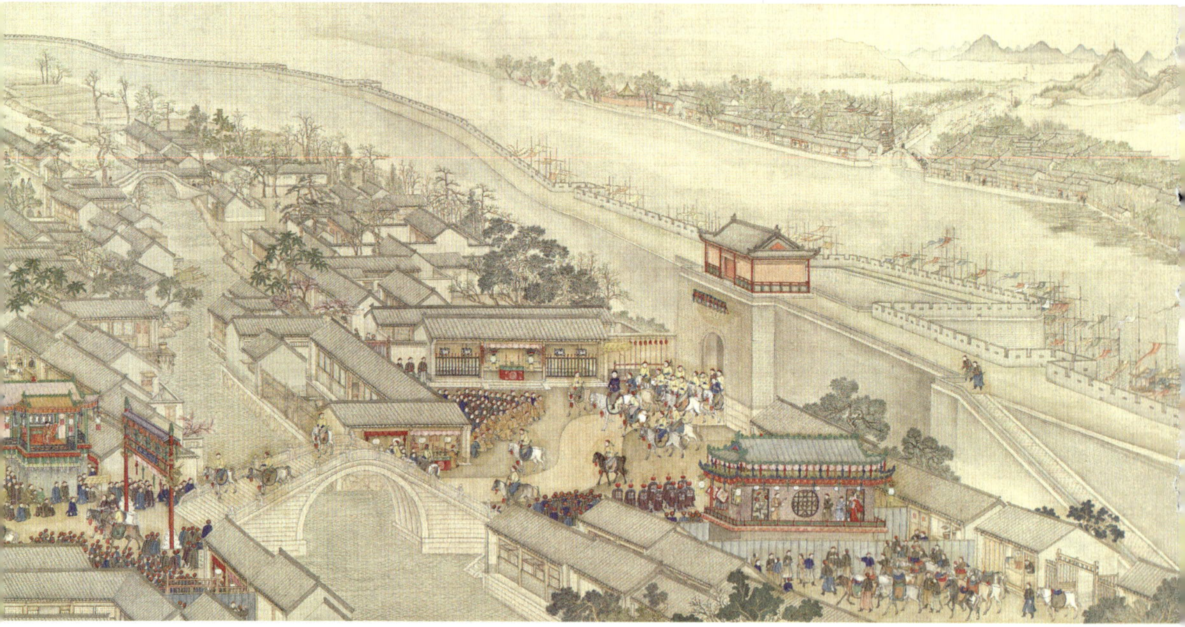

□ [清]徐扬绘《乾隆南巡图卷·第六卷·驻跸姑苏》(局部)

重要原因之一，也导致乾隆以后的国势出现了种种的危象。这一点，乾隆本人也似乎意识到了，他在《知过论》（写于乾隆四十八年八月）中说道："予引为过者……若夫时巡所经，各督抚每缮行宫以备驻憩，虽云出自捐养廉、资商力，然争奇较胜，予不为之喜，且饬谕之。究其致如此者，过应归于予。谓之无过，实自欺也。"而乾隆南巡期间所造成的扰民之苦，远非这样轻描淡写就可以一笔带过的。

三、乾隆东巡盛京时的饮馔——《盛京照常节次膳底档》剖析

盛京（今沈阳）是清朝的开国之都，为清的"发祥地"，也是清定鼎北京后的留都。努尔哈赤、皇太极统一东北后，居此奠定大业，为进一步统一中国打下了基础。对这一"龙脉祖血"之地，清朝历代皇帝都怀有一种特殊的感情。乾隆帝在位期间，曾先后四次东巡盛京，在他写的《盛京赋》中称"……沈阳为王气所聚，乃建盛京而俯关西"，盛京"左挟朝鲜，右据山海，北屏白山，南带辽水"；又颂盛京"昭万年之有道，卜百世之灵长，乃作颂曰于铄盛京"。在乾隆的心中，盛京又是"法天则地，阳耀阴藏，货别隧分，旗亭五重，神基崇峻，帝系绵昌"。这些崇誉溢美之辞，足以表现他对盛京的顶礼膜拜了。

乾隆于在位四十三年（1778）的七月二十日，曾从北京出发，有一次东巡盛京的旅行。他经慈云寺、棋盘庄、定福庄、兴家楼西大营、玉田县、棋树庄、陈家庄、兴隆山大营、李家庄、夷斋庙、胡家庄、天台山、抚守县、深河村西大营、西王家岭、交殊庵、姜水庙、中前所东大营、陡坡台、田家村大营、抱关岭、沙河所东大营、李家村、五里河村大营、塔山西、杏山东大营、石门东、兴隆屯大营、大凌河东大营、金刚屯北大营、肖家铺、广宁大营、北镇庙、车家屯、常家屯大营、岔沟南、廖家屯大营、大白旗堡、黄旗堡大营、珠尔呼珠北、老边屯北大营、大台大营、上水泉西、葛布该西大营、莲花套大营、哈汤沟、上夹河西大营、玛尔墩东、夏原大营、显佑宫、和睦屯、章当村、新屯东、马官桥大营、瓦子峪大营、法轮寺，于八月二十日抵盛京，行程整一个月。据《盛京照常节次

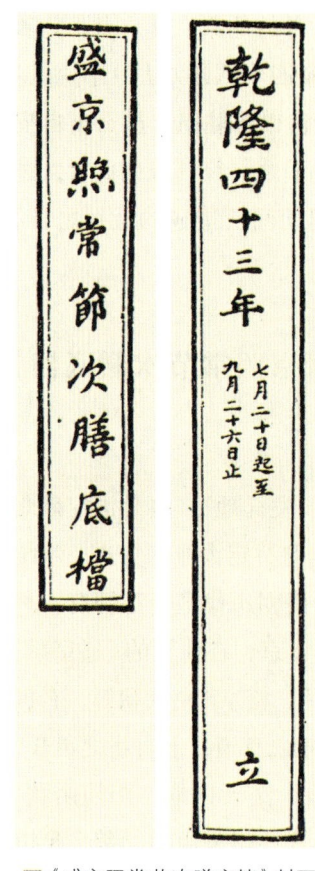

□《盛京照常节次膳底档》封面

膳底档》(以下简称《盛档》)记载,乾隆抵盛京后,首先去昭陵祭祖,然后至盛京城宫(今沈阳故宫)凤凰楼下殿神处和清宁宫佛供前、祖宗供前、灶君供前拈香行礼。八月二十五日出宫拜庙,回宫后在崇政殿受诸王大臣礼拜。九月初一日祭神,次日还愿。九月初二日,乾隆从老边屯北大营处返京,返京路线与来时大抵相同。九月二十六日抵木厂,结束了他东巡盛京之行。先后历行两月有余。这次巡行,乾隆帝还随带颖妃、容妃、惇妃、顺妃、诚嫔、循嫔及琳贵、贵玉、安玉、福贵、景玉、瑞玉、双贵、寿玉等皇室成员……这份《盛档》,不仅记录了乾隆东巡盛京时的往返路线、随带人员和抵盛京的各种活动,主要是详尽地记录了他在这期间的每日用膳情况,是研究乾隆时期清宫御膳不可多得的第一手资料。本节以这份《盛档》中提供的资料为依据,对乾隆在东巡盛京期间的主要膳食和筵宴情况试做以剖析和释介。

(一)在大台大营过万寿圣节

乾隆东巡盛京,于八月十二日至老边屯北大营时,总管肖云鹏向他口奏:"八月十三日万寿圣节,八月十五日中秋佳节,每一日伺候上黄盘野意酒膳一桌。"乾隆回答:"知道了。"随后,肖云鹏即同另一位总管张顺公议,此二日伺候乾隆皇帝用膳的盛具要用金银器皿五福珐琅碗、五福珐琅盘、葵花小菜碟、汤膳碗、珐琅碗、金碗盖、八仙碗等;膳单,要用带有金银花线带的。

万寿圣节这一天,乾隆在后新台用早膳。膳时,用折叠膳桌摆。有:"燕窝挂炉鸭子挂炉肉野意热锅一品(双林做)、燕窝肥鸡如意厢子豆腐一品(八仙碗)、羊肉片一品、托汤鸭子一品(此二品五福珐琅碗)、清蒸鸭子糊猪肉烧狍肉攒盘一品、小南桃小立桃一品、孙泥额芬白糕桃一品、五福捧寿澄沙馅桃一品（珐琅盘）、珐琅葵花盒一品、珐琅碟小菜一品、家鸡瓜子一品（系收的）。"另外，还有"万福万寿鸭子八仙面一品、粳米干膳进些（万寿无疆珐琅碗金碗盖）、果子粥一品"。乾隆早膳完毕，至大台大营饮茶时，小太监倈呆又传送"八珍糕一品（进三块，未赏）、月饼一品（系愉妃进）"，乾隆用后，将未食的糕品赏了祥玉等人。

这一天未正（午后两点钟），乾隆在大台大营用晚膳，亦用折叠膳桌摆。有："燕窝锅烧鸭丝一品（张东官做，八仙碗）、鹿筋口蘑烩肥鸡一品（双林做）、鸭子火熏白菜一品（郑二做）、托汤肥鸡一品、羊西尔占一品（此四品五福珐琅碗）"，后送"炸八件鸡一品、炒苏肉一品、蒸肥鸡鹿尾烧狍肉攒盘一品、小南桃小立桃一品"；还有"颖妃等位进菜六品、安膳桌二品、饽饽二品、珐琅黄花盒小菜一品、珐琅碟小菜四品"；又随送"额食四桌、饽饽十二品、青水海寿碗菜二品、大黄碗菜四品、羊肉片一品、托汤鸭子一品、攒盘肉一品（此九品陆续收的），共二十三品一桌"；后来，颖妃等又"进菜四品，内管领炉食六品，共一桌。盘肉七盘一桌，羊肉一方一桌"。乾隆这一餐有这么多饭菜，自己当然吃不了，他进膳完毕，将一些菜点分赏给众妃嫔。

这次晚膳用过，于申正三刻（此日午后四点三刻），乾隆及妃嫔们又用起膳来。膳时，用茶房紫檀木折叠矮桌摆"上同妃嫔等位用黄盘野意酒膳一桌十五品（菜五品、饽饽二品、果子八品）"，又有"晾排骨晾肉一品、拆鸭子一品、鸡翅干揽肉丸子一品、五香鸡猪肚一品、罗汉面筋一品、猪肉馅祺饼一品、青油卷一品"；俟随侍呈进匙、箸、叉子、手巾后，又随送"热炒五品、燕窝芙蓉鸭子一品、麻酥鸡一品、糟肉一品、糟干笋锅烧鸭子一品、糖醋锅渣一品"；尔后，妃嫔等位又"进菜四品"。乾隆用膳完毕，照例将剩下的菜点果品分赏给妃嫔等人。

上述，乾隆在万寿圣节的饮宴情况，其规模和铺排，与平日在清宫中是一样的。试想当年，交通不便，又是长途奔波，乾隆仍不肯屈尊下就，在膳食上依然极尽排场和奢侈，这是在显示皇权的威严和财势。

（二）在莲花套大营过中秋节

乾隆于八月十四日抵葛布该西大营，次日适值中秋节，正行至贰道房，于卯初三刻（五时三刻）在此地用早膳。膳时，用折叠膳桌摆："燕窝白鸭子五香鸡苏州热锅一品（双林做）、肥鸡千张野鸭子一品（张东官做，八仙碗）、羊肉片一品、托汤鸭子一品（此二品五福珐琅碗）、清蒸鸭子糊猪肉攒盘一品、攒盘月饼一品、竹节卷小馒首一品、孙泥额芬白糕一品、珐琅葵花盒子菜一品、珐琅碟小菜四品"；又"随送红白鸭子杂烩汤一品"。

乾隆用完早膳，亦未因节日之故停止行程，继续赶路，至莲花套大营时，小太监熬茶期间给乾隆传送八珍糕一品，乾隆吃了两块，余者未赏人，愉妃又进月饼一品，乾隆遂赏给祥玉等人。于未正时，在此地进晚膳。膳时，乾隆特点了虾米火熏白菜一品（张东官做，江黄碗），还有"肉丝清蒸关东鸭子一品（双林做，八仙碗）、莲子卤煮鸭子一品（张东官做，红潮水碗）、肥鸡火熏白菜一品（郑二做）、羊西尔占一品、托汤鸡一品（此二品五福珐琅碗）"；后送"鲜蘑菇爆炒鸡一品、蒸烧肥鸡羊肉卷烧狍肉攒盘一品、象眼小馒首一品、攒盘小月饼一品"；又有颖妃等"进菜四品、安膳桌二品、饽饽二品、葵花小菜一品、珐琅碟小菜四品"；随送"红粳米干膳一品"；还有"额食四桌、二寸月饼二品……奶子二品、青水海兽碗菜四品、攒盘肉一品、羊肉片一品、羊肚片一品"；又有颖妃等复进菜二品，"攒盘月饼九品一桌、内管领炉食六品一桌、盘肉六盘一桌、羊肉一方一桌"。乾隆用膳完毕，将所余菜点分赏众妃嫔。

乾隆用完晚膳后，亦未忘随行人员，于是又在莲花套大营西洋房西院内安放"月饼、果子、西瓜十二桌，二寸月饼十七品一桌，攒盘月饼十二品一桌，内管领月饼十三盘一桌，月饼四套一桌，果子四十八品三桌，西瓜二十盘三桌，奶子月饼八品一桌"，以赏人用。

八月十五日酉初（下午五时），乾隆的中秋节筵宴达到高潮。这时，莲花套大营西洋房东院内，坐西北、向东南摆设着月光插屏架，挨着月光插屏架前面，摆着两张条桌，上面罩有黄缎桌套，是为供桌，上面放着供器。月光插屏架上，捆有一对斑竹竿上扎鲜花的子母藕；供桌后桌的边上，供黄豆角两把，每把高一尺五寸。这时，由茶膳房在供桌上摆供十九品，分三路由怀里往外摆。第一路摆在供桌后边，中间摆斗一个，斗上供着一个彩画圆光的十斤重的大月饼；斗的左边有鲜果三品、西瓜一品；斗的右边亦有鲜果三品、西瓜一品。第二路中间设香炉一个，香炉左边供茶三盅、西瓜一品；香炉右边亦供茶三盅、西瓜一品。第三路中间亦设香炉一个，香炉前面还有檀香炉一个，檀香炉左边供着两个三斤多重的大月饼，均用四号银盘盛装，并有蜡台一个；檀香炉的右边亦供着两个三斤多重的大月饼，亦有蜡台一个。

酉初三刻（晚五时三刻），乾隆至供桌前拈香行礼后，回西洋房少坐，于酉正（六时），乾隆传旨用膳，由小太监常宁传呼下去，即刻设黄盘野意酒膳一桌，有菜五品、饽饽二品、果八品，用茶膳房紫檀木折叠矮桌摆设。这五品菜是：拆鸭子一品、五香肘子凉胚子一品、五香鸡肉一品、虾米拌海蜇一品、糖醋藕豆角一品；二品饽饽是：羊肉馅包子一品、攒盘月饼一品；八样果品系新鲜时令鲜果。俟随侍为乾隆摆上匙、箸、叉子、手布后，又随进热炒三品、鸭蛋一品、拌糟鸭丝一品、燕窝拌白菜丝一品，还有妃嫔们进菜六品。乾隆用膳完毕，将未用果品肴馔分赏妃嫔等人。

酉正二刻十分，香燃尽，由养心殿首领刘秉忠请乾隆送焚化；总管肖云鹏用如意茶盘请茶三盅、酒三杯，跪递于乾隆，乾隆亲祭茶酒送焚化，完毕后撤供一桌，留下大月饼一个（照例留着除夕送），然后将两个三斤多重的大月饼切开一个、托着一个，用金龙盒盛装，呈于乾隆。乾隆将切开的月饼食用了一点，余者分赏妃嫔；另一个大整月饼交于养心殿总管王成，带进京去分赏京内的妃嫔、阿哥、公主等。

想当年的中秋节，在这座小小的院落内，竟摆了这么多供品和食品，那场面一定是很可观的。然而，那些经长途奔波不得喘息的厨役们，又为此付出了多少劳苦的代价呢？

(三)在盛京的祭祀和饮宴活动

乾隆此次东巡盛京，祭祀活动是一个重要内容。他到达盛京的当天，就按祖制惯例进行了各种祭祀，而且供祭品的规格较之北京清宫，也是有过之而无不及。据《盛档》记载，总管肖云鹏和张顺为乾隆于灶君前摆供桌时，"在清宁宫灶君前我等酌议按京内坤宁宫灶君前供之例，应伺候供一桌小品、炉食五品、干果五品，比京内供摆高些，就使小紫龙碟摆"。这份供品，由茶膳房负责摆设。摆时，分四路从怀里往外摆；盛供品的器皿，均用宫窑制造的西莲碗。其具体供品是：头路素菜五品，用江西兰花碗盛；二路点心五品，用长春花碗盛；三路干果五品，用黄菊花碗盛；四路鲜果五品，用红菊花碗盛。还有供茶三盅、酒三杯；左边供猪一口，右边供羊一只。猪、羊摆时头朝上摆；其他供品均高出碗面八寸。摆设的方向是座北朝南。与此同时，又在清宁宫灶君板上座东朝西摆供一桌，祭品有干果五品、炉食五品，每品重一斤八两，亦用小紫龙碟盛装，并均高出碟面五寸。为乾隆祭盛京宫殿德尊神之位的供品，则与京内乾清宫祭殿神猪羊供相同；清宁宫的佛前、祖宗前，仍与京内坤宁宫一样，没有供献，也不备供。我们从上述这些祭祀和祭品的规格来看，则反映出盛京城宫作为清代开国的帝王宫殿，在清朝统治者的心目中是占有怎样特殊的位置了。

又据《盛档》载，八月二十八日和二十九日这两天阴云有雨。乾隆下旨茶膳房备背灯肉，以赏人用。九月一日祭神，晚晌的背灯肉由茶膳房保管，留着陆续用之。八月二十八日于乾隆晚膳后，备背灯肉三十六盘，共五桌，由乾隆在次日赏人食之。到了八月二十九日这一天，乾隆下旨："今日早膳清宁宫赏郭什哈昂邦、郭什哈额驸、郭什哈辖、乾清门辖等祭神肉吃；回子大人二人亦随入排，赏羊肉吃。郭什哈昂邦等食肉毕，再赏南府人等、里面小太监等肉食。未进来吃肉的王公大人等照例赏额食吃肉，大人等不必赏额食。钦此。"乾隆下旨后，于辰初（早七时），随带郭什哈昂等三十四人至清宁宫殿内磕头后入座。总管张顺和首领王自贤先在殿内正方地上铺白布单一块，然后由总管肖云鹏和首领张忠在白布单上面摆上折叠膳桌，桌上再摆安空银盘一件、银葵花盒小菜一品、南小菜一品、整酸菜韭菜一品、碎酸菜韭菜一品、苏造疙瘩一品。此四品均用银碟盛装。然后，又在膳桌摆上匙、箸、叉子、湿手布等。章京们又送祭神肉、塞勒肝肚、猪脚一盘，祭神杂碎一品，祭神肉片一品。这次吃祭神肉，乾隆亲自动手片之而食。他吃完肉，随侍又送来只有三分满的粳米稗子米干膳一品和肉丝汤一品，均用带银盖的三号黄碗盛装。这次用膳，还有"……额食三桌、祭神糕六盘、青水海兽碗菜二品，共一桌；祭神肉十七品一桌"。乾隆用膳完毕，由章京们将祭神肉、杂碎、祭神肉片等撤下，又将膳桌抬出（谓请下——撰者注）；然后又送进奶茶，赏完奶茶后，郭什哈昂等人即出殿外。这时，乾隆"念供红姜一块，放在南小菜豆腐乳上，遵例用小饽饽一个，托红姜一块送至佛堂供"。九月一日祭神这一天，总管肖云鹏和张顺为乾隆在灶君前设炉花糕供一桌，其中有炉花糕五品（每品重一斤八两）、干果五品，每品俱用小紫龙碟盛装，并均高出碟面五寸。是日卯正三刻（六时三刻），乾隆在清宁宫吃祭神肉，与八月二十九日情况同。

乾隆在盛京城宫期间，除了祭神和还愿之日在清宁宫用早膳（即八月二十八日早膳、八月二十九日早膳、九月一日早膳、九月二日早膳）外，其余日用膳，均在保极宫。用膳情况仍与在京内宫中相同。如八月二十六日未正，乾隆在保极宫用晚膳，计有"野鸡热锅一品、万年青酒炖鸭子一品（张东官做）、口蘑盐煎肉一品（郑二做）、鸡汤豆腐一品（常二做）、羊渣古一品；后送小虾米炒菠菜一品、烧鹿肉鹿尾烧狍肉攒盘一品、象眼小馒首一品、枣尔糕老米面糕一品、猪肉馅提褶包子一品（张东官做）、粘花糕一品（系愉妃进）、银葵花盒小菜一品、银碟小菜四品"；又随送"粳米干膳一品"，"次送青水海兽碗菜二品……"，"上要饽饽二品"。乾隆用膳完毕，将未食者赏于妃嫔等人。又如八月二十八日卯初（早五时），乾隆在清宁宫用早膳，计有"燕窝葱椒鸭子热锅一品（张东官做）、肥鸡什锦豆腐一品（双林做，红潮水碗）、羊肉片一品（银碗）、祭神肉丝一品、清蒸鸭子糊猪肉攒盘一品、竹节卷小馒首一品、匙子饽饽红糕一品、螺蛳包子豆尔馒首一品（此三品黄盘）；祭神糕一品（四号银盘）、银葵花盒小菜一品、南小菜一品、苏造疙瘩一品、整酸菜韭菜一品、碎酸菜韭菜一品、卤虾瓜子一品、卤虾油一品（此六品银碟）"。乾隆吃祭神肉时，亲自片之而食；食肉毕，又随上"粳米稗子米干膳一品（三分满，青磁膳碗）、祭神肉丝汤进一品（三号黄碗俱使银碗盖）"，又有"额食三桌、饽饽七品、奶子五品、青水海兽碗菜二品……祭神糕四盘、内管领炉食四盘……盘肉八盘一桌"。乾隆用膳完毕，又下旨："将膳桌上安的品物，连膳桌抬至清宁宫东暖阁，赏妃嫔等位进肉吃；妃嫔等位进肉毕，再叫辖大人们进吃肉。钦此。"

乾隆在盛京期间，还有一些筵宴活动，但《盛档》中没有记载。大概《盛档》只是"照常膳底档"，仅是记录乾隆日常膳食情况的缘故吧。

（四）在盛京和往返途中所受贡品、鲜物

乾隆在东巡盛京期间，除了在筵宴和日常用膳方面用度豪奢外，沿途各地的地方官和高丽国等，也都进贡频频，纷纷将当地最新、最鲜、最美的食用原料，敬献给乾隆。乾隆可以说是尝遍了这些属地的山珍海错、美味珍馐了。

在去盛京的路上，乾隆于七月二十九日行至中前所东大营时，盛京将军弘晌进献鲜鹿一只，船场将军福康安进献满洲饽饽二品、塞什额劳一品、朱克额劳一品、木耳理发布哈额劳一品、银葵花盒小菜一品、银碟小菜四品；八月初四日行至杏山东大营时，弘晌进献螃蟹四百只、鹌鹑八十只；八月初五日行至兴隆屯大营时，弘晌进献鲜鹿一只，锦州梅伦章京得福进献祭神肉丝一品、祭神肉攒盘一品、银葵花盒小菜一品、银碟小菜四品、咸肉一碟；八月初八日行至广宁大营时，弘晌进献菜四品，饽饽二品，福康安进献满洲饽饽二品、银葵花盒小菜一品、银碟小菜四品；八月初九行至常家屯大营时，福康安进献野鸡热锅一品、葵花盒小菜一品、银碟小菜四品；八月十一日行至黄旗堡大营时，得福进献菜四品、饽饽一品、攒盘肉一品、葵花盒小菜一品、银碟小菜四品；八月十七日行至夏原大营时，弘晌进献鲜狍四只；八月十九日行至上夹河西大营时，弘晌进献鲜鹿一只、晾肉条一盘。乾隆于八月二十日驾临盛京时，郭什哈辖德保进献野猪一只、狍子一只；八月二十一日，弘晌进献野猪二只；八月二十五日，高丽国进献八带鱼二十尾、大口鱼二百尾、广鱼一百尾、全腹二十贴、红蛤（即蛤什蟆——撰者注）二百斤、海参二百斤、浮椒十五斗、海菜二百斤。

乾隆自盛京返回北京的途中，地方官们进献食物的活动依然很频繁，就不赘述了。乾隆得了这么多贡物，自己自然吃不了，就分赏给妃嫔和皇室人员们享用。一般的贡物进献后（现成的菜点除外），由厨役们烹制成菜，装置盘中，乾隆览过后，挑得意吃的留下（有时根本不吃），余者赏给众人。如八月初五日盛京将军弘晌进献鲜鹿一只后，乾隆传旨："除留用进的，其余伺候赏用。钦此。"随伺们即将烹制好的鹿肉，除了留给乾隆用的，其余的装了十大盘，摆了两桌。赏了妃嫔们三盘；永常、永福、凉颖一盘；军机大臣一盘；郭什哈额驸一盘；乾清门额驸一盘；郭什哈辖

一盘；乾清门辖一盘；祥玉等一盘。但惟有高丽国进贡的物品，乾隆得了后，下旨随伺们带回京去赏人。《盛档》记录这段事情时，是这样写的："本日小太监荣世泰奉旨问：尔等收这些东西何处使用？随总管张顺应是奴才们带进京去，伺候万岁爷赏人用。奉旨：是。钦此。"

（五）东巡盛京时的随行厨役

乾隆在东巡盛京期间，其饮宴能做到如此排场、豪华，自然与他随行备膳的厨役班子人员为数众多有关。不仅乾隆自己有个厨役班子，同行的妃嫔们也都各自有厨役班子。我们可以推断，乾隆的随行人员，除了众妃嫔和皇室人员外，还有军机大臣和有关的司掌官们，另有众多的近侍、太监、武卫人员等。乾隆每自一地启程，还有个"打扫处"为其"清扫现场"——这队列也够浩浩荡荡了。关于东巡盛京随员的数目，《盛档》中虽然没有写明，我们也可想而知了。

在乾隆的随行厨役班子中，《盛档》中留名的有张东官、双林、郑二、常二。他们的身世经历，本是无从可查；但张东官是乾隆最得意的厨役之一，这一点可以做出结论。因为在乾隆其他年间的许多照常膳底档中，记载乾隆所食菜点的后面，常常记有张东官的名字；而且他做的都是乾隆所食的主要菜肴。他不仅善做菜，而且善做面点，从《盛档》记载的来看，他常做些花样翻新的主食品，以赢得乾隆的口欲。《盛档》中还有"苏州厨役张东官"的记载，说明他是苏州人氏，并善做苏州菜点。还有一位双林，也是御厨中的高手，他与张东官交替地为乾隆烹制主要菜肴。《盛档》中记载：七月二十九日盛京将军弘晌进献鲜鹿一只后，"旨问今日进的鹿肥瘦？随应瘦。奉旨晚膳叫双林做他思哈蜜鹿肉，其余伺候赏用……"从这段文字中可以说明，乾隆不仅熟悉厨役双林，而且愿意吃他做的菜。一个厨役，能在乾隆的心目中占有一定位置，可见烹技是怎样高超了。郑二也是这个厨役班子中重要的一员，但从《盛档》中记载的来看，他做菜的次序总是排在张东官和双林之后，可见其烹技是略低一等了。至于常二，名次则排在郑二之后。

乾隆在此次东巡盛京期间，对这些厨役是格外优待的。大概是动了些龙心体恤之情，感觉到他们在长途奔波中从事厨政的辛苦，所以一到盛京后，即赏张东官、双林、郑二、常二每人熏貂帽沿一副。八月二十六日晚膳后，又赏张东官、双林每人小卷缎二匹，赏郑二、常二每人小卷缎一匹，以表彰他们专心服侍、不辞劳苦的心意。

综上所述，我们对乾隆在东巡盛京期间的膳事活动便有了一个大概的了解。然而这份《盛档》的价值还不仅在于此，它对于我们了解当时北京和盛京之间的特殊关系，了解乾隆的帝王生活和满族的祭供规制，以及研究清宫御膳，都有重要的参考作用，是一份不可多得的清宫御事史料。

四、乾隆赐宴王公宗室

清朝皇帝赐宴王公宗室，在宫内已成定规。这是表示皇恩浩荡，也有笼络人心之意。此类筵宴活动曾举办过多次。其中规模和场面最盛大的，要属乾隆四十八年（1783）正月初十日举办的那次了。那次筵宴在乾清宫举行，参加宴会者有皇子以下，王、贝勒、贝子、四品顶戴宗室等共计一千三百零八人，有各种公事在身或患病未能入宴者九百六十九人；凡参加筵宴或因故未能入宴者均赐给赏物。下面，仅就这次筵宴活动予以综合记述。

（一）筵宴的筹备

在这次筵宴的一个多月前，即乾隆四十七年（1782）十一月，乾隆就下旨规定了此次筵宴的日期。随后，承办皇室事物的内务府专门成立了此次筵宴的筹备班子。这个筹备班子，于同年十二月中旬，两次奏请乾隆皇帝旨示有关这次筵宴活动的各种事宜，如筵宴规程、肴馔品种、桌张安置、赏赐物品、赴宴者所穿服饰等，都得到乾隆明确的准奏。临近筵宴时期，乾隆又于正月初三、初六、初九先后三次下旨，具体规定了有关筵宴的各种事宜。

筵宴之前，在乾清宫外摆设了各种乐器，以备演奏丹陛大乐。在乾清宫门里廊中摆桌案，桌案上摆放多种玉器，为陈设之物。在后廊至乾清宫正位之间的甬道上，分东西两旁摆放宴时所赐物品。因此次筵宴参加人数众多，又在乾清宫就近搭设蓝色凉棚十个，以备摆放宴席。此次筵宴，共须摆席五百三十多桌（每桌为二人），在乾清宫殿内共须摆席二十四桌，就坐者为亲王以下，辅国将军以上四十八人。在乾清宫殿外共须摆席五百零六桌，其中在乾清宫门外廊下须摆席四十八桌，就坐者为近支章京、侍卫官员等九十四人；在月台上面东西两侧须摆席二百五十四桌，就坐者有职位俸禄之宗室侍卫官员、近派闲散宗室等五百零八人；在丹陛甬道东西两侧面向乾清宫方向须摆席二百零四桌，就坐者有远派闲散宗室四百零八人。所有赴宴者和宴时服侍者，一律规定都要穿蟒袍补褂。

（二）筵宴的礼仪

正月初十日卯正三刻（早六时三刻），乾隆在养心殿用过早点。至辰正二刻（早八时二刻），乾隆御驾乾清宫宝座上就坐后，筵宴活动便开始了。其礼仪是这样：

首先，启奏中和韶乐。当乾隆就坐之后，在乾清宫殿内、殿外就坐者，皆在殿外正门两旁按辈份等级序立恭候。陞坐毕，中和韶乐止。赞礼郎呼奏排班乐。两位御前大臣便引着众王公、贝勒、贝子、宗室等，依次序进至月台正中，赞礼郎赞呼跪叩后，由御前大臣引进之人连同所有赴宴者，皆向乾隆行三跪九叩礼；赞礼郎赞呼礼毕，乐止，御前大臣又引着各王公宗室们回归自己的坐位旁，行一叩礼后入坐；其他赴宴者亦如此。此时，乐又复奏，御茶膳房的侍卫人员先将乾隆所用奶茶呈进，再进各王公宗室们的奶茶，次进其他赴宴者的奶茶。赴宴者在恭受奶茶前，都要离坐，跪行一叩礼，然后用茶。殿内赐茶，由首领太监等负责分赐；殿外赴宴者因人数众多，除了御茶膳房的侍卫负责赐茶外，还有护军参领和代翎领挂数珠官员帮同赐茶。赐茶的盛器分两种，一种是玉盅，赐殿内、殿外廊下赴宴者，用茶后，玉盅要收回；另一种是瓷盅，赐月台上和丹陛甬道上赴宴者，用茶后，瓷盅则赏给各人。赐茶完毕，奏乐即止。

这时，首领太监首先向乾隆呈进各种米面炉食奶制品等十五种，摆在填漆花膳桌上，并摆好五寸黄盘、叉子、毛巾等。这十五种食品都用带盖的专用盛器盛装，连同摆桌先端至游廊内，再由总管太监和御茶膳房的首领太监负责端至殿内宝坐前。这时，奏乐又起。

在乐声中，由内务府掌仪司官员从设案处捧着台盏，从中路而进。这时，进爵大臣睿亲王从原坐离开，至殿门外除端罩，递酒官员至殿门外西侧斟酒；睿亲王跪而接酒爵，也由中路而进，至宝座前跪进御爵。这时，众王公宗室们皆要离座，行一叩礼。睿亲王回临原位旁，跪受赐酒一杯，众王公宗室们亦皆立。赐酒毕,睿亲王归坐,众王公宗室们亦随坐。乾隆接过御爵,将酒饮过后,乐声即止。俟御爵捧下时,则由筵宴侍者进赴宴者每人酒一杯,赴宴者接酒爵前,皆行一叩礼,饮酒后,酒杯赐给本人,赐酒毕,礼仪方止,然后再赐肴馔。

在筵宴期间,南府艺人还要演戏,至戏演毕,筵宴礼仪即告结束。这时,由总管太监和御茶膳房的首领太监们先撤下乾隆用过的米面炉食奶制品等,再撤桌子。乾隆要将他用过的米面炉食奶制品等,亲自赏给殿内赴宴的各王公宗室们;这些王公宗室们要皆立于本桌旁,向乾隆行一跪三叩礼。此时乐声再复起,乾隆归宫,遂即乐止。然后由管宴的御前大臣、御前额驸等负责向所有赴宴者分发赏物。众王公宗室们及所有赴宴者跪而接之。最后,由宗人府堂官引着众王公宗室们以及所有赴宴者离开乾清宫,至宫外再行三叩礼而去。

(三)筵宴的肴馔

这次筵宴,因规模盛大,共用苏拉四百六十名,其中抬运肴馔、桌张等用苏拉三百名,抬运用膳家伙什物、承办杂事用苏拉四十名,扇扇子以助燃火锅炭火用苏拉一百二十名,另外,搬运乐器等用苏拉十名。

在筵宴中,所用肴馔也十分丰富精美,并有明确的等级规格。为乾隆呈进的十五种米面炉食奶制品有:竹节卷小馒首一品、象眼小馒首一品、螺蛳包子豆尔馒首一品、糊油方点一品、油糕一品、豌豆包子一品、匙子饽饽红糕一品、孙尼额芬白糕一品、枣尔糕老米面糕一品、白面丝糕糜子米面糕一品、炉食饽饽三品、奶子二品。为乾清宫殿内和殿外廊下摆的七十二桌用一等肴馔,其中每桌有羊肉片热锅一品、野鸡热锅一品、羊乌义一盘、鹿尾烧鹿肉一盘、荤菜四品、蒸食一盘、炉食一盘、螺蛳盒小菜二个;另有内膳房供应的粳米饭、外膳房供应的羊肉丝汤。羊肉丝汤用锅子盛装,其中银热锅十六席、锡热锅五十六席。呈送和传递这些肴馔由敬事房派随侍等处的首领太监侍候。在月台东西两侧和丹陛甬道摆的四百五十八桌用二等肴馔,其中每桌有羊肉片热锅一品、狍肉热锅一品、羊肉一盘、狍肉一盘、烧狍肉一盘、蒸食一盘、炉食一盘、螺蛳盒小菜二个;另有外膳房供应的肉丝烫饭。呈送和传递这些肴馔由御茶膳房侍卫和护军参领等人伺候。筵宴上所用的筷子皆为乌木筷子。

另外，筵宴上所用的盛具器皿也是按照席的等级而有所不同的。如一等席所用锅子是银的，二等席所用锅子是锡的。这些盛具器皿，虽然用量颇多，但使用中并不混乱，而是井井有条，分供明细，如内膳房负责备办银火锅，外膳房负责备办盛肉银碟、盛小菜螺蛳盒子，瓷器库负责备办青龙瓷碗、青龙瓷盘、盛汤用的八挂云鹤瓷碗和锡锅子，内管领负责备办盛肉铜盘、盛饽饽青瓷盘、盛汤青瓷碗、乌木筷子。这些盛具器皿用过之后，再由各承办机构如数收贮。筵宴完毕后，收拾残席、清理现场的事务由打扫二处负责。

乾隆御赐王公宗室的筵宴活动，是清宫膳事中的盛事。它具有筹备和组织周密、场面盛大、礼仪讲究、肴馔丰富的特点。而且所供肴馔，都具有浓郁的满族风味。这对于研究乾隆时期的宫廷御膳以及膳事礼仪，无疑都有很大的帮助。

五、乾隆在避暑山庄的饮食生活

避暑山庄是康熙、乾隆二帝在长城以北、古北口外前前后后建立的二十座行宫之一。康熙二十九年（1690）至康熙三十六年（1697），康熙四次率军出塞，平定了厄鲁特蒙古准噶尔部大领主噶尔丹叛乱集团，遏制了沙俄的侵略势力。边防的巩固和政治上的安定，使康熙从戎马倥偬的征程中解脱出来。他在康熙四十一年（1702）开始，在北京至围场的途中，修建了多处行宫，古北口外修建了八处，分别位于两间房、鞍子岭、桦榆沟、喀喇和屯、热河上营、蓝旗营、波罗和屯、唐山营。这些行宫都是用于避暑的，俱建于峰峦苍翠、临流引涧的形胜之区。其中热河行宫的位置居于中间地带，随着热河行宫的初具规模，其他行宫的地位就日益降低。热河行宫则成为清朝皇帝在口外避暑、处理军政事务、民族问题的中心。由于皇帝出巡路线的改变，口外行宫的位置和数目也有所变动。到了乾隆中期，口外共有行宫十四处。而热河行宫正式得名称为"避暑山庄"，是在康熙五十年（1711），以康熙在澹泊敬诚殿前的内午朝门上题了"避暑山庄"四字而为始的。同年，他又写了《避暑山庄记》，叙述他选择地形、营建避暑山庄的经过。并将他以四字题名的建筑物组成了三十六景①，每一景都写序题诗，介绍其位置和环境。乾隆即位后，对避暑山庄进行了大规模维修，增建了许多景物，并继康熙三十六景之后，他又以三字组成了乾隆三十六景②。从乾隆二十年（1755）开始，至乾隆四十七年（1782）止，维修和增建工程基本完成。乾隆四十七年至五十七年，则属于工程的扫尾阶段。乾隆五十七年（1792），乾隆在松鹤斋内缮修了继德堂，令他选定的继承人嘉庆居住其中。继德堂是避暑山庄内最后完成的一座建筑。避暑山庄的兴建，从康熙四十一年（1702）挖湖造堤开始，至乾隆五十七年（1792）继德堂的竣工，共经历了九十年。

□ 康熙御书"避暑山庄"

---

① 康熙三十六景：烟波致爽、芝径云堤、无暑清凉、延薰山馆、水芳岩秀、万壑松风、松鹤清樾、云山胜地、四面云山、北枕双峰、西岭晨霞、锤峰落照、南山积雪、梨花伴月、曲水荷香、风泉清听、濠濮间想、天宇咸畅、暖溜暄波、泉源石壁、青枫绿屿、莺啭乔木、香远益清、金莲映日、远近泉声、云帆月舫、芳渚临流、云容水态、澄泉绕石、澄波叠翠、石矶观鱼、镜水云岑、双湖夹镜、长虹饮练、甫田丛樾、水流云在。

② 乾隆三十六景：丽正门、勤政殿、松鹤斋、如意湖、青雀舫、绮望楼、驯鹿坡、水心榭、颐志堂、畅远台、静好堂、冷香亭、采菱渡、观莲所、清晖亭、般若相、沧浪屿、一片云、蘋香沜、万树园、试马埭、嘉树轩、乐成阁、宿云檐、澄观斋、翠云岩、罨画窗、凌太虚、千尺雪、宁静斋、玉琴轩、临芳墅、知鱼矶、涌翠岩、素尚斋、永恬居。

乾隆时期，是避暑山庄的全盛时期。这一时期，无论从其营造规模和庄中活动，都是最活跃的。有关乾隆在避暑山庄的日常生活，除了处理必要的政务外，主要是游乐消遣。他在这里写诗，绘画，学习汉、蒙、回、维、藏文。另外，饮食则是他日常生活中一个重要组成部分。

乾隆喜欢品茶，这是他一生的饮食生活中一个特征，在他执政期间，到各地巡幸，总是寻求好茶好水，这些，都见于他的《茶诗》中。乾隆尤其对沏茶的水质十分讲究。他在避暑山庄期间，每天要收集荷露烹茶，并写过《荷露烹茶》一诗，其诗的小序中写道："水以轻为贵，常制银斗（即银杯）较之。玉泉水斗重一两，惟塞上伊逊水尚可相埒。济南珍珠、扬子中泠皆较重二三厘，惠山、虎跑、平山则更重，轻于玉泉者惟雪水

□〔清〕郎世宁《弘历观荷抚琴图》（局部）

及荷露云。"

乾隆在避暑山庄的膳食,因他在各处游乐,没有固定的就餐场所。他常吃的食品主要有烤鹿、烤狍肉、熏雉、熏兔等野味,也常吃鸭、鸡、鸡蛋、猪肉、羊肉等制成的菜。据有关史料记载,乾隆二十五年(1760),乾隆和阿哥①们在53天中,共食羊1455只,每日平均食27只之多。乾隆还经常在筵宴时,赏给外国使节或蒙古王公食品。这些食品,做工极为精细,朝鲜使节柳得恭记载:在庄中的"清音阁"观戏时,他"得响饼一器……饼上立一仙官,须眉生动,袍笏华鲜,左右又立仙童,雕刻奇巧,皆面和蔗造成"②。这说明庄中御厨的手艺,已经十分高超了。乾隆五十五年(1790),乾隆在庄中庆贺自己的八十岁生日时,柳得恭还记载了赴宴的情景:"每日平朝宣赐赴宴,诸王、贝勒、各国使臣果榼人各一,形圆有间隔,分盛龙眼、荔枝、干葡萄、杨梅、茱萸、蜜枣、柿仁、杂糖之属。茶则时时宣饮,日宴始宣蒸饽饽来。"③当时,乾隆每顿膳食品种多达一百多品,庄中御膳房的厨役多达四百余人。

乾隆也很喜欢吃水果。这些水果,来自全国各地,有广东运来的龙眼,有福建运来的荔枝,有吐鲁番盆地运来的哈密瓜,还有从万里以外的天山南麓维吾尔族地区运来的葡萄。钱维城在《回部四果图跋》中记载:"乾隆三十一年……臣维城蒙恩赐回部果:木瓜、石榴、苹果、梨四种。""驻(回)部大臣每岁秋有所奏请,辄附驿以进。"另据朝鲜使者朴趾源在《热河日记》中记载:当时,有上千斤的荔枝都浸渍在蜂蜜中,以保持其色泽和质地的鲜嫩。

乾隆还常在庄中庆祝自己的生日。他过生日时,各地都要进献大量的贡品。如乾隆四十五年(1780),他过七十岁生日时,仅两淮盐商就献银达二百万两。朴趾源在《热河日记》中也记载了当时向乾隆祝寿进贡的情况:"余从使者出长城,昼夜兼行,道见四方贡献,车可万辆,又人担,驼负,轿驾而去,势如风雨。其杠而担者,物之尤精软云。每车引骡马

---

① 阿哥:满语"小孩",这里指乾隆的诸皇子。
② (朝鲜)柳得恭:《滦阳录》卷一。
③ (朝鲜)柳得恭:《滦阳录》卷一。

六七头，轿或联杠驾四骡，上插小黄旗，皆书'进贡'字。进贡物皆外裹猩猩毡，诸色氆氇、竹簟、藤席，皆称玉器。……日既黄昏，益见车乘争道催赶，篝灯相照，铃铎动地，鞭声震野，虎豹监柙者十余乘。熊、黑、虎、鹿之类，不可殚记。"除此之外，还有驯鹿、俄罗斯犬、鸵鸡、类人猿、鄂伦鹿、四不象、貂鼠、灰鼠、大象、人参、珍珠等，皆用骡马车装载，源源运往山庄中。

乾隆在避暑山庄，主要是逍遥游乐、避暑度假，因此其饮食生活较之在清宫中是有过之而无不及的。乾隆除了在庄内经常举办各类挥霍无度的筵宴外，还要在"清音阁"听戏，戏班子要在带有天井、地井的三层大戏台上演出。演出的剧目十分繁多，有开场戏四十六出，宴戏二十一出，月令戏四十七出，寿戏二十五出，灯戏七出，大戏四十八出，还有成本的昆腔、弋阳腔二十九本，明清传奇中的单出戏一百九十出，大本戏一千零六十三出，《升平宝筏》剧本共二百四十出，《劝善全科》剧本二百四十出，《鼎峙春秋》剧本二百四十出，《昭代箫韶》剧本二百四十出，《铁骑阵》剧本一百零三出等。在演戏前后或其间，也常要举办各类的宴会，极尽玩乐之能事。

第三节　道光及光绪皇帝的膳事

道光继帝位后，已是宫囊羞涩，海内危机四伏。为了缓解财政维艰，他颁布了一揽子勤俭持宫，严禁浪费的措施。如旨令后妃以下要屏去繁华，概从朴实；将大批宫娥放出宫外；命王公贝勒们不得广纳姬妾，任意奢侈；各省的贡目大加删减……他自己也格外节俭，褪色的龙袍内的套裤膝盖处还打着圆补丁。每膳只

□ 宣宗道光皇帝读书像

有"四菜一汤"，也就是"小康人家"的水平。即使这样他还觉得奢侈，不仅经常是每膳一馔，还拣贱的吃，比如吃猪肝烧豆腐。

这样，御茶膳房的御厨们多就闲置起来。道光又旨令裁厨。《养吉斋丛录》(卷二十四)中记："旧时，膳房匠役四百名，道光癸卯，裁二百名。"这批下岗厨役因有"御厨"资历，多有被京肆酒楼饭庄所重用者。清后期京城内出现一些名气很大的庄堂居楼，则与这批下岗御厨的涉入有关系。这是清宫御膳渐而过渡为北京菜的一种重要现象。

正是道光的"抠门儿"，才将清王朝多抠出半个多世纪。他常吃猪肝烧豆腐，也就成为缓解清王朝迅速滑向腐败的一股"廉风"。王浩沅在《清宫十三朝》(又名《清宫秘史》)第六十回中记，由于道光节哼简啐，弄得御茶膳房的官员在背地里抱怨："这样清苦，俺们不能活了……"

光绪，醇亲王奕𫍽之子，道光帝之孙。同治帝死后无嗣，遂入继为帝。因年幼，由慈禧太后"训政"，1889年亲政。中日甲午战争(1894)时，他力主抗战。《马关条约》签定后，他力图摆脱后党束缚，采用康有为、梁启超的主张，实行变法维新。他并许官民上书言事，裁撤冗员，裁减绿营，发展工商业，改革考试制度，办学堂，设译局、报馆，奖励新发明等，史称"戊戌变法"。时遭慈禧太后为首的顽固派极力反对，光绪被慈禧软禁中南海瀛台，后病故。有关光绪的膳事，史籍中记载较零散，现将其主要的部分，综述如下。

一、光绪的日常饮食

光绪在每天早晨六点钟左右，穿戴洗漱后，就用早膳。他的早膳很丰富，除有百样菜肴外，还有许多乳酪、小米粥、松饼、饽饽之类。当时他虽然是一个小孩子，但侍候他的人是绝对不敢慢怠的，因为他是万岁爷，万岁爷的餐桌上是没有第二个人坐上去的。他高踞在餐桌旁大吃大喝，侍候他的太监都远远地站在一旁，态度非常庄严，侍候光绪的一举一动，都是静悄悄的。光绪每天进晚膳，大概是在下午六点钟的光景。因为宫中受太后起居习惯的影响，无论上下，一般都是睡得很早、起得很早的。所以进晚膳的时间，也比宫外要早。

中国第一历史档案馆收藏的清宫膳食档案中，有一份光绪十五年（1889）的《荤局票底》，其中记载了慈禧和光绪每日进膳的原料供应细单。现将光绪在六月二十五日、二十六日进膳所用原料抄录如下，从中就可以看出他的日常饮膳是如何可观了：

六月二十五、二十六此两日伺候上（光绪），添安早晚膳——
荤局：共行猪肉六十四斤，肥鸡鸭各十六只，菜鸡十六只，小鸡四只，肘子四个，肚子四个，猪油八斤。
六月二十五、二十六此二日伺候上，添安早晚膳——
荤局：共行口蘑十二两，香辛八两，海参一斤，鱼翅一斤。
六月二十六日伺候上——
荤局：要羊肉十斤。
六月二十五、二十六此二日伺候赏王公大臣饭食——
荤局：共行猪肉二百五十斤，肥鸡鸭各五十只，菜鸡五十只，肘子二十五个，肚子二十五个，猪油二十五斤。
六月二十五、二十六日伺候赏王大臣等饭食——
荤局：要羊肉一百五十斤。

从上面记录来看，光绪在这两日内，包括自己进膳和赏给王公大臣的，共用猪肉三百一十四斤，肥鸡六十六只，肥鸭六十六只，菜鸡六十六只，小鸡四只，肘子二十九个，肚子二十九个，猪油三十三斤，口蘑十二两，香辛（疑是香菇）八两，海参一斤，鱼翅一斤。当然，这只是御膳房荤局所供应的原料。另外还有素局、挂炉局、点心局、饭局供应的原料尚未计算在内。若都计算起来，其数量大得会更加惊人。

在这份《荤局票底》上记载光绪进膳所用的原料中，还时常出现炒锅炸泥、炖海带丝、煨鱼翅、海蜇、傅酥鱼、鹿尾汤、口蘑肉片卤等。这说明是光绪进膳时常食用的菜肴。炒锅炸泥估计是炒丸子，因"泥"是指羊肉或猪肉剁成泥状，挤成丸子放在油中炸熟，然后再加调味品炒制而成。炖海带丝是将水发的海带切成细丝，用鸡鸭汤和调味品炖制而成。煨鱼翅是将水发的鱼翅加鸡汤、调味品煨制而成。海蜇虽未写出制法，估计是凉拌的菜肴。傅酥鱼即如今流传在北京和东北的普酥鱼，如今的制法是将一条鱼治净后，剔下两扇鱼肉（鱼头、身骨和尾仍要相连），将鱼肉的皮剔掉，鱼肉片成片，用调味品腌入味，再一一沾一层面粉。剔下鱼肉的鱼身骨挂一层薄糊，放入油中炸酥，摆在盘内；沾面粉的鱼片挂蛋清糊放入温油中炸熟，整齐地摆在鱼骨的部位上，再蒙上用鸡汤、精盐、淀粉等制成的白汁而成。鹿尾汤是将加工的鹿尾切成片，配以冬菇、冬笋用鸡汤和调味品氽制而成。口蘑肉片卤是将口蘑和肉片用油、葱末等炒后，加酱油、鸡汤、淀粉等制成汁芡较宽的卤状而成。

□《载湉大婚典礼全图册》（局部）

二、光绪的婚宴

按清制,光绪亲政前要举行大婚典礼。由慈禧选定,立副都统桂祥之女叶赫那拉氏为皇后、长叙二女他他拉氏为瑾嫔、珍嫔。大婚典礼于光绪十五年(1889)正月二十七日举行。其仪式、礼节极为隆重繁缛,糜费不赀。仅营造司、造办处备办应用宴桌及各类炊具、用具,耗银87690余两;瓷库、九江关等制办银、锡、铜、瓷等各类餐具、茶酒具12000余件,耗银21400两;掌仪司、御茶膳房备办各种筵宴、祭祀供品等,耗银25100余两;支发大婚典礼的各类差役人员的饭食津贴,合计耗银44201两(《宫中杂件·礼仪类》2381号卷、《大婚典礼红档》卷一、二十、六十三)。

三、光绪的御宴

光绪时期,虽然国内危机四伏,民不聊生,但宫廷的筵宴仍旧豪华无比,而且筵宴的水平和肴馔的品种较之乾嘉时期也有很大提高。乾隆时期,乾隆的日常用膳和宫中筵宴上,还不曾使用过鱼翅和海参(当时高丽国虽然向乾隆进献过海参,但未记载使用过),光绪时期,宫中使用鱼翅和海参则是很平常的了。

有关光绪的御宴,何刚德在《春明梦录》中有过一段具体的记载:"甲午六月,德宗万寿,赐宴太和殿,每部司官两员,余与溥伾云与焉。宴列于丹陛,接连及殿下东西。两人一筵,席地而坐。筵用几,几上数层饽饽,加以果品一层,上加整羊腿一盘,有乳茶、有酒(酒系光禄寺良酝署所造)。赞礼者在殿陛上,赞跪则皆起而跪,跪毕仍坐。行酒者为光禄寺署正。酒微甜,与常味不同。宴惟水果可食,饽饽及馀果,可取交从者带回。赤日行天朝衣冠,盘膝坐,且旋起旋跪,汗流浃背,然却许从者在背后挥扇。历时两点钟之久。行礼作乐,唱喜起,舞歌备极整肃。宴之次日,赏福字、三镶如意、瓷碗瓷盘、袍褂料、帽纬、白绫飘带八色。……宴之坐次,自王公大臣在丹陛上,各官各按宪纲,递为坐次。西边末坐,则为朝鲜使臣宴席……"从中可以看出，光绪在万寿节时赏给王公大臣们的御宴主要是以饽饽、果品、整羊腿、乳茶和酒为主。虽然如此，有限的几上已是摆得满满的了。这种御宴的规格，在清宫中是具有传统性的。自乾隆以后，这类御宴大抵是依照此类形式。

在光绪的御宴中，最讲究的要属除夕家宴了。这天，在光绪进早膳时，除正宴外，还另设添安早膳一桌。进晚膳时，除正宴外，亦另设添安晚膳一桌。这种添安早膳或添安晚膳，约有数十品肴馔。在这些肴馔中，还有用各种烹制的原料码摆成各种字样的艺术肴馔。例如，光绪即位的头一年除夕早膳的添安膳桌上，有以下四品经过精心构思和布局的鸡鸭大菜：

燕窝迎字八鲜鸭子一品，
燕窝喜字口蘑肥鸡一品，
燕窝多字锅烧鸭子一品，
燕窝福字什锦鸡丝一品。

这四品菜名中的第三个字，竖着念下来，便是"迎喜多福"四字。由这四个字组成的肴馔，要放在光绪的眼前正处，构成筵宴的主体。再如这一天晚膳的添安桌上，又有以下四品鸡鸭大菜：

燕窝洪字三鲜鸭子一品，
燕窝福字什锦鸡丝一品，
燕窝万字烂鸭子一品，
燕窝年字五缙鸡丝一品。

这四品菜中的第三个字，竖着念下来，便是"洪福万年"四字。由这四字组成的肴馔，亦要放在光绪的眼前正处，构成筵宴的主体。以肴馔拼摆成各种吉语的筵宴，在光绪和慈禧时代的宫中是很风行的。如"万年如意""江山万代""万寿无疆""庆贺新年"等字样，都经常出现在清宫各年除夕家宴的添安膳桌上。

三、光绪被监禁时的膳食

光绪因主张变法失败后,被慈禧软禁在中南海的瀛台。御膳房因受慈禧的暗示,虽然每餐还是给光绪准备四十八味肴馔(光、宣年间,皇太后、皇帝进膳时,正式菜肴规定为四十八味,称为全味),但所用原料多是腐败不新鲜的,实际无可下箸,这是导致光绪得病致死的原因之一。徐珂在《清稗类钞·德宗食草具》中记载了这一情况:"德宗受制于孝钦后,虽饮食品,亦不令太监以新鲜者进。一日,觐孝钦,微言所进者为草具。孝钦曰:为人上者亦讲求口腹之末耶,奈何独背祖宗遗训?言时,声色俱厉,德宗遂默不敢声。光绪戊戌,德宗被幽瀛台,每膳虽有馔数十品,离座稍远者半已臭腐。盖连日呈进,饰观而已,无所易也,余以干冷,不可口。故每食不饱。偶欲令御膳房易一品,御膳房必奏明孝钦。孝钦辄以俭德责之,竟无敢言。"

光绪期间,按规制,皇后用膳吃半份,即二十四味;妃子四分之一份,即十二味,其余以次递减。但如宫中李莲英、小德张这样得权的太监,也能吃到半份。王公大臣有机密事要进见的,也赐半份。但一般人都不敢领受,一方面是表示谦逊,一方面是因吃后付不起赏钱。当时,袁世凯已有取清而代之的野心,小德张为了讨好于袁,也向袁供应全份,袁竟毫不推辞,全份受用。袁在膳后还要赏钱于太监,一赏就是数千金。

第四节 慈禧太后的膳事

一、慈禧膳事述略

慈禧太后,满洲镶黄旗人,姓叶赫那拉。她生于道光十五年十月初十日(1835年11月29日)。咸丰元年(1851)例选为秀女,时年十六岁,于次年五月入宫。她入宫后,因受咸丰帝奕詝的宠爱,被封为兰贵人。咸丰四年(1854)晋封为懿嫔。咸丰六年(1856)生了载淳(即同治帝,咸丰的

□ 孝钦显皇后（慈禧皇太后）

独子），又晋封为懿妃。次年，遂晋封为懿贵妃。咸丰死后，那拉氏以嗣皇帝生母的身份与咸丰的皇后钮祜禄氏同被尊为皇太后，合称"两宫皇太后"（钮祜禄氏称"母后皇太后"，那拉氏称"圣母皇太后"）。同治元年（1862）九月，恭上两宫皇太后徽号，钮祜禄氏为"慈安皇太后"，那拉氏为"慈禧皇太后"。从此，人们习惯称那拉氏为"慈禧太后"。又因她曾住在紫禁城内西宫，遂又被称为"西太后"。

咸丰死后，慈禧利用嗣皇帝幼冲的有利时机，诱胁慈安太后，勾结恭亲王奕訢等人，夺取了朝政大权。

同治期间，因太平天国、捻军等起义先后失败，就鼓噪出个"同治中兴"。这被认为是慈禧训政的功劳。于是巧宦奔竞，官场宴会就将乾隆倡导的满汉席发扬光大，成为"烧烤席，俗称满汉大席"（徐珂《清稗类钞·饮食类·宴会》语）。慈禧为了整饬道咸以来的外患内乱给皇家的宴膳之事造成的蹇涩与寒酸，授意内务府为皇室人员制定了以馔品定额的制度："皇帝每膳四十八味，称全份；皇后吃半份，二十四味；妃子四分之一份，十二味；其余以次递减。"（申君《清末民初云烟录·清宫御膳与袁世凯》）慈禧因是皇太后，每膳被规定享受两个"全份"。何以见得？溥仪有证："隆裕太后每餐的菜肴有百样左右……这是她从慈禧那里继承下来的排场。"（《我的前半生·帝王生活》）这形式上是"贵其叠也"，实际是慈禧把自己标榜为"中兴"后皇食尊威的象征。

官场宴会也就与其互动，以"满汉大席"回应。光绪继帝后，慈禧等于"升辈"为"皇太奶"，官场宴会更是征逐之繁，并将慈禧一膳百馔的两个"全份"的"全"字变通过来,成为满汉大席升格为满汉全席的一个"风向字"。

在清宫中,帝、后、妃、嫔们各有自己的膳房。慈禧的膳房称西膳房。在清末内务府任过笔帖式的王仁安曾撰文回忆,西膳房共设九局:荤局、素局、烧烤局、饽饽局、饭局、蘸吃局、干果局、鲜果局,后又增设野意膳房。为慈禧司膳的编制人员有总管太监和大、小太监,分管各局备膳事宜。在西膳房应差的厨役,大多是从各地选派的,也有的是慈禧亲自挑选的。慈禧进膳时,只专管捧食盒(宫中称多层食盒桃)的小太监就达几百人,其饮宴排场可想而知。

清宫中的帝、后、妃、嫔们,每人每天都有固定的食用"份例";据光绪时期太监信修明所写的《宫廷琐记》手稿载,慈禧每日食用份例是:盘肉(猪肘子)五十斤、猪一口、羊一只、鸡鸭各二只、新细米二升、老黄米一升五合、江米三升、粳米面三斤、白面十五斤、荞麦面一斤、麦子粉一斤、豌豆折三合、芝麻一合五勺、白糖二斤一两五钱、盆糖八两、蜂蜜八两、核桃仁四两、松仁二两、鸡蛋二十八个、枸杞四两、干枣八两、香油三斤十两、面筋一斤八两、豆腐二斤、粉锅渣一斤、甜酱二斤十二两、青酱二两、醋五两、鲜菜十五斤;还有燕窝、鱼翅、银耳和各种珍贵干料不在其内,则是随需取用。另外,内务府每天还要奉献慈禧猪一口、羊一只、鸭一只、鸡一只、粳米二升、黄米一升五合、白面十五斤、鸡蛋二十个。慈禧上述的份例,只是明文规定。实际上她骄侈淫逸,其用度开销哪有止境!任凭她有再大的腹量,怎能吃得下这么多食物!仅说内务府每日进献她的食品,她便嘱人折成银两私存起来。

帝后一席膳,百人数年粮。慈禧的饮膳之豪侈,在中外历史上是有名的。孔子说"食不厌精,脍不厌细",这话对慈禧来说已不成条文了。慈禧已是"食而厌精,脍而厌细""天天餍甘,餐餐饫肥",简直不知吃什么是好了。她每顿正餐用的肴馔,都要摆满三四张拼起来的膳桌,品种常常在百种之上,冷热大菜、烧烤炉食、小菜小吃,应有尽有。她一声传膳,大小太监列队恭伺,大多数肴馔即刻功夫就已摆好,少数特殊的肴馔随吃随上。每款肴馔恭进上来后,慈禧都要过目观看一番,满意的则摆上,不想吃的即刻撤下。食时,得待慈禧亲自动箸后,别人才敢下箸。下面,例

举慈禧日常膳食的两份膳单,即可看出她的饮宴是多么豪华无度了。如《清宫琐记》中曾提到慈禧用膳时的一份膳单,上面计有:

火锅二品:八宝奶猪火锅、酱炖羊肉火锅;

碗菜四品:燕窝万字金银鸭子、燕窝寿字五柳鸡丝、燕窝无字白鸭丝、燕窝疆字嘛(蘑)鸭汤;

碟菜六品:燕窝炒炉鸡丝、蜜制酱肉、大炒肉焖玉兰片、肉丝炒鸡蛋、溜鸡蛋、蘑炒鸭片;

片盘二品:挂炉鸡、挂炉鸭;

饽饽四品:白糖油糕寿意、立桃寿意、苜蓿糕寿意、百寿桃;

随克食① 一桌:猪肉四盘、羊肉四盘、蒸食四盘、炉食四盘。

另外,还有东北山珍野味数十种,如鹿脯、鹿茸、鹿筋、鹿胎、熊掌、山野、芦雁、天鹅、地鹬、蛤什蟆等;加上众妃嫔等进献的肴馔,合计有百种以上。

另如故宫"慈展"中记载慈禧在光绪十年(1884)十月初七日进膳的一份膳单,上面计有:

火锅二品:八宝奶猪火锅、金银鸭子火锅;

大碗菜四品:燕窝膺字锅烧鸭子、燕窝寿字三鲜肥鸡、燕窝多字红白鸡丝、燕窝福字什锦鸡丝;

怀碗菜四品:燕窝白鸡丝、海碗蜜制火腿、三鲜鸽蛋、大炒肉炖榆蘑;

碟菜六品:燕窝拌锅烧鸭丝、口蘑溜鱼片、青笋晾肉胚、肉片焖玉兰片、碎溜鸡、煎鲜虾饼;

片盘二品:挂炉鸭子、挂炉猪;

饽饽四品:寿意白糖油糕、寿意苜蓿糕、澄沙馅立桃、枣泥馅万

---

① 克食:满语,意为赏赐。后演变为吃神恩赐的食物,即撤下来的祭神祭祖供品。新郎、新娘拜天地,吃拉拉面,也称吃克食。

寿桃；

汤菜一品：燕窝八仙汤；

面一品：鸡丝卤面；

克食二桌、蒸食四盘、猪肉四盘、羊肉四盘。

从上述两份膳单中可以看出，慈禧每日进膳，真是达到了"樽罍溢九酿，水陆罗八珍；果擘洞庭桔，脍切天池鳞"的地步。只说那人世间最高贵的名食——燕窝，她每餐用此料做菜竟达五六样！这种惊人的用度，乾隆皇帝的膳食也不可与之比拟。

清朝帝后们进膳时使用的餐具，不仅异常讲究，还有严格的定规，这种定规俗称"铺宫"。慈禧使用的餐具，计有金器三十六件（如金烛台、金壶、金盏、金汤匙等），银器一百三十五件，瓷器一千零二十六件。这些金银瓷器，每年还必须重换新的。从这些餐具的数量来看，也可窥见慈禧豪侈的饮膳生活之一斑。

曾在慈禧身边任职的女官德龄，在她所著的《御香缥缈录》一书中，对慈禧有过如下评语："皇太后（即慈禧）的一生，可说便是为'吃'而生存的！这话并非侮辱……"在谈到慈禧的饮膳情况时，德龄又说道："每天有两餐是规定的'正餐'，在这两次的正餐上，便得按照规定，把那一百碗菜齐齐整整地端上来了。除掉这两次正餐之外，还有两次的小吃；既称小吃，当然不会再像正餐一般的富丽了，可是皇太后（慈禧）总是不肯过分随便的，所以每次的小吃，至少也有二十碗菜，平常总是在四五十碗左右。"这就是说，慈禧每日需进四餐，这四餐所需肴馔的总数，加起来得三百碗！据德龄回忆说，慈禧每餐所尝过的菜，"至多不过三四品，余下的那些，或即弃去，或由女官、宫女和那些上层的太监们依次享用"。德龄的上述回忆，与史料中记载的大体相仿，足以证明慈禧饮宴的铺排之大并非夸张。

慈禧讲究吃，平常也颇为关注有关吃的事情。如宫中菜园，每至播种之际，她必亲自监临。园中鲜蔬至采割时，她也常去督促收获。对一些种植成绩显著的人，慈禧还给他们以奖赏。慈禧还嗜养鸡，她并规定宫眷们皆有养鸡定额。每至早晨，鸡下蛋时，宫眷们为取悦慈禧，皆以新鲜鸡蛋呈献于她。每临新年，宫中的皇族和大臣，以及各省督抚，皆要向慈禧贡献礼品，这些礼品，除古玩宝石、绸缎衣物等外，还有各种珍食名馔。就连太监、宫女也都要贡献"手出之品"。据《清朝野史大观》载："太监及女仆等，则各贡奇异之糕点食品。贡品之多，堆积数室，不得太后命，不克移动之。"[①] 对于太监、宫女们进献的食品，估计慈禧是不会太留心的，或者她过后早已忘却。这些食品贡物没有她的旨命又不能处理，可以想见当时的浪费是何等巨大！

每逢皇室祭祖、婚嫁及庆典之日，慈禧的饮宴排场更加惊人。宴席少则摆满丹陛，多则宴桌遍布太和殿前面的整个场地，肴山馔海，一片吃的世界，真是"黄门飞鞚不动尘，御厨络绎送八珍"。当时，清政府已危机四伏、日暮途穷，洋人入侵，国内革命浪潮汹涌。而清王朝的最后垮台，不能不说与慈禧的昏庸腐败、只图吃喝玩乐有关。

二、慈禧"六旬庆典"中的寿宴

光绪二十年十月初十日（1894年11月7日），是慈禧的"六十大寿"，宫中要举行极其隆重的"万寿庆典"。为此，早在两年前，即光绪十八年（1892），光绪就发布上谕："甲午年，欣逢花甲昌期（指慈禧），寿字宏开，朕当率天下臣民胪欢祝嘏。所有应备仪文典礼，必应专派大臣敬谨办理，以昭慎重。"[②] 光绪下旨后，于次年春，宫中成立了专司办理庆典事宜的庆典处。

为了举办这次"万寿庆典"，需要动用大量人力、物力，耗费巨额金银财物。其中包括为慈禧备办大量的衣物和珠宝首饰；宫廷各殿及设施进行修饰、装点、陈设；庆典期间举行各种筵宴；宫中和颐和园要演戏多日；京内街道要修葺装潢；各省要进贡物品；等等。据《皇太后六旬庆典》载，仅为慈禧备办衣物，用银达二十三万二千余两；再如修缮慈宁宫，用银达三十五万余两；演戏费用，用银达三十一万九千六百二十九两余；光

---

① 佚名：《清朝野史大观》第一辑，《清宫遗闻·新年贡品》。
② 《皇太后六旬庆典》档卷一。

绪向慈禧进贡物品总值达五十九万八千两；等等。另外，为筹备这次庆典的经费开支，还有由"部库提拨"用银一百万两；由铁路经费中"腾挪"用银二百万两；等等。这次庆典总共挥霍的白银总数，不下一千万两（包括各省的筹银数目）。真是一人庆寿，举国遭殃！

在庆典期间，庆寿活动的高潮是举行各种隆重的盛大筵宴。在慈禧六十"整寿"的一个多月前，这类筵宴活动即已开始。如：十月初三，光绪率王公大臣诣颐和园仁寿殿筵宴，次日，皇后率妃嫔、公主、福晋、命妇等诣仁寿殿筵宴；初五日，光绪率王公大臣诣皇极殿筵宴；初六日，皇后率妃嫔、公主、福晋、命妇等诣皇极殿筵宴；十二日，光绪率近支王公等诣皇极殿筵宴；十三日，皇后率妃嫔、公主、福晋、命妇等家宴；等等。

为了筹备这类筵宴活动，事前由江西烧造绘有"万寿无疆"字样和各种吉庆图案的各式釉彩，如大海碗、二海碗、大碗、中碗、怀碗、汤碗及各类不同尺寸的盘、碟等共二万九千一百七十余件。为了赶制这批盛具，则"不惜工价，饬令匠头，多集工匠，分头赶烧"①。仅从这批赶制的巨数盛具来看，慈禧寿宴的场面该是多么盛大了。

另外，为了宴前的筹备事宜，御膳茶房、储秀宫茶膳房等处，也要添置大量的宴桌、器皿、炊具、肴馔原料、酒类果品等。为此，内务府要求户部预拨"殿廷宴筵及赏用饭食果桌"用银二十三万两，其中茶膳房先发十万两；但茶膳房置办各类宴桌、炊具、烹调设备等就用银十二万六千四百余两，还有置办金碗、银碗、金盘、银盘、银锅、银叉、银匙等，用银一万三千八百五十六两；置办铜锡器皿一万四千二百余种，用银三万两；制作各式漆盒用银二万零三百七十六两；宴筵所用绒寿字宴花、供花二千余支，用银二千四百七十余两。仅上述费用，茶膳房就须用银十九万三千一百零二两，远远超过了用银十万两的额限。而户部预拨的这二十三万两用银，除茶膳房发十万两外，还有关防衙门所属各处发六万两，掌仪司办买海味等发三万两，果房发三万两，柴炭库发一万两（共计二十三万两）②。而实际上，这仅是预支，实际开销比这数目要大得多。

---

① 参见《皇太后六旬盛典》档卷五、六、九、十二、三十二、七十六。
② 参见《皇太后六旬盛典》档卷五、六、九、十二、三十二、七十六。

在慈禧的"六旬庆典"中，上自帝后、王公，下至百官和各省督抚，都要向慈禧进献礼品，其中不乏名食珍馔。如《孔府档案》记载：孔子七十六代孙孔令贻的母亲和妻子，为了向慈禧祝寿，早于九月就已入京，在京住了三个多月。并于十月初四日，向慈禧进寿宴两桌。其菜单是：

海碗菜二品：八仙鸭子、锅烧鲤鱼。

大碗菜四品：燕窝万字金银鸭块、燕窝寿字红白鸭丝、燕窝无字三鲜鸭丝、燕窝疆字口蘑肥鸡。

中碗菜四品：清蒸白木耳、葫芦大吉翅子、寿字鸭羹、黄焖鱼骨。

怀碗菜四品：溜鱼片、烩鸭腰、烩虾仁、鸡丝翅子。

碟菜六品：桂花翅子、炒茭白、芽韭炒肉、烹鲜虾、蜜制金腿、炒黄瓜酱。

克食二桌：蒸食四盘、炉食四盘、猪肉四盘、羊肉四盘。

片盘二品：挂炉猪、挂炉鸭。

饽饽四品：寿字油糕、寿字木樨糕、百寿桃、如意卷。

汤碗菜一品：燕窝八仙汤。

寿面一品：鸡丝卤面。

这两桌寿宴，为孔令贻母亲和妻子分别进献，共用银二百四十两。关于这次进献寿宴，《孔府档案》中有这样的记载："初四日早，请安磕头。老太太（孔令贻母）、太太（孔令贻妻）进膳。摆完膳后，太后（慈禧）入座。老太太双手捧面一碗跪进。太后曰：'你真好，真稳当，你这碗面总是要吃的。'"可见慈禧对孔府进献的膳食是很满意的。在孔令贻母亲和妻子回曲阜时，慈禧也以食品相赠，这些食品有：酱肉、香肠、酱银条、鸡蛋麻花、什锦槽糕、混糖点心、燕窝、银耳等。由于这次寿宴做得精美，得到慈禧的"圣誉"，孔令贻特赏给孔府制做这次寿宴的厨师每人白银八两，赏给慈禧派来伺候孔母的太监及伺候进膳的太监每人白银十二两。仅用于这次寿宴的赏银就达二百两。

总之，慈禧在"六旬庆典"中挥霍的金银财物，在历史上是空前的。特别值得一提的是，慈禧庆寿之年，正是日本帝国主义的铁蹄践踏中国领土之时。中日甲午战争爆发，海军将领丁汝昌受重伤，数百名官兵壮烈殉国，中国正处在国土沦丧、民族危亡的严峻时刻。而慈禧却在禁宫纳礼受贺，豪宴群臣，赏戏玩乐。难怪在慈禧旨意下签订了辱国丧权的《中日马关条约》之后，北京城门口曾出现过"万寿无疆，普天同庆；三军败绩，割地求和"和"一人庆有，万寿疆无"的对联，充分表明了百姓对慈禧正当国难之时大办"万寿庆典"的无比愤慨。

三、慈禧最喜欢吃的菜

清末在宫廷任职的女官德龄所著《御香缥缈录》（又名《慈禧太后私生活实录》）一书里，其中第九节"御膳房"中，详细描写了慈禧从北京到沈阳的经过，御用火车上膳车的设备、场面和厨师的备膳情况，以及慈禧进膳时的种种细节，使我们对慈禧在"食"方面的穷奢极欲的生活有了更清楚的了解。但据清史专家们考证，慈禧一生从未到过沈阳，德龄写慈禧到沈阳的经过属于虚构。尽管如此，作为慈禧身边八个"女官"中最得宠的德龄，她在这本传记体的回忆录中所写的，乃系她亲身经历的事情。德龄在宫中期间，常常陪慈禧用膳，对慈禧的饮食生活可以说是非常熟悉了，她在这本书中列举了慈禧最喜欢吃的菜，还简要地说明了这些菜的制作方法。应该说明的是，这些慈禧最喜欢吃的菜，虽然反映了慈禧在饮膳方面的豪奢和过度讲究，但其菜品则是厨师们创造的智慧之果。为了使这些菜品达到"古为今用"的目的，笔者根据多年来在烹饪实践方面的体会和认识，对这些菜品的制法试做补充，使它成为完整的食谱。

清炖肥鸭

……清炖肥鸭，便是太后所非常爱吃的一样菜。它的煮法是先将鸭子去毛，去肝脏再洗净，然后加上一些调味品，把鸭装在一个瓷罐子里；再把这个瓷罐子装在一个盛着一半清水的钳锅里，紧紧地盖上锅盖，不使它走气，就是这样尽让文火把它蒸着，一连蒸上三天，鸭子便完全酥了，酥得可以不必用刀割，只须用筷子去夹……

制法：精选上等关东肥鸭一只（净重约三斤），治净后，剁去掌，割去鸭屁股（鸭尾股），随后用沸水焯透，捞出，用水漂洗血沫杂质，沥净水分，装在一个瓷罐里；另用一容器，装入四斤上好鸡汤，调入五钱精盐、二两绍酒，搅匀后，倒入盛鸭的瓷罐中，再加入二两葱段、一两五钱姜片和二钱大料、四分花椒（用小布袋包起）。然后将盛鸭的瓷罐装入一个小蒸筒里，盖严盖，放到蒸箱中，先用大火将瓷罐中的汤烧沸，再改用中火连续蒸至一天（约十二小时）鸭即烂。这种蒸法如今称为"隔水蒸"。成品具有鸭子酥烂而不失其形、味入肌里、汤清而鲜的特点。

烤鸭、烤乳猪、熏鸡、煨（实为烤）羊腿

熏炙一类的东西，似乎最合太后的口味，像烤鸭、烧乳猪、熏鸡、煨羊腿等等，差不多是不断地会供呈上来的。这些东西当然不是什么稀品，寻常的百姓们在外面的酒菜馆里也尽可以享受得到，不过宫里头的烹调法，多少总比外面更考究些。

烤鸭（即挂炉鸭）制法（详见第五章第一节"载于史籍中的满族肴馔·挂炉鸭"）。

烤乳猪（即烧小猪）制法（详见第五章第一节"载于史籍中的满族肴馔·烧小猪"）。

熏鸡制法：精选上等关东鸡一只（净重约二斤），治净后，剁去爪，用沸水焯透，捞出，用水漂净血沫杂质，然后放置小煮锅中，加六斤清水、一两精盐、三两绍酒和适量葱段、姜片、大料、花椒，先用旺火烧沸，再用小火慢煨至鸡熟烂（约二小时），取出鸡，用洁布拭干鸡身上的水分，趁热摆到熏架上（熏架上事先可用青葱叶铺垫一下），熏架下部锅底上要撒一层红糖、茶叶和粳米锅巴。然后将熏锅加盖，用文火熏约十分钟，将熏锅离火，俟熏锅内的熏烟渐渐散尽，即可揭盖，此时鸡已熏得褐黄，取出，冷却后在鸡身刷匀一层香油。食时可斩成小块装盘。成品具有熏香味浓郁、肉嫩而入味、咸鲜而不腻口的特点。

煨（烤）羊腿补充制作方法：将三斤无皮嫩羊腿肉治净，剔除筋膜、用尖刀在肉上扎些小孔（便于腌制入味）；然后用六钱精盐将羊腿擦透，置容器内,加入一两白糖、二两绍酒、一两葱段、一两姜片和适量花椒、大料拌匀,腌约四小时,使其入味。随后摆入烤盘中(烤盘中要放入用适量精盐调味的鸡汤,汤量高于烤盘底面寸许),推入烧热的烤箱中烤制。烤约一小时后,翻个再烤另一面。俟两面烤制褐色、熟烂时取出(约二小时),刷层香油,经切片后,码于盘内。成品干香诱口、食无膻味。

烧猪肉皮

据太后自己说,伊年轻时候,最爱吃的一味菜是烧猪肉皮。它的煮(制)法是先把带皮的猪肉切成一方一方的小块,然后再放在猪油里煎着,结果是煎到那肉上的皮,脆得比什么东西都脆了,它的滋味就着实够人垂涎。在北方,这味菜有个别名,唤做"响铃"(不是北方,而是南方唤做"响铃"——笔者注)……

制法:精选十斤上等肥猪脊背上的肉皮,刮净皮面上的细毛和皮内的油质,治净后,剁成小块,用绳穿起来,放在通风处晾干(要干得透)。加工时,先拭去表面的灰尘,然后放入烧至六七成热的油锅里炸制(用油炸比煎效果好,能受火均匀),炸时的油温宜保持在六七成热,并不断用手勺翻动,使其受火均匀;至酥透时(约三十分钟)取出,置容器内,倒入沸水(要漫过肉皮),盖上盖,使肉皮回软,如发好的鱼肚。然后洗净油质,按需用量八两计算,切成小条或小块。炒锅置火上烧热,加入一两五钱猪油,热时,用葱末、姜末炝锅,再下入二两水发、片成片的香菇(这也是慈禧最喜欢吃的东西——笔者注)煸炒片刻,烹入三钱酱油、五钱绍酒、五两上好鸡鸭汤、一分精盐;汤沸后移至小火,加盖煨制约十五分钟,俟锅内汤汁不多时,再移回旺火上,用绿豆粉勾成芡,淋些猪油、香油即成。成品金红色,肉皮酥烂入味,汁芡明亮。

樱桃肉

到了太后暮年的时候,樱桃肉便夺取了"响铃"的位置,一变而为太后所特别中意的一味菜了。它的制法是先把上好的猪肉,切成棋子般大的小块,加上调味品,便和新鲜的樱桃——在没有新鲜樱桃的时候，便把已经蜜饯或用其他方法制过的樱桃，放在温水里浸着，浸得它跟新鲜的一样好吃、一样鲜嫩——一起装在一个白瓷罐里，加些清水，让它在文火上慢慢地煨着；大约隔上十个钟头，肉也酥了，樱桃的香味也煮出来了，这样就可以给贪嘴的人们恣意饱啖了。尤其是它的汤，真是美到极点。

制法：选用一斤猪外脊肉、剔掉白筋，切成四分见方的丁，用沸水焯透，捞出，用水漂净血沫杂质。将一斤新鲜大樱桃洗净，放入一个耐温小瓷罐里，加三斤清水，置火上。烧沸时加入用沸水焯过的肉丁，同时调入三两白糖、三钱精盐，再沸后，加盖移在小火上慢煨一个小时。俟肉丁、樱桃酥烂、汤色金红时，撇去浮沫，盛于汤碗中即成。成品料烂汤浓，尤具樱桃味。

萝卜汤

萝卜这样东西，原是没有资格可以混入御膳中来的，因为宫里面的人向来对它非常轻视，以为只是平民的食品，或竟是喂养牲畜用的，绝对不能用来亵渎太后；后来不知怎样，竟为太后自己所想了起来，伊就吩咐监管御膳房的太监去弄来尝新。也亏那些厨夫真聪明，好容易竟把萝卜原有的那股气味，一齐都榨去了；再把它配在火腿汤或鸡鸭的浓汤里，那滋味便当然不会差了！

制法：选大红萝卜一个（重约一斤），洗净后刮去皮，切成长短、粗细均匀的细丝（取用五两左右），用沸水焯透，捞出，用水洗一遍，再捞出沥净水分。小汤罐置火上，加入一斤上好鸡鸭汤，沸后，放入经沸水焯过的萝卜丝和切好的一两熟火腿丝、一两香菇丝，调入适量精盐，煨约十分钟，撇净汤面上的浮沫，再调入少许味精，盛在汤碗中即成。

清炖鸭舌

太后还有一种特别爱好的菜，那便是清炖鸭舌。这鸭舌就和鸭子的肉放在一起炖的，每次至少要有二三十条，浮起在汤的上面。因为这是太后所最中意的一样菜,所以每次总是装在一个特备的杏黄色的大碗里的,而且总是安得最近太后。

制法:精选鸭舌六十条,治净后,用沸水焯透,捞出用水洗一遍(洗时,将鸭舌上的一层薄膜剥去),再捞出沥净水分。取一斤去骨的鸭腿肉(或鸭脯肉),剁成长一寸二分、宽六分的块,用沸水焯透,捞出,再用水漂净血沫杂质,置汤罐中,加二斤上好鸡汤和适量葱段、姜片、大料、绍酒、精盐,沸后,移小火慢炖至鸭块九成烂后,再放入用沸水焯过的鸭舌,以及一两香菇和一两火腿片,炖至二十分钟后,撇净浮沫,调入适量味精,盛在大汤碗里即成。成品鸭块沉底,鸭舌浮于汤面上,具有汤浓料烂、滋味醇厚的特点。

盐水鸭掌

还有一种盐水制的鸭掌,为(太后)每次"小吃"的时候所必备的一件特菜;但是这东西却只有一种蹼皮尚可供人咀嚼,旁的就全剩骨头了。

制法:选一斤肥鸭之掌,洗过后,用沸水焯透,捞出,剥去掌皮和掌爪尖,再洗净,放入小煮锅里,加二斤清水和适量葱段、姜片、绍酒、大料、花椒、精盐,沸后,移小火慢煨至鸭掌七成烂,捞出,从掌背处拆除骨头,再放入上好鸡汤中(约二斤),加入适量葱段、姜片、绍酒、精盐等,慢煨至鸭掌十成烂,捞出,冷却后码于盘里即成。成品熟烂脆嫩,咸鲜入味。

西瓜盅

其中有一种为太后所最欣赏的,那是"西瓜盅"。它的制法是把西瓜中的瓜瓤一起挖去,而把切就的鸡丁、火腿丁、新鲜莲子、龙眼、胡桃、松子、杏仁等等,装进去,重复盖好,隔着水用文火来炖,炖上几个钟头就行了,其味之清醇鲜美,我们不难想象得之!

制法：选一个大小适中、皮面碧绿、花纹美观的西瓜，切去顶部（约二寸厚）做盖，再挖去瓜瓤（贴瓜皮的部分应保持一层鲜红的颜色）。将五两鸡脯肉和二两熟火腿均切成骰子丁；莲子剥去皮、捅出绿心；然后同二两龙眼、二两胡桃仁、二两松子仁、二两杏仁、二两鲜榛子仁分别用沸水焯透，再分别用水漂洗干净，都装入西瓜盅内。另用一容器，放入上好鸡鸭汤一斤五两，调入适量葱姜汁、绍酒、精盐，搅匀后，也倒入西瓜盅内。再将西瓜盅放入一个小瓷罐里，周围添些清水（水的高度为西瓜的一半），盖上瓜盖和小瓷罐的盖。再把小瓷罐放进小蒸锅中，盖上蒸锅盖，先用旺火将西瓜盅内的汤烧沸，然后转小火慢蒸约四小时后，取出盛西瓜盅的小瓷罐，拭净外面的水汽，即可端至席上。成品汤鲜料烂，醇香又不失清淡。

第五节　溥仪皇帝的膳事

一、溥仪在清宫中的膳食

溥仪，醇亲王载沣之子，为清朝末代皇帝。年号宣统。宣统元年（1909）至宣统三年（1911）在位。即位时年仅三岁，由父载沣摄政。1911年辛亥革命爆发，推翻了清朝，但溥仪仍享受着清帝退位的优待条件，不废帝号，暂居故宫，继续过着皇帝生活。至1924年才被废除皇帝称号，被逐出宫，在日本驻华使馆和天津避居数年。于1934年，在日本侵略者扶植下，在东北改称"满洲帝国皇帝"。日本投降后，溥仪被苏联红军俘获。1950年移交给中华人民共和国政府。1959年底被释放。后任政协第四届全国委员会委员、文史馆馆员等职，1967年病逝。

关于溥仪在清宫中的膳食，按照前朝旧制，他每餐正式菜肴规定为四十八味，称为"全份"。但溥仪在《我的前半生》一书中说，他每日用餐的菜肴"有三十种上下"。而溥佳在《清宫回忆》一文中又说，溥仪用膳"在辛亥革命后已有所削减，但菜还有六七十种之多"。这些说法，虽然不一，但都说明溥仪的饭膳仍然是十分有排场的。

溥仪每日用膳，一般在东暖阁。每日吃两顿饭，早饭在头午十一点钟，晚饭在下午五点钟。所需饭菜由御膳房制做。每餐的饭菜要用四张八仙桌摆放。为防止有人下毒，每味菜中都要放置银牌一面。伺候溥仪进膳的太监叫"御前太监"，约有五十多人。每逢溥仪吩咐一声"传膳"，御前太监便照样向殿外高喊一声"传膳"，殿上的太监就赶忙应一声"嗻"！这样一声传一声，一直传到御膳房。上菜时，由殿上的太监把饭菜送到东暖阁门外，再由御前太监摆到溥仪的饭桌上。这些御前太监见溥仪时，须右腿下屈，双手搭在左膝上，称之"打扦"；不称溥仪为皇上，而称"万岁爷"或"老爷子"。

在御膳房中为溥仪做菜的厨师，最有名的有两位，一位叫郑大水，是福建名厨，原是北京忠信堂炒头火的大师傅；另一位叫宋登科。他们每人的月工资都在一百元以上。给溥仪做主食的厨师主要是郑恩福。特别是郑大水和郑恩福俩人常常配套，为溥仪恭作每日膳食。如一九二四年九月初七日，已成逊帝的溥仪和婉容在丽景轩的野意膳房用过的早膳膳单，即是郑大水和郑恩福两人制作的饭菜：

野意膳房九月初七日早膳，厨役郑大水恭作。

清汤银耳　炉肉熬冬瓜　炒三冬　鸭条烩海参　葛仁烩豆腐红烧鱼翅　炮羊肉　烩酸菜粉　锅烧茄子　红烧桂鱼　炒黄瓜酱干炸肉　羊肉烫白菜　大豆芽炒名达芙　热汤面　黄焖鸡　摊鸭子　木樨汤

熏菜膳品：酱肘子　熏肝

蒸食膳品，厨役郑恩福恭作。

猪肉馒首　烙饼　抢（炝）面馒首　包金卷紫米膳　白米膳　小米膳　甜油炸果　咸油炸果　粳米豇豆粥　玉米𥻗粥　小米粥　香稻米粥[①]

当时，在宫中流传着这样一句话，叫"吃一看二眼观三"，是形容溥仪每餐的饭菜很多的意思。实际上正是这样。这么多饭菜，溥仪当然吃不

[①] 俞平伯：《杂拌儿》，上海开明书店民国十七年（1928）版，"杂记'储秀宫'"。

了，他只吃摆在他眼前的几样饭菜，百分之九十以上的都不曾动箸，这些不动箸的饭菜，一般都赏给宫娥或太监等人。

从光绪时起，皇帝进膳已有了一个传统，即皇帝每日用膳一般只吃皇太后或后妃们进的，这些饭菜，都要摆在皇帝的面前。正如溥仪在《我的前半生》一书中所说："反正从光绪起，皇帝并不靠这些早已过了火候的东西（指御膳房做的饭菜）充饥。我每餐实际吃的是太后送的菜肴，太后死后由四位太妃接着送。因为太后或太妃们都有各自的膳房，而且用的都是高级厨师，做的菜肴味美可口，每餐总有二十来样。这是放在我面前的菜，御膳房做的都远远摆在一边，不过做个样子而已。"溥仪所以能够在一声"传膳"之后，御膳房做的几十种饭菜会很快地一齐摆至桌上，是因为御膳房的厨师们也懂得，他们做的饭菜只是供摆排场而已，溥仪是不动箸的，因此他们在半天或一天前早已做好，到时只要加温热透，听令而上即可，只要保证时间就行。如此看来，溥仪时期御膳房的菜肴并不一定是皇帝真正的御膳，而太后、后妃们每日为溥仪而进的饭菜，才称得上是真正的御膳。

每逢太后、太妃们过生日（叫"千秋节"），溥仪也要命他的膳房的厨师们做一些饭菜孝敬给太后、太妃们。这些饭菜，用溥仪的话说是"华而不实，费而不惠，营而不养，淡而无味"。恐怕实际上并非如此。因为给溥仪做饭菜的厨师们的手艺，不至于将饭菜做得如此低劣，再因是孝敬太后、太妃的，厨师们自然会精心烹制，不敢马虎。只是溥仪总吃他的膳房里的饭菜吃腻了，才会做出如此的评语。太后、太妃们为了表示对溥仪的关心，每次溥仪用膳之后，总要由一名领班太监向他们禀报溥仪的进膳情况。

按照宫中食制，溥仪每日用膳的所用原料都有定规，鸡鸭鱼肉和鲜蔬主食，都有一定的数目，见之于账册，一般以月份来计算。溥仪一家六口人，每月要用各类肉食三千九百六十斤，用鸡、鸭三百八十八只。当时溥仪仅有五岁，只他一人每月用的肉就有八百一十斤，用鸡、鸭二百四十只。如果连同为溥仪一家效劳的大臣、近侍、太监、翰林等人所用的膳食原料一起计算，则更多了。以宣统二年（1910）九月份所用膳食原料计算，只肉一项，共用一万四千六百四十二斤，折银二千三百四十二两七钱二分。另外，因各种情况，每日还要添菜，添菜的用料比每月规定的还要多。仍以宣统二年九月份添菜的用料计算，共用肉三万一千八百四十斤，猪油八百十四斤，鸡、鸭四千七百八十六只，还有鱼、虾、蛋等品种，共折银一万一千六百四十一两七分，加上其他膳食杂费支银三百四十八两，连同九月份分例折银，一共用银一万四千七百九十四两一钱九分。而且这些费用，还不包括一年到头不断进用的点心、糖食、饮料、果品等的费用。这足以说明溥仪在清宫中的饮膳仍是非常奢侈的。

  需作说明的是，前述丽景轩的野意膳房，是当年慈禧在她的西膳房始设，主供野味肴馔。慈禧一死，庞大的西膳房自然废弛。自溥仪逊位，民国政府虽仍许可他享有皇帝待遇，但因经费入不敷出，他不得不把设在箭亭东外库的御茶膳房裁撤，简设成野意膳房和番菜房（西餐膳房）。即使这样，也难以维持。1924 年，他又把番菜房取消，只留下野意膳房，并迁移到丽景轩，袭此名号算作是他对长辈和昔时华奢宫膳的一种追怀吧。不过婉容是储秀宫的主子，野意膳房迁移到丽景轩，等于是婉容的膳所。可是溥仪没有了吃饭的地方，只好降贵纡尊与婉容搭伙，天天出入丽景轩。按旧制，清帝每膳规定为四十八味，称为全份，皇后吃半份，二十四味。可见前述的丽景轩那份早膳膳单，虽然多出几种米饭稀粥，那不算"味"，大致上仍是皇后的"半份"。而溥仪的膳食却打了一半的折扣，且省了"全份"与婉容同吃。然而，1924 年 11 月 5 日上午九点多钟，溥仪和婉容正在储秀宫里吃苹果聊天，内务府大臣绍英跟跟跄跄地进来，手里拿着大总统的公文，禀报说民国政府废除对清皇室的优待条件，令溥仪履行签字手续，并指令他在即日搬出紫禁城，到宫外另找地方住。溥仪听了，吓得一下子跳起来，刚咬了一口的苹果就滚落到地上去了。这枚留有溥仪牙印而滚落在地上的苹果，也就成为清王朝彻底坠落的一个有趣的标识物。[①]

二、溥仪在伪满宫廷中的膳食

  1924 年，溥仪被冯玉祥驱逐出北京的清宫，在旧臣郑孝胥、罗振玉

[①] 参见爱新觉罗·溥仪：《我的前半生》，同心出版社，2007 年，第 140 页。

等人护助之下，逃往天津。九一八事变后，溥仪又被日本侵略者挟持到了东北，成为伪满洲国的傀儡皇帝。溥仪在伪宫中的饮膳，虽然没有在清宫时那样豪华、排场，但在膳事体制和饮食习惯上，仍可说是清宫御膳的继续和延伸。因为溥仪在伪满洲国时期，一直想恢复"大清基业"，这种政治上的企望因日本侵略者的控制而不能实现，只能在饮食起居等与当时政治不相抵触的方面，过着有如笼中之鸟的皇帝生活。尽管这样，也不妨我们对满族食俗与清宫御膳这一特殊的延伸情况作一些探研。

（一）伪满宫廷中的膳事概貌

当时，日本侵略者掌握着伪满洲国的统治大权，溥仪的皇位等于虚设。但日本人对溥仪个人的生活享受，则是不予干预的，每年"内帑"开支为八十万元，统归溥仪支配。他为了维持皇帝的尊严，在膳食、食风和食规等方面，仍保持着清宫时的一些旧规矩。

内廷设有"宫内府总务处"，下分综理、文书、恩给三科。还有司房（管会计、出纳、兼任奏事、传达职务的机构）、膳房（为溥仪制作中、西餐的地方）、茶房（专做茶点和饽饽、小吃等）、仓库（储存食品、食品原料和生活用物之处）。另有浆洗房和勤杂班。

膳房中的厨师，一般月薪为四五十元。笔者于1986年前往新宾县夹河西韩村走访曾任溥仪近侍的尚士科，据他回忆：膳房中的厨师有十二人，大都是溥仪从北京清宫中带来的，还有几位东北厨师，没有南方人。厨师之中有两位老公（即太监），是专门伺候婉容的。而这些厨师中，几乎都是满族人。上灶有个姓王的，小个子，北京人；有两位长春市的，一位叫赫福太，一位叫李二小；做日本菜和西餐的，是一位姓杨的厨师。这些厨师每日烹制的是山珍海味，自己吃的却是高粱米、炖白菜、咸萝卜等。由于宫内的清规戒律多，厨师们稍有不慎，就要受到打罚。后来，有些人就开小差了，只剩下几位东北人，他们再累也愿意在这儿干，因为开小差回家，还得让日本人抓去当劳工。尚士科还回忆说："当时为溥仪做饭菜的厨房是三间，灶台都是镶着瓷砖，厨师们面对面炒菜，穿着白细布衣服干活。那时没有煤气，烧煤。厨房中间是个大烤炉。为了掌握钟点儿，厨师们每人都发给一块怀表。厨师的宿舍里还有留声机和唱片，也有收音机。但夏天蚊蝇特别多。"

当时，内廷宫室的名称有勤民楼、怀远楼、缉熙楼、嘉乐殿等。勤民楼是溥仪任"执政"时期的名称，后改名为勤民殿，正门名承光门，楼上即朝会宴飨及溥仪办公之处。宫中每逢节日朝贺典礼，如元旦节、建国节、万寿节等，筵宴活动大多在嘉乐殿或勤民殿举行。此外，溥仪对王公、旧臣们还保持着"赐寿"和"赐祭"的旧规。王公旧臣或亲贵生日，则赐给食品或其他物品。在祭祀方面，每逢阴历除夕，溥仪仍要在内廷摆设祭品，祭拜列祖列宗等。这些食规、食风和祭祀的仪式，都是从旧时清宫中沿袭下来的，反映出满族食俗和清宫御膳方面的某些特点。

（二）溥仪在伪满宫廷中的饮膳

溥仪在伪满宫廷中的饮膳，虽然没有他当清朝皇帝时那样讲究，但在进膳程式和规格等方面，仍保持着清宫时的旧规。溥仪进膳前，由专管膳事的近侍先尝头一口，主要是尝尝口味和软硬程度，但更主要的是检验一下食品是否有毒。近侍尝完的饭菜，也都要在盘边放一枚银牌子，表示已经验收无误，然后再将饭菜装入食匣中，贴上封条，在近侍的监督下送到溥仪进膳的地方，经察看封条无误、当面启封后，溥仪才能进膳。

溥仪进膳的时间，也是按清宫旧规，每日两膳，早膳在过午一二点钟，晚膳在五六点钟。夜里，溥仪如需进膳，一般是各类点心。餐具也很讲究，都是金镶玉嵌，银盘银箸。若一时不能上菜，就放在"水对子"里保温。溥仪的日常饮膳，通常是八菜、八饭、一汤。餐桌上除了有燕窝、鱼翅、猴头、海参等珍贵原料制成的南北大菜外，也少不了有糊米粥、荷叶粥、秫米粥、绿豆粥、文化米（即白高粱米）粥，还有翻毛月饼、萨其玛、酥皮点心、肉末烧饼、豌豆黄、芸豆卷、小窝头等一些满洲饽饽。溥仪不喜欢喝酒，但每餐还必须准备。常准备的酒有清酒、蜂蜜酒和白兰地。溥仪也吃些西餐和日本菜。据溥仪的近侍说，溥仪有热水泡饭的习惯（满族习称冒饭）。吃西餐时，一般先上两块烤面包，配黄油和果子酱，还有一盘汤。喝完了汤上银碟小菜，如烤牛肉片、烤羊肉片等，然后上各式点心。点心用银盘，白布垫底，并折成荷花形状。吃完点心喝咖啡。接着上各种好烟，烟都是铁筒盛装，方形。还有香叶片、龙井茶。冬天喝红茶，茶里要放牛奶和方糖。过年过节要做寿桃。溥仪出国或巡察时，常带一位姓杨的厨师。至于伪宫中的官员们用膳，则是由宫外"大和旅馆"的厨师来给制作。

逢年遇节，宫廷内还保持着昔日清宫中的各种传统食俗。如灯节食元宵，五月节吃粽子，中秋节吃月饼。这些应节食品，只在节前节后供应，过了节就不预备了。过了八月，要吃花糕。年节日还设有"果桌"，一般当夜宵用；"果桌"系干鲜果品和饽饽糕点，如玫瑰枣、豌豆黄、山楂糕等二三十种。

到了伪满后期，溥仪的活动受到日本人更加严密的监视。溥仪想恢复大清帝制而不得逞，情绪低沉，性格乖戾怪僻，开始念经卜卦，对佛和菩萨的迷信竟达到了痴迷状态，于是吃起素来，每日两餐均是素菜，除了自己吃外，还有许多人陪着吃，一直吃了两三年素食。所谓素食，无非是用三菇六耳或豆制品、青菜等制成的肴馔。

当时，由于宫中膳房的厨师成分，既有原北京清宫中的厨师，也有在新京（今长春）当地聘用的厨师，还有做西餐和日本菜的厨师，这就使溥仪在膳食方面的烹饪特色，较之清宫御膳则有了一定的演进和变化。民间和西餐的烹饪技艺给他的宴膳增添了新的内容。在这方面，伪满宫廷中虽然没有留下膳食档案和有关史料，但是我们似乎可以推测，昔日皇帝的御膳从清宫中流传出来，经过伪满宫廷中膳房的这一"阶梯"，而最终融入东北地方的烹饪特色之中，这无疑对东北满族的烹饪及其食俗也起到了连结和深化的作用。

第十二章 御膳房与御膳特色

第一节 清宫御膳房的分布

清宫内务府属下的御茶膳房和光禄寺，都各自有一套制作御膳的膳房体系。光禄寺管理的膳房体系，俗称为"国家大厨房"，是清廷专门承办国家各种筵宴的场所。本节则主要叙述御茶膳房管理的膳房体系。

御茶膳房管理的膳房体系，是专为皇太后、皇帝、皇后、妃嫔、皇子、皇孙等制作膳食和承办各种皇家筵宴的。这类膳房体系，在清代初期，有茶房、清茶房和膳房之分，而其膳房又分布在宫内各处，如野意膳房、长春宫膳房、重华宫膳房、永和宫膳房等。茶房和清茶房则是专门承办乳茶和各种清茶的场所。膳房一般是以做菜肴为主，也兼做粥品和面食。但做饽饽和各种糕点、炉食，则专有饽饽房。饽饽房又有内饽饽房和外饽饽房之别。内饽饽房的职掌是专为皇帝和皇家人员承办主食的，外饽饽房主要是承办筵宴和祭品供献所需的米、面食品。内饽饽房和外饽饽房归属内务府属下的掌关防管理内管领事物处管理。到了乾隆时期，御茶膳房管理的膳房体系又划分为内膳房和外膳房。而且内膳房又下设荤局、素局、挂炉局（满语称烧烤为包哈）、点心局、饭局。荤局负责制作山珍野味类、家畜类、家禽野禽类、海味类的菜肴；素局负责制作干鲜菜蔬类、菇耳菌蘑类、豆制品类的菜肴；挂炉局负责制作烧、烤类的菜肴，如挂炉猪、挂炉鸭、挂炉鸡等；点心局负责制作各种糕点、饽饽等；饭局负责制作各种米饭、粥品等。外膳房主要负责制作内廷筵宴和摆供桌张等。

在圆明园、颐和园、热河行宫等处，也分布许多御膳房，这在前面已经讲过。另外，为御膳房服务的还有买办肉类处、肉房和菜库、干肉库等机构，以保证供应御膳房每日所需的原材料。这类膳房（包括茶房）都有餐具库，储藏各种金、银、玉、锡、铜、瓷等定量器皿，以备随时应用。

膳房的概念除是御厨们制作肴馔之处外，还包括宴、餐坐处之意，帝后妃嫔们每日进膳，一般都有固定的场所。如末代皇帝溥仪之妻婉容所居储秀宫中的宴坐、就餐场所有：

猗兰馆　为溥仪之妻的宴坐之处，室内陈设十分华丽。有一棵大珊瑚树，"树枝"粗得如同小孩胳臂；有一大时钟，为乾隆年间所制。室内紫檀为廊，顶上有隔扇，可以启视，内悬一小铜钟；时针面为珐琅制，上面有两小针，一指日子（初一日至三十日），一指节令（二十四节）。钟报时，音清亮悦耳。靠墙正中有几张并排的方桌。据当时启封此室的检查人员目睹，桌上放干了的食物很多，有果品、花生、山里红、元宵，还有糖缸等。可以想见，这都是女人喜食的东西。

丽景轩　是溥仪之妻日常进膳的餐所。其室五间相通，不加隔扇。朝南正中不置宝座，乃置嵌镜衣帽架一个。东屋临窗设纯玻璃制的半桌一个和靠椅二个。桌上有电话具。室内中间一长桌，上置瓶盎等物。想当年这里便是溥仪之妻日常就餐的地方。极东之屋朝南靠壁处，设一铜床，悬金丝织黄锦帐，极是绚丽。

清宫御膳，是皇帝们日常生活的重要组成部分。就其进膳时的礼仪、规模、用度、开销，以及肴馔的品种和质量、技艺等方面，都已达到我国历代封建王朝御膳水平的最高程度。为了应付这种膳食局面，宫中每要设置众多的膳房。这些膳房的分布，只能依据有关史籍的记载做一大概介绍。具体而微的膳房设置，则很难查考了。

第二节　御厨和御膳风味

在清宫中的司厨者，当时统称为厨役，并非称御厨。"御厨"这个名词，在有关史籍中偶尔用之；而主要的，是当今时代对清宫中司厨者的尊称。如果按"御厨"这个字面含义，也不能对当时清宫中所有的司厨者都称为御厨，只能说为皇帝、皇后和皇家人员备膳的厨师称为御厨。在清宫中司厨的人员为数很多，皇家御用的或是为清廷承办筵宴的厨师只是一部分，即使在这一部分厨师中，也分上手厨师、下手厨师，还有杂役等。另外，在清宫中，太监、侍卫、各级官吏以及工匠杂差等人，也都有固定的膳房，为这些人员供馔的厨师，不宜称之为御厨。

清入关后，清宫中的司厨者多是入关的满族人，再就是明宫中留下来的厨师。因清刚刚入关，其统治者们的饮食习惯不会与在关外时有何差别，因此当时的清宫御膳和其他膳食则与在盛京时期基本相同。明宫中留下来的厨师也不敢擅制汉菜，恐有悖于满族统治者们的饮食习惯和民族心理意识。这样，很长一段时期，清宫御膳实质上就是满族烹饪。

但是，自清入关后，清宫中的膳事机构和组织形式，以及膳事的许多事宜，都是沿袭明制。比如顺治初期，宫中设立了光禄寺，负责为国家举办各种筵宴；膳事机构的各级满、汉官员，都由代皇帝多尔衮"钦定"。再有，明宫中留下来的厨师大都是山东人，他们制作山东菜的技艺在各个方面都有很多先进之处；他们在宫内的长期服差中，自然要把这些技艺影响给满族厨师。以至在清宫御膳中，肴馔制作的质量和花色品种不断有所提高和增加。

当时，在光禄寺举办的宴席中，分为满席和汉席。从满席和汉席的特色来看，各等满席是以面食为主，俗称饽饽席，完全是传统的满族风味；各等汉席多以鹅、鸡、鸭、鱼、猪肉等原料制作的菜肴为主，同时有少量的面食。在各等汉席之中，其实也渗入许多满族烹饪的特色，如从所用原料上来看，大都是东北的"关东货"；另外，受满族祭祀活动的影响和制约，其肴馔在某种程度上也有制作祭品时的特色。但从烹饪技艺上来说，则是较多地反映了山东菜的风格。

乾隆时期，清宫御厨的成分和御膳风味有了一定的变化。因为在乾隆时期，天下太平，政局稳固，经济有了很大发展，国内的饮食市场空前繁荣，特别是江南一些古老的城市，如苏州、杭州、扬州等，酒楼林立，庖厨技艺十分精湛。乾隆六次下江南，吃遍了这里的佳肴美馔，并从这里选调了一批身怀绝艺的厨师来到清宫，比如在前文中提到的苏州厨师张东官就是一例。精美的江南菜点十分迎合乾隆的口味，因此江南菜点便在当时的清宫中发展起来，使清宫御膳又增加了苏杭风味。

值得一提的是，在清宫御膳房里服差的厨师，都是终身和世袭的，厨师去世，由他们的下一代继承。在清宫中服差的厨师，满族厨师固然是主体，但由于厨师的继承制，使得山东风味和苏杭风味也被完好地保存下来。这就使得清宫御膳，既有东北风味，也有中原风味，又有江南风味。对此，溥杰的日籍夫人爱新觉罗·浩在《食在宫廷》中曾说："今日所谓的中国烹调，不过是在清朝二百六十余年的全盛时代，随着清朝的繁荣而形成的。"[1]

乾、嘉时期，清宫中司厨的厨师有四百名之多，可谓全盛时期。到了道光时期，因国力衰退，不仅道光皇帝自己的膳食大大从简，而且将宫中服差的厨师裁去一半，约剩二百余名。但到了慈禧时期，宫中的厨师又大大增多起来，膳食用度也空前豪华。但清宫中这些服差的厨师，也分不同的等级，技艺精湛的上手厨师毕竟是少数，而多数是配手，还有管生火、洗菜和各种杂事的。另外还有相当数量在茶房服差的。

在清宫各膳房服差的厨师，其待遇也分不同的等级而有所不同。最优厚的待遇是七品官的俸禄，相当于知县的薪水。一般的厨师每月俸银为三两、四两、五两、六两不等。但上等厨师的待遇算是很丰厚的，每月除了能拿到可观的俸银外，还常能受到皇帝与皇家人员的赏赐。因此他们的家属生活也很富裕。他们的家属一般都住在西郊海淀一带。可是，到了清末民初的时候，厨师和他们家属的生活也随着清朝的瓦解而衰落下去。这些厨师也就从御膳房里解放出来，流落到北京、天津和东北地区开了饭馆。如今在这些地区饮食市场上经营的清宫风味，即是那些厨师们的作用。

第三节 清宫御膳的特色

清宫御膳尽管是以满族食俗为导向因素，又包括山东风味和苏杭风味，但它们三者之间在清宫御膳的整个体系中并不是明显地间隔开来的，而是

---

[1] （日）爱新觉罗·浩：《食在宫廷》，王仁兴译，中国食品出版社1988年版，第6页。

互相影响、互相掺杂。御膳中的某一款菜肴，取料可能是东北的"关东货"，烹制技法和口味特点则可能是山东和苏杭的特色，同样，山东或苏杭的菜肴，往往又由满族厨师来烹制。满、汉厨师经过长期的合作、交流，更重要的，是他们必须迎合清统治者的口味需要和筵宴意图。这样，清宫御膳就在皇帝口味的"准则"下，在清宫各种典制礼仪的制约下，并由满汉厨师经过在实践中互相学习、配合后，开拓、创新了一种新的膳食局面。

一、满族食风显著

在清宫御膳中，满族食风和满族传统烹饪一直起着主导作用，原因在于：

第一，清朝定鼎北京以后，满族的封建统治处在上升时期，出于他们民族统治的心理意念，在各个方面都采取了一些防止汉化的措施，虽然因为他们长期生活在中原腹地而受到汉族文化和风俗的很大影响，但在发式、服饰、祭祀、礼节、编制等各个方面，仍然保持着自己的民族特色，并能把这些特色在全国普及。这主要因为他们是统治者的缘故。同样，在御膳方面也是按照清宫统治者的这种意图形成和发展起来的。严格地说，清宫御膳的标准范围应该大体局限在专为皇帝和皇家服务的内务府内膳房和内饽饽房中所制作出来的肴馔，而这两个膳房里的厨师务必都是满族人。当然，由这两个膳房制作出来的肴馔未必是清一色的满族食品，也有兼容并蓄各种汉族菜点的情况，但这毕竟是反映了清宫统治者们在民族统治意识心理驱使下的一种进食趋向。另外，在光禄寺举办的各种筵宴中，已将满席和汉席做了严格的区分，满席的规格和供应对象要高于汉席；光禄寺的这种满席和汉席之分，一方面是出于对汉族的绥靖政策，更重要的，是要在膳食方面保持自己的民族特色。又如，清宫中举办的各种筵宴，最盛大和最著名的要算千叟宴了，宴上供应的主要食品是野意火锅和满洲饽饽，这都是满族的代表肴馔。

第二，祭祀是满族的传统习俗，在清宫中被定为国俗，其省牲、受胙、酒醴、供献等皆有定规，供献食品亦须遵循祖制，这在前面已经提及。在宫中每年所用的祭品供献的数量是非常之大的，这些祭品供献是完全按照满族烹饪的传统方法制成的，礼毕撤供以后，这些祭品供献，循例要被皇帝、皇家人员和宫内各种官吏、太监、侍卫们分享。这种祭祀时的食风，不仅给清宫御膳以很大影响，也应该说是清宫御膳的一个组成部分。因为祭品中的肉类、果酒、糕点饽饽、素菜、干菜、蜜食等，常常是皇帝膳桌上的品种。

第三，从清宫御膳所用的原料来看，东北的膳食原料，无论从进贡的次数、数量，还是从经济价值上，都远远超过了其他各省。这固然是东北气候寒冷，地域与北京接近，运输方便的原因。更重要的，是出于清统治者的饮食习惯。因为他们和他们祖先的饮食习惯是在东北地区形成的，这种饮食习惯不会因为他们定居北京而有所变化。皇帝每年除夕举办的家宴，其肴馔品种都是传统的满族风味，这很能说明他们的饮食习惯。另外，东北的山珍野味，土特名产，河鲜海错，具有很高的营养、滋补作用，可烹制各种名贵的菜肴，清宫统治者们不会忘记从中寻求美味以饫口腹。从史料记载上说明，东北膳食原料是清宫御膳所用原料的主体，这个先决条件，也是满族食风和烹饪特色在清宫御膳中取得主导地位的因素之一。

第四，清宫中御厨的成分，满族厨师占大多数，是烹饪技术力量的主体。另外，满族厨师在当时具有民族优越感，在烹饪实践中能够左右汉族厨师。尽管从外地调入清宫中的汉族厨师在技艺上有很多长处，但如得不到皇帝的特别赏识，他们是不敢超越满族厨师的技术权限的。这也是满族烹饪能够主宰清宫御膳的重要原因。

二、取料珍贵、广泛

清宫御膳在取料上的珍贵、广泛性，是民间无法比拟的，可以说是集天下珍贵食品之大成。关于清宫御膳的原料来源，本卷第二章已有详细说明，不再重述。

饮膳之道，取料是第一要素。无有原料，则"巧妇难做无米之炊"。清宫御膳在使用原料上的无比优越性，决定了其肴馔具有档高、珍奇、名贵、质精的特色。

但是，清宫御膳所用的原料，在清朝统治中国的 260 余年中，是随着社会和经济的发展、宫内筵宴的开销、皇帝和皇家人员的饮食口味而在不同的时期有不同的区别的。康熙以前，由于满族统治者入关不久，还基本保持着在东北时期的饮食习惯，所用膳食原料大体上由北京地区、蒙古地区和东北地区供应，其他各省的膳食供品则是很少的一部分。从乾隆以后，宫中膳食原料则有了明显的变化，这种变化的特点，主要是西北、新疆和南方各省的膳食供品有了很大的增加。特别是南方诸省的膳食供品，为清宫御膳增加了很多新的内容，这主要与乾隆喜食南味的原因有关。道、咸时期，清宫御膳所用的原料与乾隆时期又有所不同，主要是南味减少了。道光只是偶尔吃一顿乾隆时期的御膳，平时他的膳食仍是以北方口味为主。同治以后，宫中御膳尽管比乾隆时期还要丰富多彩，但所用原料仍然是以黄河以北和东北地区供应的为主。除了福建的燕窝是向清宫的必贡之品外，南方一些特产，如火腿、菇笋、鲜蔬等，北方地区亦能制作和栽培。光绪时期，由于光绪喜食海产品，沿海地区的省份向清宫贡献的鱼翅、鲍鱼、海参、大虾、海蜇、海带等原料大大增加了。从上述可以看出，清宫御膳所用的原料在各个不同时期有不同的特点，这在很大程度上取决于皇帝的饮食爱好。但无论怎样变化，清宫御膳所用的原料是令之即贡、取之便来的；民间稀有的物料，在清宫中则是常年不断。

何谓民间稀有的物料？下面，仅录《养吉斋丛录》（卷二十六）所记载的几则，便可知晓："回疆葡萄，种类各殊。有白、红、紫三色，及长如马乳者。又大葡萄中有小者，名公领孙。又一种小者，名琐琐葡萄。康熙间皆移植苑御。又绿葡萄，回语谓之奇石蜜食。凡葡萄皆有子，此独无子，截条植地而生。盖自布哈尔得知。布哈尔去叶尔又数千里。西域底定，命取根植禁中。""文官果，花嫣红，实大二三寸许，剖之，中有子数枚，再剖之，有仁作旋螺形。味甘淡而有微香……是此果亦入祭品也。""康熙二十年前，圣祖于丰泽园稻田中，偶见一穗与众穗迥异。次年命择膏壤，以布此种。其米做微红色。嗣后四十余年，悉炊此米作御膳，外间不可得也。""乾隆辛未秋狝，塞上蒙古台吉必力滚达以狍献，色纯白如雪，目睛如丹砂。是年恭值皇太后六旬万寿，高宗遂命瑞狍而系以诗。次年秋狝，复于巴颜河落围中生致一狍，毛色纯洁周㡒，所仅见也。""箬漠鲜，出口外溪涧中。状似鲈，味鲜美。国语谓之箬漠鲜，蒙古语谓之集伯格。""堪达汉，出黑龙江。似鹿而大，生山中而喜水。山行则迟，水行则速。其角可做射鞢，色如象牙而坚。白胜之中，间环以黑章一线，即角中之通理。以点细密而匀者为贵，价值数十金。"……从上述摘录中可以想见，清朝二三百年间，天下珍奇果物禽兽、海错河鲜，或御获、或捕牲兵获、或各地贡献，无所不有、无所不致也；天下珍奇美味，御膳房无有不烹制也。

三、馔名朴实，少花色而重食用

在现今一些城市仿制清宫御膳的饭店中，所经营的品种多以龙凤冠名，或菜名华美俏丽，与御膳房的宴膳原档中记载的肴馔名称和制法都对不上号，这是有悖于清宫御膳的历史事实的。在清宫中，龙，喻皇帝也；凤，喻皇后也，动辄以龙、凤制菜，岂不犯了大忌？再者，取名浮华玄妙，重观不重食，这也不是清宫御膳的本来风格。

查阅有关史料和清宫膳食档案后可以看出，从康熙到溥仪的清朝各代，其御用膳单上所载的肴馔名称，无一"龙""凤"字样，皆朴实无华。一款肴馔的名称，看去往往一目了然，便可知其所用物料、烹制方法或盛装的器皿。这与当时市肆酒楼饭庄所经营的肴馔名称无大差别，只是制作得更讲究、更精细罢了。下面，将乾隆二十一年（1756）十月初一立的《苏造底档》中乾隆每日所食的菜肴名单辑录如下（为便于阅览，笔者将这些菜肴按所用主要原料来加以分类）：

燕窝类菜 燕窝秋梨鸭子热锅、肥鸡燕窝烩滑溜野鸡卷、燕窝苹果烩鸭子热锅、肥鸡燕窝炖野鸡、肥鸡燕窝烩野鸡丸子、燕窝烩熏鸭子、燕窝肥鸡滑溜野鸡炖面筋、燕窝肥鸡烩糟小鸡、燕窝莲子鸭子热锅、燕窝冬笋黄焖鸡、燕窝冬笋烩糟鸭子热锅、燕窝烩熏鸡、燕窝鸭羹热锅、燕窝苹果炖鸭子、燕窝脆糟鸭子、肥鸡燕窝炖面筋、燕窝芙蓉鸭子、燕窝什锦鸭子、燕窝肥鸡烩鹿尾、燕窝鸭子葱椒面、肥鸡黄焖野鸡燕窝炖面筋、燕窝鸭子徽州肉镞子、燕窝肥鸡厢子豆腐、燕窝松子清蒸鸭子、红白鸭子燕窝八吉祥、燕窝鸭子炖面筋、燕窝酸黄瓜烩锅烧鸡、燕窝肥鸡烩滑溜野鸡丝、燕窝醋溜熏鸭子、燕窝攒丝鸡子、燕窝徽州肉镶蜜豆镞子、燕窝滑溜野鸡丝、肥鸡燕窝黄焖鸡炖面筋。

鸭类菜 鸭子炖白菜热锅、鸭羹、鸭子秋梨炖白菜、鸭羹热锅、糟鸭子热锅、江米镶熏鸭子八吉祥、鸭子祭神肉炖白菜、攒丝鸭子、鸭子葱椒面、鸭子苏烩徽州肉、如意鸭羹、百果镶鸭子、鸭子糖醋蒜打卤、攒丝倭瓜泥酒炖鸭子、黄炖鸭子炖面筋、江米镶熏鸭子、鸭丝面片。

鸡类菜 黄焖鸡炖面筋、肥鸡油煸白菜、肥鸡攒丝镶苹果、肥鸡野鸡炖面筋、肥鸡云片豆腐、肥鸡爆炒银鱼、肥鸡热闹白菜、肥鸡烩糟肘子、肥鸡口蘑炖白菜、肥鸡冬笋豆腐丸子、黄焖鸡炖酸茄子、王瓜拌五香鸡、肥鸡烩撺肝、王瓜卷拌熏鸡、肥鸡葱椒鱼、炒鸡炖镶白扁豆、青笋黄焖鸡炖黄豆卤、台蘑爆炒鸡、肥鸡酸王瓜炖罗结肉。

野味类菜 鹿筋鹿肉脯、溜野鸡炖面筋、野鸡丸子鸡蛋糕、葱椒鹿肠鹿肚热锅。

肉类菜 台蘑葱椒肉、台蘑冬笋葱椒肉、糟肘子、葱椒羊肉、羊肉炖倭瓜、肉镟子、葱椒羊肉炖冬瓜、祭神肉炖白菜、百果肘子、羊肉炖冬瓜、五香羊肉、肉泥炖酸茄子、蒜肉镶扁豆、葱椒肉炖冬瓜、冬笋冬菇烩糟肘子镟子。

鱼菜类 酱汁石花鱼镟子，白鱼镟子、鱼镟子、葱椒鱼。

素菜类 肥鸡油煸白菜、油煸山菜黄花菜。

其他类菜 八吉祥热锅、冬笋口蘑蝴蝶肠烩撺肝、大杂烩、荤素大杂烩、炖吊子、葱椒面、葱椒羊查古汤、东坡蹄镟子、鸡蛋糕。

乾隆时期的宫中御膳是比较讲究的，上述辑录的食单可以反映出乾隆每日所食菜肴的某些面貌。这些菜肴，具有取料珍贵，菜名朴实，讲求火候和味道的特点，这也可以说是清宫御膳的一贯特点。

四、操作严谨、投料定规

第一，清宫御膳房里制作的肴馔，都是一代一代流传下来的。这些肴馔，虽然都是御膳房里的首席厨师负责制定出来的，但都得经过皇帝口味的检验，吃得多的即是皇帝喜欢的菜，吃得少的或不动即是皇帝不太喜欢的菜肴，下次列食单时就要考虑撤换。皇帝每次进膳的食单中经常有的菜肴，即是皇帝很喜欢吃的。这样的菜肴，一律要标准化，即使做一百次也不准走样、走味。这就要求在操作中持有非常严谨的态度。

第二，制菜时的原材料搭配都有严格的规定，不准随意更换和增减。例如荤素杂烩一菜，"杂"是体现取用原料较多而言，不是杂七杂八任意搭配，而是必须用指定的荤素原料。再如八吉祥热锅一菜，必须用指定的八种原料，不像民间可以凑上八个品种就行了。

第三，讲究菜肴的原汁原味，不许串味。比如做鸭菜时，只能用鸭油、鸭汁或鸭汤来制作，不能用鸡汤或其他油类。同样，做鸡菜时，也只能用鸡油、鸡汁和鸡汤来制作。做羊肉、猪肉菜时亦循此法。这样可以保持和增加菜肴的本来鲜味和美味。

第四，制菜时的调味品和佐料也都有严格的规定，制鸭汤只用鸭，制鸡汤只用鸡，制羊汤只用羊，不能制几种原料混合煮成的汤。制汤的水和煮茶的水，都用玉泉山的水，"玉泉山之水最轻、清，向来尚膳、尚茶日取水于此，内管领司其事"①。在清代，市场上已有舶来品的调味料，如胡椒、番茄酱、奶油等，清宫御膳则一概不用。

第五，制作肴馔所用的主料、配料、调料，均有固定的数量。菜码的大小，饽饽成品的大小、长短和高矮，都有规定，不能任意增减原料。

第四节　清宫御膳的操作技法

清宫御膳中的操作技法，包括烹调方法、刀工成型、调味品和佐料的使用，以及操作用具等。下面，将这些方面试作探讨、释介。

一、烹调方法

清宫御膳中的烹调方法，史料中没有记明，也没有专门记述。但好在保存下来的大量的御用食单中，从上面记载的菜肴名称上便可一目了然。

---

① 〔清〕吴振棫：《养吉斋丛录》卷二十四。

因为这些菜肴的名称，一般都能说明一款菜肴的烹调方法，如清蒸关东鸭子鹿尾烧狍肉攒盘、冬笋爆炒鸡、冬笋炒鸡腌菜糟鸭子攒盘、秋梨烩关东鸭子、炒鸡肉片炖小白菜、锅烧鸡、酒炖鸭子烩煎丸子、燕窝鸭子鸭腰汤、苏州热锅等。这些菜肴所标明的烹调方法则是很明显的。下面，我们将清宫御膳中运用的主要烹调方法加以归类。

锅子 清宫御膳的主要烹调技法之一。宫中锅子的种类很多，有银镀金、镀金、银、锡、铜、瓷等之别。燃料用木炭或酒。汤用鸭汤、鸡汤。原料主要用燕窝、鸭子、鸡、海产品、猪肉、羊肉、各类野兽肉及时令青蔬、酸菜等。制法一般是将原料治净、加工后，与汤放在锅中，加调味品，点着燃料，盖上盖煨制而成。也有将汤烧沸，原料经改刀置于盘内，食时用箸夹起原料，于沸汤中至熟、置佐料碟内蘸食。这种方法今称为"三刷"，但那时不谓"三刷"，传至京都民间，则习称"生火锅"。还有一种西瓜火锅，是夏季消暑时品。锅子菜常见的品种有：燕窝白鸭子热锅、八吉祥热锅、燕窝五香鸡苏烩热锅、野意火锅、什锦火锅等。

炖 清宫御膳的主要烹调方法之一。为皇帝制作炖菜是用金属器皿或珐琅小罐，但也有很多是用火锅制作的。炖菜一般是将质地坚韧的荤料切成小块（或条、片）后，加鸭汤、鸡汤、调味品炖之，但也有原料不须改刀整炖的，如鸭子、鸡等。但炖菜要有配料，如炖鸭子、鸡，要配冬菇、冬笋；炖羊肉，要配冬瓜、白菜等。因为皇帝是忌食单一品种的。炖菜常见的品种有：羊肉炖豆腐、炉鸭炖白菜、葵花头酒炖鸭子、鹿筋酒炖羊肉、肥鸡炖徽州豆腐、野鸡炖白菜、葱椒羊肉炖萝卜、香菇口蘑炖金条肉等。

烧 清宫御膳的主要烹调方法之一。采用烧法做菜的原料，多系质韧耐火的，如鹿肉、狍肉、野猪肉、鹿筋或鸭子等。烧鸭子、鸡时，一般都用整只的，如八宝鸭子、清蒸鸭子、锅烧鸡等。如作鹿肉、狍肉等，则须将肉切成小块，或过油，或水焯，然后经炝锅、添汤，加调味品烧之。如作鹿筋，除冬季盛京将军送鲜的外，其他季节则用干制的，干制的需经泡发回软，再进行烧制。烧菜也和炖菜一样，除有主料外，也要加配料，使品种不至单一。如清蒸鸭子烧响皮、清蒸鸭子烧狍肉等。

烤 清宫御膳的主要烹调方法之一。烤的原料和品种在御膳中几乎是固定的，挂炉猪、挂炉鸭、挂炉鸡、挂炉肉。皇帝每日用膳，一般都要有挂炉双烤（或称片盘二品），有挂炉猪和挂炉鸭的时候较多。因烤类菜肴是清朝统治者最喜欢吃的，各种筵宴上的用量也较大，烤起来也很费工时，故专有挂炉局应办此事。烤的方法一般是将原料治净后，经调味腌制（鸭可不用腌制，用蜜水涂抹），然后用钩挂在烤炉中烤熟而成，成品要求皮酥肉嫩，皮呈枣红色，食之异常干香诱口。

炒 清宫御膳的主要烹调方法之一。采用炒的原料，荤、素皆有，荤料如野鸡肉、嫩鸡肉、嫩羊肉；素料如各种山菜、黄花菜、冬笋、豆腐等。但无论荤料、素料，其质地都须要鲜嫩。炒菜的一般规程是：用葱、姜或蒜炝锅后，再将改成丝、片、段、条的原料下入，用旺火快炒，边炒边加白盐或清酱、醋等，再用好汤略煨，然后用绿豆粉勾芡，淋些香油而成。与我们现在的炒法大体一样。炒菜常见的品种有：炒黄瓜酱、炒野鸡瓜子、炒鸡大炒肉、小炒鲤鱼、肉片炒翅子、燕窝炒熏鸡丝、油渣炒菠菜、鸭丁炒豆腐等。

烩 清宫御膳的主要烹调方法之一，即现今"烩"法。采用烩法作菜的原料，多是鸭、鸡、肉丝、冬笋、海参、豆腐等。在制烩菜时，一般都是以一种荤料配一种素料，如烩鸭丝萝卜丝、烩鸡丝冬笋、锅烧鸡烩豆腐丸子；也有双荤双素的，如肥鸡烩鸡冠肉、徽州肉白鸭子苏烩、锅烧鸭子烩鹌鹑丸子、红白鸭子苏烩、苹果烩面筋、葛仁烩豆腐等。烩的操作规程，一般是将原料煮烂，切成丝（或用手撕成丝）、或切成丁状（素菜一般要事先改刀），再加鸭汤或鸡汤、调味品微煨，然后用绿豆粉勾成米汤芡、淋些香油即成。

蒸 清宫御膳的主要烹调方法之一，采用蒸法作菜的原料，主要是鸭、鸡、鱼等，而且蒸时都是整只（或整条）的，如清蒸关东鸭子、清蒸鸡、清蒸鱼、醋椒鱼、江米酿藕等。蒸前，须将原料治净，用调味品腌入味，再用旺火蒸之。蒸时，要带汤汁（鱼不用）。除此之外，蒸的方法还广泛应用于制作饽饽、糕点中。在清宫中，以蒸法制成的饽饽品种是很多的，如甑儿糕、竹节卷小馒首、孙泥额芬白糕、洒糕、淋浆糕、象眼小馒首等不胜枚举。

炸 膳档中均写为"煠"。清宫御膳的主要烹调方法之一。此法在制作菜肴和糕点、饽饽中均被广泛使用。菜肴中炸法常见的品种有：炸八件鸡、干炸肉、锅炸泥（即炸丸子）等；糕点、饽饽中炸法常见的品种有：炸角子、炸糕、炸元宵、馓子等。以炸法制成的食品，炸之前须将原料最后定型，炸时用宽油，炸后即可食用。

煮 清宫御膳的主要烹调方法之一。与炸一样，在菜肴、糕点、饽饽的制作中被广泛使用。菜肴方面煮法常见的品种有：煮白肉（祭祀时食用的"福肉"）、盘肉、咸肉等；糕点、饽饽及面食方面煮法常见的品种有：煮饽饽、煮元宵、片儿汤、野鸡丝下挂面、三鲜馄饨和各种粥品等。煮法共同处必须在加热前要将原料定型，熟后即可食用。

溜 清宫御膳的主要烹调方法之一。溜一般是将原料改刀成小块或丁、片之后，还要挂一层薄糊，经过油后，加配料、调料溜之而成。溜法常见的品种有：碎溜鸡、醋溜鸭腰、溜鸡片、溜鲜虾、溜野鸭丸子等。

熏 清宫御膳的主要烹调方法之一。采用熏法制菜的原料主要是鸡、猪肚、猪肉等。熏法在操作上的大体程序是：将上述原料治净后，放入水中（或汤中），加葱、姜、花椒、盐等煮熟入味，捞出，沥净水分，放在熏架上，熏架下面的锅底上铺入一层红糖和茶叶，然后盖严盖用小火熏透。成品深红色，熏香诱口。熏法制菜的常见品种有：熏肝、熏鸡、熏肉、熏肚等。

蜜饯 清宫御膳的主要烹调方法之一。采用蜜饯法制菜的原料多系果品，也有羊排骨、猪肘子等。蜜饯法操作的大体程序是：将原料加工后，切成小块（或小条、小段），放入蜂蜜和白糖熬成的甜汁中煨烂，使甜汁挂在原料上而成，如用羊排骨、猪肘子等，须将原料治净，改刀成小块（肘子亦可用整只的，但要去骨），一般要经热油炸透，再置容器内，加蜜水、白糖等蒸烂，容器内的甜汁还要取出，用绿豆粉勾成薄芡，浇于原料上。清宫中的蜜制食品，用于祭品供献上的较多。

煎 清宫御膳常用的烹调方法之一。采用煎法制菜的原料多系荤料，如猪肉、羊肉、鱼等。清宫中的煎菜，多是将猪肉、羊肉等剁碎成泥，制成丸子而煎成的。如煎丸子、煎羊肉丸子、煎野鸡丸子，还有盐煎肉、煎野鸡卷等。煎法操作的程序大体是：将原料剁成泥后，加适量鸡蛋液、绿豆粉和调料搅匀，挤成丸子入油中两面煎透而成，成品为小扁饼状。盐煎肉是将猪肉切成大片，腌入味后加油煎制而成。煎野鸡卷则是将野鸡胸脯肉片成大片，加些熟馅料分别卷成小卷，挂些薄糊用油煎制而成。

爆 清宫御膳常用的烹调方法之一。采用爆法制菜的原料主要有鸡、野鸡、羊肉、鹌鹑等。爆的方法一般是将原料切成小片或丁，再用适量绿豆粉和鸡蛋液拌匀（今谓之上浆），然后过油滑熟，捞出，将锅中油倒出，少留底油，加葱、姜等炝锅，将过油的原料放入，加调味品用旺火爆熟而成。爆菜常见的品种有：爆炒鸡、爆野鸡肉、葱爆羊肉、爆鹌鹑肉等。

熬 清宫御膳中常用的烹调方法之一。熬与炖法相似，但熬比炖的操作时间短，因为熬所用的原料一般比炖所用的原料质地上要嫩些。既使质地老些的，也要先经过热处理，然后再熬制，如炉肉熬冬瓜即是如此。另外，茶膳房中熬制奶茶，也称熬茶。

氽 清宫御膳中常用的烹调方法之一。此法是制汤菜的专用方法。氽是将原料切成片、丝等状，加鸭汤、鸡汤和调味品氽熟而成。采用氽法制菜的原料比较广泛，各种野味、家禽、鲜蔬等皆可。氽菜常见的品种有：肥鸡氽丸子、祭神肉片汤、木樨汤、燕窝八仙汤、燕窝鸭条汤等。

此外，还有摊（如摊黄菜）、糊（实为煳，如糊肘子）、烹（如烹鲜虾）、贴（如锅贴鸡）等，也是清宫御膳中运用的烹调技法，但从大量的御用膳单中见之较少，这说明不常运用。从上述烹调技法上可以看出，满族烹饪的传统技法仍然起主导作用，如锅子、炖、烧、烤、炒、蒸、炸、熬、煮、蜜饯、煎等，当然汉菜亦用之；再如烩、溜、爆、熏、氽以及烹、贴等，则显然是汉菜的烹调技法。

二、刀工成型

清宫御膳的操作技法离不开刀工这一工序。刀工，是将原料按要求切成不同的形状，以便于烹调。从清宫中的御用菜单中，我们可以总结的刀工技法有以下类型：

丝 清宫御膳中的主要刀工成型技法之一。在御用菜单中，菜名带"丝"字的较多。一方面，因为御膳中常用燕窝作菜，燕窝本身呈丝状，所用配料当然也要切成丝了；另一方面，也说明清宫御膳的操作工艺是比较精细的。在御用菜单中，还经常有"攒丝""攒盘"字样的品种，就是将卤酱入味的原料如鸡、鸭或烤肉等切成丝堆码在盘中的意思。切丝，历来是衡量厨师刀下功夫的标识，丝要切得长短一致，粗细均匀，根根如火柴杆儿，更何况这些御膳房的厨人呢。

片 清宫御膳中的主要刀工成型技法之一。当然，这种片的成型，有的须小而薄，如肉片炒翅子、炒鸡片、口蘑炒野鸡片等即是如此；有的须略大而厚，如片盘二品（挂炉猪、挂炉鸭制成后，须执刀片之装盘）、盐煎肉等。汆汤用的肉片，也须小而薄；如制野鸡卷，则须将野鸡脯肉先片成大而薄的片，经调味、酿馅时，再卷成卷。

块 清宫御膳中的主要刀工成型技法之一。块的成型根据制菜需要，也分大小或不同形状。如祭神煮白肉时，须将白肉切成约八寸或一尺见方的大块；制烧野猪肉、羊肉熬冬瓜等菜时，须将肉切成一寸见方的小块；如制碎溜鸡时，块还要小些；制盐水豆腐，则须将豆腐制成骨牌形的块。再如象眼小馒首，是乾隆御膳中经常有的品种，顾名思义，此饽饽即是象眼形的块了。

泥 清宫御膳中的主要刀工成型技法之一。此法即是将猪肉、羊肉、鸡肉等剁成泥状而成。加工的泥状原料一般还要进行调味，以酿馅或挤成丸子作菜；还有的要加油料和调味品炒透，成为熟馅。御膳中有一款烹酿馅掐菜，是将较粗大的绿豆芽菜去梢、根，留茎，茎中用细针捅透，酿入调味的鸡泥子，然后再烹制而成，这种加工算是十分精细了。

条 清宫御膳中的主要刀工成型技法之一。条，一般是将形体扁薄的原料改刀成小手指粗细、长度不等的形状，但长度一般要超过宽度的三倍左右。加工成条的原料，主要是熟鸭肉、熟鸡肉、熟猪肉、熟火腿、海参或有帮的青蔬，如白菜、油菜等。鸭条烩海参、油煸白菜等，其原料加工成型都是条状。

丁 清宫御膳中常见的刀工成型技法之一。如樱桃肉、炒黄瓜酱等，其原料加工成型都是丁状。丁的大小，一般是三分左右见方。宜加工成丁的原料，主要有各种肉类或豆制品、青蔬等。

末 清宫御膳中常见的刀工成型技法之一。末成成后，如秫米或大黄米状，一般都是经油料和调味品炒熟成馅料的。如康熙时期的八宝豆腐和乾隆时期的八宝鸭子，都是将八种原料切成末状，酿入豆腐和鸭体中，再烹制成菜的。

段 清宫御膳中常见的刀工成型技法之一。如干炸肉一菜，即是将猪肉或羊肉切成小段状，再经调味、挂糊以油炸制而成。但主要的还是指将芹菜、蕨菜、韭菜等以刀截成寸许长谓之段，如韭菜炒肉丝、芹菜炒肉片等，即是将韭菜、芹菜截成段。

剖 清宫御膳中常见的刀工成型技法之一。剖是将质地柔韧的荤类生原料，在刀的断面处交叉剖成为原料厚度三分之二左右的刀痕，然后再将原料切成长方块；这样，剖后成块形的原料经沸油或沸水加热后，卷曲呈荔枝形状。如乾隆时期的万年青酒炖荔枝肉一菜，"荔枝肉"就是用此法加工成型的。

脱骨 清宫御膳中常见的刀工技法之一。此法即是将鸭子、鸡等治净后，用刀将里面的大小骨头全部剔出，但鸭子、鸡还要保持原来的形状。如乾隆时期的八宝鸭子一菜，即是用此法将鸭子加工后，在鸭体中酿入八宝馅，然后再烹制成菜的。

拆 清宫御膳中经常使用的原料加工方法之一。这种方法不以刀为工具，但也是一种原料成型的方法。加工时，一般是将煮熟的鸭子、鸡、野鸡等去骨后，用手将熟肉拆成粗丝状。拆后的原料，一般用于做羹类菜或锅烧类菜、拌类菜。这样的菜见之于御膳食单中的很多，如拆鸭烂肉、肥鸡拆肉、鹿筋口蘑拆鸭子、拆鸭烂肉面等。还有各种羹菜，如：野鸡羹、山药鸭羹、鸭羹汤膳、肥鸡羹、莲子鸭羹等。

除此之外，因为乾隆以后，宫中御膳愈来愈讲究，其刀工技法也必然愈发精湛，如肥鸡炖金钱豆腐一菜，是要把豆腐作成金钱形状；万字扣肉一菜，是要把扣肉制成万字形状。特别是同治以后，宫中御膳在造型方面有所发展，如皇太后、皇帝御用的筵宴，往往要用菜肴原料组成"万寿无疆""万年如意""福寿万年"等字样，这都须要特殊的刀工技艺。

三、调味品和佐料

调味品和佐料，也属清宫御膳的操作技法范畴。因为烹饪是调味的艺术，味是衡量菜肴质量的基本要素。在制作肴馔中，各种调味品的投放比和投放次序，以及调料的复合成味，对菜肴的成败具有关键性影响。清宫御膳是尤为讲究滋味的。那时没有味精、鸡精粉、鲍汁之类的调味料，其鲜滋美味的形成，要靠好鸭汤、好鸡汤将原料煨透，并要依靠原料本身的质地新鲜，再就是合理地运用调味品和佐料。那么，清宫御膳中使用的调味品和佐料主要都有哪些呢？下面，予以大致地考稽。

盐 最好的盐为白盐，即如今的精盐。另外还有甑盐、青盐、土盐之分。土盐较次之。清宫中的用盐，主要由天津的盐场备供。但白盐也由掌醢署负责熬制，三斤青盐能熬一斤白盐。每年，天津长芦盐运使要向清宫备供甑盐三千三百斤、青盐三万斤。土盐主要是供给匠役杂差的。清宫御膳中当然要使用白盐了。在清宫御膳中，用盐来调制咸味的菜肴较多数，成品的特色是白色、白汁或白汤。

清酱 即如今的酱油（广东称为生抽）。此调料由酒醋房制作，专有十六名酱匠负责。在清宫御膳中，溜、炒、爆、烧等类菜肴，一般用清酱来调制咸味。另外，在皇帝的膳桌上和筵宴中，也要备清酱壶，以便随时调剂口味。

醋 宫中酱醋房制造，专有八名醋匠负责。造醋一份（一千一百斤），须要南糯米七斗二升，小黄米、白米各一石四斗四升，面麸七石一斗二升，红谷糠十四石二斗四升，大淮曲四十块，盐四十斤。清宫御膳中对醋的使用也是很广泛的：洗涤、清理各种动物内脏须用醋（及盐）来揉搓，以除污秽和异味；腌制小菜时，有的亦须用醋；发面引酵时，有时也离不开醋。再有，如糖醋樱桃肉、醋辣羊肚、醋溜鸭腰等菜，醋也是主要的调味品。

酒 清宫御膳中常用的调味品。主要用于各种野兽肉、家畜肉和鱼及海味品的制作中。特别是作鱼类菜，必须用酒，俗称洗鱼酒，即鱼治净后，先要用酒抹遍鱼身，以除腥味，然后再进行加工烹制。在御膳中以酒为主要调味品的菜肴也是屡见不鲜的，如葵花头酒炖鸭子、万年青酒炖荔枝肉、山药鹿筋酒炖肘子、酒炖扒鸭子等。

面酱 由酒醋房承作。常作为烧、爆类菜肴的调味品，如酱爆肉条、酱汁鱼等。另外，也是烤类菜（如片盘二品）必配的作料，称味碟。食时，配葱丝卷荷叶饼等。

豆酱 即大酱，当时京都地区称京黄酱。因满族人尤喜此味，因此是宫中膳食的必备之品。一些御膳中如炒胡萝卜酱、炒豌豆酱、炒榛子酱等，皆须用此料调味。

豆豉 由酒醋房承作。它介乎于配料和调料之间。因此料配其他原料制菜时，呈豆瓣状，故说它是配料；但又主要作用于调味。如乾隆时期的豆豉炒豆腐一菜，其作用即是如此。

糖 清宫御膳中使用最广的调味品之一。有白糖、红糖、冰糖、黑糖等之分。清宫御膳中，主要用白糖、冰糖、红糖。如江米酿藕、糖醋樱桃肉等菜，即用白糖为主要调料；如冰糖炖燕窝，用冰糖为主要调料；在熏类菜中（如熏鸡、熏肝等），则用红糖和茶叶为调料。从这一点来说，茶叶也算一种调味品。另外，糖还普遍地应用于制作饽饽和糕点中。

蜂蜜 清宫御膳中使用较广的调味品之一。主要用于制作各类蜜饯食品和烤类菜肴（如作挂炉猪、挂炉鸭、挂炉鸡时，要先在原料表面抹匀一层蜂蜜水，然后再进行烤制）。

此外，葱、姜、蒜、辣椒、芥末、麻酱、香油、花椒、大料等，都是制作肴馔中不可缺少的，清宫御膳亦如此。

佐料一般是供蘸食用的。在清宫御膳中，凡备供锅子类菜时，必须配佐料碟，以供宴者蘸食之用，如清酱碟、甜酱碟、葱丝碟、辣油碟、卤虾油碟、盐碟、醋碟等。

四、操作用具

清宫御厨中流传一句行话："手巧不如家伙妙。"这通俗地说明了操作工具对于制作肴馔的重要性。清宫御膳房里的操作工具，大体上与现今的厨房工具无大差别，只是灶台和一些操作工具（如煮罐、捅条等）是锡制的。当时的灶台称为行灶，制作菜肴时用炉。

前面已经讲过，帝后们的每日膳食，少则几十款，多则百余款，而且一声"传膳"令下，未久功夫都要摆在膳桌上。这要求御厨们制作菜肴时，即要保证质量，又要保证速度和肴馔的热度。这必须要借用一些工具进行配合。这种工具主要是"水对子"和"铁对子"，又称热具。这类工具有两种样式："水对子"是上层装菜，下层装沸水，顶部有盖，以沸水的热度保证菜肴的温度。此工具为银制，十分精巧美观。还有一种"铁对子"，是约二分厚的铁碗，这种铁碗在冬季常常使用。使用时，要将铁碗烘热，将制好的菜放在里面；另取两块小铁板烧热，一块垫在碗底，一块盖在碗口，这样可以保证碗中的菜肴在较长的时间里不会减少温度。

第五节　饽饽、乳茶、酒

饽饽、乳茶、酒，不仅是清宫御膳的重要组成部分，也是祭祀的供品中不可缺少的。清宫内务府专设饽饽房、茶房、酒局来制作和承办上述三种食品。

一、制饽饽

前面已经讲过，内务府的"掌关防处"下设内饽饽房和外饽饽房，职掌皇帝、皇家人员、大小筵宴和祭品供献所用的饽饽、糕点。至于所做的传统品种，在前卷《满洲饽饽》一节中已大体记述。

制作饽饽、糕点，所用各种原料都有固定的投放比例。清宫饽饽房制作各种饽饽、糕点时，因需求量较大，一般都是大批生产。现以皇帝几乎每餐必用的炉食和供桌为例，看其制作各类饽饽、糕点的投料比重是怎样的。

炉食　一供炉食共四十盘，每盘三十个，每制一盘须用上等面粉六斤、香油一斤、白糖和核桃仁各十二两。拉拉分三等，上等一份须用黄米九斤、白小豆三升六合。馓子分上等馓子和常行馓子两种，上等一份须用豆粉一斤、麦粉、白糖各一斤八两，芝麻一升五合，白盐三钱，蜂蜜二两，枸奈子一升。炉食花糕一碗三十五个，须用面粉六斤，香油一斤，白糖、核桃仁各十两，红枣、栗子、西葡萄各四两。每二十五个元宵，需用糯米一升，核桃仁、白糖各四两。粽子一百个须用糯米五升六合、黑枣三斤十二两。月饼一斤，需用白面八两、香油二两五钱、白糖五两、粗核桃仁四两。以上所需要的米、面等项，均由内管领呈报掌关防处，移咨各该处领取。

供桌 一张供桌有：大饽饽四盘（每盘四十个），蜂蜜印子二盘（每盘六十个），薄烧饼二盘（每盘八十个），红白点子二盘（每盘五十个），鸡蛋印子二盘（每盘六十个），梅花酥四盘（每盘六十个），夹馅饼四盘（每盘七十个），玉露霜二盘（每盘五十个），芝麻酥四盘（每盘五十个），小饽饽二盘（每盘三十个），红白徵枝三盘（每盘大、小七十五把），冰糖、八宝糖、核桃缠各一盘；另有时令干鲜果品十五盘。这张供桌制作时需用头等面粉一百斤，二等面粉十斤，酥油二十四斤，奶油十斤，白糖二十二斤，白饧糖二斤，蜂蜜五斤，鸡蛋二百个，粟米七升，白盐一斤，绿豆粉六斤，洗芝麻三升六合，澄沙五升，粗核桃仁十斤四两，黑枣七斤二两，黑葡萄八两，菠菜八斤，碱二两，西纸六十张，冰糖和八宝糖、核桃缠各十二两等。以上所需用米、面等项，亦由内管领呈报掌关防处，移咨各该处领取。

有趣的是，慈禧时期，每逢元旦，宫中要做各种饽饽、糕点，用于供佛祭祖。制时，慈禧总是亲先制之，并决定制作的日期。是时，宫眷们齐集一堂，此堂是专供她们制作饽饽、糕点的地方。制时，由太监们将所用原料搬来（如米、面、糖、酵粉等），先由太监们按照投料比重将米面及配料揉和，制成面坯，醒过。然后慈禧和宫眷们一起动手制作，于蒸笼中蒸熟。因面中有酵粉，蒸后的饽饽高高隆起，有如面包状。饽饽隆得愈高，慈禧和宫眷们愈是神悦颜喜，谁制的饽饽隆得最高，必获吉祥。慈禧制作饽饽的手艺颇佳，每次制作，都得到宫眷们的赞赏，一起向慈禧祝贺。慈禧为此十分高兴，遂命众宫眷一一制作。众宫眷为了取悦于慈禧，故意将自己所做的饽饽弄得酵面不和，蒸出来的自然也就不及慈禧所做的了。

二、熬乳茶

乳茶，又称奶茶，是清宫御膳中的一种主要饮料。皇帝每次用膳毕，茶房都要适时备供乳茶。备供乳茶的时候，总管太监也要循例向皇帝请示下顿用餐的具体事宜，如用餐地点、想吃什么，或是提醒近日有先祖的生辰忌日等，使皇帝心中有数。

乳茶不仅是为皇帝的必供之物，也是祭祀祭品和各种筵宴中不可缺少的，宫中所备供案，必有用碗盛献乳茶的礼仪。在各种筵宴中，乳茶也是一道必供的饮料。不仅如此，清宫中还专有茶宴，这在前面已经提及。据《养吉斋丛录》（卷十三）记载，乾隆癸亥后在重华宫举行的茶宴是这样的："列坐左厢，宴用果盒杯茗。御制诗云：杯休醽醁劳行酒，盘钉铫鍠可侑茶。纪实也。初人数无定，大抵内直词臣居多。体裁亦古今并用。小序或有或无。后以时事命题，非长篇不能赅赡。自丙戌始定为七十二韵，二十八人分为八排，人得四句。每排冠以御制，又别有御制七律二章……题固预知，惟御制元韵，须要席前发下始知之。与宴仅十八人，寓登瀛学士之意，诗成先后进览，不待汇呈。颁赏珍物，叩首祗谢，亲捧而出。赐物以小荷囊为最重，谢时悬之衣襟，昭恩宠也。余人在外和诗，不入宴。"喝着香喷喷的乳茶，帝臣题词联句，也是别有一番情趣。

熬乳茶者均为蒙古茶役，可见乳茶是满蒙的传统饮料。熬乳茶的具体做法是：用牛乳一镟（一镟为三斤八两），置桶内，加乳油二钱、黄茶一包（二两重）、青盐一两，再置火上煎熬而成。熬好后盛银茶桶内以备应用。

三、酿酒

宫中的酒类主要有乳酒、玉泉酒（又称祭酒）、燕酒、烧酒。

酒是清宫御膳中配供的一种主要饮料，乃用颐和园西面玉泉山下的玉泉水加酒料酿造而成。皇帝一般在正餐后相隔时间的便餐中常常饮用乳酒（有时也用于祭祀）。祭酒主要供祭祀之用。宫内举办的各种筵宴则供燕酒或烧酒。

各种酒类酿造的用料，清宫有关档案中有记载。如造一份玉泉酒（一份为三百七十斤），需用南糯米三石六斗，麸曲、面曲、豆曲各二十斤，大淮曲一块，引酵二斤，玉泉水一百六十八斤。此酒每瓶重三斤。造一份燕酒（一份为一百三十斤），需用糯米一石，淮麴八斤，豆麴五斤，引酵八两，花椒八钱，箬菜四两，麻经三两，香油四两。此酒瓶重十五斤者供满席用；瓶重一斤者供汉席用。烧酒是用酿造玉泉酒所余的糟粕制成，每米一石，得酒三斤。此酒一般都是桶装的，供零散之用。上述诸酒，由内务府酒局（酱醋房下设）酿造，专有十六名酒匠负责。

第十三章 清宫的祭祀与祭品供献

清宫中的祭祀活动是满族的固有习俗，其祭祀礼仪和祭品供献也均循于先祖旧制。正如《养吉斋丛录》（卷七）中所记载的那样："坤宁宫每日祭神。及春秋立竿大祭。皆以昔年盛京清宁宫旧制。"

清入关后，于顺治元年（1644），建堂子于长安左门外、玉河桥东。元旦必先致祭于此。此祭也就成为清朝循用旧制的标志。在清宫中，每年的祭祀活动是很频繁的，如新年大祭、坤宁宫每日祭神、春秋大祭、祭田苗神、祭马神、祭孔、祭关圣帝等（祭孔、祭关圣帝则属于汉俗了）。这些祭祀活动中的祭品供献，不仅体现了满族的传统食俗，也与清宫御膳有着密切的关系。本章仅就清宫中的主要祭祀活动所备的祭品供献，试作探讨和释介。

第一节 坤宁宫的祭品供献

坤宁宫是皇帝祭神的地方，这里每年正月、十月有大祭，每日还有朝祭、夕祭。宫内西大炕供朝祭神位，北炕供夕祭神位。朝祭在寅时、卯时，夕祭在未时、申时。祭时用猪，并设香碟、净水及糕。糕以黄豆稷制成。朝祭时，司祝擎神刀，并诵神歌，配有三弦琵琶以祝祭。然后以猪领牲。夕祭时，司祝束腰铃，执手鼓。亦诵神歌，并击鼓拍板和之，然后以猪领牲。再撤香灶、灯火，展开背灯青幕，这时，在场人皆退出。司祝振铃，先后四次诵神歌，此所谓背灯祭也。祭后卷幕开户，明灯撤供。朝祭

□《满洲祭天祭神典礼》（〔民国〕姜园精舍刊行）中，记载清宫中坤宁宫西间萨满祭祀神堂供献物品种类（部分），其设置与盛京皇宫中清宁宫同

神为释迦牟尼佛、观世音菩萨、关圣帝君；夕祭神为穆里罕神、画像神、蒙古神。在背灯祭时又有四时献鲜之说，春供雏鸡，夏供鹅，秋供鱼，冬供雉。

坤宁宫祭祀时，所备祭品供献，均循满洲旧规，从中可以看出满族烹饪的传统特色。

正月初三日供馓子。做馓子时，用白稷米四金斗，红稷米四金斗；酿醴酒时，用稷米一金斗五升；炸馓子时，用油苏子七金斗。另外，煮肉、蒸糕、酿醴酒用柴一千三百斤；食肉和整理猪内脏用盐五斤；时鲜果品十八碟；此祭用中等黑毛猪四头。

二月初一供洒糕。做洒糕时，用红稷米四金斗；酿醴酒用稷米一金斗五升、白豇豆一板斗二升；煮肉、蒸糕、酿醴酒用柴一千三百斤；食肉和整理猪内脏用盐五斤；时鲜果品十八盘；此祭用中等黑毛猪四头。

三月初一日供打糕搓条饽饽。做打糕时，用红稷米金斗四石；做搓条饽饽时，用稷米金斗一石六斗、荞麦金斗二石；炸搓条饽饽用油苏子金斗二石、黄豆四斤斗；造麹用稗子米金斗一石；酿清酒用稷米金斗一石。另

外,煮肉、整理猪内脏用盐五斤;蒸稷米饭用五两重黄蜡烛九支、一两五钱重黄蜡烛八支、黄土二十筐;还有时鲜果品十八碟、大黑毛猪五头。

四月初一日供洒糕。所用物料与二月初一日做洒糕等用物料同。

四月初八日供椴叶饽饽。做椴叶饽饽时,用红稷米四金斗、椴叶一万片、苏油十斤;酿醴酒用稷米一金斗五升、白豇豆一板斗二升;煮肉、蒸糕、酿醴酒用柴一千二百斤;食肉、整理猪内脏用盐五斤;时鲜果品十八碟;用中等黑毛猪四头。

五月初一日供椴叶饽饽。所用物料与四月初八日做椴叶饽饽等用物料同。

六月初一日供苏叶饽饽。做苏叶饽饽时,用红稷米四金斗、苏叶一万片、苏油一斤;酿醴酒用稷米一金斗、白豇豆一板斗二升;煮肉、蒸糕、酿醴酒用柴一千二百斤;食肉、整理猪内脏用盐五斤;时鲜果品十八碟;用中等黑毛猪四头。

七月初一日供淋浆糕。做淋浆糕时,用糜子米七金斗、铃铛麦五金斗;酿醴酒用稷米金斗五升;煮肉、蒸淋浆糕、酿醴酒用柴一千四百斤;食肉、整理猪内脏用盐五斤;时鲜果品十八碟;用中等黑毛猪四头。

八月初一日供炸饺(角)子。做炸饺子时,用红稷米八金斗、油苏子八金斗;酿醴酒用稷米五升、白豇豆一板斗二升;煮肉、炸饺子、酿醴酒用柴一千四百斤;食肉、整理猪内脏用盐五斤;时鲜果品十八碟;用中等黑毛猪四头。

九月初一日供打糕搓条饽饽。所用物料与三月初一日做打糕搓条饽饽等所用物料同。

十月初一日供洒糕。所用物料与二月初一日、四月初一日做洒糕等所用物料同。

十一月初一日、十二月初一日亦供洒糕。所用物料与前同。

坤宁宫常日祭祀俱供洒糕。

祭天时,用黑毛猪一头,稗米板斗一升;盐五斤;煮肉和做饭用柴三百五十斤;另用整白连四净纸一张。

求福祭祀时,供打糕、碟糕、豆擦糕、水馓子、鲤鱼、稗米饭、醴酒。所用物料为:红稗米七金斗、油苏子六金斗、黄豆一板斗、白小豆一板斗、清酱八两；黄、绿二色棉线一斤八两（做索绳用），索绳上所夹绸条用九色绸每色各三尺；做囊用高丽布一丈二尺；包裹柳枝用黄粗布袱二块（角块长一丈、宽五幅）；柳树一株。另外，做糕、酿酒、炸糕、炼油、蒸鱼、煮稗米饭、蒸豇豆饼子、炒豆、洗器皿等用柴一千五百斤。

上述，是坤宁宫各时节所供祭品及用料概况。这些祭品的具体制法，已于本书前卷有所记述，故不重复。

第二节　四季供与太阳供

在清宫中，每年春、夏、秋、冬四季都有祭祀活动。以清宫膳食档案的计季标准来讲，正月初三日未初一刻六分为立春，四月初五日巳正一刻二分为立夏，七月初十日午正初刻二分为立秋，十月十四日卯初二刻二分为立冬。四季祭祀时，皇帝都要御驾亲临，至供前拈香行礼，为国为民祈福，以求四季如意。太阳供是满族古老的祭祀活动，满族在十七世纪兴起时，保留着原始信仰萨满教的遗俗。出征前、得胜回师都要举行祭天地礼和祭纛旗礼。按照满族信仰，天为阳，白色象阳，地为阴，黑色属阴。清宫中的太阳供即是这种遗俗的延续。下面，仅以乾隆时期的四季供和太阳供为例，对清宫当时的祭品供献礼俗作一探研。

一、春季供

立春日，乾隆要在宫中延庆殿九叩迎春，为民祈福。立春头一日，延庆殿要设猪羊供一桌。立春时，茶膳房要在延庆殿摆供，摆供时安神牌，坐东向西摆供一桌二十品，从怀里摆起：头路素菜五品，二路点心五品，三路干菜五品，四路鲜果三品，五路茶三盅，六路酒三杯，左边供猪一口，右边供羊一只。猪、羊摆供时，俱头向上。

是时，乾隆至供前拈香行礼，香尽焚化毕，撤供，供品交敬事房，猪、羊交外膳房折用钱粮。

此祭供品中的素菜，多为酸菜、青韭、春笋等；点心则有馓子、蒸糕等；干菜用菇耳野菌；鲜果多用春桔金豆、斗酒双柑。四季供均用醴酒。

二、夏季供

夏季供大体与春季供同。供时品种有别，供品素菜多为王瓜、菠菜、蚕豆、莴苣、水萝卜等；点心则有洒糕、蒸糕、炉食等；干菜用菇耳野菌；水果多用鲜橘、樱桃等。

三、秋季供与祭牛女供

立秋日，茶膳房要在生秋庭设猪羊供一桌。乾隆至供前拈香行礼，香尽焚化毕，撤供，交敬事房和外膳房处理。供品中的素菜，多用白菜、萝卜、胡萝卜、芹菜、芸豆等；点心则用淋浆糕、蒸糕、炉食等；干菜用菇耳野菌；鲜果多用苹果、梨、枣、石榴、蜜橘、葡萄等。

临秋季时，宫中还有七月初七日祭牛女之俗。祭祀前几日，总管太监要将七月七夕供图一份呈献乾隆览过。七月初六日戌时摆供上香，初七日寅正二刻发符，卯初，乾隆至西峰秀色拈香行礼，随初献，午初献宝，未初亚献，申初一刻终献，子时上香。此祭供品，茶膳房须在西峰秀色含韵斋用御案摆设（于六日摆），从怀里摆起：头路米七品，二路鲜菜七品，三路瓜七品，四路鹿肉脯一品、高头点心六品，五路巧果七品，六路干果七品，七路鲜果七品。干、鲜果品之上，安放松柳仙人，仙人高一尺八寸，俱用七寸金龙盘盛装。供亭两边设香几二个，香几上各摆鲜果二品，用一尺二寸高的福寿锡供盘盛装（果、盘共高五尺）。供亭东、西两边各设案一张，俱摆吉祥陈设。戏台东边南围廊内设置各样瓜果十二盘，戏台西边围廊内设置各样巧果十二盒。东、西亭子前面设高桌二张，各摆玉车一座，每座玉车上，摆饽饽、果子五十二品，上安吉祥小牌子，共摆三层：头层饽饽五品、果子五品（用黄瓷盅盛装）；二层饽饽九品、果子九品（用洋瓷珐琅盅盛装）；三层饽饽十二品、果子十二品（用绿瓷盅盛装）。

七月初七日寅正二刻，在粗乐声中，茶膳房在西峰秀色大亭内摆发符供一桌，从怀里摆起：头路清茶二盅（用竹松梅盅盛装）、银杯盘二分、方头牙箸二双;二路素菜五品(用青花人物大碗盛装);三路肉一品(用九寸青花盘盛装,上插小刀子一把),肉上安盐酱一品,鸡血一品(用青花三寸碟盛装),东边供鸡一只(头朝里)、黄鸡子一品,西边供鱼一品(生鱼头朝东)、红鸡子一品(此四品俱用青花盘盛装);四路鲜果三品(用九寸青花盘盛装,果、盘共高五寸五分),西边灯罩后设大如意茶盘一个,左边供猪一口,身搭红布一块、阡张一挂;右边供羊一只,身搭绿布一块、阡张一挂,猪、羊头俱朝里。供毕,吹细乐,总管太监上香礼毕,首领太监拈香行三叩礼,祝赞献香,奏细乐,送焚化;然后首领太监请供桌上大如意茶盘,盘上供茶一盅、酒一杯,跪进与拈礼官奠毕,香尽,撤发符供一桌。卯初,乾隆在细乐声中就位,行三叩礼,礼毕,吹打祝赞一套,献香细曲一支,祝赞乾隆降香细曲一支,又祝赞献茶,首领太监用小如意茶盘请寿字黄盅……

卯初三刻,乾隆和皇后等位至西峰秀色大供前拈香磕头,皇后等位至供前磕头毕,初献供一桌,供品有:头对盒汤二品,饭二品,银匙二把,方头牙箸二双;二对盒蔬菜七品(东边四品、西边三品);三对盒蔬菜七品;四对盒点心七品;五对盒各式甑儿糕七品。

初献供未撤,乾隆至含韵斋看初献供,遂要巧果,并分赏皇后、各妃嫔、阿哥、大臣等各一盘巧果、一盒瓜果。进巧果毕,乾隆同皇后等位进早膳。

午初,吹打细乐,撤初献供一桌。撤时,从怀里撤起,先撤酒,再撤匙、箸、汤饭等。然后,献宝供一桌:随两边一对盒,用大黄盅盛菜、果、茶七品(东边四品,西边三品),菜、果连盅俱高九寸五分。供毕,献菜、果、茶,乾隆就位行三叩礼,礼毕,视赞献五谷等。此供撤后,随着吹打,摆亚献供一桌:头对盒荤菜七品、匙箸二双;二对盒干果七品;三对盒蜜果七品;四对盒鲜果七品。俱用五寸青龙瓷盘盛装,供品连盘俱高四寸五分。申初一刻,撤亚献供一桌,再摆终献供一桌:头对盒束果七品,圆头牙箸二双、叉子二把;二对盒各色糖七品;三对盒束果七品;四对盒各色糖七品。俱用五寸九龙盘盛装,供品与盘俱高四寸五分。

申初二刻,随本日乾隆晚膳撤供(连同御案供)。

西峰秀色为御园四十景之一,乾隆时期,七夕巧筵常设于此。乾隆曾御制诗云："西峰秀色霭宵烟，又试新秋乞巧筵。"以记其胜。

四、冬季供与灶君供

立冬日，茶膳房须在延庆殿设猪羊供一桌。是时，乾隆至供前拈香行礼，以祈福。此祭供品的素菜，多用酸菜、冬笋、腌菜等；点心则有洒糕、蒸糕、炉食等；干菜用菇耳野菌，水果多用柿子、桔柑、冻梨等。

十二月二十三日祭灶君供，宫中与民间同俗。在民间，"二十三日更尽时，家家祀灶，院内立杆，悬挂天灯。祭品则羹汤灶饭、糖瓜糖饼，饲神马以香糟炒豆水盂。男子罗拜，祝以遏恶扬善之词。妇女于内室，扫除炉灶，以净泥涂饰，谓曰挂袍，燃灯默拜"[①]。宫中的祭灶君供则比民间讲究多了。是时，于旧年酉初一刻，在坤宁宫灶君前摆供，由茶膳房伺候。此供设一桌二十品，用地方高桌三张设摆，从怀里摆起：头路粉汤五品、乌木筷子五双；二路饭五品（俱用八挂云鹏瓷碗盛装）；三路糖五品；四路菜五品；五路点心五品；六路鲜果五品（俱用官窑西莲碗盛装，出碗面高八寸）；七路茶三盅（安在香炉桌上）。东边高桌一张，上安银旋方盘一个，内装黄羊一只。

至酉初二刻，乾隆至坤宁宫佛堂和祖宗像前拈香行礼，再到灶君前和供前拈香行礼，然后到东暖阁楼上佛前拈香行礼，稍坐，皇后等位行礼毕，乾隆、皇后等位至灶君供桌前，太监请乾隆送焚化，总管、首领太监请元宝。乾隆始还养心殿，灶君供随撤，点心、菜、汤饭赏首领太监，黄羊赏厨役。

五、太阳供

太阳供于每年二月初一日在养心殿用御案供桌摆设。摆供前，总管太监还须将太阳供图呈乾隆览过。如《四季供底档》（乾隆二十九年至三十五年立）载：乾隆二十九年正月二十六日，总管太监马国用据二月初一日太

---

① 〔清〕潘荣陛：《帝京时岁纪胜》，"神灶"。

阳供图一份五张呈进乾隆览过，下旨；照例侍候御案供一桌，养心殿摆设，其余四献不用伺候。钦此。

在养心殿摆设的太阳供，一般置院内，坐西北向东南摆供。供品有：大太阳糕一个（重七十四斤八两）；在彩画元光两边，有捶手太阳糕各一套（每套十一个，重六十斤），捶手两边盘足至桌边三寸至后桌边七寸（此二品上安牡丹花）；太阳插屏两边的两个香几上，安锦辉堆二品（用福寿锡供盘盛装，连盘高五尺，上安松柳仙人）。御案桌上的供品从怀里摆起：头路米七品（盘足至怀里桌边三寸）；二路点心七品；三路南果七品；四路荤高头七品；五路太阳糕七品（每品一套九个，重二十三斤，此五路俱有花头）；六路干果七品；七路鲜果七品（此二路供品顶上安松柳仙人），此七路供品俱用七寸金龙供盘盛装，连盘高一尺八寸，鲜果盘足至前桌边二尺五寸，盘边至盘中空二分；八路为茶三盅；九路为酒三杯。摆供毕，乾隆至供前上香行礼，回身再上斗香，礼毕香尽；俟养心殿总管太监送焚化毕，由茶膳房撤供。此供一桌共四十一品，另有套太阳糕二品、锦辉堆二品，计四十五品。此供在撤时，照例留用符太阳糕七套之内桃顶一个、顶上太阳糕一个，共摆一盒，另随干果四品、鲜果四品，晚晌呈乾隆进膳。并遵例将大太阳糕元光取下，各切二件，用小金龙盒盛装，晚晌供乾隆赏用。其余供品分赏太监等人。

第三节　同治时期的清宫祭品供献

清宫中每年的祭祀活动颇多，错综繁杂，所用祭品供献自然也十分耗费。下面，仅将同治三年清宫中各种祭祀活动和祭品供献作一大致剖析和研究，以便对清宫中循例的祭祀和祭品供献有一个梗概的了解。

一、除夕、元旦宫内各处摆供概貌

每至除夕、元旦，清宫中祭祀典礼甚多，宿坛、斋宫皆有窒碍。同治三年清宫中的新年祭品摆供情况如下：

玄穹宝殿正案一桌，计四十五品：素菜九品、点心九品、蜜食九品、干果九品、鲜果九品。另配供二桌，每桌二十品，共计四十品；每桌供品有：素菜五品、点心五品、干果五品、鲜果五品。

钦安殿设供三桌，每桌二十品，共计六十品。每桌供品有：素菜五品、点心五品、干果五品、鲜果五品。

养心殿内设天地大供一桌，计七十五品：素菜九品、点心九品、蜜食九品、干果九品、鲜果九品、汤九品、饭九品、煮饽饽九品、茶三盅。

东佛堂正案供一桌二十五品：素菜五品、点心五品、蜜食五品、干果五品、鲜果五品。

神牌前设供三桌，每桌二十五品，共计七十五品。每桌供品有：素菜五品、点心五品、蜜食五品、干果五品、鲜果五品；另配供一桌二十品：素菜五品、点心五品、干果五品、鲜果五品。

西佛堂正案设供一桌二十五品：素菜五品、点心五品、蜜食五品、干果五品、鲜果五品；另配供三桌，每桌十五品，共计四十五品，每桌供品有：素菜五品、点心五品、鲜果五品。

关圣帝君前供一桌五品：素菜一品、点心一品、蜜食一品、干果一品、鲜果一品。

明间供一桌二十五品：素菜五品、点心五品、蜜食五品、干果五品、鲜果五品。

太岁坛供一桌二十品：素菜五品、点心五品、蜜食五品、鲜果五品。

乾清宫东暖阁神牌前设供二桌（除夕摆设一桌，子时换摆一桌），每桌二十品，共计四十品。每桌供品有：素菜五品、点心五品、干果五品、鲜果五品。

长春宫佛堂设供三桌，每桌五品，共计十五品。每桌供品有：素菜一品、点心一品、蜜食一品、干果一品、鲜果一品。

长春宫神牌前供一桌二十品：素菜五品、点心五品、干果五品、鲜果五品。

重华宫崇政殿佛堂正案设供二桌，每桌十品，共计二十品。每桌供品有：素菜二品、点心二品、蜜食二品、干果二品、鲜果二品；另配供四桌，每桌五品，共计二十品，每桌供品有：素菜一品、点心一品、蜜食一品、干果一品、鲜果一品。

敬胜斋设供一桌，供炉食五品。

如是室楼上设供一桌，供点心五品。

如是室楼下设供二桌，每桌供点心五品。

建福宫东间设供一桌九品：素菜三品、点心二品、干果二品、鲜果二品。

广生楼设供三桌，每桌五品，共计十五品。每桌供品有：素菜一品、点心一品、干果二品、鲜果一品。

凝辉堂设供一桌五品：素菜一品、点心一品、干果二品、鲜果一品。

坤宁宫宫灶君前设供一桌十品：点心五品、鲜果五品。

上书房圣人前设供一桌二十品：素菜五品、点心五品、干果五品、鲜果五品。

药王前设供一桌二十品：素菜五品、点心五品、干果五品、鲜果五品。

端则门佛堂正案设供一桌二十品：素菜五品、点心五品、干果五品、鲜果五品；另配供一桌二十品，供品同上。

关圣帝前设供一桌五品：素菜一品、点心一品、干果二品、鲜果一品。

位育斋设供一桌十品：点心五品、鲜果五品。

惇本殿设供四桌，每桌五品，共计二十品。每桌供品有：素菜一品、点心一品、干果二品、鲜果一品。

钟粹宫设供八桌，每桌五品，共计四十品。每桌供品有：素菜一品、点心一品、干果二品、鲜果一品。

孝全成皇后圣容前设供一桌九品：素菜二品、点心二品、干果三品、鲜果二品。

毓庆宫前殿东间孝静成皇后圣容前设供一桌九品：素菜三品、点心二品、干果二品、鲜果二品。

值得一提的是，上述祭品供献，于佛堂处的占有很大比重。供佛祭佛神，也是满族传统的祭祀活动。在清朝皇帝中，笃信佛门者不在少数：顺治欲出家于五台山；乾隆尤敬佛寺，更喜斋食；慈禧自诩为"老佛爷"；溥仪在后期沉缅于佛经之中，行斋食素。因此，供佛祭佛神，是清宫固有的遗俗之一。每年四月初八日，清宫中有浴佛之礼，由礼部具奏。是日，于坤宁宫请佛亭至堂子，将大内所备红蜜，及诸王所备之蜜，贮黄瓷浴池内，以净水搅匀，请佛于浴池内，浴毕，以新棉垫座，安奉亭中，仍请入宫。四月初八日又俗称结缘日，乾隆间屡见吟咏。由此可见，每至除夕、元旦，清宫大祭时，循例于各处佛堂设供献佛，则不足为奇了。

二、天坛大供、七巧大供、太阴供

正月初九日为天诞，禁屠宰，宫中亦如此。这天，养心殿院内须摆设天坛大供一桌，有拜朝天忏、赐福解厄之意。此供共九十九品：米、面点心九品，素菜九品，蜜食九品，米面炉食九品，蒸点心九品，干果九品，南果九品，鲜果十八品，茶九盅，酒九杯。供毕撤下。

七月初七日是祭牛女之日。此日之供在前节已有详述。但同治时期的七夕大供是在静怡轩摆设，为一桌四十九品：米七品，鲜菜七品，巧果七品，荤、素高头七品，瓜果七品，干果七品，鲜果七品。另有藕山一品，锦辉堆一品，玉辂盒二座，茶三盅，酒三杯。

八月十五日祭月，宫中和民间同俗。这日，养心殿院内须摆设太阴供。太阴，指月府素曜太阴皇君是也。此供一桌四十九品：头路米七品，二路豆角七品，三路西瓜七品，四路荤素高头七品，五路月饼七品，六路干果七品，七路鲜果七品，另有茶三品，酒三杯。供中间有大月饼一个（重四十四斤八两），搔手月饼二套，锦辉堆二座。摆供毕，酉初时，同治至供前拈香行礼，礼毕，少坐，送焚化，然后撤供。供品赏公主、总管太监等人。

宫中每年于各处摆设大小供案是很多的，上述只是事例。如前代皇帝、皇后诞辰日，当代皇帝、皇后诞辰日，五月十三日祭关帝君，八月二十七日祭孔，还有祭龙神、祭西陵氏之神等等，都须各种供桌摆设，在此不一一叙述。

三、祭祖供品

祭祖，是清宫中重要的祭祀活动。顺治十三年（1656），建奉先殿于景运门之东，为祀太祖、太宗之所。雍正元年（1723），于大内寿皇殿及畅春园奉安圣祖御容。乾隆初，就寿皇殿东室奉世宗御容，又于乾隆五年（1740）在圆明园建安佑宫，殿庑之规制为九室，东一室奉世宗御容。太祖、太宗、世祖及列后圣容，皆于体仁阁尊藏，当时无展谒献祭之礼。乾隆十五年（1750），按安佑宫之规制，重建大内寿皇殿，恭奉列祖列后圣容于此，如奉先殿昭穆次序，皆南向，按室悬像，始行献祭礼。此后，清朝历代，每至除夕均要恭悬列祖列后，元旦瞻拜，皆于寿皇殿奉安神御。

同治三年（1864）十二月二十六日，总管太监具黄折片奉过。同治下旨：寿皇殿笾豆大供，除夕、次年正月初二盘肉果供。钦此。

十二月三十日，寿皇殿悬圣容毕，寅初，茶膳房摆盘肉干鲜果供。随摆——

太祖一位：爵坫前东边猪肉一盘，西边羊肉一盘，中部清酱一盘，干、鲜果品十二盘。

皇后一位：爵坫前东边猪肉一盘，西边羊肉一盘，中部清酱一盘，干、鲜果品十二盘。

为太宗、世祖、圣祖、世宗、高宗、仁宗、宣宗、文宗及列位皇后所摆之供与太祖及皇后摆供同。摆毕，于卯初（早五时），同治至寿皇殿供前拈香行礼毕，早膳后撤供。

同治四年（1865）正月初一日子初（晚十一时），寿皇殿祭祖所摆的笾豆大供是——

太祖一位：爵坫前摆笾豆供一桌二十八品，有头路白饼一品、黑饼一品、糗饵一品、粉餈一品；二路榛一品、菱一品、芡一品、鹿脯一品；三路荆盐、鱐鱼一品、枣一品、栗一品；四路黍一品、稷一品；五路稻一品、高粱一品；六路韭菹一品、醯醢一品、青菹一品、鹿醢一品；七路芹菹一品、兔醢一品、笋菹一品、鱼菹一品；八路脾拆一品、豚拍一品、酏食一品、糁食一品；另有大羹一品、和羹一品。为太宗、世祖、圣祖、世宗、高宗、仁宗、宣宗、文宗诸皇帝所摆的笾豆大供皆与太祖供同；惟太宗，供中为大羹二品、和羹二品，世祖供中为大羹三品、和羹三品。此九桌供盘皆足至前桌边二寸，至后桌边八寸，至东西两桌边三寸五分。摆供毕，于寅初二刻（早三时半），同治至寿皇殿供前拈香行礼，然后回宫，午初（十一时）时，由茶膳房撤供。

第四节　祭祀旧制揽要

清宫中的各种祭祀习俗，皆沿袭祖制。现将祭祀中有关食制方面的事宜，揽其要者分述如下，从中可以看到这些祀品对清宫御膳的某些影响和内在联系。

一、坤宁宫食肉大典

坤宁宫大祭、春秋祭、常祭时，皆有食肉之典。大祭时，皇帝亲率皇子和诸大臣馂于祭所，茶膳房尚膳正布席，大臣进羹饭，后妃等馂于宫中。春、秋大祭时，坤宁宫立竿祭神，礼成，例有皇子以下及王公大臣食肉。锡厘广惠，清朝历代皆沿此俗。宫内西南隅，为供神所。皇帝西向坐，皇子以下及诸王公大臣叩首谢，皆向西席地引茵而坐。人酒一卮，肉一盘，汤饭各一盂。食肉时，各以自带佩刀割食。皇帝食肉毕，诸臣方置碗匙。如肉未食尽，可赐侍卫们食之。如有在告大臣或退休居住京师的大臣，亦赐胙，或赐神糕。坤宁宫每日常祭时用猪二只，猪章京掌之。晚间祭背灯时，背灯肉交御膳房给散秩大臣及侍卫们分食。每日祭神食肉的常制是：食肉者至宫门外，取一毡垫入，置坐处，叩头毕，席地坐，人各肉一盘，饭一盂，盐一碟，食毕而出。乾隆时期，曾有太监窃肉营私之事：掌管煮肉的太监，将猪肉窃瘦留肥，或将猪以次充好。所以当时入宫食肉者逐渐减少。后来，内务府派御前侍卫一员、乾清宫侍卫二员去坤宁宫食肉，并兼纠察，处理了犯事的太监，入宫食肉者又恢复了正常。

坤宁宫的食肉之典，既是满族的祭祀礼俗，也是满族的进食习惯。满族人食猪肉，首先在于以猪祭神的崇敬虔诚的心理意识，认为食猪肉可以获福；其次，猪肉是满族人最喜食的食品之一，在清宫中是主要的副食品。在皇帝的御膳中，以猪肉制成的肴馔占有一定的比重，其中必有盘肉，这种盘肉即是按祭祀时煮肉之法作成，再以刀片之盛盘的；再有背灯肉、背灯肉片汤、烹白肉、猪肉片、白肉片、攒盘肉等，也是皇帝的御膳中经常有的品种，这都与清宫中祭神食肉的习俗有关。

二、祭万历太后的老汁白肉

祭万历太后的掌故是出于明万历年间，清太祖攻抚宁时，为明兵所俘，囚于狱中。后经清廷贿内监言于万历太后，始得释之。故以此为报，则于清宫紫禁城东北隅设小屋三椽，供万历太后神牌，俗称为万历妈妈。

祭万历太后所煮白肉的老汁，史籍中称有二百年之久，虽夸大之言，但汤汁浓香味醇却是事实。煮成的白肉由大门侍卫们享之。食肉时不设匕箸，各用身带佩刀割之而食，食时亦不准用盐酱。但侍卫们食肉时往往赖以取巧，用厚硬的高丽纸为刃，将肉切成小块，用好酱油蘸之而食；又往往将肉切好藏之衣袋中，食时，一片一片地取出置碗内，蘸煮肉汁食之。

祭万历太后所用白肉何以为大门侍卫们所享呢？因每日子正三刻（夜十二时三刻），东华门启扉时，首先入门者是一乘布围骡车，车上载活猪二口，车辕处坐一老妪，驱车直入内东华门，循墙而行。车后，是奏事处官员提圆纱灯随之，再后，则是各部院衙门的递奏官和各省折弁，以及趋朝各官，皆借奏事处灯光以行。每年三百六十五日，均按此规进门，每日用活猪二口，专一老妪主其事。大概是顾及门卫们关启门扉的辛苦吧，所以此祭万历妈妈的白肉由门卫们所享。

三、祭祀所用白盐、砖盐的份例

盐是最普通的调味品，虽然是膳食中不可缺少的，但毕竟经济价值很低，即使在平民百姓的日常生活中也无足轻重。但在清宫的祭祀活动中，盐却是珍贵的物料，祭祀中所用白盐、砖盐的份例，《钦定大清会典》中曾有明确规定，可见盐在祭品供献中是占有一定位置的。清宫祭祀供品以盐为贵，这与满族传统食尚有关。关于满族人视盐为贵的情况，在前面及前卷中已有记述，故不重复。

《钦定大清会典》中规定祭祀时所供白盐、砖盐的份例大体是这样的：坛庙之祭用盐：天坛、地坛等供用白盐一斤、砖盐七斤；祈谷供用白盐一斤、砖盐四斤八两；社稷供用白盐一斤、砖盐三斤；太庙之祭供用白盐一斤、砖盐十一斤八两；元旦及万寿圣节致祭，供用白盐一斤、砖盐二斤八两；日坛、先农坛、先蚕坛，供用白盐八两、砖盐十两；月坛供用白盐八两、砖盐一斤四两；历代帝王庙供用白盐一斤、砖盐十六斤十四两；先师庙丁祭及临雍释奠，俱供用白盐一斤、砖盐三十六斤十四两；传心殿供用白盐一斤；太岁供用白盐八两、砖盐三斤二两；先医供用白盐八两、砖盐五斤十两；关帝庙供用白盐八两、砖盐二斤二两；文昌庙供用白盐八两、砖盐十四两；黑龙坛、玉泉山、昆明湖、龙神祠及万寿圣节致祭、都城隍庙，俱供用白盐八两、砖盐十两；等等。陵寝之祭用盐：东陵、西陵岁用白盐六百七十六斤、砖盐一千五百零八斤、青盐八千九百八十一斤（俱由礼部来文供备）。

四、祭酒份例

清宫中祭祀时所用的酒为乳酒，又称祭酒。此酒由良酝署酒局酿造，内务府内库保管。祭酒每瓶重三斤。此酒用于祭祀，均有严格的规定：

皇帝东巡盛京展谒三陵时，用祭酒三瓶；东陵供用酒三十三瓶，西陵供用祭酒二十一瓶；天坛、地坛供用祭酒七十二瓶、洗爵酒二瓶，祈谷供用祭酒四十八瓶、洗爵酒一瓶；日坛、先农坛、先蚕坛俱供用祭酒六瓶、洗爵酒一瓶；月坛供用祭酒十瓶、洗爵酒一瓶；历代帝王庙供用祭酒六十六瓶、洗爵酒二瓶；先师庙丁祭及临雍释奠，俱供用祭酒七十四瓶、洗爵酒二瓶；月朔释奠，供用祭酒十瓶；传心殿供用祭酒六瓶；太岁供用祭酒二十二瓶、洗爵酒一瓶；太庙每岁春用祭酒七十瓶、夏用祭酒九十三瓶、秋用祭酒二百零八瓶、冬用祭酒一百六十二瓶；祫祭用祭酒九十三瓶、洗爵酒各二瓶；祫祭前二日祇告、太庙俱供用祭酒六十九瓶；万寿圣节致祭，用祭酒六十四瓶；元旦致祭，用祭酒十六瓶、洗鱼酒各一瓶；火神庙、东岳、都城隍庙，俱供用祭酒四瓶；太医供用祭酒十六瓶；关帝庙供用祭酒十瓶；文昌庙供用祭酒六瓶；洗鱼酒各一瓶；黑龙坛、玉泉山、昆明湖、龙神祠俱供用祭酒四瓶、洗鱼酒一瓶；炮神、红衣炮位俱供用祭酒三十二瓶；子母炮位供用祭酒四瓶；春秋仲月致祭、睿忠亲王祠、双忠祠、定南武壮王祠、文襄公祠、旌勇祠等俱供用祭酒四瓶；恪僖公遏必隆祠、勤襄公祠，俱供用祭酒六瓶；等等。

上述，仅是清宫祭祀中有关食制方面事宜的一部分。另外，祭品供献中的素菜、荤素高头、饽饽、点心、干鲜果品、干菜等，撤供后也常常成为宫内的日常膳食。这些膳品供献的制作方法，以及宫内人们时常得到分享祭品而形成的饮食习惯，都会直接或间接地影响着清宫御膳。尤其是祭祀时所供物料的严格规定，对清宫御膳的投料标准化更有制约性作用，以致皇帝用膳时，所用肴馔的用料数量、口味、盛器等，都有固定的标准，不能随意改变。

第五节 东陵的祭品和膳事

东陵，坐落在河北省遵化县境内的马兰峪，西南至北京一百二十五公里，东南至遵化县城三十公里，是中国现存规模宏伟、体系完整的帝石陵墓群之一。此陵始建于顺治十八年（1661），共有帝、后、妃陵十四座，即顺治的孝陵，康熙的景陵，乾隆的裕陵，咸丰的定陵，同治的惠陵；还有孝庄、孝惠、孝贞（慈安）、孝钦（慈禧）四座皇后陵；以及景妃、景双妃、裕妃、定妃、惠妃五座陵园。

由于此陵自1663年葬入顺治起，至1935年葬入同治皇帝的最后一位皇贵妃止，历时二百七十二年，共葬入一百五十七位皇室人员，因此，当时每年的祭祀活动络绎不断，清廷曾在这里专设膳事机构，备供所须祭品。

一、神厨库

神厨库位于孝陵附近，在神路桥北靠东侧，是一座黄瓦红墙的四方院落。这里是祭陵时置办牺牲品的地方。各帝后陵均建有这组建筑。院落坐东朝西，进门迎面单檐悬山的五间房是神厨，房后设两座烟囱；室内有锅灶，专司烹制祭品肉食；南、北各三间房为神库，为贮存神厨祭品及原料的备品库。东南角有一座重檐歇山式的省牲亭，其亭四面各显三间，又称宰牲亭，专供礼部屠户在此宰牛宰羊。亭内设有锅灶、膳房用具及方形大水池。在这里煮熟的牺牲品称为"太牢""少牢"。"太牢"是供牛、羊、猪各一只，"少牢"是供羊、猪各一只，均为沿循古代天子诸侯祭祀之礼。顺治时期，改猪为羊。"太牢"即一牛二羊，"少牢"则是一牛一羊。但祭祀时，放入牲匣内的"太牢""少牢"并非整牛整羊，而是将煮熟的牛、羊的头摆在牲匣前面，再放上一段脊椎骨，将四个蹄子摆在两侧，再在后面放上一条尾巴，只是一个象征性的整牛或整羊。神厨库南墙外，有一座盝式顶的井亭，井水是专供祭陵时吃用的。

神厨库的宰牲供品，是通过烹饪的过程来完成的，这些烹饪的方法虽然不算复杂，但都有一定的讲究和规格，并具有满族的传统食俗。

二、茶膳房与饽饽房

茶膳房与饽饽房位于神道碑亭向北的东西两侧，房内都设有锅灶和炊具，房后有烟囱，皆为制作祭祀供品的地方。设有四品尚膳正、尚茶正等官员，负责指挥几十人制作供品。祭品的盛器如盘、杯、盏、壶、碗、爵等，都是金、银制作，平时在礼部衙门的金银器皿库中贮存，每逢祭陵前专程派人提取备用。

茶膳房承办奶茶和菜肴，专为祭陵时供献之用。皇帝、皇后陵举行大祭时，茶膳房要承办十八样肴馔。计有：熟牛肉一方、熟羊尾、烧羊胸、蒸鲜鱼、烧野鸡、炒野鸡丝、蒸鲍鱼、烧蘑菇各一盘；粳米饭、粉汤、酸奶子、野鸡肉丝汤、羊肉丝汤各一碗，咸菜、芥茉菜、青瓜子、酱稍瓜、清酱各一碟。清明大祭无野鸡时，烧野鸡用羊肉片代替，炒野鸡丝用炒蕨菜代替，野鸡肉丝汤用羊肉片代替。此十八样肴馔皆有定规，不得易改。

饽饽房承办各种饽饽和四季应时的干鲜水果。皇帝、皇后陵大祭时，饽饽桌上供有：鹅蛋、鸡蛋、鸭蛋、干果、奶皮、鱼儿饽饽、江米糕、黄米糕、豇豆条、寸麻花、炸勒克、烙勒克各一碗；鸡蛋印子、鸡蛋鲁酥、七星饼、鸡蛋糕、红馅梅花酥、黄馅梅花酥、鸡蛋薄烧饼、炸高丽饽饽、红馅擀皮、黄馅擀皮、大麻花、枸奶子糕、山葡萄糕、奶皮花糕、山梨面糕、芙蕖面糕、白奶子糕、奶干糕各一盘；蜂蜜印子、沙糖印子、白薄烧饼、果馅厚酥饽饽、芝麻烧饼、糖酥饼、红白徼子、红白小麻花各两盘，鲜蜂蜜、白盐各一碟。共计四十种、四十八盘碗。另有干鲜果品十七盘，有苹果、黄梨、红梨、堂梨、桃、柿子、鲜葡萄、杏、黄李、红李、沙果、樱桃、红枣、槟子、栗子、冰糖、八宝糖、大占、山里红、胶枣、龙眼、荔枝、西葡萄、桃仁、榛仁、松仁、乌梨、柿饼、江米糖等；按季节从中选十七样，以求供鲜品。总共六十五盘碗饽饽和干鲜水果。另外，每年六月，帝后陵还须供办香瓜二百四十个；中秋佳节，供办西瓜十五个。饽饽桌上，每逢清明节后供祭时，奶皮须换糊都饽饽，鱼儿饽饽须换匙子饽饽，奶皮花糕须换干奶皮，山梨面糕、芙蕖面糕、白奶子糕、奶干糕都须换菊花饽饽。这些供品，祭祭如此，年年如此。贵妃、妃、嫔等供品，样数都相应减少。祭祀完毕，这些供品分赏给守陵官员及差役人等。盛祭品的金银器皿，仍如数交回金银器皿库封存。

清宫中祭祀时，与东陵所用祭品大体是一样的，但在清宫有关档案中对清宫的祭品品种没有明确的记载，从上述东陵祭品的品种上便可知其清宫祭品品种的大概。

三、昭西陵的祭品和膳事

昭西陵是顺治的生母——孝庄文皇后的陵墓。此陵坐落在孝陵以南五公里的风水墙外，建于康熙二十七年（1688），初称暂安奉殿。雍正三年（1725）孝庄文皇后入葬，始称昭西陵。此陵有郎中一员、员外郎一员、尚膳正一员、茶膳正一员、内管领一员、主事一员、笔帖式二员等负责陵中各种祭祀活动，另有膳房人七名、茶膳房人五名、领催二名、差役人十八名等司厨和承办祭品供献。现据《昭西陵录》（清代管理陵寝事物官员们的专用笔记）记载，将陵中的祭品和膳事情况辑述如下。

膳房应用盛装祭品的器皿：镀金银匙一件、镀金银镶牙箸一件、镀金银碗六件、镀金银大盘二件、镀金银中碗五件、镀金银碟五件、镀金银大方二件、银匙一件、银大盘二件、银汤瓶一件、银大碗二件、银碟五件、银马勺一件、银碗盖四件。茶房应用器皿：金里木碗一件、镀金铜碗盖一件、镀金银茶座一件、镀金银茶桶一件、镀金银马勺一件、银茶桶一件、银中盘二件、银马勺一件、银碗盖一件、镀金银云叶厢角桌一张、镀金银云叶一件、连盖珐琅碗二件。饽饽房应用器皿：镀金银匙一件、镀金银爵盏三件、镀金银大碗三件、镀金银中碟五件、镀金银小碗二件、镀金银瓜盘一件、镀金银中盘二十三件、镀金银小盘三十件、镀金银碟二件、银盅五件、银马勺一件、牙箸一双。以上共金器五件，共重一百零三两七钱。共金银器一百零三件，共重一千七百四十两零四钱。共银器二十八件，共重三百九十九两一钱九分。

孝庄文皇后一年四时并忌辰共五大祭；一年朔望除中元外，共二十三小祭；三月二十三日万寿告祭一小祭。

凡大祭所用原料数额和干鲜果品：黑牛二只（一只生用、一只熟用）、羊四只（二只生用、二只熟用）、鲜鱼二尾、野鸡十三只（惟中元用鸡雏无定数）、鲐鱼二十尾、蘑菇一斤八两、蕨菜一斤、木耳一斤、鸡蛋五个、白盐一斤、砖盐十两、奶油一斤二两、酱稍瓜四条、清酱瓜四条、金银瓜四条、腌菜一瓶、苏子六合五勺、芥花子六合五勺、鲜白菜八斤六两、清酱三斤、面酱五斤、玉棠米七升、白粳米二升（上述原料为膳房应用）。茶叶五包、碱一斤、砖盐十一两、蜜饯山里红五两、奶油五两三钱（上述原料为茶房应用）。白面一百九十斤、苏油四十五斤、蜂蜜二十斤、白糖八斤、奶油一斤八两、馅干枣三斤、馅核桃一百个、碱二两七钱、洗芝麻四升、白盐五两五钱、团粉六斤四两、砖盐十两、江米四升、黄米四升、白小米五升、鹅蛋十五个（清明、岁暮二季用）、鸭蛋二十个（清明、岁暮、十二月二十五日忌辰三祭用）、鸡蛋三百五十五个、芙蕖四斤、梨干五斤、山葡萄四斤、枸奶子三升、奶油七斤九两六钱、甘露酒四樽（每樽五斤）。干鲜果品，计有红梨十二个、糖梨十二个、黄梨十二个、苹果十二个、柿子十二个、桃十二个、槟子二十五个、红李子四十个、黄李子四十个、杏四十个、沙果四十个、鲜葡萄二斤、樱桃二斤、冰糖十二两、八宝糖十二两、龙眼七两、荔枝七两、西葡萄八两、柿饼一斤、红枣十两、胶枣十两、核桃一百二十个、榛子六升、松子四升、栗子二斤、蜜饯山里红十三两、乌梨十四两、大占十二两、江米糖四斤（惟中元不用）、蜂蜜七斤（惟中元用三斤八两）。

凡大祭所用供献品种：熟牛肉一方、熟羊尾一盘、烧羊胸一盘、鲜羊肉一盘、烧野鸡一盘（惟中元用鸡雏无定数）、野鸡丝一盘（惟中元无野鸡用蕨菜一盘）、鲐鱼一盘、蘑菇一盘、饭一碗、粉汤一碗、野鸡肉丝汤一碗（惟中元用鸡雏）、酸奶子一碗、羊肉丝汤一碗、甜酸奶子一碗、腌菜一碟、芥末菜一碟、清酱瓜一碟、酱稍瓜一碟、清酱一碟，共十九样。以上膳桌一张，祭器俱系镀金银器；酒三爵，系镀金银器；奶茶一碗，系珐琅碗。饽饽桌上供有：鹅蛋一碗（清明、岁暮此二祭用，别祭换小苏饽饽一碗），鸭蛋一碗（清明、岁暮并十二月二十五日忌辰，此三祭用，别祭换鸭蛋酥一碗）、鸡蛋一碗、干果一碗、奶皮一碗（惟中元换糊都饽饽一碗）、鱼儿饽饽一碗（惟中元换匙子饽饽一碗）、江米糕一碗、豇豆条一碗、寸麻花一碗、炸勒克一盘、烙勒克一盘、蜂蜜印子二盘、沙糖印子二盘、鸡蛋印子一盘、鸡蛋鲁酥一盘、七星饼一盘、黄馅梅花酥一盘、红馅梅花酥一盘、鸡蛋糕一盘、白薄烧饼二盘、鸡蛋薄烧饼一盘、炸高丽饽饽一盘、红馅擀皮一盘、黄馅擀皮一盘、果馅厚饽饽一盘、芝麻烧饼二盘、糖酥饼二盘、大麻花一盘、白徽子一盘、红徽子一盘、奶皮糕一盘（惟中元干奶皮一盘），菊花饽饽一盘、奶干糕一盘、山梨面糕一盘、芙蓉面糕一盘、白奶糕一盘（此四样糕惟中元不用，换菊花饽饽四盘）。干果十七样（在于所定二十九样干鲜果品内按随时所得、更换应用）、牲一匣（内供生牛一只，生羊二只）。

凡小祭所用原料数额和供献品种：干鲜果十二盘（亦系在于所定二十九样干鲜果品内，按随时所得更换应用，份量数目与大祭同）、清酱五两五钱、白盐五两三钱、甘露酒二樽（每樽五斤）。茶叶三包、碱四两、奶油二两、砖盐八两。凡朔望小祭供桌一张（惟三月二十三日告祭）：羊肉一盘、干鲜果十二盘、清酱一碟、奶茶一碗、酒三爵。另外，每年供西瓜、香瓜各一次，到时礼部交送，随祭供献，西瓜一盘十五个，香瓜一方二百四十个。每年八月内，京内膳房送乌朱穆秦鲜羊一只、克什克腾鲜羊一只，随朔望祭供献，每次多供鲜羊肉一盘。每年冬至前后，京内膳房送达郎冈爱干羊五只，随大小祭供献，每次多供干羊肉一盘。每年二、八月内，京内清茶房送奶饼二次，每次十五块，随大小祭供献，每次多供奶饼一盘。

昭西陵的祭品供献，不仅具有满族烹饪的传统风味，也与光禄寺承办的满席中的品种大体相似；其膳事管理机构，又属于清宫内务府的编制体系。可以说，包括整个东陵在内的祭品和膳事，不仅与清宫的祭品和膳事一脉相承，也是清宫御膳特色的某种反映。

第十四章　清宫宴膳的炊、餐器皿

清代美食家袁枚在《随园食单·器具须知》中说："古语云：美食不如美器，斯语是也。……惟是宜碗者碗，宜盘则盘，宜大则大，宜小则小，参错其间方觉生色。若板板于十碗八盘之说，便嫌笨俗。大抵物贵者器宜大，物贱者器宜小。煎炒宜盘，汤羹宜碗；煎炒宜铁铜，煨煮宜砂罐。"这段话，说出了肴馔之于盛器的关系，也反映了在清代，"美食须美器"这一道理已成为烹饪中的规则。然而，作为清代烹饪的精华——清宫御膳，其肴馔的盛器尤为讲究，是市肆和民间无法比拟的。清宫御膳中的餐具，不仅造质珍贵（多是金、银、玛瑙、玉、象牙、水晶等制成），而且堪称是精美的工艺品，反映了我国清代手工艺制作的高度水准。而且从这些餐具（包括炊具）的使用上，也能使我们探测和领悟清宫御膳中的某些特色。

在清宫中，皇帝的御用餐具和用膳设备，许多都是每年更换一次的。在中国第一历史档案馆中保存的清宫膳食档案中，有一批记载这方面的资料。下面，我们以这些资料为依据，将乾隆、嘉庆、道光、光绪四朝御用的餐具、用膳设备，以及炊具作一综述和探研，便大致可以领略清宫御膳在这方面的全貌。

第一节　乾隆时期的餐具和餐桌设备

一、乾隆二十一年十月的《御膳房膳单垫底档》

这份底档，是乾隆二十一年（1756）十月内，由乾清宫总管刘玉潘、养心殿总管刘沧州、圆明园总管李裕共同察得当时御膳房现存的膳单、垫单、桌围、幔布等，式样、质地、色泽、尺寸一一记于账上，并于十一月初三日由乾清宫总管刘玉潘具折奏过，经乾隆亲览后存档的。

乾隆对宫中所有物什，不论巨细宏微，都持珍爱态度，他说这是先世留下的遗产，不能掉以轻心。为此他曾差人用一小钵，内装宫中草梗数十根，置于固定处，每日有专人察看，是否有遗失。据说这一小钵中的草梗一直保存到溥仪时代。那么，知道了乾隆这一用心，也就知道了他为什么连膳单桌围这样的琐碎之事都要亲自过目的原因。

这份底档中，记载了乾隆二十一年十月间御膳房现存的乾隆御用的各种铺盖膳桌的膳单、垫单：有金线地红花膳单一块、西洋布白地花膳单十块、西洋布香色地花膳单二块、西洋布蓝色地花膳单四块、红地银线花垫单一块、西洋布香色地花垫单一块、西洋布白色地花垫单八块。又记载乾隆二十四年（1759）间御膳房现存的乾隆御用的各种铺盖膳桌的膳单、垫单：有金线地红花膳单一块、金银花线带膳单三块、西洋布白地花膳单二块、西洋布蓝地花膳单一块、红地银线花膳单一块、西洋布白地花膳单二块、花幔布膳单二块、西洋布花膳单三块、纳纱矮桌围一个；另有回子锦膳单一块。

从这份底档的记载中，也使我们知道了上述膳单的具体尺寸。如该档所记总管太监马国用从养心殿要了黄绸一丈七尺九寸，做了膳单三块，一块长三尺三寸、宽二尺七寸；一块长三尺三寸、宽二尺六寸；一块长三尺二寸五分、宽二尺六寸。这三块膳单，共用黄绸一丈五尺四寸，剩下黄绸二尺五寸和三条金银花线带（做膳单花边用的），交与太监胡世杰呈进乾隆览过，乾隆下旨：金银花线带零块交造办处熔化，黄绸交内养心殿收。

从该档的记载中，也可知道乾隆对这些膳单的管理和使用情况是很注意的。每一块新膳单在何处使用，每一块用过的膳单如何管理和处置，总管太监们都得向乾隆奏明，乾隆也都一一明确下旨。

二、乾隆五十七年十一月十三日的底档——《锡器册》

这份《锡器册》底档，记载了乾隆晚期御膳所用的各种锡制器皿以及各种炊具。

锡制器皿有：锡五星钻子六十六个、锡碗盖三十八个、二号锡罐七口、清酱锡罐四十三个、螺蛳锡盒一百四十三件、锡壶八把、锡盒子五个、锡直钻子九十五个、锡漏子十件、锡背壶二十六把、锡火壶五把。

锡制炊具有：大、小锡火炉七十二个（库存四十二个，外库二十一个，宫内四个，军机一个，扁武一个，余大人一个，上夜一个），另有灶梁、合纲、笞子、大行灶、小行灶、大阡子、阡子、挂炉钩若干个（原档中均为 × 号）。

该档中记载的锡制器皿，主要是为乾隆备供奶茶、白糖、清酱、小菜、酒、清水等的盛具和工具。值得注意的是，乾隆的御膳房中使用的炊具，包括烹制肴馔的大小灶台，多系锡制。这说明锡制炊具在当时的清宫中已很盛行；也可能是对膳食异常讲究的乾隆，对其御膳房的炊具设备也异常讲究的缘故吧。

三、乾隆六十年三月二十七日的底档——《家伙库》

"家伙"是指对清宫御膳中所用的碗、盘、匙、牙箸、桌张、坫案、挖单、油单等的总称。该档中记载的这些"家伙"，不仅使我们了解了清宫御膳中使用各种餐具、膳食设备的样式、质地、种类，而且从累计的数字中，也可猜测出当时筵宴和膳食用度的规模是如何盛大。

镀金器皿有：镀金银碗盖二件，镀金铜方六件，镀金铜大盘九十四件，镀金铜二盘二百九十二件，镀金铜大碗十八件，镀金铜茶碗二件，镀金铜盐碟一件，镀金铜盘盖二件，镀金铜匙子七把，牙箸八双（以上镀金银铜器四百二十九件)。

白、黄铜器皿有：白铜方五十八件，白铜膳盘一百四十九件，白铜大盘一千一百六十件，白铜二盘二千二百八十件，白铜大碗五百四十九件，白铜二碗二百八十件，黄铜大碗五百件，黄铜大盘一千二百五十件，黄铜二盘三千二百五十件(以上白、黄铜器九千六百七十三件)。

各式宴桌、坫案等有：金云角拉拉桌三张，金云角大宴桌七张，金云角班桌二张，铱金铁云角班桌二张，铱金铁云角折腿桌二张，楠木桌八张，花梨木桌十一张，西蕃莲桌一张，翟乌桌三十五张，内用桌七十五张，金漆桌二十九张，榆木桌二十张，砂漆小榆木桌二十张，红油桌三百张，大、小木架二十个，花梨木坫案一张，银角坫案十二张，龙坫案二十张，矮坫案五张，红坫案四张，小龙盒三十副，五彩盒十副，铜镀金云角梨花木桌二张(以上金银铜角坫案桌盒木架共六百二十四件)。

腰帏、挖单、桌套有：黄云缎挖单二十一块(有刷桌套十二个)，黄布帏子十个，黄蜜绸腰帏挖单十七块，黄布棉套三十个，纺丝油单十一块，布油单十七块，黄布挖单大、小十五块(以上腰帏、挖单、桌套一百七十六件)。

该档中记载的镀金银铜器，从质地良好、数目较少的情况来看，估计是乾隆亲用的；而白、黄铜器皿数目甚多，估计是内廷举办各种筵宴时用的。从各式宴桌来看，如金云角拉拉桌(三张)、金云角大宴桌(七张)、金云角班桌(二张)、铱金铁云角班桌(二张)、铱金铁云角折腿桌(二张)、西蕃莲桌(一张)等，估计是乾隆亲用的，如在乾隆日常膳食的档案中，就常有"用折叠膳桌摆(肴馔)"的记载，"折叠膳桌"即是折腿桌。该档中所说的内用桌(七十五张)，估计是皇后妃嫔等宫眷们用的；红木桌(三百张)，估计是举办大型筵宴时所用。

第二节　嘉庆时期的"野意家伙"和"千叟宴"所用炊具

一、嘉庆时期的《野意家伙帐》

"野意家伙"是清宫中对以食用火锅菜肴为主的所用器皿的通称。野意，野味也。清宫中所用的各种野味，主要是东北大、小兴安岭和长白山的特产。"野意火锅"一菜，是清宫御膳中的代表菜之一，也是典型的满族菜。该档中所记的"野意家伙"，多指是制作"野意火锅"这类菜肴时所用的火锅、盘、碟、果盒、火碗、攒盒、方盘、镟子等。

制作野意菜肴的主要盛器是火锅。该档中记载的是银火锅，其中随盘重五十二两的银火锅有二个，净重四十二两五钱的银火锅有一个，还有随座重十三两的银火碗二件。从重量来看，这是一种小型而精制的火锅。另外，还有宜兴出产的五彩盖锅一对。向清宫进献贡物的规则是成双结对，不出单数，这对五彩盖锅，推测是宜兴地方官向嘉庆皇帝进献的贡品。

随火锅的配套器具，该档中记载的则有：黄瓷六寸盘十七件（内惊璺五件）、黄瓷五寸碟十件、洋瓷梅花果盒一对、银螺蛳碟一件、银小碟四件（共重十八两）、碧玉螺蛳碟二件、宣窑白瓷鸡心碗二件、木攒盒一件、红瓷攒盒一对、银镟子六件、锡暖碗六件、瓷八仙碗大小五件（内有毛边惊璺一件）、红油捧盒一对。这些配套器具，主要都是分装各种切成片的野兽肉或配料、调料的，也有的是传菜时的用具或是保温器皿。

上述记载的器皿，均为御膳房接纳外地向嘉庆皇帝进献的贡品和后妃们借用回收的器皿，何时接纳的贡品，何人借用交回的器皿，都在嘉庆四年（1799）正月立的《野意家伙帐》中有明确的记载。就连嘉庆皇帝使用过的器皿，也要交回记账。属于嘉庆皇帝使用后交回的器皿，该档中记载有：

> 六月二十二日收御膳房交花梨木万子春盘两架（每架内有镶银屉三层，镶银木盘一件，乌银镲一把，金里瓢杯一只，银里瓢杯五只，乌木箸十双，嘉庆六年三月初十交茶房、膳房每处一架）。

嘉庆九年十月三十日收：上（嘉庆）交黄瓷碗大小十件。

十二月十七日收：上（嘉庆）交洋彩瓷五寸盘十件，洋彩瓷碗十件。

嘉庆十年十月十三日：上（嘉庆）交红螭水大碗三件（内毛边一件），青花白地敞口碗八件（内毛边四件）。

该档中记载的这些食具器皿，只是回收账目，远不是库存的。但这些"野意家伙"，一般都是嘉庆御用的。

二、"千叟宴"所用炊具

嘉庆元年（1796）正月举办的千叟宴，与宴者三千零五十六人，规模可算盛大。此宴桌张的铺排和炊具、用物的安排是怎样的呢？嘉庆元年正月立的《千叟宴》底档，记载了这方面的大体情况。

此宴桌张的铺排从东向西排起。具体的排法是：

东路头排三十四桌（李二部、王二部、宋八部、□□□□、郭部）。所用炊具用物为：提良炉二个、四快九二个、台炉二个、行灶一口、大铁锅一口、小锅二口、铜罐二个、锡锅四口、火锅四十六个、木柴二包、木炭二包、烛一包、匙子四十八把（又带把）、盒子四个、铜盘三十六个（有二十四个，欠十二个）、炉盖两个、水勺、木勺、火筷一双、支品九二个、四快九二个、蒸笼二副、络子二个、松竹梅碗一百个（件欠二十个）。

东二排二十二桌（张二部、宋部、廖六部、王四部）。所用炊具和用物有：黄食盒二架、提良炉二个、四快九二个、台炉二个、行炉一个、大铁锅一口、小铁锅三口、铜罐一个、汤平二把、支锅一口、木柴一包、火锅（不清）、炭一包、烛一包、火筷子一双、小勺二个、匙四十四把（欠一把）、盒子二副、炉盖二个、蒸笼二副、络子二个、铜盘四十四个、螺蛳盒二十个、铜匙子三十二个。

东三排七十桌（张二部、宋二十四部）。所用炊具和物品有：提良炉二个、四快九二个、大行灶一个、大铁锅一口、拉炉二个、铁锅六口、锡火锅子一百零一件、铜盘一百零十件、锡螺蛳盒七十件、铜罐三个、锡壶一把、水勺一把、小铁勺三把、炉盖二个、支品九二个、匙子十把、盒子三十四个、蒸笼四副、火筷子一双、络子二个、木柴二包、炭一包、烛一包、绳十二条（张六部拿）。

另外，还有东四排七十桌（张六部、宋二十四部），东五排一百桌（周三部、何部、宋二部），东六排一百桌（廖大部、何部、金部、张部）；西路头排三十一桌（那大部、牛部、张部、唐部、李部、程大部），西二排二十三桌（杨部、程大部），西三排十桌（石部、王部），西四排七十桌（庆李部、孙部、唐部），西五排一百桌（马二部、白二部），西六排一百桌（徐部、王五部）。所用炊具和物品种类，大抵与前同。

此宴共用火锅一千五百五十五个。赴宴者每二人一桌，每桌用火锅一个。"千叟宴"实际上是火锅宴。除火锅外，还有小菜、肉片、饽饽、米饭、酒等，这从使用的器具上亦可推测出来。如铜盘是盛各种肉片的，盒子是盛炉食的，蒸笼是装蒸饽饽或米饭的等等。另外，这盛大的宴会，厨役们在原来固定的膳房里是操作不了的，需要在殿外设置临时膳所，该档中所提到的台灶、行灶、大铁锅、小锅等，即是这些临时膳所的炊具设施。

第三节 道光时期的供祭盛具和铜、锡器皿

一、道光时期的供祭盛具

道光时期的供祭盛具都有哪些？道光二十三年（1843）七月立的《寿皇殿笾豆供[①]上所用等样器皿底档》中做过如下记载：

道光二十三年御膳房现存寿皇殿笾豆供上所用等样器皿：

---

① 笾豆供：笾和豆，为古代礼器。笾用竹制，盛果脯等；豆用木制（也有用铜或陶制的），盛菹酱等，供祭祀或宴会之用。

金镶裹花梨木碗二十二件（随碗座，金裹无成色份量）；

金镶裹花梨木碗六件（随碗座，三等金），六件金裹共重五十一两七钱五分；

金镶裹花梨木碗二件（随碗座，头等金），二件金裹共重十八两二钱二分；

金镶裹花梨木碗四件（随碗座，九成金），四件金裹共重三十九两六钱；

白瓷盘三百四十六件。

共等样器皿三百八十件。

应该说，此档记载的并非是道光时期宫中祭祀所用盛具的全部，只是其中的一部分。所谓"等样器皿"，即指属于同一类型的祭具，该档记载的只是碗、盘一类，另有各种锅子、碟、螺蛳盒、酒器、箸、匙等，此档并无记载。值得注意的是，该档中记载了三百四十六件白瓷盘，说明道光时期的宫中祭祀中已经常使用这类祭具。明、清时代是我国瓷器制作的鼎盛时期。明代时，为明宫制作瓷器的御窑厂就有五十八座。在明宫御膳中，以瓷制器具盛馔是很普遍的。据《明史·食货》载："凡上（皇帝）用膳食器皿三十万七千有奇，南工部造。金龙凤白瓷诸器，饶州造。朱红膳食诸器，营膳所造，以进宫中食物。"清宫在各种祭祀和宴膳事宜上，很多处都是沿袭明制。因此，明宫中以瓷制器皿盛食盛馔之风不会不对清宫有着直接的影响。而且满族自古以来就视瓷制餐具为珍物，如明代的宁古塔地区居住的满族人均以木制餐具盛食，如得一瓷碗，则视为宝物，这在《清稗类钞》一书中有记载。从清宫有关的膳食档案中可以看出，宫中举办筵宴，较少使用瓷制器具，这并不等于说视瓷器为贱物，恰恰相反，这是满族统治者仍然规循本民族视瓷器为珍物的缘故，就像满族视盐为贵物的习惯一样（清宫如赏赐外藩和各地来京使臣食物时，供盐是按两、钱计算的），所以在清宫中，以精制瓷器盛食盛馔只有在祭神祭祖的场合或是帝后进膳时才较多地使用。

二、道光十四年五月的《哈什库存家伙帐》

"哈什"是满语，即玉也。但道光十四年（1834）五月《哈什库存家伙帐》中记载的并非玉器，而多是铜、锡餐具。主要有：

铜制器皿：红铜锅子二十三口（现圆明园处铜锅三口，王大爷处铜锅一口），扠拉二十九件共三十二件（福章京借扠拉三件，内由元一件，祥宗知，十一年十二月二十九日一件，十二年十月十八日一件），黄铜锅十八口（铜盖十六件，福章京借铜锅一口，圆明园处借铜锅四口），红、黄铜钴子三十九件（福章京借三个，耿四老爷借一个，韩二老爷借一个，清章京借一个，福陈爷借一个，常大爷借一个，档案房张三爷借三个，汪五爷借一个，海张二爷借一个，考差借铜钴子二个，圆明园借铜钴子二个……），铜罐二十三个（碗盖十四件）（圆明园借铜罐二个，清章京借二个，杨大老爷借一个，李二爷借一个，许大爷借一个），铜水壶十一把（清章京借一把，福章爷借二把，宫内安借一把，圆明园借一把），铜背壶二十三件，铜马漏勺四把。

锡制器皿：锡饭罐二十八件（侍工饭、肉房子各借一件，清章京借一件），锡马提罐二十九个（喜公爷借六个，清章京借一个，王大爷借一个，杨大爷借一个，锡铺借一个，锅上王大爷借一个，孟大爷借一件，圆明园借三件，项、无欠二个，沈二部借一个，张大部借一个），铜碗盖三十四件（十二年围上失一件，此系开除，圆明园借一件），锡直钴子、玉皇钴子共二百八十五件（福章京借五件，此在数外），锡螺蛳一百零二件（圆明园借四件，打发肉二件），锡清酱罐三十三件（圆明园借四件，孟大爷借四件，许大爷借二件），锡背壶十五件，锡柿子壶六件，锡莲子壶二件，锡盘子九件，锡盒子一件，锡火壶五件。外存大锡火碗十件，小锡火碗十四件，大小锡螺蛳盘二十六件，锡托盘四件。

该档记载的这些铜、锡器皿，应该说是玉器库分管的。在清宫膳食所使用的餐具中，铜、锡器皿占有重要的比重。但上述这些铜、锡器皿，从质地和样式上来说，只是宫中一般的器皿，估计在筵宴中不常使用，或是被淘汰而搁置的，因此允许宫中各处来借。在清宫中，每年都要更换一批餐具，这些餐具，有的是御窑和各地制造的，有的是各省进献的贡品。另外，皇帝讲究饮宴排场，寻新求异，历来对餐具都很重视。这样，宫中的餐具便被一批批地淘汰下来，这些淘汰下来的餐具尽管不被使用，也不允许随意处理，更不允许偷拿，因此都以"借"的形式拿去，这便是当时一个很得当的处置方法。

第四节　光绪时期的金银玉器餐具

光绪时期的金银玉器餐具，在《御膳房库存金银玉器皿册》中都有记载。这份底档，是光绪二十八年（1902）二月十二日立，并由总管太监向光绪奏明，光绪阅后旨示："查得。"尔后立档。

光绪时期的清宫御膳，在所用餐具上，较之以前诸朝有许多发展。这是因为，随着西方列强入侵中国，西方先进的生产技术也在中国传播开来，国内资本主义工商业也逐渐兴起，这不能不对手工业的发展产生影响。这一时期，在清宫中，不仅殿内的工艺品设施更加讲究，还增设了很多西洋手工艺品，包括不少西洋闹钟、坐钟等。特别是光绪时期，实质上是慈禧执政，慈禧在饮宴上豪侈无度，对所用餐具也是非常讲究，每年宫中都要增添大批精致而贵重的餐具，这就使得光绪时期的御膳房餐具，尤其是金、银、玉等制作的餐具，较之以前诸朝都显得丰富多彩，质、量兼优。《御膳房库存金银玉器皿册》中的记载即证明了这一点。

　　碗类器皿：金镶里花梨木碗五十件（随碗座），葵凤碗金盖二件，双凤碗金盖二件，青水海兽碗金盖四件，双喜碗金盖四件，绿龙白竹碗金盖四件，三号碗金盖十三件，四号碗金盖十四件，小汤碗金盖二件，绿龙凤碗金盖四件，金碗盖四件，金宴碗五件，银镀金海碗盖六件，银镀金大碗盖十件，银镀金怀碗盖十件，银镀金膳碗盖二件，葵凤碗银盖二件，青水海兽碗银盖四件，双喜碗银盖四件，绿龙白竹碗银盖十三件，三号碗银盖十三件，四号碗银盖十四件，小汤碗银盖二件，绿龙凤碗银盖四件，银碗盖九件，银錾花碗盖六件，银海碗盖六件，银大碗盖八件，银中碗盖八件，银怀碗盖八件，银碗盖五件，银碗盖六件（注：重名者系重量不同，下同），银錾花碗盖二件，银海碗盖六件，银大碗盖八件，银中碗盖十二件，银怀碗盖八件，大小银碗盖六件，银大碗盖四件，银汤碗盖六件，大小银碗盖六十六件。

碟类器皿：五福碟金盖五件，大紫龙碟金盖五件，小紫龙碟金盖六件，小黄瓷碟金盖四件，紫龙碟金盖八件，寸五分小菜碟金盖六件，二寸小菜碟金盖六件，金碟四件，银镀金五寸碟盖二十件，银镀金三寸碟盖十件，五福碟银盖五件，大紫龙碟银盖五件，小紫龙碟银盖八件，小黄瓷碟银盖四件，银碟盖十件，紫龙银碟盖六件，二寸小菜碟银盖六件，寸五分小菜碟银盖六件，银五寸碟盖二十件，银盖四件，银二寸碟盖四件，银三寸碟盖八件，银二寸碟盖十二件，银三寸碟盖四件，银五寸碟盖六件，银三寸碟盖八件，小银碟六件。

盘类器皿：青瓷盘金盖二件，银镀金九寸盘盖六件，银镀金七寸盘盖四件，银镀金大碗盖二件，银镀金碗盖五件，青瓷盘银盖二件，银九寸盘盖四件，银七寸盘盖八件，银七寸盘盖四件，银九寸盘盖四件，银七寸盘盖四件，银五寸盘盖十四件，银小盘四件。

锅类器皿（包括与锅子配套的器皿）：六成金火锅一口，黄寿字银火锅一口，银火锅四口（每口重四十四两），银火锅三口（五十两二口，六十两一口），银火锅二口（四十七两六钱一口，四十九两一口），银镀金火锅一口，银火锅七口（五十两一口，五十一两一口），银小火锅一口（五十二两），银小火锅一口（五十两），银小火锅二口（八十两一口，七十五两一口），银葵花式火锅一口，银火锅一口（随火筒、火帽、盘盖共重五十五两），银火锅二口（六十七两二钱一分一口，六十六两三钱一分一口），瓷火锅一口，银火锅二口（随盘、筒、盖，一百零二两五钱一口，一百零九两七钱一口），银西洋火锅二口，银火锅一口（随盘、筒、盖，共重一百二十六两六钱），银锅一口（一百四十七两），银锅一口（一百九十五两七钱），银火锅一口（一百四十七两二钱），小银锅四口，银膳锅一口，银錾花一品锅一口。另外，与火锅配套的器皿有：金火口二口，银镀金水囤二分（每分重七十五两，下同），银镀金水碗三分，银镀金木碗二分，银镀金中火碗四分，银镀金怀火碗四分，银镀金水囤二分（黄寿字银器），银大火海碗八分，银二火海碗八分，银中火海碗八分，银怀火海碗八分，七寸银暖盘四分，五寸银暖盘十二分，五寸银暖盘二分，五寸火碗二分，银水囤二分，银葵花式暖盘二件，大银火碗二件，中银火碗四件，小银火碗四件，银水囤四件，银大火碗二分，银中火碗六分，银怀火囤八分，银水囤二分，银火碗二分，银大火碗二分，银水囤二分，银包金龙凤双喜宴碗二十件，银高丽碗二件，银暖盘一件，银盘一件，银镟子四件，银四号盘四件，银螺蛳碟一件。

壶类器皿：醋壶金盖一件，油壶金盖一件，醋壶银盖一件，油壶银盖一件，银镀金汤壶一把，银汤壶一把，银莲子式汤壶二把，银醋壶一把，银油壶五把，银汤壶五把，银汤铞子二把，银西洋壶一把。

筷类：金两镶牙筷六双，金镶汉玉筷一双，紫檀金银商丝嵌玉金筷一双，紫檀金银商丝嵌玛瑙筷一双，紫檀金银商丝嵌玉镶牙筷十六双（内有伤折四双），紫檀商丝嵌玉银镶牙筷二双，银镀金两镶牙筷一双，一包金两镶牙筷二双，铜镀金驼骨筷八双，铜镀金两镶牙筷二双，银镀金筷子二双，银两镶牙筷大小三十五双，紫檀商丝嵌玉金筷一双，象牙筷十一双，银三镶筷十双，银两镶绿秋角筷十双，乌木筷十四双。

匙类：金匙六把，金羹匙二把，金汤匙五把，金如意匙五把，金板匙五把，錾花金羹匙二把，紫檀商丝嵌玉金匙二把，紫檀商丝嵌玉银匙十一把，紫檀金银嵌玉匙四把，银镀金如意匙四把，镀金匙子五把，银镀金匙子五把，木靶金匙六把，木靶镀金银匙十三把，木靶镀金银羹匙三把，木靶银匙四把，银板匙大小五把，银羹匙二把，银漏匙大小四把，银羹匙六把，银匙大小十八把，银匙二把，银如意匙二十七把，绿秋角靶银匙二把，绿秋角靶银漏匙二把，瓷靶银匙六把。

叉子类：金叉子九件，碧玉靶金叉子二件，紫檀木金银商丝嵌玉金叉子二件，镀金叉子三件，木靶镀金银叉子一件，银叉子二件，银叉子大小二十件，象牙把银叉子二件，绿秋角靶银叉子二件。

其他类：高装金盖四件，银盅子盖四件，银膳罐二个，银锦子十四把，银汤钴子七件，银面钴子三件，大小银卡子四件，银环子一件，银鸭海一件，银膳勺大小七把，银漏勺五把。

属玉类器皿的则有：青白玉墩子碗大小六件，青白玉碗二十七件，云玉墩子碗八件，青玉大小碗八十八件，青玉墩子碗二件；青白玉大小碟八件，青玉大小盘碟五十八件，青玉大小螺蛳盒三件，青玉大小螺蛳盘二件，玉葵花盒二件，青玉大小碗六十八件，青玉大小盘碟四十件。

这份底档中记载的每一件餐具，都有具体而细微的重量，只是笔者分辑时从略了。如小紫龙碟金盖六件（四两六钱三分二件，四两六钱一分一件，四两三钱一分一件，三两五钱一件，三两六钱一分一件），金火锅二口（随托盘火盖，七十四两一口，七十三两一口），银汤钴子七件（二十两七钱四分一件，二十两九钱三分一件，二十两一钱三分一件，二十两八钱二分一件，十八两五钱六分一件，十八两六钱六分一件，十八两九钱二分一件），金汤匙五把（每把重二两一钱二分）等等。另外，在碗、盘、碟类器皿中，都有配套的盖子，即使是二寸或寸五分的小碟也是如此，可以想见当时的清宫御膳是何等的讲究、何等奢华。

第十五章　满族食俗与清宫宴膳在官场、王府和市肆中的影响

满族食俗在清宫宴膳中起着主导作用，而清宫宴膳对官场、王府和市肆中的宴膳，则又产生了显重且较为深远的影响。

第一节　清代官场、王府的宴膳

清代官场、王府的宴膳，自乾隆中叶已有攀附御举的风气，逐至显豁为清宫宴膳的附属，虽然在场面、礼仪、用度上不能与帝、宫比勘，但由于官场、王府与清宫有着千丝万缕的关系，其宴膳必然是"近取诸身"，习而惯之地不断向清宫靠拢。尤其是在乾隆和后来慈禧的华奢宴膳影响下，亦更精益求精，宴膳制作甚至不啻于清宫。

一、官场宴膳

《扬州画舫录》书成于乾隆六十年（1795），全书十八卷。作者李斗，真州（今江苏仪征）人。据其书《自序》，李斗写此书长达三十年时间，内容丰富，记述了乾隆时期扬州的城市风貌、运河沿革，以及园林、文物、工艺、寺庙、风俗等。各卷中也多有宴膳和烹饪的内容。如乾隆南巡至扬州时，扬州官场不仅举办满汉席，还"设毳帐以应八旗随从官、禁卫一门祗应人等，另置庖室食次"。当时所作的满式肴馔共分五等：第一等为奶

子茶、水母烩、鱼生面、红白猪肉、火烧小猪子、火烧鹅、硬面饽饽；第二等为杏酪羹、炙肚肫、炒鸡胙（杂）、炊饼、红白猪肉、火烧羊肉；第三等为牛乳饼羹、红白猪羊肉、火烧牛肉、绣花火烧；第四等为血子羹、火烧牛羊肉、猪羊杂碎、大烧饼；第五等为奶子饼、燎毛大猪大羊、肉片子、肉饼儿。这五种满式肴馔，虽然与满汉席中的满式肴馔有所区别，但却较充分地反映了满族食俎的特色。更重要的是，满式肴馔也从此在江南各地撒下了种子，生根开花。

乾隆时期，由于国内局势稳定，经济繁荣，各民族之间的关系较为融洽。乾隆本人也十分崇尚汉族文化，喜食汉族肴馔，他巡游各地时，携带的满族御厨要常操宴事，以回酬地方官的接待。地方官为了迎合乾隆的意图、讨好于他，也令汉族厨师仿制满族肴馔，这样，经过筵宴中的通融，上仿下效，满式肴馔逐渐在各地传播开来，《扬州画舫录》中记载的满式肴馔和满汉席中的满式肴馔，则证明了这一点。

《调鼎集》一书，北京图书馆善本部藏。该馆善本书目著录中记："调鼎集十卷，抄本，十册"，"不著撰者，盖相传旧钞本也"。阅该书乃知其辑抄自《北砚食单》《食宪鸿秘》《闲情偶记》《随园食单》等先前的食书。《调鼎集》内容丰博，诚如其序所记："上则水陆珍错、羔雁禽鱼，下及酒浆醯酱盐虀之属，……不无灿然大备于其中。"其中第七卷录有满席、汉席菜单。现将满席一节抄录如下：

满席：

全猪：或红、白全猪上盘，头、蹄全。

全羊、烧小猪：活重八斤。挂炉鸭：一对。

白蒸小猪：油包。白蒸鸭：一对。

爬小猪、香鸭：酱油、花椒、小茴、丁香，香肠同。

糟蒸小猪：油包。白哈尔巴：重六斤或干蒸。

挂炉鸡：或蝴蝶鸡。烧哈尔巴：重六斤。

白蒸鸡。白煮乌叉：或半边或整个。

松仁煨鸡。红白胸叉：重五斤。烧肋条：重六斤一方。

白煮肋条：六斤。搜娄：红、白四斤。

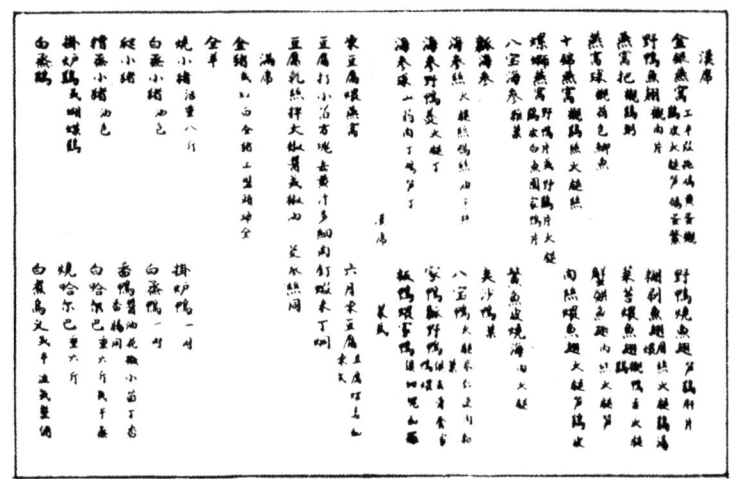

□〔清〕佚名《调鼎集》（第七卷）记载的"汉席""满席"菜单

红白杂碎：肝、大肠。猪骨随（疑为髓，名龙条）。
羊照式。羊脑：肉圆、火腿、海参。烧猪脑同。
羊肚：蒜丝、笋、肉丝炒。
糟羊尾。炒大菜。炒海参。炒鱼翅。炒脊筋。炒鸡卷。炒野鸡丝。炒杂碎。炒鲜鱼丝。炒蟹肉。爆肚。

此菜单中，有些名称是满语的译音，如"哈尔巴"是猪的肩胛骨部位，"乌义"是水鸭；"搜娄"是枣；"羊照式"是羊肉包子。另外，菜单中的"爬小猪"，即扒小猪，是满族的一种传统烹饪方法。这些肴馔，虽然没有详细的制法，但很多却标明了所用的原料及原料的重量，这为我们研究当时的满式肴馔提供了很有价值的依据。

《调鼎集》所载的满席、汉席，应该是江南官场的公宴沿循清宫光禄寺承办的满席、汉席的情势而设置。由此可以看出清宫宴膳对官场宴膳的影响。

道咸时期，官场公宴又以"上席、中席"的名称出现过。如那时的西安地当孔道，西藏、新疆及陇、蜀皆道所必经，官场上的迎来送往较为频繁。对此，时任陕西督粮道的张集馨在自定的年谱中说："遇有过客，皆系粮道承办"，"过客到境，粮道随将军、中丞等迎接。俟客官回署后，差人遍向称呼，由道中幕友写好送到各署，看明不错，然后差人送至官客公馆，一面张灯结彩，传戏备席，每次皆戏两班，上席五桌，中席十四桌。上席必燕窝烧烤，中席亦鱼翅海参。西安活鱼难得，每大鱼一尾，值制钱四五千文，上席五桌断不能少。其他如白鳝、鹿尾，皆贵重难得之物，以必设法购求，否则谓道中悭吝。"①张集馨的这部自定年谱，后由编者取名为《道咸宦海见闻录》，被史学界公认为写实存真之作。从上述引文中可见，张对当时官场中沉湎享乐的华奢情形临摹得挺真切。所记述的上席、中席，也是模仿清宫光禄寺宴制中的"上席、中席"的形式而设置。在清宫筵宴中，从无将满、汉之馔合于一席的明举。这无非是要保持满洲至上和防范"汉化"。受这种"以宴为政"之囿，轻易不会将满、汉共席之谓之举明列于制，即使皇上要"满汉合食"，也是缄默为之，更无人敢于道明去触犯宫讳。所以，介于满席、汉席之间的上席、中席，实际是原明宫的光禄寺宴制中文进士的"恩荣宴"、武进士的"会武宴"的代称，在清宫中就演绎成隐形的满汉席。因为清代通过殿试的文进士或武进士却是满、汉皆有，还必得同席共酬，这是绕不开的国考之事。如何将满汉肴馔并陈的此类席定名，并要与"满席""汉席"对称并列，当初的多尔衮和范文程们要费番脑筋。这也实难巧恰为命，就囫囵出"上席、中席"。而后来陕西官场举办的上席、中席，与乾隆时期江南官场举办的满汉席则属于相同宴型，只是以"上席、中席"代替了"满汉席"之称，那是为避宫讳之为。

二、王府的四季饮食

清代王府（又称御府），是皇帝的亲族如亲王、郡王、贝勒、贝子们的府邸。这些天皇贵胄经常奉旨被招入宫，或是到宫中"走亲戚"，因而非常熟悉皇帝的御膳和宫中的筵宴，他们的饮食习惯和对膳食的要求自然深受影响。也可以说清宫宴膳与王府宴膳是相通的。以晚清王府的四季饮食为例，即可为证。其"食不厌精，脍不厌细"，也是遵循了先哲的教导。

就从秋季说起。豫王府茶点房做的细点蜚声京都，每逢中秋节将至，

---

① 张集馨：《道咸宦海见闻录》，"乙巳四十六岁"（道光二十五年）。

豫王爷（清太祖十五子、多尔衮之弟多铎的后人）惯例要将自家做的自来红、自来白月饼和梅花酥、螺蛳饽饽等赠给亲朋好友，这都是从宫中传袭过来的美品。还有上供的绘有月宫蟾兔之形、足达十斤重的大月饼，供后留下一部分全家人分食，另部分亦要赠人。中秋节做大月饼祭月，乾隆朝就已习尚。前已述及，乾隆东巡盛京时，途中至莲花套大营过中秋节，晚上祭月的供桌上，即有一个彩画圆光的十斤重的大月饼，供后要照例分食和赏人。觇见，豫王府在中秋节祭月的大月饼，仍是具有乾隆过中秋节的习俗。豫王府出名的食品还有两种：糖葫芦和奶油栗子面。因为出名，就被东安市场和撷英西餐馆将这两种食品"偷艺"过去，以作营兴之物，继而流传民间。

到了重阳节，重阳糕是各王府所必备。除了登高、赏菊、饮菊花酒、佩茱萸，王府中还习尚品享菊花火锅。此馔亦源于宫中，是爱菊成癖的"菊痴"慈禧创制。德龄记道：做此馔要用一种叫"雪球"的白菊花，此菜的花瓣短而密，非常洁净，特别宜于煮食。是时，先是由西膳房的人端出一个银制的小火锅，里面盛着鸡汤，并配有几个银盘，装着"雪球"花瓣和切得很整齐的生鱼片、生鸡片等，还有几个盛着酱醋等调料的味碟，一齐摆到膳桌上。这时候，小德张将火锅盖揭了起来，拿在手里候着，慈禧便用银箸夹起些许鱼片、鸡片放入汤内，小德张赶忙将锅盖盖上，候几分钟，他又上前将盖子揭开，慈禧就把一盘菊花瓣拨了下去，接着仍把锅盖盖上，再候几分钟，即可享用了。鱼片、鸡片在鸡汤里煮熟的滋味，本来已够鲜美，加上菊花沁出来的那股清香，便觉分外可口，慈禧往往会吃下很多，吃不了的赏给女官们分食。[①] 所以，这道菊花火锅应该是来自慈禧嗜菊，西膳房则按照慈禧的设计，并由慈禧在现场指导和尝试，加上小德张"打下手"方才创制出来的。由于菊花还有"疏风、清热、平肝、明目、解毒"的药效，加之菊花火锅吃起来的情调、韵致、雅兴、温馨，自然就"近水楼台"，在王府中传承，成为秋冬之际的佳馔。如溥仕先生曾撰文回忆，他的父亲载涛（人称"涛贝勒"）在1950年还将老哥哥载沣请到家中，

---

① 德龄：《御香缥缈录》，"上苑奇葩"。

一起品尝自己亲自制做的菊花火锅。① 由于王府都设在宫外，易与官场交往和接近民间，所以菊花火锅通过王府这种渠道，又传袭到为满汉官场行宴的大饭庄，并跻身到光绪年京都的满汉全席中，其食单中记为："一品锅，菊花火锅。"② 遂又扩播到酒肆中："京师冬日酒家沽酒，案辄有一小釜，沃汤其中，炽火于下，盘置鸡鲜豕之肉许，俾客自投之，俟熟而食。有杂以菊花瓣者，曰菊花火锅，宜于小酌，以各物皆生切而为丝为片，故曰生火锅。"③ "生火锅"即涮火锅。可见菊花火锅从宫中传袭出来后，不仅在王府中流传，在官场和民间亦有知名度。

每当入冬，王府中有吃火锅的习俗，此习俗也出自宫廷。康熙六十大寿时，宫中举办首次千叟宴，宴中主馔是涮火锅，应称火锅宴。可是康熙新赋《千叟宴》诗以纪其盛，此宴故此而得名。后来乾隆举办千叟宴，仍"依康熙间例"。由此，火锅之馔能在宫中造俗。另一个原因是乾隆母亲孝圣宪皇太后嗜食火锅之馔，乾隆为示孝敬，也顺随着一样吃。④ 前已述及，乾隆所食的火锅知之馔尤为繁多，这也是孝圣宪皇太后所食的，只是单记于乾隆的膳档。母子俩这番吃火锅，也就给后来的皇家人和宗亲们吃出了表率。嘉庆时，火锅在宫中谓"野意家伙"，因所用原料多为山珍野味的"关东货"，故称"野意火锅"。王府中的火锅之馔，与宫中的大同小异。府中也习尚白肉火锅，这是满族的固有食俗；满人喜食酸菜配以白肉，白肉解馋，酸菜解腻，荤素搭配，相得益彰。不过王府中的白肉火锅更加讲究，还要配上蛎黄、冰蟹、大海米、生猪肉片、咸香菜、粉丝等，吃时还要有腐乳汁、韭菜花、酱油、卤虾油、辣椒油、蒜泥等味碟。道光也嗜食这类锅子，如道光八年（1828）正月初一，道光的早膳有："浇汤煮馍馍、羊肉丝酸菜锅子、溜鸭腰、鸭丁炒豆腐、鸡蛋炒肉。"⑤ 且不说大年初一，道光仍是知悭识俭在吃"四菜一汤"，却也不忘火锅乡味。可见无论宫中府内，天寒时都离不开火锅。

---

① 溥仕：《吃在王府》，《纵横》2017年第2期。
② 吴正格：《满汉全席》，"北京的满汉全席"。
③ 徐珂：《满汉通吃》，"小酌之生火锅"。
④ 《苏造底档》（乾隆二十一年十月立）。
⑤ 李国荣主编：《档案揭秘》。

天气一冷，王府中还常吃肉丝烫饭。满人嗜面，不常食米，但肉丝烫饭却是例外。康、乾二帝举办的千叟宴，米食即是肉丝烫饭，可见其在宫廷宴膳中的位置。满族自古有以猪肉祭天祭祖而后分食的习俗，肉丝烫饭是从此习俗中演进而来。乾隆年间开设于北京西城缸瓦市迤东的砂锅居，就经营从定王府学来的肉丝烫饭：客人就饭时，要配熟五花肉丝、酸菜心末、腌韭菜末、芫荽末（共四碟），酌量拌入饭中，再浇入滚开的调过味的煮白肉汤，撒少许白胡椒粉，饭在香汤中不仅滑爽且诱人多食，风味亦很别致。

进入春季，当玫瑰、藤萝的花朵盈枝，王府茶房的点心师就要在府邸花园中采摘花瓣，做玫瑰饼、藤萝饼了。"四月以玫瑰花为之者，谓之玫瑰饼；以藤萝花为之者，谓之藤萝饼。皆应时之食物也。"① 做此二饼，都得用"白皮翻毛"，就是将最好的三箩飞② 白面粉，以熬得洁净的猪油和面，制成油酥面团，再揪成小剂子，做玫瑰饼就包入玫瑰花馅，做藤萝饼就包入藤萝花馅。玫瑰花馅是将花瓣用蜜糖、桂花酱拌制，藤萝花馅是将花瓣用熬稀的糖饴和蜂蜜、松子仁、青丝、红丝拌制。然后都用油酥面剂逐至一一包起，呈小饼状，饼中间盖上鲜红的印子，放入烤炉中烘熟。成品色泽雪白，皮面酥松，甘美饼馅中又沁出淡淡的花香。

至夏，王府中最有特征的时令食品是菜包和炸酱面。菜包是从包儿饭（满语谓"乏克"）演进而来，也是满族这一食俗延续到清宫中而变化得讲究起来。时今有人说这种菜包是"祝鸠菜包"，来历是清太祖狩猎时，有人献上鸠鸽一类的鸟。太祖认为是祥兆，故称其为"祝鸠"，为了共享祥胙，于是做成肉糜搅拌到饭中，用菜叶包起来吃，由此"祝鸠菜包"也就列入到后来清帝们的御用膳单中。这种说法不见得确切。从清朝开国之原始资料《满洲秘档》和清帝们的膳事原档中，未见有此记载；即便是遗闻轶事，《清朝野史大观》乃至满族民间故事中也未曾提及。不过吃菜包作为满族一种发展了的食俗在清宫中是自然存在的，只是不列为御膳中的正馔、不称"菜包一品"而已；膳食，择时令菜叶，在丰盛的肴馔中拣些所

---

① 富察敦崇：《燕京岁时记》，"榆钱糕"。

② 三箩飞：指过三遍箩。

嗜者，包在菜叶中便是菜包，没有固定的食料搭配，何曾能有具体的馔名呢？故而泛称菜包。皇家人食菜包，也包括王府中的主子们。在北京，白菜一年四季无缺，夏天是白菜最好的季节，有鲜嫩的白菜叶做菜包，且清凉败火，故儿菜包就成为王府中的夏季佳品。据资料载，王府菜包中的用料多为蛋炒饭（或蒸米饭）、野鸡瓜子、炒黄瓜酱、大虾干炒芹菜，豆豉炒豆腐、熏小肚丁、清酱肉丁等，放到一起拌匀，按食量包在白菜叶里，同时放入一片蘸了香油、蒜泥、宫酱（内务府酒醋房的酱匠所制）的紫叶苏，各种荤素配馐复合风味，想必诱人食欲，皆得饱饫，却不利减肥。

说起炸酱面，在清代北京夏季里的宫廷、王府乃至市肆，皆成"面魁"。雍正年间在宫中供职的潘仁陛，于乾隆初年退休著书，写过《帝京岁时纪胜》，在"夏至"一节中记道："夏至大祀方泽，乃国之大典。京师于是曰家家俱食冷淘面，即俗说过水面是也，乃都门之美品。向曾询及各省游历友人，咸以京师之冷淘面爽口适宜，天下无比。谚云：'冬至馄饨夏至面。'京俗无论生辰节候，婚丧喜祭宴享，早饭俱食过水面，省妥爽便，莫此为甚。"在宫中和王府，夏季吃炸酱面亦是如斯。自清入关，满人将嗜面嗜酱的习惯也带到北京。满人怎么吃炸酱面？笔者采访过仿膳饭庄的首席厨师王景春。他大意是说："炸酱要老黄酱，炸时荤油要猛，多放葱花儿，肉末要七瘦三肥的二刀血脖，炸不大离儿了撒把韭菜末，酱炸好了得油汪汪的，沙愣愣的。吃时撮点辣椒油，拌上青瓜丝，再嚼粒独头紫皮蒜。得嘞，保准撑个肚儿圆。"这说的许是清宫里的吃法。王府中的应该与此大同小异。载涛、恽宝惠所撰《清末贵族之生活》一文中记："如吃面条，则以猪肉丁炸酱，（或）猪肉煮汤连肉打卤，加黄花（菜）、木耳及鸡蛋。"这与汉人吃的已无大差别。无论炸酱或打卤，浇到面条上能被托住，吃时不用筷子搅动，一挑往嘴里送，酱或卤就沾在面条上；随着挑动，碗中的酱或卤都能沾到整碗面条里，咸淡正好、不稠不懈，不多不少，这才是手艺，也是王府主人刁嘴的吃法。

佐餐之酒，是凭王府主人的嗜好而有所不同。如在庆王府当差近十年的汪荣堃在一篇回忆录中记：庆王府"每年秋季要泡制一批香白酒；泡制的手续是在大绍兴酒坛子内放最好白干酒五十斤，外加香圆果三斤、佛手果三斤、木瓜果三斤、广柑三斤、茵陈草一斤、绿豆三斤、冰糖五斤。密封后写上年月,然后入库。每年照例泡制一批入库,依照年次取出饮用"。至于饮茶,也是王府主人们的普遍嗜好。常用的品种主要有香片小叶(即花茶,以茉莉双熏为贵)、龙井、红茶、普洱茶等。招待客人,必用盖碗(下有铜、锡茶托,上有瓷盖,或带镂花的银盖),并配折盅。

王府中的饮食,除了随季奉肴,应时问馔,更多的是尚守满族旧俗:喜食牛奶制品,如酪干(以牛乳熬膏成干)、奶卷(奶皮子中卷密糕)、奶乌塔(软奶子饽饽)、奶酪(夏令食品,以牛乳加糖,冰镇后凝结)等。还有山珍野味、烧烤、猪羊馔品、热锅、饽饽、蜜饯甜品等。这类肴馔在有清一代虽然受到汉族食俎文化、技艺的影响和融入,但仍带有本民族固有的食俗底蕴。

三、醇王府的年节食俗

醇王府从成立到没落,共约有六十余年。第一代的醇亲王奕譞,是清朝六代皇帝旻宁(道光)的第七子,同治十一年(1872)被封醇亲王,为光绪帝生父;光绪三十四年(1908)十一月,又因他的长孙溥仪以"继承同治、兼祧光绪"的名义入宫,当上清朝的末代皇帝(宣统),他的封号遂被定为"皇帝本生祖考醇贤亲王"。第二代醇亲王载沣,为光绪帝之弟、宣统帝生父,光绪十六年(1890)袭爵为醇贤亲王;光绪三十四年(1908),因其三岁之子溥仪继帝位,他又被封为监国摄政王。因而,在晚清的王府群中,醇王府堪称第一王府。有人评论,醇王府的大膳房是御膳房设在宫外的"分号"(或谓"小御膳房"),这话有些道理。但溥杰却说:"在醇王府内……从掌灶、掌案的大小师傅到学徒的小伙计(当时叫作"小力笨")为止,都是父死子继世世代代做着以割烹伺候主人的工作。因此,即使他们不去下功夫钻研烹饪技术,也照样能维持这个饭碗,从而他们的煎炒烹炸的艺术也就一代不如一代了,在当时就有'醇亲王府里的饭菜中看不中吃'的定评"[①]。这应该是指载沣承袭醇贤亲王之后的情况。据有关资料记载,载沣对饮食不很讲究,而且不吃葱姜蒜,所以膳房做菜不准用葱姜

---

① 溥杰:《回忆醇亲王府的生活》,"厨房"。

蒜。还有个原因就是："每天午、晚两餐的饭菜既是放在无法保温的木条制的圆笼内，又由散差太监慢腾腾地挑起来。穿过七道门、三个大院落和两条好几百米长的更道（即内外院墙之间的环形夹缝甬道）和甬道。这样，本来做得就欠高明的饭菜，就完全变成冷饭冷汤了。"① 尽管如此，作为光、宣二帝之本家的醇亲王府，与宫中的固有食俗保持高度一致仍是无可厚非的。

每年除夕，醇王府有祭天地、祭祖、祭佛之举。在王府"大殿"的后面，有一所神殿，即是祭祀之处，和清宫乾清宫后面的坤宁宫一样，只是小些而已。这里仍保持关外的遗风，神殿内有几口大铁锅和灶，可以将切成两半的猪放进去煮。祭祀后的"食肉大典"与宫中是大体一样的。

除夕要吃水煮饽饽（水饺）。仅就饺子馅来说，即有猪肉吉祥菜（即干马齿苋菜）、猪肉白菜、羊肉白菜、猪肉干菠菜、猪肉鲜菠菜、猪肉酸菜、猪肉韭菜、三鲜、鸭肉豆芽菜、素菜等之分。水煮饽饽之外，还要有豪侈的酒宴。宴上的肴馔，主要有火锅、白肉和用鸭子、鸡、野味、家畜肉、蛋类、鲜蔬、果类制作的品种。这与其说与皇帝的除夕家宴大体相似，倒不如说其本身即是皇帝的除夕家宴。

元旦日的祭祀活动与酒宴，也与除夕相同。正月十五日，除了豪侈的酒宴外，还要吃多种馅料的元宵。二月二日的"龙抬头"，要吃春饼和饺子。卷春饼称为"吃龙须"，吃水煮饽饽说是"吃龙鳞"。端午节照例有酒宴，也吃粽子、樱桃、红白桑椹，饮雄黄酒。头伏、二伏、三伏则有"头伏饽饽（即水煮饽饽），二伏面，三伏烙饼摊鸡蛋"的食俗。夏季，醇王府的主人们有到什刹海北岸的"会贤堂"楼上"把酒临风"的习惯，筵宴中有烩鲜莲子、冰碗、鸭馅饺子等肴馔。立秋，多食鸡鸭鱼肉等美味，名曰"贴秋膘"，是为了"预防秋瘦"。膳房里还必须作一种叫"秋叶"的点心，供王爷等人享用。中秋节除吃"团圆饭"外，还有供月之举，即月亮初上的时候，在王府的院中西方向东摆一架木屏风，在屏风上挂有鸡冠花、毛豆枝、鲜藕之类，是供月兔之用。屏风前摆一张八仙桌，桌上供一个十斤重的大月饼。烧香叩头之后，将月饼切开，每人分一块，称吃"团圆饼"，

---

① 溥杰：《回忆醇亲王府的生活》，"厨房"。

是人人必得尝一口的。九月九日为重阳节，要吃菊花水锅和重阳糕。到了腊月初八，要准备"腊八醋"（即将蒜渍于醋中，过元旦吃水煮饽饽时也用）、煮腊八粥。腊八粥除全家吃外，还要分赠亲友。腊月二十三（即小年），照例有祭灶之举，并食各种灶糖。此外，还有四月八日的"接绿豆"，即用盐水煮绿、白二色的豆子供佛后，家中每个人还要互相赠送，名曰"接绿"。还有旧历五月初一日要做"太阳糕"，此糕是供太阳神的。供后，撤下由家人分食之，食时蘸白糖，说是食此糕一年不得头疼病。

从上述醇王府中的年节食俗来看，有些属于满族的固有食俗，主要的，还是受清宫中年节食俗的影响。在清宫食俗中，有许多是满汉同俗的地方，王府中自然也不例外。而且王府比清宫较接近于民间，因而宫中的满族食俗通过王府的渠道对京都社会和民间也产生了影响。

第二节　全羊席

清代有"二席"，即全羊席与满汉全席。全羊席也久负盛名，至今常为人津津乐道。全席肴馔七八十款，主用羊料。有关全羊席的说法不一，其流传民间的不同菜单散见不鲜。但全羊席追本溯源，乃始于满族食俗。

宋人洪皓在《松漠纪闻》一书中说："金人旧俗，凡宰羊但食其肉，贵人享重客，间兼皮以进曰全羊。"清人西清在《黑龙江外集》一书中也说："满洲宴客，旧尚手把肉或全羊。"可见食全羊是满族的固有食俗，早在金代就已有之。

自努尔哈赤建都盛京（今沈阳），继顺治入关，统一中国，满族的饮食大为讲究起来。《奉天通志·礼俗三·饮食》载，当时满族的"富人享客，或食全羊，即席间不设杂肴，惟羊是需。除精肉外，如头蹄腑脏，以及尾舌，兼箧并进，尽量而止"。就是说，将全羊分档取料，肉、头、蹄、腑、脏、尾、舌等分制专肴，这应是全羊席的基本模式了。接着，该志又说："按松漠纪闻云：金人旧俗，凡宰羊但食其肉。贵人享重客，间兼皮以进曰全羊。所记食法，与今不同"，但强调"岂全羊之食，沿金遗俗而为变通者欤"。应该说明的是，《奉天通志》书成于民国期间，该志所述全羊席，是指清初时的满族食俗，全羊席到了民国期间，其制法已与清初不同。因此，该志说道"所记食法，与今不同"，但强调"岂全羊之食，沿金遗俗而为变通者欤"。这又说明了后来的全羊席乃是承袭了满族的全羊席所致。

清入关后，食全羊风俗遂入宫廷，而且成为清朝"国宴"，在元旦和万寿节（皇帝生辰日）举行，顺治时期已有之。后为历代清帝循例举行。宴所在太和殿内外，按规制需设宴桌二百一十张，用羊百只、酒百瓶。元旦的次日或皇太后的生日、固伦公主或和硕公主①的订婚日、成婚日，也要举行类似的筵席。如固伦公主的定婚日，由钦天监选择吉日这一天，额驸②要先进宴九十席、羊九十九只、酒四十五樽，由内务府御茶膳房和光禄寺共同备办。同时，皇帝在保和殿内外设六十席，用羊六十三只，乳酒、黄酒七十瓶；皇太后或皇后在后宫设三十席，用羊十八只，乳酒、黄酒二十瓶，庆贺公主定婚。成婚日时，额附再进宴九十席、羊九九（八十一只）、酒四十五樽，分别由上驷院、武备院和内务府收管。皇帝和皇太后或皇后仍要在保和殿内外和后宫举行筵席，其规模形式均与订婚日相同。③而且，自康熙朝始，因军政兴隆，出于外交礼节和对国内新疆、金川回部等实行绥靖政策，以食全羊风俗款待伊斯兰国家使节和国内天方教人首领、贡使，以及在王府、官场或富豪中以此宴待回部同僚、友人，这都在情理之中，使得食全羊风俗逐至传入社会。这种情况，就像以前金主于燕京，以食肉之礼款待宋朝使臣，并循自割自食之律一样，都是体现了满族的固有食俗。

---

① 固伦公主、和硕公主：清太祖初起时，诸女皆称"格格"。崇德元年（1636）四月，"五宫"（中宫、东宫、西宫、次东宫、次西宫）并建，宫闱制度确立，太宗皇太极颁谕：皇帝之女，中宫所出者封"固伦公主"（固伦：满语"国""国家"），品级相当于亲王；妃、嫔所出者均封为"和硕公主"（和硕：满语"四方之方""角""楞"），品级相当于郡王。但只表示等级，并非封号。公主的封号，届时需经礼部奉请，皇帝钦定。如康熙三女，初封和硕荣宪公主，"荣宪"为封号。

② 额驸：满语，汉译为"驸马"，清代对皇家公主的丈夫之称号。其品级各视其所娶公主的品级而定。如娶固伦公主者为固伦额驸，娶和硕公主者为和硕额驸。但亲王以下诸女均封为"格格"，如娶郡王之女者为郡王额驸。

③ 参见《总管内务府现行则例》（卷四），"掌仪司"（中国第一历史档案馆藏）。

市肆酒楼经营全羊宴，大约始于乾隆中叶。是自乾隆特赐孔府"满汉宴餐具"，引发官场公宴兴尚满汉席之际，同时又以食羊既附宫俗，又附满、汉、回、蒙"通吃"的基点上，所产生的一种链性食俎现象。乾隆朝袁枚曾记："全羊法有七十二种，可吃者不过十八九种而已。此屠龙之技，家厨难学，一盘一碗，虽全是羊肉，而味各不同才好。"① 袁枚对全羊席似有贬义，但他指的全羊席并非满族食全羊风俗，因满族固有的全羊席制法古朴，还谈不到"屠龙之技"的程度，况且满人是作治者，也不便直言评论。袁枚说此席"家厨难学"，又不大可能是一般官府家宴，乃指当时市肆大型酒楼经营的全羊席。这种全羊席，是满族食全羊风俗染入关内、中州乃至江南后，经高档酒楼烹饪技术的变通，而具备了菜名典雅、讲究席面、肴馔繁多、制法精细的商品化特征。

笔者曾搜集到北京、沈阳、锦州、开封等地的清代全羊席菜单（非史籍所载），是当时各地酒楼遗留，或是经老一辈厨师回忆整理的。其馔各多有雷同。从保存全羊席菜单的地区来看，多属于黄河以北，这大概与产羊地区和当地人的食羊习俗都有密切的关系。令人饮佩的是全羊席的菜点命名，洋洋七八十款羊馔，却不记一个"羊"字。如羊眼制馔谓"明开夜合"，寓羊昼动目睁、夜息睛闭之意；羊耳根下的明堂骨旁的两块小肉制馔谓"开秦仓"，耳凹叫"仓"，又以"秦"字溯古，蕴藉妙不可言；羊舌尖制馔谓"迎草香"，羊须以舌尖触草而食之，故援物喻馔；羊嗓上膛后半截制馔"千层梯"，羊嗓上膛骨密呈梯形，是故名之；羊鼻梁骨两侧之肉制馔谓"望峰坡"，羊鼻尖凸而喻峰，"峰"下之肉自然是"坡"了；羊下巴两旁的肉制馔谓"饮涧台"，羊饮水以口入，其两颊必是"涧台"了；羊心制馔谓"鼎炉盖"，羊心须切去血管之头方可制馔，那形状便如鼎炉之盖了……这番制馔，就不是将一只整羊按部分解、再分制专肴的概念了。如羊眼制馔，一盘须三十羊眼，非十五只活羊而不得。羊耳分尖、中段、根三部，须分而烹之；如耳根就那么指甲大小，烹饪后会紧缩，只有榆钱大了，拿尺盘盛装，算算那得多少羊的耳根方能撑起？羊鼻分头、梁、坡三部分，以鼻头制馔，要择其完好无缺者，肉是活肉，成馔后柔韧脆嫩，

---

① 袁枚《随园食单·杂牲单》，"全羊"。

二十羊可得一馔……而且，全羊席进宴程序是起头顶始，迄羊尾止，有循章扣法之功：头顶曰"麒麟顶"，宜焖；后脑肉曰"金冠"，宜扒；脑曰"云头"，宜烩；耳中段曰"顺丰"，宜拌；心、肺之间连接的脆骨肉曰"玉环锁"，宜炒；腰子曰"犀牛眼"，宜爆；麻肚曰"蜜蜂窝"，宜溜；蹄曰"青云登山"，宜卤……可说是各得其法，攫实逸虚。至于成馔口味，鼎中之变更是精妙微纤。"梯子口"始辣后咸，继而浮甜，味感层次如梯；"三致口"甜、酸、咸三而合一，对等趋同；"烟熏口"卤而又熏，古味醇酽；"家乡口"回味绵长，撩动着人们思乡的情结……

到了清朝后期，全羊席在各地已很流行。徐珂曾记："清江庵人善制羊，如设盛筵，可以羊之全体为之。多至七八十品，品种各异。号称一百有八品者，张大之辞也。中有纯以鸡鸭为之者，即非回教之人；以优为之，谓之曰全羊席。同光间有云。"[①] 他又说："甘肃兰州之宴会，办费至巨……居人通常所用者，曰全羊席。盖羊值殊廉；出二三金可买一头，尽此羊而宰之，制为肴馔；碟与大小之碗，皆可充实，专味也。"[②] 由此可见，史料中记载的全羊席与现今传说的全羊席在出处上不相吻合。笔者保存一份清末河南开封地区一家酒楼经营的全羊席食谱，其中有满汉羊肉、七星羊肉、白片羊肉、白片哈尔巴羊肉、炸鹿尾羊肉、炸高丽羊肉等，都具有满族传统烹饪特色。这说明，全羊席和满汉全席一样，是清朝特定历史背景下产生的民族交融的饮食现象。满族与汉族的食俎有共同点，适而有满汉全席之谓。满族崇食猪，回族则深忌之，但满族和回族皆重食羊，这是最佳的食俎共同点，因此全羊席适为清代满族和回族（包括汉族、蒙族）之间一种民族交融的象征。

然而，全羊席也有短缺：席间摆上七八十道羊馔，哪位消费者肯来光顾呢？但其曾渗透着各民族的饮食传统和烹饪技艺，也凝结着先人食羊的文化考量。因而，也应该像其他传统文化事象一样，从中汲取有益的遗产价值，传承其合理内核，在保持实用的基本上又能求变履新，研制出以各类荤素食材与羊搭配且是一席食毕的"全羊席精华宴"，应该是可行的。

---

① 徐珂：《清稗类钞·饮食类》，"宴会"。

② 徐珂：《清稗类钞·饮食类》，"宴会"。

第三节 满汉全席

一、满汉确有全席

对满汉全席的看法,如今社会上一直有种持以否定的舆情。笔者曾在一本刊物上读到《满汉何来全席》一文,文中说满汉全席是"老虎闻鼻烟——没影儿的事","满汉全席与史无证一,不过是'拉大皮作虎皮'的作品","全然不可信","纯属虚构",还"引据"说满汉全席是"来源一段相声",相声的段子叫"报菜名",才将满汉全席给"讹称"出来了等等。这都是无稽之言,满汉全席于史有征。

例一

> 庚子之役间,慈禧和光绪"西狩"陕西时,延庆知州秦奎良就发出公文,令怀来知县吴永筹办满汉全席接驾。公文中写道:"皇太后、皇上,满汉全席一桌。庆王、礼王、端王、那王,各一品锅。随驾官员军兵,不知多少,应多备食物粮草。光绪二十六年七月二十二日。"吴永的幕友起疑为伪,吴永便详认字迹,确为知州秦奎良亲笔,年日上盖用延庆州州印。始知延庆(知)州带印公出,两宫圣驾已在岔道住宿,离怀境只数十里。①

吴永(曾国藩孙女婿)口述的这本《庚子西狩丛谈》,被史学家翦伯赞评骘为记述"西狩"诸书中最佳之著作。此书出版后,曾被译成英、德、日诸国文字,"中外推崇,视为信史"。吴永当时正处在义和团的包围之中,兵荒马乱,他哪有条件筹备满汉全席呢?但秦知州却令他筹备。这能反映陕西官场在光绪时期已习行满汉全席。

---

① 吴永:《庚子西狩丛谈》,长沙:岳麓书社1985年版,第44—45页。

例二

朱蔼人向身边取出一篇草帐,道:"倪末两家兄搭李实夫叔侄,六个人作东,请于老德来陪客,中午吃大菜,夜饭满汉全席。三班毛儿戏末,日里十一点钟一班,夜头两班,五点钟做起,耐说阿好?"陶云甫道:"蛮好。"①

鲁迅对《海上花列传》的评骘是"较近于写实"(《中国小说的历史的变迁》),"平淡而近自然""写照传神、属辞此事"(《中国小说史略》)。该书作者韩邦庆,江苏华亭(上海)人,曾任申报馆编辑。韩能在其书中写到满汉全席,说明在光绪时期的上海,满汉全席已是官缙吏绅层面习尚享用的华筵。

例子还有,不赘。兹见,满汉确有全席。至于《满汉何来全席》文中提到王世襄先生对满汉全席"没吃过也没见过",应是指民国时期。梁实秋先生也说:"以我认识的人而论,我不知道有谁见过这样的场面(指满汉全席)。"梁先生出生于1903年,比王先生年长近二十岁,但按五四运动前计,也是"民国人",所以他指的也是民国时期,距光绪庚子年以前满汉全席在京都的流行期也相去较远。因为自光绪二十五年(1899)庚子之役起,继而八国联军攻占北京,国都遭劫,宫中财务也多有遗失。之后清朝廷又被迫签订了《辛丑条约》,向八国赔银四亿五千万两,等于当时的中国人每人要赔一两银子,清朝廷经此外患内忧,困危深重,致使官衙京府的公宴活动悉尽收敛。因而,当初以承供官场公宴的"征逐之繁"而设在清宫"脚下"的堂字号大饭庄,曾宣以"燕翅鸭烧烤满汉全席""满汉大菜,烧烤全席"(或标于店联),便随着"同治中兴"已成泡影,即没了官场客源,生意惨淡,支撑不住关门歇业。满汉全席也等于冬葛夏裘,不为时尚。大致来看,满汉全席自光绪初后,在京都约有二十余年的流行。自庚子之役至光绪、慈禧在二日之内相继病殁(1908)之前,是满汉全席在京都的消迹时期。遂又经过宣统朝和民国之初的风云变幻,当初因宫、京官场公宴而应运营兴的大饭庄,也随着世进人易或倒闭或被正乙祠、织

---

① 〔清〕韩邦庆:《海上花列传》,第十八回。

云公所、江西会馆等新型的宴娱之所顶替,作为清制、清俗产物的满汉全席,属受抵制之列,自然不会在民国时期的京都留有多少印记。要说有,业内收藏者保存的满汉全席菜单,可算难得的存真。笔者曾将这份菜单进行析释、钩稽、复制,使其制法得以还原,收录在拙作《满汉全席》一书中。① 因而,从民国视角来看在当时的京都则难以寻觅到已被政治变革湮没了的满汉全席踪影。何况,它又不是被明文规定的事象。在民国时期的京都膳所里若吃过满汉全席,就有悖史情了。所以,王世襄、梁实秋两位前辈从民国时期的角度说在京没见过满汉全席,也是符合情理的。

可是,徐珂说京都有"烧烤席,俗称满汉大席"②,指的是同光之际。这是书中记载,因而可信。徐为光绪十五年(1889)举人,官至内阁中书,比梁先生年长近四十岁。因而,像徐珂能知悉同光间官场公宴的人才能见过这样的世面。而且,当时在"满汉大席"抑或是之后的满汉全席,其"大号"或"正名"是惯谓为"烧烤席"。何以有此谓?徐珂说得明白:(烧烤席)"俟酒三巡,则进烧猪,膳夫、仆人皆衣礼服而入。膳夫奉以待,仆人解所佩之小刀臠割之,盛于器,屈一膝,献首座之专客。专客起箸,筵座者(陪客)始从而尝之,典至隆也。"③ 又说:"李筱荃制军瀚章督粤时之宴外人也,循例设西筵。某者谓其味劣,且曰:'此来实冀一尝贵国之烧烤、鱼翅美味也。'"④ 这能说明,在"燕窝席"之上的"烧烤席",是官场中的顶级华筵,不仅在京都习谓之,在南粤亦习谓之,连外国人也闻之其名欲一尝为快。对此,厨业就传出"无烧烤,不成其为满汉全席"之说。而"满汉全席"则是今人之习谓,反而淡漠乃至不知"烧烤席"这个原谓。若以今人的"满汉全席"之谓去到历史中寻找,对号的实为"烧烤席",当时的"小号"或"副号"——"满汉大席"抑或是"满汉全席",则是被忽略或被混淆了。

---

① 吴正格:《满汉全席》,天津科学技术出版社1986年版,第58—92页。
② 徐珂:《清稗类钞·饮食类》,"宴会"。
③ 徐珂:《清稗类钞·饮食类》,"宴会"。
④ 徐珂:《清稗类钞·饮食类》,"宴会"。

二、满汉全席史释

从厨政层面看,满汉全席大致是"满"在东北,"汉"在鲁苏川粤,"全"在九州,"席"在清代食俎中。然则,此席又与清王朝的政统密切相关,是清朝统治者们为治国安邦而施行"满汉一体"之策的产物。从后金到清初、清中及清末,此席随势演绎的轨迹一直贯穿清王朝的始终,并羼杂着这个王朝从勃兴到窳败的斑迹。

(一)满汉通吃

"辽东"因《禹贡》所记"九州之东"而得名,即今辽宁大部。截至明末,这里主要是汉人居住,其相貌、性格乃至口语、文化传统、风俗习惯等皆与满人不同,两族间也甚少往来,仅有贸易而已。自后金据有辽东(1619)后,满汉人形成了大范围的杂居,相互间的接触和交往也有了扩展和深入。努尔哈赤为要消解汉人对他的"入侵"抱有的敌对或抵触情绪,出台了一揽子旨在强化"满汉一体"的绥靖政策,如颁告"满汉人等合居一处,同食同住同耕"(前已述及);并在政权内设汉大臣(与满大臣数额对等);将降金的明朝官、将编入汉八旗中,担任各级额真[①] 或委任为地方官;而且多次颁告汉民要"各守旧业",仍可照明制生活;因战失散之财物,"皆令归家查明,相聚给予",等等。这些绥靖政策固然受制于强者为王的丛林法则,但是历史就是这样走过来的。这是努尔哈赤将他的"满汉一体"之策具体贯彻到政权和民间生活当中,致使辽东的满汉人在抵牾的情形中都有了缓和。由此,曾是"族各封闭"的这一方域,逐至出现"满汉通吃"的新食象,使得辽东就成为满汉全席的起源地区。这一观点,中国社科院的研究员洪光住曾作过补充:"在清朝以前,满菜和汉菜已经存在……在广大城乡间,特别是满、汉共居地区,平常或节假的时候,满人请汉人吃满菜,汉人请满人吃汉菜,或者满、汉两家各自拿自己的菜合桌

[①] 额真:满语为 Ejeh,汉译为"主子""君主"。"额真"是"阿哈"(满语"奴仆")的对称,后来多用于官衔,如"贝子额真""牛灵额真"。

共餐，成为小型满汉席。所以，满汉席在清朝以前已经存在是可信的。"①洪先生这里所说的也是指后金据有辽东、又经皇太极在盛京建立清朝的时期。因为此前，大规模满汉人共居的情况还不存在。

清王朝有遵循祖制的传统。所以，努尔哈赤对"满汉一体""满汉通吃"的定策，就被后世清帝视为治国安邦、巩固政权的一项国策，使得满汉全席的"雏胎"便能在清入关后继续在清宫光禄寺中"发育"。

（二）满席、汉席、上席、中席

清入关时，盛京皇宫的"满汉通吃"的御膳也被移至明宫，变成了改朝换代中的清宫御膳。代皇帝多尔衮的身份似与西周的姬旦（周公）相同，所以他自称"予法周公补冲祖"②，效仿姬旦重典治国。其中就制定出很能代表清王朝政治特征的一项典章制度——光禄寺宴制。光禄寺是自北齐开始在皇宫里的官署名称。寺置光禄卿，掌职宫殿门户，兼掌皇室的膳食、帐幕器物。唐以后，光禄寺成为专掌朝廷宴事的机构，承办以皇帝名义举办的各类朝宴。从此，这个衙门就在宫里定型了，除辽代改名为崇禄寺之外，一直沿袭到清朝。清宫光禄寺即是多尔衮一进宫就着手设置的。虽然仍循明制，内瓤却有变化。一是级别提升、官制有变：寺置管理事务大臣满洲一人，以下的光禄卿、少卿和"四署一库"（大官署、珍馐署、良酝署、掌醢署、银库）的署正们，均为满汉各一。二是宴制有变：制定出"满席自一等至六等""汉席一等至三等"，又有"上席、中席"之分五类。这是多尔衮为适应清王朝将要统治全国的形势，将努尔哈赤的"满汉一体""满汉通吃"地定策予以贯彻，并创造性地发展成为光禄寺的组织制度和宴事制度。

在清宫，习以保和殿下三阶为界，阶前称外朝，阶后称内廷。内廷设有御茶膳房，承供皇帝和皇室人员的一应宴、膳；光禄寺设在外朝，主要承供如前所说的三类朝宴。多有人以为满汉全席是"清宫最高规格的御宴"或"清宫国宴"，这就鲁鱼亥豕了。因为，光禄寺从无将满、汉之馔合

---

① 洪光住：《民族菜与满汉全席》，《中国饮食文化》（第四编），中国社会科学出版社 1992 年版，第 191 页。

② 赵尔巽：《清史稿》卷三十，"睿忠亲王多尔衮"。

于一席的明举，御茶膳房亦无此为。这无非是要保持满洲至上和防患"汉化"。受掣于这种"以宴为政"之肘，清廷不会将满汉共席之谓之举明列于制。即使皇上要"满汉合食"，也是缄默为之，更无人敢于道破去触犯宫规。光禄寺的宴分三类，也是受制这种游戏规则。

所以，满席当然就被规定为最高规格的朝宴。满席俗谓"饽饽席"，这也有"饽饽祭"自古为满族习俗的原因。用饽饽祭神祭祖，祈意是神、祖尝新，以保佑族泰家安、消灾避祸。"饽饽祭"的历史因乘诸久远，使得满人对饽饽的制法渐臻精巧。因而，以饽饽衍为满席也是顺理成章。汉席是明宫光禄寺的鲁式宴馔被保留的部分，由明宫被返募到光禄寺的汉厨继续主掌。汉席该算"菜席"，从记载来看全是菜肴，其中有"蒸食三碗"，初觉是蒸饽饽之类，后觉饽饽都是盘装，菜肴都是碗装，故"蒸食三碗"应该也是菜肴。上席、中席之类，看去名称平平，却是原明制中文进士的"恩荣宴"、武进士的"会武宴"的代称，可谓文政之宴。其实，这是潜在的满汉席。因为席中的菜肴属于汉式，但"用面定额"之记又属于满式，矮桌设的猪方、羊方是"大件"，有"旧金祭"的特征。既为"满汉席"，为避宫讳又不能明谓；可是，通过殿试的文进士或武进士却是满、汉皆有，还必得同席共酬，这是绕不开的国考之事。如何将此类席定名，并要与"满席""汉席"对称并列，多尔衮抑或范文程们要费番脑筋，这也实难巧恰为命，就囫囵出"上席、中席"。

光禄寺这三类宴制，对后来官场中兴尚满汉席具有奠基性的作用。取满席、汉席并而为名，循上席、中席之实，三者交融，是后来的满汉席得以变通合成的轨迹。满席因是顶级朝宴、帝供皇食，遂使"满汉席"以"满"字当头，这是可以意会的历史原因；因此，满席又被同义为满点，这个概念就有了社会性默契，随着时间的推移，就被演绎成满汉席中的主食。汉席因与满席并列，亦是御举，自然就成为满汉席中"汉"的部分的存在方式。至于上席、中席，因与满汉席有着隐性连通，等于为满汉席亮起了"暗设宫中，明倡官场"的预示灯。但是，仅在取义上搭建这些前因后果的逻辑，还不能对官场满汉席构成直接的引发。这如胎儿分娩，需有孕育过程。这个过程是随着清王朝经历了"顺康雍"的勃兴期，到了乾隆中叶偏后才逢时而生的。

(三) 满汉席

历史中的事件都是由人搬演的。满汉席的搬演者是乾隆。这个事件发生在乾隆三十七年（1772）十二月。前已述及，当乾隆宠臣于敏中的"三女"（实为乾隆之女）与孔子第七十二代孙孔宪培成婚之际，乾隆（偕皇后）亲驾曲阜，特赐孔府"满汉宴·银质点铜锡仿古象形水火餐具"。这是给他的公主早就准备好的陪嫁品，但他也得自避祖制宫规之讳，又碍于君臣之别，就走了借祭孔而特赐的过场。此举，是导致满汉席得以明谓，并以"满汉亲和"的象征意义而在官场公宴中兴尚。这个事件有其必然性。找出为何必然的理由，得从乾隆的膳事行为说起。

笔者对乾隆的膳档做过分析、比较，乃知他的膳事变化。他继帝之初尚有节制，因他的祖帝康熙、父帝雍正的膳事较为俭简，不冀铺张。如《大建进膳底档》（雍正六年四月立）记，雍正的照常膳，其正馔连小菜及主食大致不过七八种。乾隆不便造次，为避非议，他的膳事也就是雍正膳事的沿习性后移。然而，随着在位时间的延长，天下归顺和国库富足使他发生了变化。这种变化显豁于他第二次南巡，因有了南食之好，故经地方官举荐，继有苏州张东官、双林及关内冯鼎、郑二等一批俎技精良的汉厨到御茶膳房供职，并成了他的尚膳近侍。不久，他又授意内务府规定各直省督抚、将军、都统等每年要进贡当地特产食材，广罗天下美味。御茶膳房的满、汉厨役也多达四百名。翻翻这时期的乾隆膳档，他每膳的肴馔已不下五六十种，惯以闽燕苏鸭和野味、热锅等满、汉"大件"为主（皆他喜食）。虽谓"照常膳"，却胜于宴。说他天天在吃满汉席，实不为过。这些膳档中，还有乾隆东巡盛京、山西（五台）、山东、江南各地的"照常膳底档"，可知他每次出巡，都带着那些尚膳近侍，为他在巡行时供膳。这等于向地方官场宣扬他的满汉合食之道。乾隆如此行膳，便影响到官场的宴举。地方官为逢迎他的天子威仪和好大喜盛，接驾的筵宴典而隆之，既要顺随他的满洲食习，又要应合他寻猎地方美味的心理，自然趋于一种满、汉合宜的方式。如乾隆巡至怀柔，扈从巡行的礼亲王昭梿记道："怀柔郝氏，膏腴万顷，喜施济贫乏，人呼为郝善人。纯皇帝尝驻跸其家，进奉上方水陆珍错，至百余品。其他王公近侍，以及舆抬奴隶，皆供食馔。

一日三餐，费至十余万云。"① 怀柔是京畿满汉杂居的官庄旗地。乾隆驻跸郝府，光耀了郝氏门庭，可想而知，这百余品水陆珍错不仅会精烹细饪，还会满、汉并陈。说这是没有写明的满汉席，大致无谬。

可见，满汉席式的吃法已经存在于乾隆的膳事中，只是未被明谓、尚欠宴型而已。常说盛世出盛宴，因此，"盛世之帝"的乾隆起意要立"满汉席"。分析他有这种心理，一是经过康、雍两朝对政权的培植，国势稳定，经济繁荣，这会被他认为是对汉族实行绥靖政策的成功，使他有感于"满汉一体"的国策作用。所以，如何将这种作用发扬光大，以"与清休戚，不背本也"，就被他敏觉而倚重。满汉席因有和谐满汉官体和融通满汉民族情结的政治意义，岂能不被他动以心机；二是乾隆的"汉化"程度比康熙、雍正要深，几与汉人无异，"汉化"对他已无所忌。他是要做一个像汉祖、唐宗那样的堂堂正正的大帝国皇帝，一方面，他容不得别人有华夷之分的行为，文字中也不许出现"胡""虏"等字样，他屡兴文字狱，比康熙、雍正还厉害，原因主要在这里；另一方面，他热衷推广汉学，开博学鸿词、孝廉方正等科，并诏征遗书，筹编《四库全书》等。这些举措虽带"韩非术"，但对汉族食俎文化的增兴起到连带效应，致使官场和民间的宴、膳情状也趋炎附势，显象出满、汉人文、礼俗、食习等交会的社会氛围，使满汉席的产生如同"瓜熟蒂落，啐啄同时"。这时候，乾隆就要画龙点睛了。他是否从郝氏那类豪宴中得到启示了呢？应该有一定原因。可是，郝氏这等人尚不足以代表汉族。他要获取一处引发点，将满汉席催生于能代表汉族的人家。于是，他就谋划了与孔家的联姻之事。可以想见，乾隆的公主充当满人代表，孔子后裔充当汉人代表，使两个代表成为一家人，就具有典型的政统意义，也会影响到儒家儒学进一步靠拢清王朝，更会使"满汉一体"的国策深入人心。从乾隆的这些意图中再去考量他特赐孔府的"满汉宴"餐具，就不单是奢器盛奢食的问题了，而是在搬演"以宴为政"的统治术。

乾隆的统治术是如何体现于"满汉宴"餐具的设计上的呢？餐具首件（最大一件）为"一品锅"，呈四桃连缀状，盖上嵌有"当朝一品"四字，是

---

① 昭梿：《啸亭续录》卷二，"本朝富民之多"。

乾隆沿用明成祖赐予衍圣公孔彦缙"正一品服"方式的变通。餐具共分水餐具、火餐具、小餐具和点心全盒四部分（共计404件，可盛装196道肴馔）。那时，袁枚说："满洲菜多烧（烤）煮，汉人菜多羹汤。"① 按此特征，水餐具应为汉馔之器，火餐具应为满馔之器，小餐具（手碟等除外）是汉式冷馔、小肴之器，点心全盒是满洲饽饽之器。当然，这是大致的区分，并非断论。但从中总能看出乾隆这是以器传意，明予孔府，连示官场，给"满汉宴"定了规矩。地方官们也自会领悟"圣意"，一直没名的满汉席始得正名，遂在官场公宴中兴尚。而此席的场面华贵、档次高格、讲究盛器、馔陈满汉、品式繁多等，主要是遵循着上述规矩。只是以"席""替""宴"，那许是为避帝讳的谨慎之为。

起初，这种宴式曾遭非议。不避权贵的袁枚就说："汉请满人，满请汉人，各用所长之菜，转觉入口新鲜，不失邯郸故步。今人忘其本分，而要格外讨好。汉请满人用满菜，满请汉人用汉菜，反致依样画葫芦，有名无实，画虎不成，反类犬矣。"② 即是说，满汉官员用本族或非本族的肴馔酬待对方，都有毛病。那怎么办？皇上的号召总要响应。于是，就将满、汉肴馔有选择地融合一席，以避其嫌，又示不分彼此，这就名正言顺了。此席式所以能大行其道，也在于打破了满席、汉席各自为政的界限而合二为一，有了"满汉亲和"的积极作用，这就迎合了乾隆的意图。对此，袁枚虽持反对态度，但因是"上"之倡导，他自然不能抵俗，只好又说："今官场之菜……又有满汉席之称……用于新亲上门、上司入境……"③ 但是，袁枚所说的只是"小满汉"，"大满汉"那得乾隆导演。当乾隆第四次南巡至扬州，江南诸省督抚会同扬州官署，举办了一场盛大的满汉席。据李斗在《扬州画舫录》中记载，乾隆（及皇室人员）驻跸行宫，吃行宫膳房承供的御膳，扈从的"六司百官"由江南地方官们陪同（共达三千五百余人），在上、下买卖街吃大厨房承供的满汉席。其食谱也被李斗抄录（前已述及），记有燕翅鲍肚、参（海参）鲥鳐狸等汉式羹烩和熊掌驼峰、乳猪全羊

---

① 袁枚：《随园食单·须知单》，"本分须知"。
② 袁枚：《随园食单·须知单》，"本分须知"。
③ 袁枚：《随园食单·戒单》，"戒落套"。

等满式烧煮，以及"羊碟、热吃劝酒"等一百三十余种。这场满汉席能在乾隆的眼下举办，若不得到乾隆的授意或首肯，恐怕无人敢贸然行事。这也是江南官场对乾隆赐予孔府满汉宴餐具所表达的"圣意"的逢迎之为。

（四）满汉全席

由满汉席发展成满汉全席是在清末，先是谓为满汉大席。徐珂说：清末京都宴会，有"烧烤席，俗称满汉大席"①。但未记明年代，推证是在"同治中兴"期间。因为光绪后习谓满汉全席，这从光绪年代的一些文籍中能窥出端倪，如被鲁迅称为"较接近于写实"的《海上花列传》、见闻实录《庚子西狩丛谈》里，都有满汉全席的记谓。可以说，满汉大席是满汉席的延续，满汉全席又是满汉大席的延续，三者一脉相承。

自乾隆朝为始，官场的宴举已有攀附皇食的风气，并染化民间。乾隆中叶以降，京都餐饮市场出现"帝民食同"的迹象。这是乾隆的政统意愿，以彰示盛世。为此，就促使御茶膳房一些有特色的满汉肴馔传袭民间，并在当时人趋附皇食的京兆心态和商家出于营兴之道的驱动下，成为繁茂的京城膳所中流行的名品，如挂炉猪（市称烧小猪）、挂炉鸭（市称烧鸭）、千叟宴中的涮火锅（市称锡暖锅、生火锅）、苏造肉、苏造疙瘩（市称炒疙瘩），还有光禄寺承办满席中的各种饽饽等。因而，沿袭下来的这种京兆积习使同、光时期的宫廷宴膳，通过宫衙京府的渠道也被一些设置在清宫"脚下"的大饭庄变通为哗宾图利的商品。同、光时期，实是慈禧训政。她的宴膳因穷奢极欲，不仅染化出同、光两朝的颓靡食风，也成为满汉席由"大"而"全"并得以盛行和流布各地的"风源"。

先说满汉大席。前已述及，同治时期由于太平天国、捻军等起义先后失败，延缓了清王朝的统治，就出现一个"同治中兴"。这被认为是慈禧训政的功劳。于是巧宦奔竞，"中兴"也要出盛宴，昔年乾隆倡导的满汉席在京都官场中又升格为满汉大席。徐珂说此席是高于燕窝席的顶级华筵："于燕窝、鱼翅诸珍错外，必用烧猪……然较之仅有烧鸭者，尤贵重也。"② 其实，这种席式规格在咸丰的宴事中已有了基调，同治继位后即成

---

① 徐珂：《清稗类钞·饮食类》，"宴会"。

② 徐珂：《清稗类钞·饮食类》，"宴会"。

定格。可是，六岁的小同治哪懂得吃宴，还是照顾他的慈禧给吃出来的。笔者曾将慈禧的一些宴单做过综合归纳，发现她比乾隆还会吃。乾隆吃燕窝没什么讲究，惯常是将燕窝像酸菜丝那样与鸭块或肥鸡块在火锅里炖，或将燕窝配白菜丝拌凉菜；慈禧就吃出了名堂，如燕窝万字锅烧鸭子、燕窝寿字金银鸭子、燕窝无字三鲜鸭丝、燕窝疆字口蘑肥鸡，或别以"膺寿多福""洪福万年"等，惯为"四大件"，凡席皆有。乾隆不吃鱼翅，膳中从无此类馔品；慈禧却无翅不成席，席中还不止一道，如葫芦大吉翅子、桂花翅子、鸡丝翅子等。她还特别爱吃烤乳猪皮和烤鸭（德龄语），所以，挂炉猪和挂炉鸭也是逢席必供，习称片盘二品。概而括之，慈禧是充分地吃出了燕翅鸭大菜（汉式）和"挂炉双烤"（满式）为主的席式特征，这是她享受皇太后的待遇和个人的饮食嗜好所致。此与徐珂所说的"烧烤席，俗称满汉大席"的席式内容基本雷同，两者可谓前模后式，或似画大凤而成小鸾者欤。

由满汉大席变成满汉全席，背景在光绪初叶。寻绎其由，是慈禧的膳事"风向变动"，导致了官场的宴举也望风希旨。同治时期，慈禧每膳的定额还与同治一样，是四十八味，称全份；光绪继帝后，慈禧等于升辈，竟然享受两个全份。而且，她还依老纳孝，帝后妃嫔都得向她敬菜，可四道、两道，忌单。这样算来，慈禧每膳的额度要比乾隆的多出一倍！她天天这么吃，就把她原先吃出的满汉大席吃得发展壮大，又吃出了满汉全席那样一席百余馔的规模。

所以，徐珂就说："京师为士夫渊薮，朝士之外，凡外官谒选及士子求学者，于于鳞萃，故应酬之繁冗甲天下。……征逐之繁，始于光绪初叶。"[1] 他又说："到光绪己丑、庚寅间，京官宴会，必假设于饭庄。饭庄者，大酒楼之别称也，以福隆堂、聚宝堂为最著。"[2] 这类"堂"，那时少说有十七八处，如福寿堂、衍庆堂、燕喜堂、庆惠堂、东麟堂等，都设在清宫"脚下"，可筵开数十桌，专为承接清廷各衙门如开印、封印、春卮、团拜、年节修禊、庆典、祝寿、官商互酬之类的活动。于是，昔年官

---

[1] 徐珂：《清稗类钞·饮食类》，"宴会"。

[2] 徐珂：《清稗类钞·饮食类》，"宴会"。

场于公署、私邸或圆亭举办的满汉席，便在能承应更为盛大筵宴的场境中有了接续和隆升。在这种势成风习的"征逐之繁"中，"更以碟碗之多寡别之"①，这就将满汉大席竞相攀比出满汉全席；"全份"的"全"字也就从宫中被变通过来，成为满汉大席更谓为满汉全席的一个"风向字"。这样析释，虽欠因果细节之证，但顾及互为因果，想无大虞。因此，清末京师的高档宴所始兴"燕翅鸭烧烤满汉全席"或"满汉大菜，烧烤全席"，大抵作俑于这一时期，继而蔓延各地省府和大都市。

满汉全席的显著特征是馔数少则七八十，多则百余，间有翻台，一般是"三撤席"，即分三次食毕。这种吃法，是清初满洲富家的年宴旧俗演进为皇家的"除夕家宴"（又称"转台大宴"）的翻版，寓为"撤一席又进一席，贵其叠也"（谈迁《北游录》语）。全席固然铺张连冗，但节度有规、有条理，较之满汉席、满汉大席在馔名、所用食材、俎技、餐器等，也有总况的演进。满式的蜜饯、山珍野味、乳猪全羊、烧烤、饽饽（细点）、火锅，与汉式的食雕、面塑、冷馔、燕翅鲍参、珍禽奇菌、羹汤兼容并蓄。而且，宴境的营造也效仿后宫。饭庄中有华轩雅阁，有跨院、戏台；宴堂有古玩字画、香炉铜鹤；绣额珠帘内外、纱灯煜耀、管弦呕哑、银簋翠釜的樽俎之状可想而知；侍者的周匝和细腻，不减尚膳太监的殷勤。凡此种种，虽是商业文化的合成，更是对慈禧式宴膳之貌的全方位变通。

至此，满汉全席遂成定谓，其流行期约至慈禧病殁。民初虽有延续，乃此宴俗仍在社会中沉淀所致，并非盛行。因为，清解后的政势使满汉全席不为时尚。那时，港粤一带的宴所已有"大汉全席"之举，这与同盟会等革命党的反清宣传有关。倒是伪满期间的东北还有一段"满汉酒席"的余绪。

揆诸满汉全席的"成长史"，与清宫宴膳的"成长史"一样，可当成清王朝兴衰史的侧影来辨识。"满汉一体"是这个王朝最大的政治需要，因而将"满汉通吃""满汉合食"用为治国安邦之策就很聪明。可是，这类宴膳已朝着竞尚豪侈、贿赂公行的方向转捩，就反其道而为之了。历史的吊诡在于，恰恰是当初经意植株，看去长势葳蕤，后来却结出了厄象之果。

---

① 徐珂：《清稗类钞·饮食类》，"宴会"。

然而，满汉全席毕竟是一个前现代用了近三百年的功夫蓄积起来的一宗食俎遗产，其中蕴藏着丰富的清文化资源和历世御厨、衙厨、肆厨的技艺成果。当古代的汉族食俎蓄积到清末时，其精华内容与满族食俎的精华内容合璧而形成满汉全席时，也就渗透进边疆各少数民族食俎的共性特征，在经历民间、宫廷、王府和各地官场、商肆的食俎交融，从而凸显出清朝食俎风貌的缩影，可谓广纳清代肴馔精粹的丰盈仓禀。这种相对"一体化"的席型，其"席龄"与清朝的"史龄"一样长，古今中外概无其匹，如今已是家喻户晓，被公认为"中国宴魁""烹饪之最"。其不仅具有挖掘、研发清朝食俎史的史料价值，也具有继承、发扬满、汉民族传统食俎的应用价值。所以，辨其瑜瑕，摈其弊端，捃其菁华，满汉全席的合理内核仍是中国食俎特色的可贵财富。只要弃去其中铺张和奢侈成分，拒制野生动物，本着"美食勿奢，吃净为美"的国际饮食文明规则，在传统基础上融入国内外消费者的实际需要，它仍不失为具有中国特色的经典筵宴。

参考文献

〔清〕阿桂等奉敕撰:《钦定满洲源流考》,沈阳:辽宁省图书馆藏。

爱新觉罗·溥仪:《我的前半生》,北京:群众出版社,1964年。

〔法〕白晋撰,赵晨译:《康熙皇帝》,哈尔滨:黑龙江人民出版社,1981年。

北京民族饭店编写组:《北京民族饭店菜谱》,北京:中国旅游出版社1983年版。

卜维义、任丕任编:《康熙诗选》,沈阳:春风文艺出版社,1981年。

〔清〕崇厚奉敕撰:《钦定盛京典制备考》,光绪石印本,沈阳图书馆藏。

〔清〕崇彝:《道咸以来朝野杂记》,北京古籍出版社,1982年。

〔清〕德龄:《御香缥缈录》,昆明:云南人民出版社,1981年。

〔清〕富察敦崇:《燕京岁时记》,北京:北京古籍出版社,1983年。

〔清〕顾禄:《桐桥倚棹录》,上海古籍出版社,1980年。

〔民国〕郝玉璞纂、高乃济修:《岫岩县志》。

〔清〕何刚德:《春明梦录》,上海古籍书店,1983年影印。

〔宋〕洪皓:《松漠纪闻》(正、续二卷),沈阳:辽宁省图书馆藏(清刻本)。

吉林市博物馆编写:《吉林史迹》,长春:吉林人民出版社,1984年。

〔民国〕金梁等辑录:《满洲秘档》,沈阳:辽宁省图书馆藏。

〔清〕崑冈、吴树梅等奉敕撰:《钦定大清会典》(卷七三、九五);《钦定大清会典事例》(卷一一七三、一一九二);光绪石印本,北京图书馆藏。

〔清〕李斗:《扬州画舫录》(卷四),北京:中华书局,1960年。

〔清〕李化楠:《醒园录》,北京:中国商业出版社,1984年。

辽宁省图书馆藏:《黑图档》康熙十年、二十一年、三十七年《京来档》。

〔清〕潘荣陛:《帝京岁时纪胜》,北京古籍出版社,1983年。

〔清〕乾隆:《盛京赋》(内府"精写本"),沈阳:辽宁省图书馆藏。

全国政协文史资料研究会编:《晚清宫廷生活见闻》,北京:文史资料出版社,1982年。

〔民国〕苏民纂、沈国冕修:《兴京县志》。

孙殿起辑、雷梦水编:《北京风俗杂谈》,北京古籍出版社,1982年。

〔清〕索宁安辑录:《满洲四礼集》,嘉庆辛酉仲春省非常藏。

〔民国〕王树枬等:《奉天通志》(礼俗部分),沈阳:东北文史丛书编辑委员会据民国二十三年(1931)原刊本标点,1982年影印。

〔元〕无名氏编:《居家必用事类全集》(己集、庚集),北京图书馆藏(明刻本)。

〔清〕吴振棫:《养吉斋丛录》,北京古籍出版社,1983年。

〔清〕西清:《黑龙江外集》,哈尔滨:黑龙江人民出版社,1984年。

〔民国〕徐珂:《清稗类钞·饮食类》(第四十七、四十八册),上海商务印书馆,1918年发行。

〔清〕杨宾:《柳边纪略》,"辽海丛书"本。

〔清〕佚名:《调鼎集》(抄本),北京图书馆善本部藏。

俞平伯:《杂拌儿》,上海:开明书店,民国十七年(1928)。

袁林坡:《避暑山庄与外八庙》,北京出版社,1981年。

〔清〕袁枚:《随园食单》,广州:广东科学技术出版社,1983年。

〔清〕允禄等奉敕撰:《钦定满洲祭天祭神典礼》,(民国)蕅园精舍重刊本。

〔清〕张缙彦:《域外集》,哈尔滨:黑龙江人民出版社,1984年。

张廉明:《孔府名馔》,济南:山东科学技术出版社,1985年。

张其卓:《满族在岫岩》,沈阳:辽宁人民出版社,1984年。

〔民国〕赵尔巽等:《清史稿》(本纪卷部分),北京:中华书局,1976年点校版。

中国第一历史档案馆藏:"御茶膳房"四九四号。

中国第一历史档案馆藏:《大建进膳底档》(雍正六年四月立)。

中国第一历史档案馆藏:《佛堂等处供献底档》(同治三年)。

中国第一历史档案馆藏:《哈什库存家伙账》(道光十四年五月立)。

中国第一历史档案馆藏:《皇太后六旬庆典》。

中国第一历史档案馆藏:《荤局票底》(光绪十五年)。

中国第一历史档案馆藏:《家伙库》(乾隆六十年三月二十七日立)。

中国第一历史档案馆藏:《江南节次照常膳底档》(乾隆三十年正月十六日至四月二十日)。

中国第一历史档案馆藏:《节次照常膳底档》(乾隆四十四年十月至四十五年正月)。

中国第一历史档案馆藏:《节次照常膳底档》(乾隆元年至三年)。

中国第一历史档案馆藏:《进小菜底档》(乾隆三十九年十一月初九日至四十三年四月)。

中国第一历史档案馆藏:《内廷厨役腰牌册》。

中国第一历史档案馆藏:《千叟宴》(嘉庆元年正月立)。

中国第一历史档案馆藏:《哨鹿节次照常膳底档》(乾隆四十四年五月至十月)。

中国第一历史档案馆藏:《盛京节次照常膳底档》(乾隆四十三年七月二十日至九月二十日)。

中国第一历史档案馆藏:《寿皇殿笾豆供上所用等样器皿底档》(道光二十三年七月立)。

中国第一历史档案馆藏:《四季供底档》(乾隆二十九年至三十五年)。

中国第一历史档案馆藏:《苏造底档》(乾隆二十一年十月初至二十二年十月十一日)。

中国第一历史档案馆藏:《锡器册》(乾隆五十七年十一月十三日立)。

中国第一历史档案馆藏:《野意家伙账》(嘉庆四年正月立)。

中国第一历史档案馆藏:《御茶膳房请领门照官员等清册》。

中国第一历史档案馆藏:《御茶膳房有无嗜好人员数名册》。

中国第一历史档案馆藏:《御茶膳房有无嗜好实已断净并附三人保一人员衔名册》。

中国第一历史档案馆藏:《御膳房库存金银玉器册》(光绪二十八年二月十二日立)。

中国第一历史档案馆藏:《御膳房膳单垫底档》(乾隆二十一年十月)。

周远廉:《清朝开国史研究》,沈阳:辽宁人民出版社,1981年。

海兼十五湖長短句

冰糖炖燕窝

（乾隆三十年正月十六日至四月二十日南巡时所食菜肴，见《江南节次照常膳底档》）

将干燕菜六钱置容器中，加入温水约二斤，盖上盖泡发约十五分钟，捞出，置清水中，用镊子择去燕毛和杂质，再用清水洗净，复捞出。

倒出盛器中的清水，再将燕菜置入，依次放入碱面一钱和沸水一斤五两，搅匀，加盖焖五分钟。

取出燕菜，反复用沸水冲洗掉碱质后，沥净水分，置有清水约一斤的小罐中，加冰糖约三两，于小火上炖至燕窝酥烂（约二十分钟），撇净表面的浮沫，倒在小汤碗或汤碗中即成。

燕窝炒炉鸭丝

（见《清宫琐记》所记慈禧用膳菜单）

将泡发并治净的燕窝（泡发方法与前同）三两用沸水焯透后，捞出沥净水分，再将烤鸭（挂炉鸭）的脯肉切成细丝五两。

炒锅置旺火上烧热，下入植物油一两，温热时，用葱末、姜末炝锅，再下入燕窝、鸭脯肉丝煸炒透。加鸭汤三两、精盐二分、味精二分，稍煨后，俟汤汁收干，淋入鸭油五钱炒匀，即可装盘。

燕窝八仙汤

（见光绪十年十月初七日给慈禧进膳膳单）

将泡发好并治净的燕窝二两用沸水焯透后，捞出沥净水分。

二

水发海参二两、熟鸡肉一两、生猪里脊肉一两、熟鸭肉一两、熟火腿五钱、冬笋五钱、水发冬菇五钱、熟羊肚一两，均切细丝，分别用沸水焯熟或焯透，沥净水分。

汤罐置火上，加鸡汤一斤，放入燕窝和其他诸料丝，再放精盐五分、味精三分，沸后，撇净浮沫，倒入小汤或汤碗中，上面撒豌豆苗即成。

煨鱼翅 （光绪皇帝喜食菜肴之一，见光绪十五年《荤局票底》）

将一斤干鱼翅用沸水泡软，刷去沙子，治净，加水上火煮至五成熟取出。

剔掉大骨，治净，置容器内，加鸭汤一斤，葱段一两、姜片一两、绍酒一两五钱，上笼蒸至七成烂。

取出鱼翅，将容器内的汤和葱、姜等倒掉，再将鱼翅置此容器内，复加鸭

汤一斤、葱段一两、姜片一两、绍酒一两、酱油一两，上笼蒸至九成烂。

取出，拣出葱段、姜片，将鱼翅（连汤）倒入锅内，加入味精，调好口味，

用小火煨约十五分钟，俟勺内汤汁约剩一两五钱，淋入香油，将翅针顺理整齐，

盛在坑盘里即成。

鸡丝翅子

（孔子七十六代孙孔令贻的母亲与妻子向慈禧祝寿时所进菜肴）

将发制和蒸好的鱼翅（加工方法同前）顺理整齐（约一斤五两），再将生

鸡脯肉四两，切成细丝，用鸡蛋清一两、湿淀粉八钱上浆，然后放入四成热的

植物油中划散至熟，捞出沥油。

炒锅置火上，加植物油一两，用葱末五分、姜末三分炝锅，依次放入绍酒三钱、酱油五钱、鸡汤四两、精盐一分和鱼翅、鸡丝（在鱼翅上面），用小火慢煨十分钟。调入味精，遂用湿淀粉勾芡，淋入植物油五钱、香油一钱，经大翻勺后盛入盘中即成（翅面朝上）。

《膳底档》

八宝鸭子

（乾隆四十三年七月至九月乾隆东巡盛京时所食菜肴，出自《盛京节次照常

选肥鸭一只，治净（除脏），斩去鸭掌，里外用精盐一两、绍酒二两、葱姜汁搓匀，腌约二小时。

另将鸡肉一两、猪瘦肉一两、鱼肉一两、熟火腿一两、冬笋一两、水发冬

菇一两、瘦羊肉一两，均切成小细丁，同水发海米一两一起，用植物油、酱油、绍酒、味精、香油炒熟，成八宝馅，凉后装进鸭腹中。

用细竹针将鸭豁口处别住，然后放入热油锅中浸炸至表皮呈金红色，捞出沥净油分，装入容器中，上笼蒸至酥烂（约二小时）取出，抽出竹针，装盘即成。

冬笋烩鸭子 （见乾隆元年至三年《节次照常膳底档》）

将煮熟的鸭子（白水煮）拆下两腿之肉，撕成细丝约五两，将冬笋二两亦切成细丝，鲜豌豆一两，用沸水焯一下。

汤锅置火上，加入鸭汤一斤，调入绍酒五钱、精盐四分、味精三分，再下入鸭丝、冬笋丝和豌豆，稍煨片刻，遂用水淀粉约一两，勾成米汤芡，撒入葱丝一钱、姜丝八分、香油一分即成。

酒炖扒鸭子

（乾隆四十三年七月至九月东巡盛京时所食菜肴，见《盛京节次照常膳底档》）

选用鸭子一只，治净后，从脊部开刀（胸部相连），成为蝴蝶状，遂用沸水焯透，捞出洗净，放至小锅中。

加鸭汤二斤、白酒二两、精盐五分、葱段五钱、姜片五钱、冬笋片一两、水发冬菇一两，用小火炖至九成烂（约一小时半），再连鸭带汤倒入酒锅中（鸭脯朝上），拣去葱段、姜片，撇净浮沫，点燃酒精，慢炖约十五分钟，调入味精即成。

清蒸鸭子

（乾隆四十三年七月至九月东巡盛京时所食菜肴，见《盛京节次照常膳底档》）

选用肥嫩鸭子一只，治净，斩去掌，从脊背处剖开，呈胸部相连的蝴蝶状，放入沸水中焯透，捞出，用清水漂净血沫，再放容器中。加鸭汤二斤，葱段一两、姜片一两、绍酒一两、精盐五分，上笼蒸烂（约一小时三十分钟），取出，拣去葱段、姜片，调入味精三分即成。

葱椒鸭子

（乾隆四十三年七月至九月乾隆东巡盛京时所食菜肴，见《盛京节次照常膳底档》）

选用肥嫩鸭子一只，治净，斩去掌，用沸水焯透，再换水加葱段一两、姜片一两、绍酒一两，煮熟（约一小时），取出，剁成长一寸五分、宽八分的块，码入大碗内（鸭脯部位贴底，两侧是大腿部位，其余码在上面）。加鸭汤六两、绍酒一两五钱、精盐五分、葱段二两、姜片五钱，上笼蒸至鸭块酥烂（约半小时）。

取出，拣出葱段、姜片，将汤滗到勺中，鸭块倒扣坑盘中（鸭脯和鸭腿面朝上）；锅中的汤汁烧沸后调入味精三分，再浇入葱椒油一两，倒入盛鸭块的坑盘中即成。

鸭条烩海参　(见宣统三年野意膳房九月初七日早膳菜单)

煮熟入味的鸭脯肉四两，切成长一寸二分、宽二分的细条；水发海参四两也切成与鸭条同样的条，再用沸水焯透，捞出，沥净水分。

汤锅置火上，放入鸭汤一斤，用绍酒五钱，精盐三分，味精三分调好口味，

沸后，放入鸭条和海参条，再沸后，撇出浮沫，用水淀粉约一两，勾成薄芡，

淋入香油一分即成。

碎溜鸡

（见《清宫琐记》所记慈禧用膳菜单）

选用生鸡腿肉（去骨去皮）六两，切成小块，置容器中，加鸡蛋清一两、

湿淀粉二两，拌匀。

炒锅置火上，加入植物油一斤五两，热至七成时，将挂糊的鸡块下入油中

炸透至金黄色时捞出。

锅中油倒出，少留底油约一两，放入葱末、姜末炝锅，再放入冬笋片一两、五钱煸炒，然后放入过油的鸡块，遂即泼入用酱油五钱、鸡汤二两、醋一钱、白糖二钱、绍酒四钱、精盐一分、味精三分、湿淀粉六钱、香油一分兑成的汁卤炒匀，淋入葱油约五钱，装入盘中即成。

炸八件鸡 （出自乾隆四十四年五月至十月《节次照常膳底档》）

选用当年嫩鸡一只，治净，剁去头、爪，然后分解为脖、两翅、两腿、胸脯、脊背（中间断开）八块（即八件）。

再用刀背将其一一拍松，置容器内，加酱油五钱、精盐二分、绍酒一两拌匀，腌制十分钟。

取用鸡蛋二个磕入碗中，加湿淀粉二两调匀，再将八件鸡块放入拌匀。油锅置火上，加入植物油三斤，热至七成时，将鸡块一一放入炸熟并呈金黄色时捞出，按鸡的原形摆入盘中，盘边撒些椒盐即成。

溜鸡片

（乾隆四十三年七月至九月乾隆东巡盛京所食菜肴，见《盛京节次照常膳底档》）

取用生鸡脯肉六两，切成薄片，置容器内，加入鸡蛋清一两、淀粉六钱上浆。炒锅置火上烧热，加入猪油一斤，热至三成时，将上浆的鸡片放入划散至熟，捞出沥油。

锅中油倒出，少留底油五钱，用葱末、姜末炝锅，下入冬笋片一两，煸炒片刻，再下入过油的鸡片翻炒几下，遂即泼入用鸡汤二两、精盐二分、绍酒五钱、味精二分、湿淀粉五钱兑成的汁卤，翻炒均匀，淋入香油二分，盛入盘中即成。

八宝鸡羹　（见乾隆元年至三年《节次照常膳底档》）

选用熟鸡腿肉二两，切成小丁，另将水发海参一两、熟火腿五钱、生鱼肉五钱、熟猪肉五钱、水发鹿筋一两、冬笋五钱、水发冬菇五钱，均切成小丁，连同鲜豌豆五钱一起，分别用沸水焯透。

汤锅置火上，加鸡汤一斤二两，沸时，放入鸡丁和『八宝丁』，调入绍酒五钱、精盐四分、味精三分，再沸时，撇净浮沫，稍煨片刻，即用水淀粉约一两勾成米汤芡，淋入香油二分，盛入汤碗中即成。

冬笋爆炒鸡 （见乾隆四十四年十月至四十五年一月《节次照常膳底档》）

选用鸡胸脯肉六两，切成骰子丁，置容器内，加鸡蛋清一两、干淀粉六钱抓匀，使之上浆。另将冬笋二两也切成与鸡丁同样大小的丁。

炒锅置火上烧热，加入植物油一斤，热至四成时，放入上浆的鸡丁划散至熟，捞出沥油。

锅中油倒出，少留底油五钱，用葱末、姜末炝锅，再下入冬笋丁煸炒一下，然后下入过油的鸡丁，随即泼入用酱油五钱、鸡汤二两、绍酒四钱、精盐一分、白糖三分、味精三分、湿淀粉五钱兑成的红色汁卤，炒匀后，淋入香油二分即可装盘。

一四

口蘑溜鱼片

（见《清宫琐记》中所记慈禧用膳菜单）

选用净鱼肉六两，切成长一寸三分、宽八分、厚一分的片，置容器内，加鸡蛋清一两、湿淀粉一两抓匀，使之上浆。

水发口蘑三两洗净，片成片，用沸水焯一下，捞出。

炒锅置火上烧热，加入猪油一斤，热至三成时，将上浆的鱼片划散至熟，捞出沥油。勺中油倒出，少留底油约五钱，用葱末、姜末、蒜末炝锅，再下入口蘑片煸炒几下，倒入过油的鱼片稍加翻炒，随即泼入用鸡汤二两、精盐二分、绍酒五钱、味精二分、水淀粉五钱兑成的白色汁卤炒匀，淋入香油一分，出勺装盘即成。

黄焖鱼骨 （见《清宫琐记》中所记慈禧用膳菜单）

选用干鱼骨五两，洗净，拌入一两生豆油，置容器内，上笼蒸至鱼骨涨发柔软。

取出，用温水（稍带一些碱面）洗出油质，再切成长一寸二分、宽和厚三分的小条。

炒锅置火上烧热，放入底油一两，热时，用葱末、姜末炝锅，依次放入绍酒四钱、酱油四钱、醋三钱、白糖四分、精盐一分、鸡汤四两，再放入鱼骨条，

加盖在中火上焖约十分钟，揭盖，调入味精二分，用湿淀粉约八钱勾芡，淋入香油二分，即可装盘。

煎鲜虾饼 （见《清宫琐记》所记慈禧用膳菜单）

选用鲜对虾净肉六两，剁成细茸，置容器内，加猪油一两、鸡蛋清一两、精盐二分、味精二分、湿淀粉六钱、凉鸡汤一两，搅拌均匀。

炒锅置火上，放入猪油三两，热至三成时，将虾茸挤成大山楂状的丸子约二十个，下入，底面煎挺实时，翻过来再煎另一面，并用手勺轻轻拍扁成小饼状；俟两面煎呈金黄色时，倒在漏勺里沥油（虾饼相连成一大饼状）。

锅中油倒出，少留底油（五钱），用葱丝、姜丝炝锅，依次放入鸡汤三两、绍酒四钱、精盐二分、味精二分，沸后，放入煎过的虾饼（保持原形），移小火加盖慢煨五六分钟，揭盖，再移到大火上，用水淀粉约八钱勾芡，淋入植物油五钱、香油一分，经大翻匀后，盛入盘中即成。

清汤银耳 （见宣统三年野意膳房九月初七日早膳菜单）

选用大朵银耳一两，用清水泡发，去掉老根，拆成小瓣洗净，用沸水焯透，再用清水投凉。

备鸡蛋清二两，加入鸡茸二两、凉鸡汤二两、精盐二分、味精三分、水淀粉五钱，搅匀，分装在十个抹了一层猪油的羹匙中，上面用豌豆苗和火腿末点缀成『花草』，上笼用小火蒸熟（约四分钟），取出成为鸡茸蛋白。

小汤罐置火上，加入清汤一斤，再放入银耳、精盐二分、味精二分，沸后，移小火稍煨，撇去浮沫，盛在汤碗中，鸡茸蛋白用沸水烫透，摆在汤面上即成。

烧鹿肉 （见乾隆四十四年五月至十月《节次照常膳底档》）

取母鹿大腿肉二斤，切成寸块，放入清水中泡出血质，捞出，沥净水分，置容器内，加酱油一两五钱、绍酒二两，拌匀，腌约二十分钟。

放入烧热的植物油中炸透呈老黄色，捞出沥油。另用炒锅置火上，放入植物油一两，热时，用葱段一两、姜片一两炝锅，烹入绍酒一两、酱油一两，加鸡汤二斤、精盐二分、白糖五钱，再下入过油的鹿块，沸后，移小火加盖烧至鹿快酥烂（约一小时），然后移大火上，调入味精三分，用水淀粉约一两二分勾芡，淋入植物油一两、香油二分，即可出锅装盘。

鹿筋万字肉

（见乾隆四十四年五月至十月《节次照常膳底档》）

将水发鹿筋八两切成小段，用沸水焯透。

将猪五花肉一块约一斤五两治净，再切成八小块，每块在皮面上剞出万字花纹，置容器内，加酱油一两、绍酒一两，拌匀，然后用热油炸透呈金黄色时，捞出沥油。

锅中油倒出，少留底油一两，热时，用葱段一两、姜片一两炝锅，烹入绍酒八钱、酱油一两、鸡汤一斤五两、白糖一两，沸时，移小火加盖烧至肉块酥烂（约一小时），再移回大火上，调入味精，尽汤汁，用箸将肉块一一夹出，沿盘外圈摆一周（万字皮面朝上），锅内余汁用香油八钱炒亮，浇在万字肉上。

另用一锅置火上，添入猪油一两，热时，用葱段八钱、姜片六钱炝锅，烹入绍酒一两，加入鸡汤八两、精盐三分，下入经水焯过的鹿筋，沸后，移小火加盖慢烧至鹿筋酥烂（约三十分钟），再移回大火上，调入味精三分，用水淀粉一两勾成芡，淋入猪油五钱、香油二分后，盛在盘中央即成。

鹿筋冬笋三鲜鸡热锅 （见乾隆四十四年十月至四十五年一月《节次照常膳底档》）

将水发鹿筋六两切成长一寸二分的段，用沸水焯透，捞出沥净水分，置容器内，加适量鸡汤、精盐、葱、姜、绍酒等上笼蒸烂。

备冬笋二两，也切成与鹿筋相同的条；鹌鹑蛋十个煮熟，剥去皮。

当年嫩鸡一只，治净，剁去爪，用沸水焯透，捞出，再用清水洗净血沫杂质，随即放入水锅中，加葱段、姜片、绍酒、精盐等煮至九成烂，捞出鸡，放入酒锅内，再加入吊好的鸡汤约三斤，同时放入蒸好的鹿筋（汤滗出）和冬笋条、鹌鹑蛋，点燃锅子下面的酒精罐。

俟汤沸时，用精盐一钱、绍酒一两，调好口味，盖上盖，煨约十分钟，揭开盖，调入味精四分，即可连酒锅一起上席。

水晶丸子 （见《江南节次照常膳底档》）

将猪外脊肉五两，去掉白筋，用刀剁成茸，再用鸡蛋清一两、绍酒六钱、精盐二分、味精二分调拌均匀，然后挤成山楂大的丸子，摆在瓷盘里，上笼蒸熟。猪肉皮一斤洗净，用沸水焯透，捞出，用刀刮净皮面和皮内的粘液和油质，再用温水洗净，切成细丝，置容器中，加清汤二斤，葱姜水一两、绍酒八钱、精盐五分、味精三分，调好口味，上笼蒸至猪肉皮酥烂，取出，捞出肉皮。汤汁过箩。

取酒盅四十个，洗净后消毒，每个酒盅内先撒入一层火腿末，再放一个蒸熟的丸子，然后浇满过箩的冻汁。冷却后倒扣出来而成。

干炸肉 （见宣统三年野意膳房九月初七日早膳菜单）

将猪里脊肉六两，剔掉白筋，切成小段。

取一碗，磕入两个鸡蛋，加入湿淀粉二两，搅开后，放入改刀的肉段放入油内炸匀。

油锅置火上，加入植物油二斤，热至七成时，将挂糊的肉段放入油内炸透并呈金黄色时，捞出，装入盘内，盘边撒些椒盐即成。

炒锅炸泥 （光绪皇帝喜食菜肴之一，见光绪时期《荤局票底》）

选用猪肉（七瘦三肥）六两，剁成细茸，置容器内，加入鸡蛋一个、葱末一钱、姜末八分、花椒面一分、绍酒四钱、精盐二分、凉鸡汤一两搅拌均匀，然后挤成山楂状的丸子，放入烧热的油锅中炸透并呈金黄色时捞出，沥净油分。

另用炒锅置火上，添入植物油五钱，用葱末一分、姜末一分、蒜末二分炝锅，烹入绍酒一钱、酱油三钱、鸡汤三两、味精三分，再放入炸好的丸子，煨约一分钟，用水淀粉约六钱，勾成芡，淋入香油二钱，即可装盘。

祭神肉

（乾隆四十三年七月至九月乾隆东巡盛京时所食菜肴，见《盛京节次照常膳底档》）

将带皮去骨的猪五花肉约二斤治净，先用沸水焯透，再洗净，遂入大砂锅中，用清水加适量葱段、姜片、绍酒、花椒、大料煮熟（约一小时三十分钟）。捞出晾凉，撕去肉皮，切成薄片，码入盘内，再配酱油、辣椒油、蒜泥、

二四

韭菜花酱碟、卤虾油碟、腐乳汁等味碟一起上桌即成。

火熏猪肉 （见乾隆四十四年五月至十月《节次照常膳底档》）

选用猪后臀肉（去骨带皮）一块约二斤，用沸水焯透后，再用酱汤（用清水、酱油、精盐、糖色、白糖、绍酒、葱段、姜片、砂仁、豆蔻、草果、丁香等制成）酱熟，捞出，拭净汤汁，趁热放在熏架上（熏架下的锅底中撒上一层茶叶和红糖），盖上锅盖，用小火熏约五分钟，再将熏锅撤离火口。

俟熏烟慢慢散尽，揭盖，取出熏肉，使之冷却，再抹匀一层香油，切成薄片，整齐地码入盘内即成。

二五

酸辣羊肚

（乾隆四十三年七月至九月乾隆东巡盛京时所食菜肴，见《盛京节次照常膳底档》）

将煮熟的羊肚六两切成细丝。锅置火上烧热，放入猪油六钱，热时，用葱丝二分、姜丝二分、蒜丝三分炝锅，再烹入绍酒五钱、酱油四钱，添入鸡汤一斤。沸后，再调入精盐一分，下入冬笋丝一两五钱稍煨，调入味精二分、醋一两二钱，遂用水淀粉约一两五钱勾成薄芡，淋入辣椒油二钱、香油一分，盛入坑盘中即成。

炮羊肉

（出自宣统三年野意膳房九月初七日早膳菜单）

选用去白筋的嫩瘦羊肉六两，切成柳叶片，置容器内，加鸡蛋一个、湿淀粉一两抓匀，使之上浆。

锅置火上烧热，添入植物油约一斤二两，热至四成时，将上浆的羊肉片放入滑散至熟，捞出沥油。

锅中油倒出，少留底油一两，放入切成斜抹刀片的大葱二两煸炒出香味（葱片起黄边），再放入过油的羊肉片煸炒几下，再依次放入绍酒三钱、酱油三钱、白糖四分、鸡汤二两、味精二分，稍煨后，淋入香油二钱，即可出勺装盘。

二七

葱椒羊肉

（乾隆四十三年七月至九月乾隆东巡盛京时所食菜肴，见《盛京节次照常膳底档》）

选瘦嫩羊肉一斤五两，切成小块，用沸水焯透，捞出，再用清水洗净，置水锅中，加适量葱段、姜片、花椒、绍酒、精盐，煮至八成烂，将羊肉捞出，码在碗内。

煮羊肉的汤过罗，浇于盛羊肉的碗内，上笼蒸至羊肉酥烂，取出，将汤汁滗在一碗内，羊肉倒扣坑盘中。

另用炒锅置火上，加入葱油五钱、花椒油五钱，热时，烹入酱油三钱、绍酒四钱，再倒入蒸羊肉的原汤，调入味精二分，沸时，用水淀粉约六钱勾芡，再淋入少许葱油、花椒油，浇在羊肉上即成。

红烧鲑鱼 （见宣统三年野意膳房九月初七日早膳菜单）

选用鲑鱼一尾约二斤，治净，在鱼身两侧剞上让指刀，随放热油中炸透至呈金黄色时，捞出沥油。

另用一锅置火上，加入猪油一两，热时，用葱段八钱、姜片六钱、蒜瓣八钱炝锅，再下入猪肥瘦肉片二两煸炒至熟，依次放入绍酒一两、醋八钱、酱油一两、鸡汤一斤、白糖二钱，沸后，放入炸过的鱼，再沸时，加盖移至小火上慢烧十五分钟，再移回大火上，揭盖，调入味精二分，稍烧后，将鱼取在鱼盘中，拣出汤汁内的葱段、姜片，然后用水淀粉约一两勾芡，淋入猪油一两、香油一钱，浇在鱼身上即成。

二九

炒黄瓜酱 （见《清宫琐记》所记慈禧进膳菜单）

将猪瘦肉六两切成小细丁，黄瓜四两也切成小细丁。炒锅置火上，放入植物油一两，热时，加葱末三分、姜末二分炝锅，遂放入肉丁煸透后，再加黄酱六钱炒透，随即添绍酒四钱、鸡汤二两、味精二分，和黄瓜丁，稍煨后，用水淀粉约六钱勾成薄芡，淋入香油二分即成。

江米酿藕 （见乾隆四十四年五月至十月《节次照常膳底档》）

江米五两洗净。选鲜藕一根，去根、梢和皮，再将江米塞入藕孔中。然后置容器内，添入冰糖水（以漫过鲜藕为度）和适量桂花酱、蜂蜜、调匀，加盖入蒸笼中蒸至鲜藕熟烂（约二小时）。取出，晾凉后切成片码入盘中。取适量蒸鲜藕的甜汁，浇在藕片上即成。

三鲜鸽蛋

（见《清宫琐记》所记慈禧进膳菜单）

将鸡脯肉六两切成小块，置容器内，加鸡蛋清一两、湿淀粉六钱抓匀，使之上浆，再放入四成热的猪油中滑散至熟。

水发海参三两切成条，用沸水焯透，捞出沥净水分；冬笋二两切骨牌片，也用沸水焯一下；鸽蛋十个煮熟，剥去皮。

炒锅置火上烧热，加猪油一两，热时，用葱末、姜末炝锅，烹入绍酒五钱，加鸡汤四两、精盐三分、味精二分，沸后，下入过油的鸡块和海参条、冬笋片、鸽蛋，用小火煨制五分钟，再移入旺火上，用水淀粉约八钱勾成芡，淋入猪油约六钱、香油一钱，即可出锅。

竹节卷小馒首

（乾隆日常膳食，《盛京节次照常膳底档》《江南节次照常膳底档》中均有记载）

将面粉二斤置案板上，加温水一斤、酵面四两，调成发酵面团。见酵面发起，加入适量碱液，揉匀，稍醒。

然后将面团搓成细长条（直径约一寸），用刀剁成竹节状的小段，摆在屉中，上笼用旺火蒸熟（约十五分钟），取出即成。

象眼小馒首

（乾隆日常膳食，《盛京节次照常膳底档》《江南节次照常膳底档》中均有记载）

制面团方法与**竹节小馒首**相同。面团经醒后，擀成约五分厚的长方形片，再切成象眼形，摆在屉内，上笼用旺火蒸熟（约十五分钟），取出即成。

荷叶饼

（乾隆四十三年七月至九月乾隆东巡盛京时所食。见《盛京节次照常膳底档》）

将面粉一斤倒在案板上，加温水五两、酵面四两，和成发酵面团。侯酵面发起，加入适量碱液，揉匀，稍醒。

将面团搓成一寸五分粗细的长条，再揪成小剂（每个一两），将剂二擀成薄厚均匀的圆饼状，刷层油，撒匀干面粉，叠成半圆形，再叠成三角形。用木梳在三角形两直面处压成花纹，在圆弧面切二至三个刀口，然后用右手掐住面剂，左手取刀，用刀背在切口处向上顶一下，最后在顶角两边各切一刀成为生坯。摆入屉内，用旺火蒸约十五分钟即成。

烫面饺子

（乾隆日常膳食，乾隆时期各年《节次照常膳底档》中时有记载）

取面粉一斤置容器内，加沸水六两搅开，稍凉后，取出，揉成面团，稍醒。将鸡蛋三个、猪肉馅五两分别炒熟。炒猪肉馅时加适量葱末、姜末、酱油、味精，置同一容器内，使其冷却，再加入剁碎的大海米一两、韭菜末二两，以及适量香油、味精、精盐等拌匀成馅。

野鸡馅柳叶饺子 （乾隆日常膳食中，乾隆时期各年《节次照常膳底档》中时有记载）

将面粉一斤置容器内，加沸水六两搅开，稍凉后，取出，揉成面团，稍醒。

野鸡肉八两剁碎，加适量植物油、葱末、姜末、酱油、绍酒、味精炒熟，取出置容器内，使其冷却。

将醒好的面团搓成细长条，揪成剂子（每两六个），再将剂子一一擀成小圆片，包入野鸡馅，捏成柳叶形的饺子，每个饺子再捏上花边。全部制成后，摆在屉中，上笼用旺火蒸约七分钟即成。

将醒好的面团搓成细长条，揪成剂子（每两六个），将剂子擀成小圆薄片，包入馅料，捏成饺子。全部包成饺子后，摆在屉内，上笼用旺火蒸约七分钟即成。

家常饼

（乾隆日常膳食，乾隆时期各年《节次照常膳底档》中时有记载）

将面粉一斤置容器内，加温水六两、精盐五分和成面团，稍醒，再搓成长条，揪成五个剂子，一一擀成四至五寸宽、七至八寸长、薄厚均匀的长圆片，表面刷层油，再从一头卷起成长条，将长条盘起成饼状，用擀杖擀成扁圆形的饼状，放入抹了油的平锅内烙制，饼的两面呈金黄色时即熟。

猪肉馒首

（见乾隆四十四年十月至四十五年一月《节次照常膳底档》）

将面粉一斤，加温水五两、酵面三两，调成发酵面团。见酵面发起，加入适量碱液，揉匀，稍醒。

将猪肉末一斤置容器内，加鸡汤二两、酱油一两、精盐二分、绍酒五钱、葱末二分、姜末二分、花椒面一分，味精三分、植物油一两、香油五钱调匀成馅。

将醒好的面团揪成二十个剂子，每个剂子都压扁，包入一份馅料，搓成圆形馒首，摆入屉内，上笼用旺火蒸约二十分钟即成。

炝面馒首

（见乾隆四十四年十月至四十五年一月《节次照常膳底档》）

将面粉六两，加温水四两、酵面一两，调成发酵面团。俟酵面发起，加入适量碱液揉匀，稍醒后，炝入生面粉六两，再揉匀，稍醒后，搓成长条，揪成一两一个的剂子，将剂子搓成圆形馒首，摆在屉内，上笼用旺火蒸约十五分钟即成。

包金卷 （见宣统三年野意膳房九月初七日早膳食单）

将江米面一斤，加冷水六两调匀，稍醒，摊在屉中，上笼用旺火蒸熟（约十五分钟）。

取出，冷却后揉成团，再搓成长条，擀开成长方形大片，抹入一层澄沙馅，再卷成长卷，然后在炒熟的豆面中滚一下，切成小段装盘即成。

咸油炸果 （见宣统三年野意膳房九月初七日早膳食单）

将面粉二斤、明矾三钱、盐一钱六分、碱面三分、温水六两调和均匀，再揣至光滑，揉成面团，隔三十分钟折叠一次（共折叠三次），然后醒五小时左右。

醒好的面团置案板上，摊开呈长方形，盖上油布，再醒一小时。然后将面用刀划为几块，每块抻成长条形薄片，再用小刀剁成小条，每两个小条拼在一起，抻开，两手抓住两端，放在烧热的油锅中炸熟呈金黄色而成。

鸡丝卤面

（见《清宫琐记》所记慈禧进膳菜单）

将细面条四两煮熟，捞出，置碗内。

汤锅置火上，放入猪油一两，热时，用葱末一分、姜末一分炝锅，放入切好的生鸡丝二两煸透，再加酱油四钱、鸡汤二两、味精二分，沸时，用水淀粉约七钱勾成薄芡，淋入香油二分，浇在煮好的面条上即成。

如意卷 （见宣统三年野意膳房九月初七日早膳食单）

将面粉一斤倒在案板上，加温水五两、酵面二两，合成发酵面团。侯酵面发起，对入少许碱水，再揉匀，稍醒。

然后擀成长方形的大片，将山楂酱四两均匀地抹在上面，遂上下对卷成如意形，再用刀截成小段，摆在屉中，用大火蒸约十五分钟即成。

果子粥 （乾隆四十三年七月至九月乾隆东巡盛京时所食，见《盛京节次照常膳底档》）

取江米五两，洗净，置小锅中，加清水一斤五两，煮至九成烂，再下入切好的苹果丁一两五钱、桃子丁一两五钱、小枣一两五钱、京糕丁一两五钱。

煮至江米十成烂时，调入白糖三两搅匀即成。食时按量装碗。

八珍糕

（乾隆四十三年七月至九月乾隆东巡盛京时所食，见《盛京节次照常膳底档》）

将面粉一斤置容器内，加凉鸡汤六两、酵面四两，使其发酵成稀面团，再加适量碱液，调匀，醒过。

虾仁、熟火腿、熟鸡肉、熟鸭肉、鲜豌豆、冬笋、冬菇、大海米（其中虾仁、鲜豌豆、大海米先用沸水焯过）均切细丁（谓『八珍』），放入发酵了的稀面团中，再加入适量精盐、葱姜汁调匀，然后摊在铺了屉布的笼中，加盖用旺火蒸熟（约二十分钟），冷却后切成象眼块装盘。

甑儿糕 （见乾隆四十四年十月至四十五年正月《节次照常膳底档》）

将一斤大米面用少量蜂蜜水润湿，然后用其中三分之一添匀于甑炉模具凹底，再用其三分之二将凹处填平，每处撒些青红丝、玫瑰、瓜子仁，加盖蒸熟（约二十分钟）。熟后将木模放短棍上顶出。